KB117919

이한우의

태종실록

재위 12년

새로운 해석, 예리한 통찰

이한우의 **태종실록**

재위 12년

이한우 옮김

삶과 세계에 대한 뿌리 깊은 지혜, 그 치밀한 기록

2001년부터 2007년까지 7년 동안 『조선왕조실록』을 완독했으니 완독을 끝마친 지 10년이 지났다. 그동안 관심은 사서삼경을 거쳐 진덕수(眞德秀)의 『대학연의(大學衍義)』, 『심경부주(心經附註)』에 이어 지금은 『문장정종(文章正宗)』 그리고 반고(班固)의 『한서(漢書)』 번역으로 확장돼왔다.

원점인 2001년으로 돌아가보자. 나는 왜 『조선왕조실록』을 다 읽기로 결심한 것일까? 그것은 다름 아닌 선조들의 정신세계를 탐구해 우리의 정신적 뿌리를 확인해보려는 것이었다. 그런데 정작 7년간의 실록 읽기가 끝났을 때는 이룬 것보다 앞으로 해야 할 일이 많음을 깨달았다. 우리 선조들의 뛰어난 능력과 치열했던 삶의 태도를 확인했지만 그 뿌리를 제대로 알지 못했던 것이다. 그래서 완독을 끝내자마자 시작한 것이 한문(漢文) 공부다. 위에서 언급한 책들은 한문 공부를 마치고서 우리나라에 번역되지 않은 탁월한 한문책들을 엄선해 우리말로 옮긴 것이다. 이때 중요한 것은 '우리말'이다.

우리말이란 대한민국에서 일정한 교육을 받은 사람들이 편안하게 쓰는 말을 뜻한다. 과도한 한자 사용을 극복하고 지나친 순우리말 또한 일정하게 거리를 뒀다. 그리고 쉬운 말로 풀어 쓸 수 있는 한자어는 가능한 다 풀어냈다. 그래서 나는 '덕(德)'이라는 말은 '은덕(恩

4

德)'이라고 할 때 외에는 쓰지 않는다. '다움'이 우리말이다. 부덕(不德)도 그래서 '부덕의 소치'라고 하지 않고 '임금답지 못한 때문'이라고 옮긴다.

특히 정치를 다룬 역사서에서 중요한 용어가 '의(議)'와 '논(論)'이다. 그런데 실록 원문에서는 분명히 이 둘을 엄밀하게 구분해 '의지(議之)', '논지(論之)'라고 표현했는데, 번역 과정에서 의(議)도 의논이라고 번역하고 논(論)도 의논이라 번역하면 이는 원문의 뜻을 크게 왜곡하는 것이다. 의(議)란 책임 있는 의견을 내는 것을 말한다. 의정부(議政府)를 논정부(論政府)라고 해서는 안 되는 것과 같다. 논(論)은 일반적으로 책임을 떠나 어떤 사안에 대한 논리적 진단을 하는 것이다. 오늘날 '논객(論客)'이 그런 경우다. 그러나 '의객(議客)'이란 말은 애당초 성립할 수가 없다. 다만 법률과 관련해서는 의(議)보다 논(論)이 중요하다. 그래서 '논죄(論罪)'나 '논핵(論劾)'이라는 말은 현실적 구속력을 갖는다. 재판은 의견을 내는 것이 아니라 기존 법률에 입각해 죄의 경중을 논리적으로 가려내는 일이라는 점에서 논(論)이지 의(議)가 아닌 것이다. 이처럼 기존의 실록 번역은 예나 지금이나 정치에서 대단히 중요한 역할을 할 수밖에 없는 의(議)와 논(論)을 전혀 구분하지 않아 의미를 제대로 전달하지 못한다. 사실

이런 예는 일일이 거론하기 힘들 만큼 많다.

이런 우리말화(化)에 대한 생각을 직접 번역으로 구현해내면서 다시 실록을 읽어보았다. 기존의 공식 번역은 한자어가 너무 많고 문투도 1970년대 식이다. 이래가지고는 번역이 됐다고 할 수가 없다. 게다가 너무 불친절해서 역주가 거의 없다. 전문가도 주(註)가 없으면 정확히 읽을 수 없는 것이 실록이다. 진덕수의 『문장정종』 번역을 통해 한문 문장의 문체에 어느 정도 눈을 뜨게 된 것도 실록을 다시 번역해야겠다는 결심을 부추겼다. 특히 실록의 뛰어난 문체가 기존의 번역 과정에서 제대로 드러나지 못했다는 인식이 있었기 때문에 이 점을 개선하는 데 많은 노력을 쏟았다. 그리고 사소한 오역은 그냥 두더라도 심한 오역은 주를 통해 바로잡았다. 누구를 비판하려는 것이 아니라 미래를 향한 개선의 기대를 담은 것이다.

물론 이런 언어상의 문제 때문에 실록 번역에 뛰어든 것은 아니다. 실은 삶에 대한, 그리고 세계에 대한 깊은 지혜를 얻고 싶어서다. 이런 기준 때문에 여러 왕의 실록 중에 『태종실록(太宗實錄)』을 번역하기로 결심했다. 일기를 포함한 모든 실록 중에서 『태종실록』이야말로 어쩌면 오늘날 우리에게 반드시 필요한 지혜를 담고 있는지 모른다고 생각했기 때문이다.

지난 10년간 사서삼경과 진덕수의 책들을 공부하고 옮기는 과정에서 공자의 주장에 대해 새롭게 눈뜰 수 있었다. 그것은 다름 아닌 '일[事]'의 중요성이다. 성리학이 아닌, 공자의 주장으로서의 유학은 리더가 일하는 태도를 가르치는 이론이다. 기존의 학계는 성리학의 부정적 영향 때문인지 유학을 철학의 하나로만 국한해서 가르치는 경향이 있다. 그러나 내가 공부한 바에 따르면 공자는 리더의 바람직한 모습 그리고 그런 리더가 되기 위한 수양 과정을 지독할 정도로 치밀하게 이야기하고 가르쳤던 인물이다.

이런 깨우침에 기반을 두고서 이번에는 공자가 제시했던 지도자상을 태종이 얼마나 체화하고 구현했는지를 확인하고 싶었다. 이런 부분들을 주를 통해 드러낼 것이다. 그렇게 할 때 경학과 역사가 통합된 경사(經史) 통합적인 공부가 될 수 있다.

그렇다면 '왜 세종이 아니고 태종인가?'라는 질문을 던질 수 있겠다. 물론 세종의 리더십을 탐구하는 것도 대단히 중요하다. 그러나 그의 아버지 태종의 리더십을 충분히 탐구하지 않으면 세종에 대한 탐구는 피상적인 데 그칠 우려가 있다. 따라서 이 작업은 추후 세종의 리더십을 제대로 탐구하기 위한 기초 작업이기도 하다는 점을 밝혀둔다.

이 책에는 새로운 시도가 담겨 있다. '실록으로 한문 읽기'라는 큰 틀에서 번역을 진행했다. 월 단위로 원문과 연결 독음을 붙인 것도 그 때문이다. 번역문 중에도 어떤 말을 번역했는지를 대부분 알 수 있게 표시했고 번역 단위도 원문 단위와 거의 일치하기 때문에 어떤 문장을 어떻게, 심지어 어떤 단어를 어떻게 옮겼는지를 남김없이 알 수 있도록 했다. 물론 '착할 선(善)', '그 기(其)', '오를 등(登)' 수준의 뜻풀이는 생략했다. 아무런 의미가 없기 때문이다. 이러한 장치를 통해 조금이라도 살아 있는 한문을 익히고 우리 역사와 조상들의 사고방식을 가까이하는 데 도움이 되기를 바란다.

역주는 워낙 방대한 작업이기 때문에 앞에서 언급했다고 해서 다시 언급하지 않는 것이 아니라 그때그때 필요하면 중복되더라도 다시 달았다. 편집의 아름다운 완결성을 다소 희생하더라도 독자들의 읽는 재미와 속도를 감안했기 때문이다.

재위 1년 단위로 한 권씩 묶어 태종의 재위 기간 18년─18권을 기본으로 하고, 태조와 정종 때의 실록에 있는 기록과 세종 때의 실록에 담긴 상왕으로서의 기록을 묶은 2권을 별권으로 삼아 모두 20권으로 구성했다. 이를 통해 우리 사회에 태종의 리더십에 대한 제대로 된 탐구가 시작되기를 기대한다.

21세기북스 김영곤 대표의 결단이 없었다면 이 책은 세상에 나오지 못했을 것이다. 이 자리를 빌려 깊이 감사드린다. 더불어 계획 초기부터 함께 방향을 고민했던 정지은 본부장과 편집 실무자들에게도 고맙다는 말을 전한다. 해박한 지식과 한문 실력으로 이번 작업을 도와준 주태진 편집위원께도 감사드린다. 그리고 함께 공부하는 즐거움을 누리고 있는 우리 논어등반학교 대원들께 진심으로 고맙다는 말을 전하고 싶다. 마지막으로 내 글쓰기 작업의 원동력인 가족들에게도 깊은 감사를 올린다.

서울 상도동 보심서실(普心書室)에서

탄주(灘舟) 이한우

차례

태종 12년 임진년
1월

一月

병술일(丙戌日-1일) 초하루에 상(上)이 백관을 거느리고 친히 문소전(文昭殿)에 제사를 지내고 궁으로 돌아와 제(帝)의 정월 초하루[正]를 멀리서 하례했으며[遙賀] 여러 신하의 조회를 받고 잔치를 베풀었다. 여러 신하가 비로소 작(爵)을 아홉 번 드리고 악(樂)을 아홉 번 이루는[九成] 절차를 쓰고 의정부(議政府)에서 전(箋)을 올리는 예와 통례문(通禮門)¹에서 용안(龍顔)을 바라보고 대갈(大喝)²하는 예를 없앴다. 지난달 말에 예조(禮曹)에서 구작(九爵)의 예를 정해 아뢰니 상이 말했다.

"작(爵)이 작으면 비록 아홉 번을 행하더라도 혹 취하지 않는다. 그러나 크게 취해도 안 되고 취하지 않을 수도 없다."

마침내 명해 큰 잔[大爵]을 만들었다. 이날에 여러 신하가 모두 술에 취했고 일어나 춤을 추는 자도 있었다.

○ 이전에는 참의(參議)·첨총제(僉摠制)가 (창덕궁) 진선문(進善門) 안에 2품 말좌(末坐)에 연이어서 각 품(品)의 행례(行禮)를 받고, 판사(判事) 이하는 문밖으로 나가고, 동서(東西-문관과 무관) 6품 이상은 서로 대면해 서고, 7품 이하는 앞에 나와 행례했다. 이때에 이르

---

1 조회와 의례(儀禮)를 관장하던 관청이다.
2 큰 소리로 외쳐 부르는 것을 말한다.

러 그 예를 고쳐 참의·첨총제와 판사는 동렬(同列)로서 모두 문밖으로 나가고, 동서(東西) 종3품 이상은 서로 대면해 행례하고, 4품 이하로 하여금 앞에 나오게 했다. 4품이 기꺼워하지 않으며[不肯]_{불긍} 말했다.

"상정예문(詳定禮文)을 본 다음에 행례하겠다."

서로 힐난하다가 정오(正午)에 이르러 엄고(嚴鼓)[3]가 울리니 드디어 들어가서 잔치에 참여했다. 헌부(憲府)에서 예조 계제사정랑(稽制司正郞) 변효손(卞孝孫)을 핵문(劾問)했다. 왜냐하면 개정한 동서반(東西班)의 행례의주(行禮儀注-예를 행하는 의례규정)를 일찍 알리지 않았기 때문이다.

정해일(丁亥日-2일)에 환관(宦官) 노희봉(盧希鳳)의 어미 상(喪)에 부의(賻儀)를 내려주었다. 상이 말했다.

"이 사람은 이른 아침부터 밤늦게까지 게으름이 없고 자못 공로가 있다."

종이 100권과 초 10정(丁), 쌀과 콩 30석을 내려주었다.

○ 동북면(東北面) 의주(宜州) 사람 안두험(安豆驗)의 처가 한 번에

---

3 군대의 장병(將兵) 또는 대신(大臣)을 집합시킬 때 쓰던 엄고는 조선 초기 첩고(疊鼓)라고도 불렸다. 국왕이 정전(正殿)에 나올 때 혹은 그 밖에 거동할 때 엄고가 연주됐다. 엄숙하게 북을 연주한다는 뜻에서 엄고라고 부른 것이다. 첫 번째의 북 연주를 초엄(初嚴)이라고 하고, 두 번째를 이엄(二嚴)이라 하며, 세 번째를 삼엄(三嚴)이라고 한다. 초엄을 울리면 백관(百官)은 문밖 소정(所定)의 위치에 나아가고 시위하는 장사는 역시 소정의 위치에 정렬하고 갑사(甲士)는 각 문(門)을 파수한다. 이엄에 백관은 정전(正殿) 뜰에 들어와 자기 위치에 정렬하고, 삼엄에 국왕이 정전에 거동한다.

2남 1녀를 낳으니 쌀을 내려주라고 명했다.

무자일(戊子日-3일)에 상이 인덕궁(仁德宮)에 나아가 헌수(獻壽)했다.

○ 동북면 도순문사(東北面都巡問使)에게 명해 응자(鷹子-매)를 바치되 능히 천아(天鵝-고니)를 공격할 수 있는 것을 골라서 바치라고 했다.

○ 열난위(悅難衛) 골간올적합(骨看兀狄哈) 달빈개(達貧介) 등과 건주위(建州衛) 올량합(兀良哈) 보다두(甫多豆) 등이 돌아갔다.

○ 풍해도(豊海道)·서북면(西北面) 경차관(敬差官) 조치(曹致)가 복명해 아뢰었다.

"신이 두 도(道)를 돌아다녀 보니 민생이 굶주릴 뿐만 아니라 병든 자가 또한 수천 명에 이릅니다. 바라건대 의원을 보내 치료하고 또 청량미(靑粱米)[4]로 진휼하소서."

의정부에 내리라고 명했다. 치(致)가 또 아뢰었다.

"이성병마사(泥城兵馬使) 강유신(康有信)이 백성을 다스리는 데 어두워 이미 직책에 알맞지 않고[不稱職] 또 둔전(屯田)을 해 민생을 해치고 있었습니다. 청컨대 그 죄를 논해 뒤에 오는 사람을 경계하소서."

정부에 명했다.

"이 죄는 일단 내버려두고 다시는 폐단을 일으키지 못하게 하라."

---

4   차조의 한 가지로 이삭에 긴 가시랭이가 있고 알이 잘며 빛이 푸르다. 생동쌀이라고도 한다.

기축일(己丑日-4일)에 상이 건원릉(健元陵)을 참배했다. (그에 앞서) 상이 승정원(承政院)에 물었다.

"명일에 내가 건원릉에 나아가고자 하는데 마침 춘향(春享)을 만났으니 헌관(獻官)이 이미 행례하고 내가 또 별제(別祭)[5]를 행해도 되겠는가?"

지신사(知申事) 김여지(金汝知)가 대답했다.

"새벽에 춘향을 행하는 것이 전례이니 제사를 지낸 뒤에 전하께서도 또 친히 별제를 행하는 것도 괜찮습니다."

좌부대언(左副代言) 한상덕(韓尙德), 우부대언(右副代言) 조말생(趙末生), 동부대언(同副代言) 탁신(卓愼) 등이 대답했다.[6]

"『예기(禮記)』에 이르기를 '제사는 자주 지내고자 하지 않는다'라고

---

5 천재지변(天災地變)이나 흉사(凶事)로 인한 액막이를 하고자 베푼 특별한 제사 혹은 기일(忌日)이 아닌 명절이나 특별히 날을 정해 베푸는 제사를 말한다. 여기서는 후자에 해당한다.

6 6대언은 1392년(태조 1년) 고려 말기의 중추원(中樞院)을 그대로 계승하면서 마련됐으나 1400년(정종 2년)에 승정원(承政院)이 설치되면서 승정원으로 이속됐다. 1401년(태종 1년)에 중추원이 승추부(承樞府)로 개편되고 승정원이 승추부에 통합됐다가 1405년(태종 5년)에 승정원이 다시 독립했다. 1433년(세종 15년)에 도승지(都承旨), 좌우승지, 좌우부승지, 동부승지(同副承旨)의 6승지를 두어 왕명의 출납을 맡아보게 했다. 6대언 혹은 6승지는 6방(六房)으로 나눠 육조(六曹)의 업무를 분담했다. 도승지는 이방(吏房), 좌승지는 호방(戶房), 우승지는 예방(禮房), 좌부승지는 병방(兵房), 우부승지는 형방(刑房), 동부승지는 공방(工房)을 맡았다. 6승지는 6조뿐만 아니라 의정부(議政府)·사헌부(司憲府)·사간원(司諫院)·홍문관(弘文館) 기타 각 기관의 왕명 출납도 분담해 모든 왕명은 6승지에 의해 해당 관서에 전달됐으며, 공문이나 건의사항 또한 국왕에게 직접 제출하지 않고 이들을 거쳐 왕에게 전달됐다. 또한 6승지는 경연참찬관(經筵參贊官)과 춘추관(春秋館)의 수찬관(修撰官)을 겸했고 도승지는 홍문관·예문관의 직제학(直提學)과 상서원(尙瑞院)의 정(正)까지 겸직했다. 정승(政丞)·판서(判書) 등 중신이 임금을 면담할 때도 이들을 배석시켰으며, 국가 중요 회의에도 참석해 회의 내용을 기록하는 등 국왕의 비서로서 모든 국정에 참여했다.

18

했습니다. 그렇다면 하루에 두 번 제사를 행할 수 없는 것이 분명합니다. 종묘(宗廟)라면 마땅히 새벽에 제사를 행해야 하지만 산릉(山陵)의 예는 종묘와 같지 않으니 반드시 새벽에 행할 것이 아니라 전하께서 능에 나아가 낮에 춘향(春享)을 행하더라도 안 될 것이 없습니다."

상이 상덕(尙德) 등의 의견[議]을 따랐다.

○ 이조에서 봉군(封君)의 녹과(祿科)의 법을 올렸다. 아뢰어 말했다.

"건문(建文) 4년(1402년) 3월 초9일에 지신사(知申事) 박석명(朴錫命)이 아뢰기를 '왕지(王旨)를 받들어 외척 봉군(外戚封君)의 녹과(祿科)는 종친 봉군(宗親封君)의 녹과보다 1등을 내리고, 그 관계(官階)의 고하(高下)도 또한 1등을 내렸습니다'라고 했습니다. 홍무(洪武) 28년(1395년) 정월 초7일에 삼사(三司)에서 판지(判旨)를 받았는데 '공신·외척 봉군(功臣外戚封君)의 녹과는 실직(實職)에 따라 1등을 내리라'라고 해 이미 판지(判旨)가 있었습니다. 숭정대부(崇政大夫) 안천군(安川君) 한검(韓劍), 가정대부(嘉靖大夫) 여원군(驪原君) 민무휼(閔無恤), 가선대부(嘉善大夫) 여산군(驪山君) 민무회(閔無悔) 등의 녹패(祿牌)는 모두 제4과(科)에 의거해주어서 판지와 서로 어긋납니다. 한검의 녹패는 관계에 따라 1등을 내려 제3과로 하고, 민무휼과 민무회 등의 녹패도 또한 1등을 내려 제5과를 만들어주고, 광산군(光山君) 김한로(金漢老), 영가군(永嘉君) 권홍(權弘) 등의 녹패도 또한 이 예에 의거하는 것이 어떠합니까?"

그것을 따랐다.

임진일(壬辰日-7일)에 건주위(建州衛) 오도리(吾都里) 최호오대(崔好吾大) 등 2인과 지휘(指揮) 동다음파로(童多音波老) 등 8인이 돌아갔다.

○ 풍저창부사(豊儲倉副使) 김사제(金師磾)와 풍저창승(豊儲倉丞) 송은(宋殷) 등을 면직했다. 애초에 왕지(王旨)가 있기를 궁중의 시녀(侍女)는 전월료(全月料)를 주라고 했는데, 창관(倉官-창고관리)이 잘못 알고 전례에 의거해 반달의 월료를 주었고, 호조(戶曹)에서도 또한 고찰을 못 했다. 그러므로 호조정랑(戶曹正郎) 설경(薛經)을 아울러 파직했다가 조금 뒤에[尋=旣而] 다시 복직하라고 명했으니 경(經)의 죄가 창관(倉官)보다는 가벼웠기 때문이다.

○ 경상도 경차관(慶尙道敬差官) 이유희(李有喜)가 복명했다. 유희(有喜)가 아뢰었다.

"청도군지사(淸道郡知事) 최도원(崔道源)과 밀양군지사(密陽郡知事) 한유문(韓有紋)이 농삿달에 술을 싣고 기생과 더불어 회음(會飮)하고 머물러 잤으니 백성을 사랑하는[字民=子民=慈民] 뜻이 조금도 없습니다. 도원(道源)은 신이 이미 죄를 헤아려 면직시켰고 유문(有紋)은 관계(官階)가 3품이므로 즉석에서 과단(科斷)하지 못했습니다. 빌건대 죄주어야 할 것입니다."

논하지 말라고 명했다.

을미일(乙未日-10일)에 개천도감(開川都監)[7]에 역군 사의(役軍事

---

7 개거도감(開渠都監)을 가리킨다.

宜)[8]를 내렸다. 명해 말했다.

"군인이 일하고 쉬는 법[作息之法]은 파루(罷漏)[9] 뒤에 역사를 시작
해 인정(人停)[10] 전에 풀어주어 쉬도록 하라[放歇]. 만일 명을 어기고
백성을 과중하게 역사시키는 자가 있으면 마땅히 무겁게 (그 죄를)
논하겠다."

또 병조(兵曹)와 순금사(巡禁司)에 명해 말했다.

"인정 후에서 파루 전까지 백성을 역사시키는 자가 있으면 감역관
(監役官)을 죄주겠다."

또 정부에 명해 말했다.

"전의감(典醫監), 혜민서(惠民署), 제생원(濟生院) 등의 사(司)로 하
여금 미리 약을 만들고 또 막(幕)을 치게 해 만일 병이 난 자가 있으
면 곧바로 구제 치료해 생명을 잃지 말게 하라."

애초에 경상도·전라도·충청도 3도의 군인이 올 때 상이 지인(知
印)[11]을 보내 올라오는 길옆의 각 고을로 하여금 구호해 얼어 죽는 일
이 없게 하라고 명했다.

○ 개천도감제조(開川都監提調)를 더 두었다[加置]. 남성군(南城君)
홍서(洪恕), 화성군(花城君) 장사정(張思靖), 희천군(熙川君) 김우(金

---

8 사의(事宜)란 일을 함에 있어 반드시 지켜야 할 규정을 말한다.
9 매일 새벽 5경 3점(五更三點)에 큰 쇠북을 쳐서 도성의 통금(通禁)을 해제하던 일 또는
   그 시각을 가리킨다. 쇠북은 33번 울렸는데 이것은 제석천(帝釋天)이 이끄는 33천(三十三
   天)에 고해 그날 하루의 국태민안(國泰民安)을 기원한다는 뜻이 담겨 있었다.
10 인정(人定)이라고도 한다. 매일 밤 10시경에 28번의 종을 쳐서 성문을 닫고 통행금지를
   알렸는데 이를 인정이라 했다.
11 지방행정 군사에 관련된 일을 맡아보았다.

宇), 총제(摠制) 김중보(金重寶)·유습(柳濕)·이지실(李之實)·김만수(金萬壽)·유은지(柳殷之)·이안우(李安愚)·황록(黃祿) 등이다. 또 사(使)와 판관(判官) 33인을 더 두었다.

○ 검교판한성부사(檢校判漢城府使) 유한우(劉旱雨)에게 쌀과 콩 20석을 내려주었다. 한우(旱雨)가 땅을 살펴[相地] 선릉(先陵)에 공이 있었기 때문이다.

병신일(丙申日-11일)에 이조좌랑(吏曹佐郞) 유맹문(柳孟聞)을 파직했다. 애초에 이조영사(吏曹令史) 강숙명(姜淑命)이 김형(金炯) 등의 입사(入仕)하는 관문(關文-공문)을 가지고 당상(堂上)에게로 가지 않고 지레[徑] 낭청(郞廳)에게 고했는데, 맹문(孟聞)이 살피지 못하고 그 관문에 잘못 서경(署經)했다가 뒤에 마침내 깨닫고 자기 죄를 면하고자 해 숙명(淑命)을 형조(刑曹)로 잡아 보냈다. 헌부(憲府)에서 이것 때문에 그를 탄핵하니 파면시켰다.

정유일(丁酉日-12일)에 사간원(司諫院)에서 소(疏)를 올려 전 상호군(上護軍) 심정(沈泟, ?~1418년)[12]의 죄를 청했다. 정(泟)이 세수(歲首)에 알현(謁見)한다고 칭탁하고 가만히 동궁(東宮)에 들어갔었는데 경승부소윤(敬承府少尹) 겸 문학(文學) 유장(柳章)이 이를 알고서 헌납(獻納) 이안유(李安柔)에게 고했다. 이에 간원(諫院)에서 소

---

12 조선 개국공신(開國功臣) 심덕부(沈德符)의 막내아들이자 세종의 장인 심온(沈溫)의 동생이다.

를 올려 말했다.

'저부(儲副-세자)를 기르는 것을 삼가지 않을 수 없습니다. 그래서 (그 주변에서) 시위(侍衛)하는 자는 반드시 온량(溫良) 근후(謹厚)한 사람을 골라 좌우에 있게 해 (세자의) 출입 기거(起居)에 자연히 함양(涵養)하고 보도(輔導)하게 하는 것입니다. 전 상호군 심정이 일찍이 세자좌사위(世子左司衛)가 돼 아첨하는 태도로 몰래 사벽(邪僻)한 행동을 해 기교(奇巧)한 일을 잡스럽게 내었으므로 본원(本院)에서 거듭 청해 파직시켜 쫓아냈습니다. (이리 되면) 정(涏)으로서는 마음을 고치고 생각을 바꿔 그 몸을 근신해야 하는데, 일찍이 이것을 반성하지 않고 사이와 틈을 타서[乘間抵隙] 동궁(東宮)에 출입했으니
　　　　　　　　　　　　　　　　승간　저극
과거의 행실의 허물을 돌아보지 않는 것이 심합니다. 대체로 소인의 마음은 미리 징치함이 없으면 뒤에 경계하는 바가 없는 것입니다. 지금 정은 이른바 소인 중에도 심한 자입니다. 엎드려 바라옵건대 전하께서는 정을 먼 변방에 내쳐 개전(改悛)하지 않는 죄를 징치해야 할 것입니다.'

세자가 이를 듣고 크게 노해 대궐에 나가서 정이 세알(歲謁)[13]한 것뿐인데 유장(柳章)이 간원(諫院)을 사주(使嗾)해 소(疏)를 올리게 한 것이라고 극력 진달하니 상이 말했다.

"세수(歲首)를 하례하는 것은 풍속에서도 높이는 것이다. 정(涏)이 원일(元日-설날)에 동궁(東宮)에 나아갔으니 진실로 무엇이 나쁠 것이 있느냐? 반드시 먼 지방에 내치고자 하는 것은 참으로 심

---

13 세수(歲首)에 윗사람을 뵙는 일을 말한다.

하지 않는가?"

이로 인해 간원(諫院)으로 하여금 휴가를 청하게[請暇] 했다.
청가

○ 경승부소윤(敬承府少尹) 유장(柳章)을 (충청도) 공주(公州)로 유배 보냈다. 애초에 장(章)이 이안유(李安柔)의 집을 방문하니 세자(世子)가 궁에 있으면서 바라보기를, 장이 사주한 것으로 의심해 드디어 상에게 사뢰었다[白]. 상이 장을 불러 전해 말했다.
백

"네가 경승부(敬承府)가 되고 또 문학(文學)을 겸했으니 무릇 세자전(世子殿)에 잘못된 것이 있으면 곧장 세자에게 고해 바로잡는 것이 바람직하다. (그런데) 어찌하여 안유(安柔)의 집에 가서 가만히 유인했느냐[潛誘]?"
잠유

장이 대답했다.

"정(涏)이 출입한 지가 여러 날이 됐습니다. 간원에서 어찌 알지 못했겠습니까? 신이 안유에게 가서 만나본 것은 친구인 때문이요, 조금도[暫] 잡된 말은 없었습니다."
잠

상은 장의 말이 곧지 못하다[不直]고 해 사간(司諫) 윤회종(尹會宗), 헌납(獻納) 이사징(李士澄)·이안유(李安柔)를 모두 유배 보내고 세자를 불러 그 까닭을 물었다. (그리고) 뒤에 보덕(輔德) 이지강(李之剛) 등을 불러들여 말했다.

"세자는 나라의 근본[國本]이다. 좌우가 다 바른 사람[正人]이면 국본이 반듯할[端] 것이다. 문학(文學) 김중곤(金中坤)이 기회를 틈타서[乘機] 간청해 그 아들을 경승부 행수(敬承府行首)에 보직했는데 너희는 그 잘못은 말하지 않고 오로지 정에게만 이와 같이 하는가? 정이 일찍이 세자를 따랐으니 옛 뜻을 잊지 못해 세시(歲時)에 가서

알현한 것은 사람의 정으로 늘 있을 수 있는 일[常事]인데 종신토록
내쫓아 이씨(李氏)의 사직(社稷)에 발자취를 붙이지 못하게 하는 것
이 될 일인가?"

지강(之剛) 등이 대답했다.

"신 등은 오로지 시강(侍講)하는 것만을 주된 일로 삼고 있기 때문
에 정(証)이 진퇴(進退)한 것도 모두 알지 못했고 중곤(中坤)의 일 또
한 알지 못했습니다."

사헌집의(司憲執義) 한승안(韓承顔) 등이 소를 올려 말했다.

'신 등이 엎드려 보건대 간원에서 전 상호군 심정이 세자 저하(邸
下)에게 아첨하고 예(例)를 어겨 청알(請謁)한 일에 대해 죄를 청한
것을 전하께서 윤허하지 않았을 뿐만 아니라, 또한 견책을 가해 외
방에 방찬(放竄-유배)하시니 놀랍고 황공해 어찌할 바를 알지 못하
겠습니다. 위의 정이 일찍이 세자숙위(世子宿衛)의 직임에 충당됐다
가 몰래 사벽(邪僻)하고 아첨해 기교(奇巧)한 일을 난잡스럽게 냈기
때문에 죄를 얻어 쫓겨났습니다. 만일 조사(朝士-조정 관리)로서 염
치의 마음을 가진 자라면 마땅히 부끄러워 자퇴(自退)해야 할 것입
니다. 또한 소임도 없이 때아니게 뵙기를 청하니 그 아첨하고 부끄러
움이 없는 것을 이 한 가지 일만 보아도 알 수 있습니다. 간원에서
말한 것은 잘못이 아닙니다. 엎드려 바라옵건대 전하께서는 특별히
유음(兪音)을 내리시어 회종(會宗) 등을 직임에 돌아오게 함으로써
언로(言路)를 열어주시고 이로써 아첨하고 요행을 바라는 문을 막아
야 할 것입니다.'

상이 윤허하지 않고 관련해 가르침을 내렸다.

"대간에서 무릇 소를 올려 규탄(糾彈)하는 일은 마땅히 실제의 일[實事]을 진달하는 것이 올바르다. (그런데) 근래에 대간에서 오고 가는 뜬소문을 가지고 풍문(風聞)으로 규탄하니 풍속이 아름답지 못하다. 이제부터 대소 신료(大小臣僚)는 족친(族親) 외에는 대간(臺諫)의 관원과 더불어 서로 과종(過從)해 사사로이 의논을 하지 말며 이를 어기는 자는 죄를 주겠다. 만일 호소할 것이 있으면 관문(官門)에 진고(進告)하는 것을 들어주라."

의정부참지사(議政府參知事) 정역(鄭易)이 아뢰어 말했다.

"전일에 전하께서 가르침을 내리시기를 '대간원(臺諫員)은 대소 조사(大小朝士)와 더불어 서로 과종(過從)하지 말라'라고 하셨습니다. 신 등이 가만히 생각건대 대간은 전하의 이목(耳目)이니 마땅히 견문을 넓혀야 할 것입니다. 무릇 입법(立法)하는 것은 반드시 만세에 전하는 것이니 삼가지 않을 수 없습니다."

상이 말했다.

"내가 이 법을 세우고자 한 지가 오래다. 전조(前朝-고려) 말년에 권신이 가만히 대간(臺諫)을 사주(使嗾)해 자기에게 거스르는 자를 탄핵해 무고하여 죄에 빠뜨린 것이 많았으니 거정(居正)과 홍종(興宗)의 일 또한 이런 류다. 풍속의 아름답지 못한 것이 하나같이 여기에 이르니 지금 이 법을 세우는 것은 공연히 하는 것이 아니다. 너희 정부(政府)에서는 어찌해 깊이 생각하지 않고 도리어 이런 말을 하는가? 다시 말하지 말라."

세자가 대궐에 나아와 아뢰었다.

"간원은 주상의 이목(耳目)이요, 서연(書筵)은 신의 요속(僚屬)입니다. 얼마 전에 신을 오로지 학문에 힘쓰게 하려고 하다가 도리어 폄출(貶黜)을 당했습니다. 이와 같이 한다면 뒷사람이 누가 신을 위해 규계(規戒)하는 말을 진달하려고 하겠습니까?"

상이 말했다.

"누가 너로 하여금 이를 청하게 했느냐?"

세자가 말했다.

"신이 일찍이 청할 마음이 있었는데 빈객(賓客) 이래(李來) 등에게 물으니 대답하기를 '가능하다'라고 하기에 감히 청하는 것뿐입니다."

상이 말했다.

"세자가 나이는 비록 어리나 그 말에 일리가 있다[有理]."
_{유리}

정부(政府)와 헌사(憲司)에서 또 계속해 논구(論救)하니 드디어 회종(會宗) 등을 소환해 집으로 나가게 하고 장(章)의 고신을 거두고 공주(公州)로 유배 보냈다. 그가 몰래 간원에 알린 것이 정상이 비밀스럽고 간사한 데가 있었기 때문이었다. 상이 대언사(代言司-훗날의 승정원)에 물었다.

"어제 유장에게 물었을 때에 장이 처음에는 말하기를 '간원에서 이문(移文)한 뒤에야 정의 일을 알았다'라고 했고, 다시 물으니 말하기를 '이문하기 전에 알았다'라고 했다. 너희는 어찌해 고하지 않느냐? 승전색(承傳色) 윤흥부(尹興阜) 또한 죄가 있다."

지신사 김여지(金汝知) 등이 대답했다.

"장의 말이 비록 한결같지 않으나 마침내 정실(情實)을 드러냈습니다. 이리하여 신 등이 사실대로 진달하고 허위의 말은 생략한 것일 뿐입니다."

윤홍부를 순금사(巡禁司)에 가두라고 명하고 또 여지(汝知)에게 일러 말했다.

"너희가 일을 아뢰는 데 본말(本末)을 갖춰 진달하지 않으니 이것은 나를 속이는 것이다. 내가 들으니 전조(前朝)의 공민왕(恭愍王)이 승선(承宣)이 죄를 범한 것이 있으면 매질을 하고 용서하지 않았다고 하는데 내가 지금 매질을 하자면 무엇이 어려울 것이 있겠는가? 또 너희는 대신이 아니니 법관에 내려 논죄하자면 무엇이 어렵겠는가? 내가 참고 묻지 않는 것이니 너희는 근신하라."

대답했다.

"신 등이 다만 용렬하고 어리석어 말에 민첩하지 못한 것뿐이지 어찌 감히 상의 귀 밝음[上聰]을 속이겠습니까?"

○ 사헌감찰(司憲監察) 성효상(成孝祥)을 파직했다. 사헌부(司憲府)에서 그가 초7일에 반록(頒祿)을 늦게 한 죄를 청한 때문이다.

기해일(己亥日-14일)에 경상도 채방사(慶尙道採訪使) 사공제(司空濟)가 은(銀) 1냥(兩) 4전(錢)을 바쳤다. 제(濟)가 치보(馳報)했다.

'신이 김해부(金海府) 사읍제(沙邑梯) 지방에서 실군(實軍) 150명을 거느리고 지난해 윤12월 23일부터 금년 정월 초4일까지 납 50근(斤) 60냥(兩)을 캐내 취련(吹鍊)해 10품은(十品銀) 1냥(兩) 1전(錢) 5푼(分)과 7품은(七品銀) 2전 5푼과 납 5근을 얻었습니다.'

그 뒤에 감사가 보고했다.

'은(銀)을 캐던 구덩이가 무너져서 압사(壓死)한 자가 5인이고 다쳐서 골절(骨折)한 자가 4인입니다.'

경자일(庚子日-15일)에 금중(禁中-대궐)에 등(燈)을 매달았는데[張] ^장 상원일(上元日)에 태일(太一)에게 제사를 지내기 때문이었다.[14] 내자시(內資寺)와 내섬시(內贍寺)에서 각각 종이 등(燈) 500개를 바치고 또 용봉호표(龍鳳虎豹)의 모양으로 섞어서 만든 것 또한 많았다. 애초에 상이 15일에 등(燈)을 달고자 예조참의(禮曹參議) 허조(許稠)를 불러 고전(古典)을 상고하고 하륜(河崙)에게 물어서 보고하도록 했다. 조(稠)가 아뢰었다.

"『문헌통고(文獻通考)』를 상고해도 없고 오직 전조(前朝) 때 상정례(詳定禮)에만 나와 있는데 그 기원(起原)은 한(漢)나라에서 태일(太一)에 제사를 지낸 데서 시작된 것입니다. 하륜도 또한 성인(聖人-공자)의 법이 아니라고 말하니 정지하는 것이 마땅합니다."

상이 말했다.

"삼대(三代-하·은·주) 이후로는 한(漢)나라나 당(唐)나라만 한 것이 없다. 경은 한나라 제도를 본받을 것이 없다고 생각하는가?"

조가 대답했다.

"신이 바라건대 전하께서는 반드시 삼대를 본받아야지 한나라나 당나라를 본받을 것이 족히 못 됩니다."[15]

상이 말했다.

"그렇다면 예조에서 반드시 상정(詳定)해서 아뢸 것이 없다. 내가

---

14 도교의 제사법이다.

15 한나라와 당나라에 대한 태종의 태도는 전통적인 유가의 입장인 반면, 한나라와 당나라를 낮춰보는 허조의 태도는 전형적인 성리학 혹은 주자학의 입장이다.

궁중에서 또한 행하겠다."

내자시와 내섬시에서 각각 한 사람을 불러 말했다.

"삼원일(三元日)[16]에 연등(燃燈)하는 것은 대략 『사림광기(事林廣記)』[17]를 모방해 되도록 간이(簡易)한 데 따르고, 용봉호표를 괴이(怪異)한 모양으로 만들어 하늘이 내려준 물건들[天物]을 지나치게 허비하지 말라."

좌사간대부(左司諫大夫) 윤회종(尹會宗)이 나아와 말했다.

"궁중에서 연등하는 것은 성인(공자)의 제도가 아니니 바라건대 파하소서."

상이 말했다.

"내가 연등의 행사를 크게 행하고자 하는 것이 아니라 우선 궁중에서 잠깐 시험하는 것일 뿐이다."

하루 앞서 상이 말했다.

"상원(上元)에 연등하는 것은 한나라 때부터 시작됐으니 폐할 수는 없다."

비로소 북쪽 궁원(宮苑)에서 연등하는 것을 구경하고 등(燈)을 만든 장인(匠人) 26인에게 사람마다 쌀 1석씩을 내려주었다.

○ 대신(大臣)을 보내 도량을 여는 일을 종묘(宗廟)·사직(社稷)·산천(山川) 신(神)에 고했다. 경상도·전라도·충청도 3도의 군인이 모두

---

16 상원(上元)·중원(中元)·하원(下元)을 가리킨다. 상원은 음력 정월 보름날, 중원은 음력 7월 보름날, 곧 백중(百中)날, 하원은 음력 10월 보름날을 가리킨다.
17 송(宋)나라 진원정(陳元靚)이 지은 일종의 생활 백과사전이다.

5만 2,800명이었다. 상이 말했다.

"5만여 인이 먼 길에 쌀을 지고 온 것이 반드시 넉넉지 못할 것이다."

명해 군자감(軍資監)의 쌀 1만 400석을 내어 군인에게 각각 3두(斗)씩을 주어 반달 양식을 준비하게 했다. 군인 중에 부모의 상(喪)을 입은 자의 수가 300명에 이르렀는데 모두 놓아서 돌려보냈다.

○ 영춘감무(永春監務) 김구경(金久冏)을 순금사(巡禁司)에 내렸다.

신축일(辛丑日-16일)에 전 좌사간대부(左司諫大夫) 정전(鄭悛), 전 사간원지사(司諫院知事) 서종준(徐宗俊)을 부를 것을 명했다. 상이 집의(執義) 한승안(韓承顏)에게 일렀다.

"너희가 간신(諫臣)을 넉넉하게 용납하기[優容]를 청하는데, 이른바 '우용(優容)'이라는 것은 무릇 대간(臺諫)에서 궁중(宮中)의 일이나 귀척대신(貴戚大臣)의 일 같은 것을 가지고 그 사실을 지적해 곧게 말하면 말은 비록 들어주지 않더라도 죄를 주지 않는 것을 이르는 것이다. 어찌 무고해 남의 죄를 청하는 것을 참고서 죄주지 않는 것을 이르는 것이겠는가? 내가 심정(沈泟)으로 하여금 세자(世子)를 모시게 한 것은 다름 아니라[非他=無他] 정(泟)이 청원군(靑原君) 심종(沈淙)[18]의 아우요, 또 활을 잘 쏘는 자이기 때문이다.

---

18 태조의 차녀 경선공주(慶善公主)의 남편이다. 1398년(태조 7년) 8월에 청원군(靑原君)으로 봉해졌다가 그해 다시 청원후(靑原侯)로 개봉됐다. 그러나 얼마 뒤 다시 청원군으로 봉해졌다. 같은 해 이방원(李芳遠)이 정도전(鄭道傳)과 남은(南誾) 등 고려 말의 구신 세력을 제거하기 위해 일으킨 1차 왕자의 난 때 이방원을 도와 난을 성공시킨 공으로 정사

그래서 강학(講學)하는 여가에 함께 활 쏘는 것을 익히게 하고자한 것일 뿐이다. 지금 내가 세자와 서연(書筵) 및 경승부원리(敬承府員吏)에게 물으니 별로 사벽(邪僻)한 행동과 기교(奇巧)한 일이 없었고, 다만 정이 일찍이 꿩을 바쳤는데 세자가 어디에서 얻었느냐고 물으니 심정이 대답하기를 '형 청원군(靑原君)의 매를 빌려서 잡았습니다'라고 했다. 세자가 보고자 하니 정이 매를 바쳤는데 세자가 오래 머물러두지 않고서 돌려보냈다고 한다. 어찌 이것을 가지고 기교한 일을 난잡하게 내었느니, 힘써 사벽한 행동을 했느니 하느냐? 잡(雜)이라고 하면 한 번이 아니라는 말이요, 무미(嫵媚)한 태도라고 말하는 것은 형용(形容)과 동정(動靜)을 말하는 것이다. 그러므로 드러내놓고 말할 수 없고, 기교하고 사벽하는 따위의 일은 행실을 가지고 말하는 것이기 때문에 형상을 가지고 말할 수 있는 것이다. 너희는 마땅히 아무 일은 기교한 것이요, 아무 일은 사벽한 것이라고 조목조목 진달하는 것이 옳을 것이다.”

　승안(承顔)이 대답했다.

　“이 일에 대해 신은 실로 그 사유를 알지 못했고, 다만 지난날에 전하께서 간원(諫院)이 올린 소에 따라 정을 파직했던 까닭에 신 등이 정이 반드시 이런 일을 했으리라고 생각한 것입니다.”

　상이 말했다.

공신(定社功臣) 2등에 책록됐다. 동복형제 사이에 일어난 이방간(李芳幹)과 이방원의 싸움인 2차 왕자의 난 때에는 중립적인 처신을 했기 때문에 무사했다. 그러나 1416년(태종 16년) 전주에 유배 중인 이방간과 은밀히 사통하면서 선물을 받은 것이 탄로 나 벼슬이 깎이고 서인(庶人)으로 강등돼 자원안치됐다.

"전등(前等)[19]의 간원(諫院)이 상소할 때 나도 역시 정이 반드시 (그런) 일을 저질렀을 것이라고 해서 그 실상을 묻지 않았었다. 그 뒤에 자세히 물어 실정을 알게 됐는데 별로 그런 실상이 없었다. 지금 간원에서 다시 탄핵해 청하기를 '정이 전의 잘못을 반성하지 않고 비밀리에 세자를 알현했으니 소인(小人) 가운데 심한 자입니다'라고 했는데, 정이 사실무근한 일을 가지고 소인의 이름을 얻고도 스스로 변명하지 못하고 끝내 조정에 서지 못해야 되겠느냐? 지금 대간에서 서로 이 때문에 핑계만 대고 사정은 살피지 않는데, 다만 넉넉하게 용납하기[優容]만을 청하니 말이 안 되는 것[無謂]이 심하다. 너희는 전등의 간원과 서연(書筵) 및 경승부(敬承府) 관리에게 물어서 아뢰도록 하라. 정이 실제로 죄가 있으면 내가 어찌 한 사람을 아끼느라 언로(言路)를 막겠는가? 그렇지 않으면 전등의 간원 정전(鄭悛) 등이 어찌 죄가 없겠느냐?"

승안이 명을 받고 물러 나와서 전 정언(正言) 김고(金顧)에게 실상을 물어보니 고(顧)가 매와 기녀(妓女) 등의 일을 가지고 대답했다. 상이 이에 전(悛) 등을 불렀으니 이는 대개 힐문(詰問)하고자 한 것이다. 상이 의정부참지사 정역(鄭易)을 돌아보며 말했다.

"정부에서는 어찌하여 사정은 살피지 않고 도리어 간원을 구제하려고 꾀하는가? 이것은 명예를 구하고자 하는 것이다.[20] 내가 오늘 아조(衙朝-조회)를 보지 않는 것은 까닭이 있다. 내가 성질이 급해

---

19 전직에 종사했던 사람을 가리킨다.
20 의정부 대신들이 임금이 아니라 대간의 눈치를 보는 것이 아니냐는 질책이다.

만일 정승(政丞)을 보게 되면 반드시 화난 기운을 보이겠기에 다만 경을 불러서 보는 것이니 경이 가서 정승에게 이 뜻을 말하라. 지난 날에 장령(掌令) 이방(李倣)이 정부(政府)를 지적하기를 '손흥종(孫興宗)과 황거정(黃居正)의 사건에 대해 몽롱(朦朧)하게 계문(啓聞)했다'라고 했는데, 정부에서 노해 그에게 죄줄 것을 청했으니 자기 일에는 저처럼 하고 정에게는 이처럼 하는 것이 될 일인가? 설사 경으로 말하더라도 어떤 사람이 경에게 말하기를 '경이 남에게 뇌물을 받았다'라고 하면 헌사(憲司)에서 듣고 반드시 죄를 청할 것이니 내가 만일 그 사실을 분변하지 않고 그대로 따른다면 경의 뜻에 어떠하겠는가? 지금 정의 일 또한 이와 똑같다."

○ 건주위(建州衛) 오도리(吾都里) 김희주(金希周) 등이 돌아간다고 고했다.

○ 강원도의 춘등월과(春等月課)의 군기(軍器)[21]를 면제해주었다. 관찰사(觀察使)가 보고했다.

'도내(道內) 인민이 올봄에 행랑(行廊)의 재목을 베는 역사에 나가야 하니 청컨대 월과(月課)의 군기를 면제해주소서.'

그것을 따랐다.

○ 삼군(三軍)의 녹사(錄事)·녹관(祿官) 둘을 두었다. 정부에서 삼군녹사(三軍錄事) 등의 일로 장계(狀啓)[22]했다.

---

21 봄철에 다달이 각 도(各道)의 주부군현(州府郡縣)에 부과해 공납하게 하는 군수물자를 말한다.

22 원래 장계란 조선시대 관찰사, 병사, 수사 등 왕명을 받고 외방에 나가 있는 신하가 자기 관하의 중요한 일을 왕에게 보고하거나 청하는 문서를 가리킨다. 여기서는 그냥 문서로

'전에는 훈련관참군(訓鍊觀參軍) 4인, 녹사(錄事) 6인, 대청관녹사(大淸觀錄事) 2인을 삼군녹사로 삼아 녹관(祿官)²³으로 천전(遷轉)했는데 지금은 모두 없습니다. 청컨대 삼군 중에 사정(司正) 1인, 부사정(副司正) 1인을 녹관(祿官)으로 삼으소서.'

그것을 따랐다.

임인일(壬寅日-17일)에 사재감(司宰監) 김을성(金乙成)을 사면했다. 을성(乙成)이 권문(權門)에 분경(奔競)한 죄로 이천(利川)에 유배 가 있었는데 이때에 이르러 그 아내 정씨(鄭氏)가 정부(政府)에 정장(呈狀)해 고했다.

'남편의 어미가 초빈(草殯)에 있고 아비 또한 나이 지금 82세인데 서북계(西北界)에 있으니 방환(放還)해주기를 빕니다.'

정부에서 아뢰니 상이 말했다.

"이런 일이 더욱 화기(和氣)를 상하게 한다."

보고했다는 뜻이다.

23 유록관(有祿官)이라고도 한다. 이에 비해 녹을 받지 못하는 관직을 '무록관(無祿官)'이라 했다. 또 겸직(兼職)이 아닌 고유 업무를 가진 실관(實官)을 녹관이라고 했다. 조선시대 의 관직은 실직(實職)과 산직(散職)으로 나뉘고, 실직은 다시 녹관과 무록관으로 나뉘며, 녹관은 또 지속적으로 근무하고 정기적으로 녹을 받는 정직(正職)과 일정 기간씩 교대 로 근무하고 근무기간에만 녹을 받는 체아직(遞兒職)으로 나뉜다. 『경국대전(經國大典)』 에 명시되어 있는 조선 초기의 실직은 동반 1,779직, 서반 3,826직 합계 5,605직이었다. 이 중에서 녹관은 동반경관직 646직, 서반경관직 5,405직, 동반외관직 1,038직, 서반외 관직 502직 합계 7,591직이었다. 녹관 중 동서외관직은 모두 정직이었고, 경관직은 동반 541직, 서반 319직만이 정직이었으며, 동반 105직과 서반 3,005직은 체아직이었다. 즉 동 반과 서반의 정직녹관은 모두 960직이었고, 동반과 서반의 체아직녹관은 모두 3,110직이 었다. 무록관은 동반경관직에만 있었는데 모두 95직이었다. 그러므로 조선 초기에 정상 적인 녹봉을 받고 있었던 관원은 960여 인의 동반·서반 정직녹관뿐이었다.

○ (서북면) 숙주(肅州) 사람 신득재(申得財)를 불러올 것을 명했다. 득재(得財)가 종이를 잘 만들어 중국의 종이 모양과 거의 같았던 까닭에 부른 것이다. 넉넉하게 의식을 내려주고 사람을 시켜 전습(傳習)하게 했다. 또 서북면(西北面)에 뜻을 전해 그 어미에게 쌀 5석을 내려주고, 그 매부(妹夫)의 군역(軍役)을 면제해[復=免除] 그 어미를 봉양하게 했다.

계묘일(癸卯日-18일)에 (서북면) 의주목사(義州牧使) 우박(禹博)을 순금사(巡禁司)에 가두고 장(杖) 60대를 속(贖) 바치게 했다. 애초에 병조판서(兵曹判書) 황희(黃喜)가 경사(京師-명나라 서울)에서 돌아와 말씀을 올렸다.

"본국 사람이 말을 저쪽 땅에 판 것이 수천 필입니다."

서북면 경차관(西北面敬差官) 조치(曹致)도 또한 아뢰었다.

"요동지휘(遼東指揮) 방준(方俊)이 일찍이 말을 사고자 해 먼저 박(博)에게 뇌물을 주었는데 박이 받았고, 뒤에 요동 사람이 우리 지경에 들어와서 말을 1,000여 필을 사 가지고 돌아갔는데 박이 짐짓[佯] 금하지 않았으니 죄를 주소서."

상이 말했다.

"과연 이렇단 말인가? (그렇다면) 박은 죄를 피할 수 없다."

순금사를 시켜 박을 국문하니 알지 못한다고 대답했다. 순금사에서 박이 한 지방을 전제(專制-통치)하면서 그 책임을 감당하지 못한 죄를 청하고 정부에서 말씀을 올렸다.

"동북면(東北面)과 서북면(西北面) 두 방면의 땅이 타국의 지경과

접했으니 민간의 마필(馬匹)은 모두 화인(火印)을 찍어 사사로이 팔지 못하게 하소서."

그것을 따랐다.

○ 예조에서 종묘(宗廟) 5실(五室)에 존호(尊號)를 더 올리고 옥책(玉冊)²⁴을 드리는 의주(儀註)를 바쳤다.

○ 외방의 죄인을 사면했다. 수원(水原)에 안치(安置)한 이방(李倣), 강화(江華) 수군(水軍)에 정속(定屬)한 이군세(李君世)·노인(盧仁), 율학청직(律學廳直)에 정속(定屬)한 김사혁(金思奕), 충청도 수군에 정속한 화척(禾尺) 김가물(金加勿), 이산진(尼山鎭)에 정속한 김득현(金得玄), 안주(安州) 수군에 정속한 장을생(張乙生)·이을신(李乙臣)·이위(李葳), 평양(平壤) 수군에 정속한 지영수(池永守)·지을생(池乙生), 이성제군소(異姓諸君所) 청직(廳直)에 정속한 손을창(孫乙昌)·강호(姜浩), 강원도(江原道) 김화(金化) 수군에 정속한 달단(韃靼) 조금(趙金), 동북면(東北面) 수군에 정속한 박숭(朴崇)·전길(全吉), 경상도(慶尙道) 수군에 정속한 안거도(安居道), 충청도(忠淸道) 수영(水營)에 부처(付處)한 임회(林璯), 북청주(北靑州)에 부처한 이성구지(李聖仇知), 경상도(慶尙道) 영해(寧海)에 부처한 곽승우(郭承祐), 동래(東萊)에 부처한 한기(韓奇)·최득수(崔得壽)·서치(徐致), 사주(泗州)에 부처한 한

---

24 왕실(또는 황실)에서 책봉, 존호·시호·휘호를 올리거나 죽음을 애도하기 위해 옥간(玉簡)에 글을 새겨 엮은 문서를 말한다. 옥책은 책문의 한 종류이다. 책문은 재질에 따라 옥책(玉冊), 죽책(竹冊), 금책(金冊) 세 종류가 있고, 옥책은 옥색에 따라 흑옥책(黑玉冊), 백옥책(白玉冊), 청옥책(靑玉冊)으로 구분되는데 청옥책이 가장 일반적이다. 책문은 원칙적으로 피수책자(被授冊者)가 '왕실의 승통(承統) 내 인물'일 경우에만 사용됐다. 옥책은 왕비 이상의 신분에 대해서만 사용된 반면, 죽책은 왕세자 이하에 대해 사용됐다.

영부(韓永富)·김학년(金鶴年), 전라도(全羅道) 해진(海珍)에 부처한 정의(鄭義)·박실(朴實)·이구원(李龜原), 낙안(樂安)에 부처한 김립(金立) 등을 경외종편(京外從便)했다.

○ 사헌부(司憲府)에 명해 전등(前等)의 간원(諫院)이 심정(沈泟)을 죄줄 것을 청한 일을 논하지 말라고 했다. 애초에 세자가 강학(講學)한 뒤에 숙위사(宿衛司)의 대호군(大護軍) 이숙묘(李叔畝, ?~1439년),[25] 서령(署令), 조보(趙保) 등과 더불어 활 쏘는 것을 익히고자 해 장차 들어가려 하는데 숙묘(叔畝)가 좌우를 물리치고 진언(進言)했다.

"지금 헌사(憲司)에서 전등의 간관을 탄핵하고 있는데 숙묘(자칭)가 비록 심정의 일을 알지는 못하나 지금 전내(殿內)에 관현(管絃-악기)과 응자(鷹子-매)가 모두 있습니다. 상께서도 알지 못하시고 전내가 엄숙하고 맑은데 간원에서 정의 죄를 속여서 꾸민 것이라 여기시어 성상의 노하심[聖怒]이 바야흐로 심합니다. 숙묘가 생각건대 간

---

25 증조부는 곡(穀)이고 할아버지는 색(穡)이며 아버지는 첨서밀직사사(簽書密直司事) 종학(鐘學)이다. 음보(蔭補)로 등용돼 태종 때 숙위사대호군(宿衛司大護軍), 호조참의를 거쳐 1418년(세종 즉위년)에 우군동지총제(右軍同知摠制)가 됐다. 1419년에 사은사(謝恩使) 이원(李原)을 따라 부사로서 명나라에 다녀온 뒤 공안부윤(恭安府尹)이 되고, 이어 황해도 관찰사가 됐다. 1420년에 동지총제, 1422년에 함길도 도관찰사, 1423년에 중군동지총제, 경상도 도관찰사를 거쳐 이듬해에는 형조참판이 됐다. 1427년에는 평안도 감사로서 송골매[松鶻]를 잡아 진헌하지 못한 죄로 충청도 임천(林川)에 유배됐으나 곧 풀려났다. 1429년에는 진하사은사(進賀謝恩使)로 명나라에 다녀왔고, 이듬해 전라도 처치사에 임명됐으나 처의 병으로 사임하자 광주목사로 임명됐다. 1434년 형조우참판, 형조좌참판, 동지중추원사(同知中樞院事)가 되고, 그해 12월에 진헌사(進獻使)로 명나라에 갔다가 이듬해 4월에 귀국했다. 이어 형조판서(刑曹判書), 지중추원사(知中樞院事), 경창부윤(慶昌府尹)을 거쳐 1436년에 판한성부사가 됐다. 그리고 1437년에는 처가 진안대군(鎭安大君) 방우(芳雨)의 딸이었기 때문에 지돈녕부사가 됐다. 태종의 조카사위인 셈이다.

38

관들은 반드시 들은 것을 가지고 말했을 것이니, 만일 국문하게 될 경우 옳고 그름이 분변(分辨)돼 죄가 돌아갈 데가 있을 것이니 저하(邸下)께서 마땅히 먼저 상께 고하든지, 만일 스스로 진달하지 못하면 동전(東殿)과 효령(孝寧)·충녕(忠寧)을 통해 진달하고 혹은 대신을 통해도 좋을 것입니다."

세자가 놀라고 두려워 곧 완호(玩好)하던 물건을 치워 그 형적을 인멸하게 하고 숙묘에게 일러 말했다.

"네가 안성군(安城君) 이숙번(李叔蕃)의 집에 가서 말하라."

숙묘가 곧 가서 고하니 숙번(叔蕃)이 상에게 고했다.

"전등의 간관에게 물으면 세세한 일[瑣瑣之事]들까지 반드시 세자에게 미칠 것이니 청컨대 정지하소서."

상이 세자를 불러 숙번이 아뢴 사유를 물으니 세자가 숨기고 사실대로 대답하지 않았는데, 이는 정(涯)이 몰래 유인했기[潛誘] 때문이었다. 이때에 이르러 묻지 말라고 명했다.

갑진일(甲辰日-19일)에 우박이 떨어지고 큰바람이 불었다.

○ 윤흥부(尹興阜)를 구금 상태에서 풀어주었다.

○ 일본(日本)의 소이전(小二殿), 종정무(宗貞茂) 등이 사인(使人)을 보내와 토산물을 바쳤다.

을사일(乙巳日-20일)에 개천도감(開川都監)에 내온(內醞-궁온, 궁궐용 술)을 내려주었다.

병오일(丙午日-21일)에 춘주(春州-춘천) 소양강(昭陽江) 상탄(上灘-상류)에 물이 말라서 깊이가 겨우[才] 반자쯤 됐다가 그날로 전과 같아졌다.

○ 서북면 도순문사(西北面都巡問使) 임정(林整)에게 약주(藥酒)를 마시라고 명했다. 상이 정(整)에게 일러 말했다.

"경은 본래 병이 있으니 외방에서 지금 비록 술을 금하기는 하나 마땅히 약으로 마셔라."

기유일(己酉日-24일)에 전 호조참의(戶曹參議) 이종선(李種善)의 고신(告身)을 주라고 명했다.

경술일(庚戌日-25일)에 한상경(韓尙敬)을 호조판서(戶曹判書) 세자좌빈객(世子左賓客)으로, 이래(李來)를 계성군(雞城君) 세자우빈객(世子右賓客)으로, 조질(趙秩)을 중군동지총제(中軍同知摠制)로, 연사종(延嗣宗)을 동북면 도순문사(東北面都巡問使)로, 강회중(姜淮仲)을 의주목사(義州牧使)로 삼았다.

○ 각 도(各道)의 시위군(侍衛軍)을 윤차(輪次)로 선군(船軍)과 교대시켰다. 정부의 청에 따른 것이다.

신해일(辛亥日-26일)에 의정부에서 분경(奔競)[26]을 금지하고 거주

---

26 일종의 엽관운동(獵官運動)이다. 관원이 전조(銓曹-이조와 병조)의 대신이나 권문세가(權門世家)에 분주하게 찾아다니며 승진운동을 하던 일을 가리킨다. 고려 말에 여러 가지 폐단이 많았으므로 조선조 때 이를 금지했다.

(擧主)²⁷를 처벌하는 두 조목을 올렸다. 애초에 상이 정부에 명해 말했다.

"처벌이 거주에게 미치는 것과 분경(奔競)하고 죄를 사피(辭避)하는 것 따위의 일은 실로 잘못됐다. 수령(守令)이 죄를 입는 것이 경중(輕重)이 같지 않으니 만일 탐오하고 불법하다면 거주를 아울러 죄주는 것이 마땅하지만 혹 공사(公事)에 착오가 있는데 아울러 거주를 죄주면 안 되지 않겠는가? 또 대소인원(大小人員)이 혹은 공사(公事)로, 혹은 친구의 정으로 어쩌다가 권문(權門)에 들어간 것을 가지고 시임(현직)은 파직을 시키고 전함(前銜-전직)은 부처(付處)하는 것도 잘못된 것이다. 정부에서 깊이 토의해[擬議] 보고하라."
_{의의}

이때에 이르러 정부에서 토의해 아뢰었다. 첫째는 이러했다.

'영락(永樂) 3년(1405년) 3월 16일에 사간원(司諫院)에서 수교(受教)한 안에 "선비가 염치가 있은 뒤에야 임금을 섬기는 마땅함[事君
_{사군}
之義]을 다할 수 있는 것이다"라고 했습니다. 전조(前朝-고려) 말년에
_{지 의}
권세가 신하에게로 옮겨져 권문(權門)에 아부하고 세력을 좇는 자는 갑자기 화요(華要)한 벼슬로 옮기고 염정(廉靜-청렴하고 조용함)하고 자수(自守-스스로 도리를 지킴)하는 자는 도리어 배척을 당해 비록 대간(臺諫)의 관원이라도 모두 권귀(權貴)가 턱으로 지시하는 바[頤指]가 돼 분경이 풍속을 이루고 염치의 도리가 없어져서 패망하
_{이지}

---

27 관리를 임명할 때 삼망(三望)의 후보자를 천거하는 사람을 가리킨다. 거주(擧主)의 자격
은 동반(東班)은 6품 이상이었고 서반(西班)은 4품 이상이었으나 대개 당상관(堂上官)인
경우가 많았다. 거주는 추천으로 끝나는 것이 아니고 만약 추천한 사람이 관원에 임명돼
죄를 범하는 경우에는 거주도 공동 책임을 지고 문책을 당했다.

는 데에 이르렀습니다. 국초(國初)에도 남은 풍속이 없어지지 않아 전하께서 그 폐단을 깊이 생각하시어 엄격하게 법금을 세워 헌사(憲司)로 하여금 규리(糾理)하게 하고 혹은 파출(罷黜)을 가했습니다. 그러나 아첨하는 무리가 사이를 타고 틈을 이용해 간청하고 아부해 말을 조작하고 일을 일으켜 드디어 염정(廉靜)한 무리로 하여금 똑같이 수치를 당하게 했으니 참으로 탄식할 일입니다. 바라건대 이제부터 권귀(權貴)의 문(門)에 친척이 아닌데도 분경(奔競)하는 자는 이조(吏曹)로 하여금 정밀하게 살펴 시직(時職)·산직(散職)을 물론하고 표부과명(標付過名)²⁸해 서용(敍用)을 허락하지 마소서. 또 헌사(憲司)로 하여금 그 법을 거듭 엄격하게 적용해 사풍(士風)을 가다듬게 하소서. 지신사(知申事) 박석명(朴錫命)이 신판(申判)해 의신(依申)²⁹했는데 집정가문(執政家門)을 제외한 분경은 금지하지 말라고 했습니다. 지금 신 등이 생각건대 급속한 공사(公事)로 고과(告課)하는 각사(各司) 원리(員吏)와 사명(使命)을 받들고 출입하는 인원은 아부(阿附)로써 논할 수 없고, 내외친척(內外親戚)도 또한 일찍이 내린 교지(教旨)에 의거해 아울러 금지하지 말아야 할 것입니다.'

둘째는 이러했다.

'영락(永樂) 원년(元年-1403년)에 사간원(司諫院)에서 수교(受敎)했는데 "근년 이래로 수령(守令)이 적합하지 않은 사람이 많아서 혹은

---

28 관리가 과오를 저질렀을 때 그 과오를 별지(別紙)에 써서 정안(政案-인사자료)에 붙여두던 일을 말한다. 도목정사(都目政事) 때에 자료로 삼기 위한 것이다.

29 임금이 신하가 아뢴 것 그대로 윤허하던 일을 말한다.

용렬하고 능력이 없어 그 임무를 감당하지 못하고, 혹은 탐오하고 불법을 저질러 생민(生民)에게 해독을 끼친다"라고 했습니다. 바라건대 지금 무릇 수령을 제수함에 있어 죄가 거주(擧主)에게 미치는 법은 한결같이 『육전(六典)』에 의거해 1품으로부터 현관(顯官) 6품까지로 하여금 각각 아는 사람을 천거하게 하는데 일찍이 현질(顯秩)을 지내서 명망이 있는 자나 중외(中外)의 벼슬을 거처 성적(成績)이 있는 자 가운데 명망이 많은 자를 취해 쓰고, 가신(家臣)이나 간사한 이전(吏典) 출신자를 청탁해 그 사이에 섞이지 않게 해야 할 것입니다. 성적을 참고할 때에도 각 도 감사로 하여금 전최(殿最)[30]를 갖춰 헌사(憲司)에 이문(移文)해 천거한 자가 적당한 사람이 아니면 죄가 거주에게 미치게 해야 할 것입니다. 또 영락(永樂) 2년에 본부(本府)에서 수교했는데 "현량(賢良)을 보거(保擧)[31]하는데, 동반(東班) 6품·서반(西班) 4품 이상 인원으로 하여금 각각 아는 사람을 천거하게 하되 시직(時職)·산직(散職)·친구(親舊)를 물론하고, 7품 이상 가운데 인재(人材)·연갑(年甲-나이)·적관(籍貫)·출신(出身)·역사(歷仕)·문무재간(文武材幹)을 갖춰 기록해 보거(保擧)토록 해 탁용(擢用)에 대비하게 하라. 천거한 것이 적당한 사람이 아니면 죄가 거주에게 미친다"라고 했습니다. 지금 신 등이 생각건대 집에서 사환(使喚)하던 사람이나 출신, 역사가 분명치 않은 사람을 천거한 자는 마땅히 죄

---

30 지방 감사(監司)가 각 고을 수령(守令)의 치적을 심사해 중앙에 보고할 때 그 우열(優劣)을 나눠 상등을 최(最)라 하고 하등을 전(殿)이라 하던 제도다. 매년 6월과 12월에 실시했는데, 5고 3상(五考三上)이면 승진됐다.

31 관리를 임명할 때 거주(擧主)가 후보자를 보증 천거하던 일을 가리킨다.

를 받아야 하지마는 만일 일찍이 현질(顯秩)을 지냈거나 중외(中外)에 역사했거나 유일(遺逸)로서 문무 재간이 있는 자를 천거한다면 아울러 그 죄를 받는 것은 불가합니다. 연좌된 죄가 강상(綱常)을 허물어뜨리거나 탐오(貪汚)해 장죄(贓罪)에 연좌된 일이 아니면 거주에게 (처벌이) 미치지 않게 해야 할 것입니다.'

둘 다 그것을 따랐다.

임자일(壬子日-27일)에 유맹문(柳孟聞) 성효상(成孝祥)을 파직했다. 사헌부에서 청해 말했다.

"근래에 전 이조좌랑(吏曹佐郎) 유맹문을 횡천감무(橫川監務)로 삼고, 전 감찰(監察) 성효상을 영춘감무(永春監務)로 삼았습니다. (그런데) 맹문(孟聞) 등이 파면된 지 얼마 아니 되어 또 배명(拜命)했습니다. 신 등이 생각건대 나라의 큰 칼자루[大柄]는 상과 벌인데 상벌에 전장(典章)이 없으면 어떻게 권면하고 저지하겠습니까[勸沮]? 바라건대 그들을 파직해야 합니다."

그것을 따랐다.

계축일(癸丑日-28일)에 화성(火星)이 헌원(軒轅) 부인성(夫人星) 남쪽을 범했다.

○ 여천군(驪川君) 민여익(閔汝翼)을 보내 경사(京師)에 가게 했다. 성절(聖節)을 하례하기 위함이었다. 사역원판사(司譯院判事) 이자영(李子瑛)이 자문(咨文)을 싸 가지고 함께 갔는데 제복(祭服)과 약재(藥材)를 사기 위함이었다.

갑인일(甲寅日-29일)에 고신법(告身法)을 토의했다. 상이 예관(禮官)에게 명해 말했다.

"전조(前朝)에 조사(朝謝)³²하는 법은 심히 잘못됐으므로 우리 태조(太祖)가 관교(官敎)로 고쳤다가 상왕(上王) 때에 다시 그 법을 시행했다. 평양백(平壤伯) 조준(趙浚)이 정승(政丞)이 되자 대간(臺諫)에서 서경(署經)을 하지 않았으므로 내가 심히 미워해 곧 관교(官敎)로 고쳤다. 그러나 4품 이하의 조사(朝士)는 아직도 그 폐법(弊法)을 따라서 권세가 대간에 있으니 심히 잘못이다. 너희는 마땅히 역대(歷代)에 제수(除授)하던 고신법(告身法)을 상고해 아뢰라. 내가 마땅히 옛것을 모방하겠다."

정부(政府)에 명했다.

"임금이 아랫사람에게 벼슬을 제수하는데 신하가 마음대로 고신(告身)을 지체시키니 실로 잘못이다. 고전(古典)을 상고해도 또한 출사(出謝)하는 법이 없으므로 태조가 전조(前朝)의 법에 의거해 4품 이상은 관교(官敎)를 주고 5품 이하는 다만 문하부(門下府)로 하여금 교첩(敎牒)을 주었는데, 내가 즉위한 뒤로 4품 이하를 모두 대간으로 하여금 서출(署出)하게 했으니 태조(太祖)의 법을 따른 것이 아니다. 이에 깊이 토의해 보고하라."

---

32 대간에서 관직 임명자의 자격을 심사하는 서경(署經) 절차를 말한다. 고려시대에 모든 관리의 임명에는 대간의 서경 절차를 거쳐야 했고, 서경을 통과하면 관교(官敎), 즉 임명장과 함께 사첩을 발급했다. 조선에 들어오면 태조대에 인사 문제에 대한 국왕의 권한을 강화하는 과정에서 서경 범위를 축소해 4품 이상의 관직은 대간의 서경을 거치지 않고 임명장인 왕지(王旨)를 주었고, 5품 이하에 대해서만 서경을 거쳐 사첩을 발급하는 방식으로 전환했다.

정부에서 말씀을 올렸다.

"우리 조선(朝鮮)에서 귀천(貴賤)을 분별하는 법은 이미 오래입니다. 대간(臺諫)에서 서사(署謝)하는 법이 사람의 귀천을 분변할 뿐만 아니라 또한 자기 한 몸의 과실을 징계하는 것이니 가볍게 고칠 것이 아닙니다."

상이 말했다.

"국론(國論)이 만일 그렇다면 내가 마땅히 그것을 따르겠다."

○ 전 경기 도관찰사(京畿都觀察使) 전백영(全伯英)이 늙고 병들었다고 해 걸해(乞骸-사직)하고 경산현(慶山縣)으로 돌아가니 상이 허락하며 말했다.

"전 재신(全宰臣)이 중외(中外)에서 복무해 공로가 있는데 지금 돌아간다고 하니 참으로 안타깝다. 초료(草料)와 죽반(粥飯)을 주어 보내라."

○ 영의정부사(領議政府事) 하륜(河崙)이 「보동방(保東方)」과 「수정부(受貞符)」 두 편(篇)을 바쳤다. 애초에 륜(崙)이 태조(太祖)를 위해 성덕(盛德)의 노래를 지어 「수보록(受寶籙)」을 대신할 것을 청하니 상이 허락했다. 그래서 이때에 이르러 두 편을 바친 것이다. 상이 말했다.

"「보동방」은 좋으나 「수정부」는 참위(讖緯)의 설이니 내 마음에 맞지 않는다[未愜]. 정부(政府)와 육조(六曹)에 내려 토의해 모두가 좋다고 하면 내가 따르겠다."

지신사 김여지(金汝知)가 륜의 말을 상에게 진달했다.

"한 비기(秘記)에 이르기를 '고려가 송악(松岳)에 도읍하면 480년

이고, 조선이 한양(漢陽)에 도읍하면 8,000세(歲)'라고 했는데 고려씨
(高麗氏)의 역년(歷年)의 수가 과연 맞았으니 이것으로 본다면 비기
의 말을 믿을 수 있는 것입니다."

이어서 태조(太祖)가 개국할 때의 「몽금척(夢金尺)」과 「수보록(受寶
錄)」의 기이함이 있었다고 말하니 상이 말했다.

"옛적 한무제(漢武帝) 때에 조(趙)나라 사람 강충(江充)[33]이 무제의
괴이한 꿈을 빌미로 삼다가 화(禍)가 죄 없는 사람에게까지 미쳤고,
서한(西漢) 말년에 왕망(王莽)[34]·공손술(公孫述)[35]의 무리가 부참(符

---

33 말기에 병으로 눕게 된 무제는 그 원인이 무고 때문이라고 믿고 강충에게 명해 많은 사
람을 옥사시켰다. 이때 강충과 반목하고 있던 황태자인 여태자는 화(禍)가 자신에게 미
칠 것을 두려워해 먼저 강충을 체포하고 병사를 일으켜 5일간 장안성(長安城)에서 시가
전을 벌였으나 실패해 자살했다. 이때 황후 위씨(衛氏)도 함께 자살했으며 그 밖에 황손
(皇孫) 2명이 살해됐다. 이듬해 무제는 차천추(車千秋)의 상소를 통해 태자의 잘못이 없
음을 알고 태자를 죽게 한 것을 후회하고 강충 일족을 참형시켰다.

34 신(新, 8~24년)왕조의 건국자다. 권모술수(權謀術數)를 써서 사실상 최초로 선양혁명(禪
讓革命)에 의해 전한의 황제 권력을 빼앗았다. 불우하게 자랐지만 유학을 배웠고 어른을
잘 섬겨 왕봉(王鳳)의 인정을 받았다. 경녕(竟寧) 원년(기원전 33년) 황문랑(黃門郎)이 되
고, 영시(永始) 원년(기원전 16년) 봉읍 1,500호를 영유하는 신야후(新野侯)가 됐다. 원시
(元始) 5년(기원후 5년) 평제를 독살한 뒤 2세 된 유영(劉嬰)을 세워 당시 유행하던 오행
참위설(五行讖緯說)을 교묘히 이용하면서 인심을 모았다. 스스로 가황제(假皇帝)라 하고,
신하들에게는 섭황제(攝皇帝)라 부르게 했다. 초시(初始) 원년(기원후 8년) 유영을 몰아내
고 국호를 신(新)이라 해 황제가 됨으로써 선양혁명에 성공했다. 개혁정책을 펼쳤지만 한
말(漢末)의 모순과 사회문제를 해결하지 못한 채 모두 실패했다. 장안(長安)의 미앙궁(未
央宮)에서 부하에게 칼에 찔려 죽음으로써 건국한 지 15년 만에 멸망했다.

35 처음에는 왕망(王莽)을 섬겨 도강졸정(導江卒正)을 지냈다. 전한 말기 갱시(更始) 2년
(24년) 면죽(綿竹)에서 녹림군(綠林軍)을 공격해 저지하고 자립해 촉왕(蜀王)이 된 뒤 성
도(成都)에 도읍을 정했다. 촉(蜀)과 파(巴)를 평정하고, 다음 해 스스로 천자(天子)라 일
컬으며 국호를 성가(成家)라 했다. 촉과 파의 부(富)를 기반으로 성장했다. 광무제(光武
帝) 건무(建武) 3년(27년) 장군(將軍) 이육(李育)을 보내 삼보(三輔)를 공격했지만 패배하
고 돌아왔다. 귀신을 맹신하고 부명(符命)을 좋아했으며, 측근만 신임해 주살(誅殺)을 남
발하자 신하들이 떠나갔다. 9년(33년) 외효(隗囂)가 패하자 촉나라 일대가 두려움에 떨
었다. 나중에 오한(吳漢)과 장궁(臧宮)에게 패한 뒤 부상당한 상처 때문에 죽었다.

讖)의 말을 혹신해 백성에게 앙화(殃禍)를 끼치고 자기들에게도 화가 미쳤으니 이것으로[迹此=由此] 본다면 참문(讖文)과 몽괴(夢怪-꿈의 기이함)가 믿을 것이 못 된다. 우리 태조의 창업이 실로 천명(天命)과 인심(人心)에 기초한 것이니 비록[縱=雖] 금척(金尺)[36]·보록(寶錄)[37]의 이상함이 없더라도 어찌[其=豈] 창업하지 못했겠는가? 경 등은 모두 유신(儒臣)인데 어찌하여 논설(論說)하는 것이 여기에 미치는가?"

여러 신하가 모두 머리를 수그린 채 "예[唯], 예"할 뿐이었다. 륜이 친히 아뢰었다.

"신이 전날에 바친 「수정부」 1편을 상께서는 불가하다고 하시나, 신이 생각건대 「수보록」이 비록 참기(讖記)에서 나오기는 했으나 실상은 천명(天命)이 먼저 정해진 것이니 여항(閭巷)에서 노래하고 읊조리는 것은 금하지 마시도록 청합니다."

상이 말했다.

"악장(樂章)에 넣는 것은 불가하지마는 여항에서 노래하는 것이야 무얼 반드시 금지할 필요가 있겠느냐?"

---

36 태조가 왕위에 오르기 전에 꿨던 꿈에서 신인(神人)으로부터 금척을 받았는데 그것이 머지않아 국왕이 될 것이라는 계시였다는 내용을 담고 있다.

37 태조가 잠저(潛邸)에 있을 때 지리산(智異山) 돌벽 속에서 얻은 귀한 글을 가리킨다.

丙戌朔 上率百官 親祭于文昭殿 還宮 遙賀帝正 受群臣朝宴.
병술 삭 상솔백관 친제 우 문소전 환궁 요하 제정 수 군신 조연

群臣始用爵九獻樂九成之節 除議政府進箋及通禮門望龍顏大喝
군신 시용작 구헌 악 구성 지절 제 의정부 진전 급 통례문 망 용안 대갈

之禮. 前月季 禮曹定九爵之禮以聞 上以爲: "爵小則雖至九行或
지례 전월계 예조 정 구작 지례 이문 상 이위 작소 즉 수 지 구행 혹

不醉 然不可大醉 亦不可不醉." 乃命作大爵. 至是日 群臣咸醉
불취 연 불가 대취 역 불가 불취 내 명작 대작 지시일 군신 함취

有起舞者.
유 기무 자

先是 參議僉摠制連二品末坐於進善門內 受各品行禮 判事
선시 참의 첨총제 연 이품 말좌 어 진선문 내 수 각품 행례 판사

以下出門外 東西六品以上相對立 七品以下就前行禮. 至是改定
이하 출 문외 동서 육품 이상 상 대립 칠품 이하 취전 행례 지시 개정

其禮 參議僉摠制與判事同列 皆出門外 東西從三品以上 相對
기례 참의 첨총제 여 판사 동렬 개 출 문외 동서 종삼품 이상 상대

行禮 令四品以下就前 四品不肯曰: "見詳定禮文 然後行禮."
행례 영 사품 이하 취전 사품 불긍 왈 견 상정 예문 연후 행례

相詰至午嚴鼓動 遂入赴宴. 憲府劾問禮曹稽制司正郎卞孝孫.
상힐 지오 엄고 동 수 입 부연 헌부 핵문 예조 계제사 정랑 변효손

以不早諭改定東西班行禮儀注之故.
이 불 조유 개정 동서반 행례 의주 지 고

丁亥 賜賻臣官盧希鳳母喪. 上曰: "此人夙夜無怠 破有功勞."
정해 사부 환관 노희봉 모상 상 왈 차인 숙야 무태 파유 공로

賜紙百卷 燭十丁 米豆三十石.
사지 백권 촉 십정 미두 삼십 석

東北面宜州人安豆驗妻一産二男一女 命賜米.
동북면 의주인 안두험 처 일산 이남 일녀 명사 미

戊子 上詣仁德宮獻壽.
무자 상 예 인덕궁 헌수

命東北面都巡問使進鷹子 擇能擊天鵝者以進.
명 동북면 도순문사 진 응자 택 능격 천아 자 이진

悅難衛骨看兀狄哈達賓介等及 建州衛兀良哈甫多豆等還.

豊海道西北面敬差官曹致復命啓曰:"臣行視兩道民生 不唯

飢饉 病者亦以千數. 願遣醫員療治 又以靑粱米賑之." 命下

議政府. 致又啓曰:"泥城兵馬使康有信 暗於臨民 已不稱職 又

爲屯田 以害民生. 請論其罪 以戒後來." 命政府曰:"姑置此罪

令勿復作弊."

己丑 上拜健元陵. 上問承政院曰:"明日欲詣健元陵 適値春享

獻官旣行禮 予又行別祭可乎?" 知申事金汝知對曰:"曉行春享

例也. 祭後 殿下又親行別祭可矣." 左副代言韓尙德 右副代言

趙末生 同副代言卓愼等對曰:"記曰:'祭不欲數.'然則一日不可

行二祭明矣. 若宗廟則須當曉行其祭 山陵之禮 則與宗廟不同

不必曉行. 殿下詣陵 雖晝行春享 無所不可." 上從尙德等議.

吏曹上封君祿科之法. 啓曰:"建文四年三月初九日 知申事

朴錫命啓奉王旨:'外戚封君祿科 降宗親封君科一等; 其官階

高下 亦降一等.' 洪武二十八年正月初七日 三司受判:'功臣

外戚封君祿科 從實職降一等.' 已有判旨. 崇政安川君韓劍 嘉靖

驪原君閔無恤 嘉善驪山君閔無悔等祿牌 皆依第四科給之 與

判旨相違. 韓劍祿牌 從官階降一等 作第三科; 無恤 無悔等祿牌

亦降一等 作第五科給之; 光山君金漢老 永嘉君權弘等祿牌 亦依

此例何如?" 從之.

壬辰 建州衛吾都里崔好吾大等二人及指揮童多音波老等八人還.
임진 건주위 오도리 최호오대 등 이인 급 지휘 동다음 파로 등 팔인 환

免豐儲倉副使金師磾 丞宋殷等職. 初 有旨: "宮中侍女 給全
면 풍저창 부사 김사제 승 송은 등 직 초 유지 궁중 시녀 급전

朔料." 倉官誤依前例 給半朔料. 戶曹亦失於考覈也. 故幷罷
삭료 창관 오의 전례 급반 삭료 호조 역 실어 고핵 야 고 병파

戶曹正郎薛經職 尋命復職 以經罪輕於倉官也.
호조정랑 설경 직 심명 복직 이 경 죄 경어 창관 야

慶尙敬差官李有喜復命. 有喜啓曰: "知淸道郡事崔道源與知
경상 경차관 이유희 복명 유희 계왈 지 청도군 사 최도원 여 지

密陽郡事韓有紋 農月載酒與妓 會飮留宿 殊無字民之意. 道源則
밀양군 사 한유문 농월 재주 여기 회음 유숙 수무 자민 지 의 도원 즉

臣已按罪免職 有紋階爲三品 未卽科斷. 乞罪之." 命勿論.
신 이 안죄 면직 유문 계위 삼품 미즉 과단 걸 죄지 명 물론

乙未 下開川都監役軍事宜. 命曰: "軍人作息之法 罷漏後始役
을미 하 개천도감 역군 사의 명왈 군인 작식 지법 파루 후 시역

人停前放歇 如有違命役民過重者 當重論." 又命兵曹巡禁司曰:
인정 전 방헐 여유 위명 역민 과중 자 당 중론 우명 병조 순금사 왈

"人停後罷漏前 有役民者 則罪監役官." 又命政府曰: "令典醫
인정 후 파루 전 유 역민 자 즉죄 감역관 우명 정부 왈 영 전의

惠民署 濟生等司 預劑藥餌 且令結幕 如有病者 便行救治 不使
혜민서 제생 등사 예제 약이 차령 결막 여유 병자 편행 구치 불사

隕命." 初 慶尙全羅忠淸三道軍之來也 上命遣知印 令路傍各官
운명 초 경상 전라 충청 삼도 군 지 래야 상 명견 지인 영 노방 각관

救護 無致凍死.
구호 무치 동사

加置開川都監提調. 南城君洪恕 花城君張思靖 熙川君金宇
가치 개천도감 제조 남성군 홍서 화성군 장사정 회천군 김우

摠制金重寶 柳濕 李之實 金萬壽 柳殷之 李安愚 黃祿等也. 又
총제 김중보 유습 이지실 김만수 유은지 이안우 황록 등 야 우

加使及判官三十三人.
가 사 급 판관 삼십삼 인

賜檢校判漢城府事劉旱雨米豆二十石. 以旱雨相地 有功於
사 검교 판한성부사 유한우 미두 이십 석 이 한우 상지 유공 어

先陵也.
선릉 야

丙申 罷吏曹佐郎柳孟聞職. 初吏曹令史姜淑命將金炯等入仕
병신 파 이조좌랑 유맹문 직 초 이조 영사 강숙명 장 김형 등 입사

關文 不詣堂上 逕告郎廳 孟聞不察 誤署其關 後乃覺之 欲免
관문 불예 당상 경고 낭청 맹문 불찰 오서 기관 후내 각지 욕면

己罪 拿送淑命于刑曹. 憲府以此劾罷之.
기죄 나송 숙명 우 형조 헌부 이차 핵 파지

丁酉 司諫院上疏請前上護軍沈涬之罪. 涬托歲謁 潛入東宮
정유 사간원 상소 청전 상호군 심정 지죄 정탁 세알 잠입 동궁

敬承府少尹兼文學柳章知之 以告獻納李安柔. 諫院乃上疏曰:
경승부 소윤 겸 문학 유장 지지 이고 헌납 이안유 간원 내 상소 왈

'養儲副 不可不謹也 故其侍衛者 必擇溫良謹厚之人 使居左右
양 저부 불가 불근 야 고기 시위 자 필택 온량 근후 지인 사거 좌우

出入起居 自然涵養而輔導之也. 前上護軍沈涬 嘗爲世子左司衛
출입 기거 자연 함양 이 보도 지야 전 상호군 심정 상위 세자 좌사위

乃以嫵媚之態 陰爲邪僻之行 雜進奇巧之事 故本院申請罷職
내 이 무미 지태 음위 사벽 지행 잡진 기교 지사 고 본원 신청 파직

退黜. 爲涬計者 改心易慮 謹愼其身 曾不是懲 乘間抵隙 出入
퇴출 위정 계자 개심 역려 근신 기신 증 불시징 승간 저극 출입

東宮 其不顧前行之愆甚矣. 大抵小人之心 無所懲於前 則無所戒
동궁 기 불고 전행 지건 심의 대저 소인 지심 무소징 어전 즉 무소계

於後. 今涬所謂小人之尤者也. 伏望殿下將涬黜諸遐裔 以懲不悛
어후 금정 소위 소인 지 우자 야 복망 전하 장정 출저 하예 이징 부전

之罪.'
지죄

世子聞之大怒 詣闕極陳涬歲謁耳 柳章嗾諫院令上疏 上曰:
세자 문지 대노 예궐 극진 정세알 이 유장 주 간원 영 상소 상왈

"賀歲 俗尚也. 涬於元日 進東宮 亦何傷哉! 必欲黜諸遐裔 不亦
하세 속상 야 정어 원일 진 동궁 역 하상 재 필욕 출저 하예 불역

甚乎!"仍使諫院請暇.
심호 잉 사 간원 청가

流敬承府少尹柳章于公州. 初 章訪李安柔之家 世子在宮望見
유 경승부 소윤 유장 우 공주 초 장방 이안유 지가 세자 재궁 망견

疑章嗾之 遂白于上. 召章傳曰:"汝爲敬承府 又兼文學 凡殿之
의 장주 지 수백 우상 소장 전왈 여위 경승부 우 겸 문학 범 전지

差失 直告世子正之可也. 何往安柔家 潛誘之乎?"章對曰:"涬
차실 직고 세자 정지 가야 하왕 안유 가 잠유 지호 장대왈 정

之出入有日矣. 諫院豈不知之? 臣之往見安柔 以故舊也 暫無
지 출입 유일 의 간원 기 부지 지 신지 왕견 안유 이 고구 야 잠무

雜言."上以章之言爲不直 幷司諫尹會宗 獻納李士澄 李安柔
잡언 상 이 장지 언위 부직 병 사간 윤회종 헌납 이사징 이안유

皆流之 召世子問其故. 後引入輔德李之剛等曰:"世子 國本也
개 유지 소 세자 문 기고 후 인입 보덕 이지강 등왈 세자 국본 야

左右皆正人 則國本端矣. 文學金中坤乘機干謁 以其子補敬承府
좌우 개 정인 즉 국본 단의 문학 김중곤 승기 간알 이 기자 보 경승부

行首 爾等不言其非 獨於沺乃至此耶？ 沺曾從世子 不忘古意

歲時相謁 人情之常. 其可終身廢黜 不使接迹於李氏社稷乎?"

之剛等對曰: "臣等專以侍講爲事 沺之進退 皆不知; 中坤之事

亦不知之." 司憲執義韓承顏等上疏曰:

'臣等伏見諫院請前上護軍沈沺嫵媚世子邸下違例請謁之事

殿下不唯不允 又加譴責① 放竄于外 驚惶不知所措. 右沺嘗充

世子宿衛之任 以陰邪嫵媚 雜進奇巧之事 得罪見黜. 若有朝士

廉恥之心者 宜當慙愧自退. 又無所任 非時請見 其諂諛無恥 見

此一事可知. 諫院言之 未爲失也. 伏望殿下 特降兪音 俾還會宗

等職 以開言路 以杜諂諛徼倖之門.'

上不允 因下敎曰: "臺諫凡上疏糾彈之事 當以實事陳之可也.

近來臺諫 以往來浮浪之言 風聞彈糾 風俗不美. 自今大小臣僚

族親外 毋得與臺諫官相過 交私議論 違者罪之. 如有所訴 聽於

官門進告." 參知議政府事鄭易啓曰: "前日殿下下敎曰: '臺諫員

毋得與大小朝士相過.' 臣等竊謂臺諫 殿下之耳目 宜廣見聞. 凡

立法 必傳之萬世 不可不愼." 上曰: "予之欲立此法久矣. 前朝之

季 權臣陰嗾臺諫 劾忤己者 誣陷於罪者多矣 居正 興宗之事 亦

此類也. 風俗不美 一至於此 今立此法 非苟爲也. 爾政府何不

深思 而反有此言? 宜勿復言." 世子詣闕啓曰: "諫院 上之耳目;

書筵 臣之僚屬. 日者欲臣專務學問 而反遭貶黜. 如此則後人

誰肯爲臣 陳規戒之言乎?" 上曰: "誰令汝請之乎?" 世子曰: "臣

曾有請之之心 問於賓客李來等 答曰: '可.' 故敢請耳." 上曰:

"世子年雖幼 其言有理." 政府憲司亦繼而論救 遂召還會宗等

就第 收章告身 流于公州 以其陰諭諫院 情涉秘譎也. 上問於

代言司曰: "昨日問柳章時 章初則曰: '諫院移文 然後乃知证之

事.' 更問則曰: '移文前得知.' 爾等何不告乎? 承傳色尹興阜亦

有罪." 知申事金汝知等對曰: "章言雖不一 終露情實. 是以臣等

以實陳之 略其浮僞耳." 命囚興阜于巡禁司. 又謂汝知曰: "爾等

啓事 不具陳本末 是欺我也. 予聞前朝恭愍王 有承宣犯罪 則

篹之不宥. 吾今篹之何有! 且爾等非大臣 下法官論罪 亦何難乎!

予忍而不問 爾等謹之." 對曰: "臣等但以庸愚 不敏於言耳 豈敢

欺罔上聰乎?"

　罷司憲監察成孝祥職. 司憲府請其初七日頒祿稽遲之罪也.

　己亥 慶尙道採訪使司空濟進銀一兩四錢. 濟馳報: '臣於

金海府沙邑梯地面 將實軍百五十名 自去年閏十二月二十三日 至

今年正月初四日 採得鉛五十斤六兩 鍊取十品銀一兩一錢五分

七品銀二錢五分 鉛五斤.' 厥後監司報: '採銀坑坎陷 壓死者

五人 傷折者四人.'

　庚子 張燈于禁中 以上元日祀太一也. 內資 內贍寺各進紙燈

五百 又雜以龍鳳虎豹之狀者亦多. 初 上欲張燈於十五日 召

禮曹參議許稠 考諸古典 問於河崙以聞. 稠啓曰: "考文獻通考

無之 唯出於前朝詳定禮. 其原則自漢祠太一而始也. 河崙亦謂非

聖人之法 宜寢之." 上曰: "三代以後 莫漢唐若也. 卿以漢制爲

不足法耶?" 稠對曰: "臣願殿下必法三代 漢唐不足法也." 上曰:

"然則禮曹不必詳定以聞. 予於宮中且行之矣." 遂召內資 內贍

各一員曰: "三元日燃燈 略倣事林廣記 務從簡易 毋作龍鳳虎豹

詭異之狀 濫費天物." 左司諫大夫尹會宗進曰: "宮中燃燈 非

聖人之制 願罷之." 上曰: "予不欲大行燃燈之事 姑於宮中暫試

耳." 先一日 上曰: "上元燃燈 起自漢時 不可廢也." 始觀燃于

北苑 賜造燈匠人 二十六人米一石.

　遣大臣 以開渠 告宗廟社稷山川之神. 慶尙 全羅 忠淸三道

軍人共五萬二千八百. 上曰: "五萬餘人 遠路負米 必不贍矣.

命出軍資監米萬四百石 給軍人各三斗 備半月糧也. 軍中服

父母喪者 數至三百 皆放還之.

　下永春監務金久冋于巡禁司.

　辛丑 命召前左司諫大夫鄭悛 前知司諫院事徐宗俊. 上謂執義

韓承顏曰: "爾等請優容諫臣 所謂優容者 凡臺諫若以宮中之事

與貴戚大臣之事 斥其實而直言 則言雖不聽 勿罪之謂也. 豈以誣

請人罪 而含忍不罪之謂乎? 予所以使沈泟侍世子者 非他 泟乃

靑原君沈淙之弟 且善射者也. 故講學之餘 欲與之習射耳. 今予

問世子及書筵敬承府員吏 別無邪僻之行 奇巧之事 但涏嘗進雉

世子問:'何從而得?' 涏曰:'借兄靑原君鷹子得之.' 世子欲見

之 涏進鷹 世子不久留而還之. 豈以此爲雜進奇巧之事 務爲邪僻

之行乎? 謂之雜則非一之謂也. 其言嫵媚之態 以形容動靜言也

故不可名言 若奇巧邪僻等事 以行實言之 故可以形言之也. 爾

當以某事爲奇巧 某事爲邪僻 而條陳之可也." 承顔對曰:"此事

臣實未知其由 但以曩日殿下從諫院之疏 罷涏職 故臣等以謂涏

必有此也." 上曰:"前等諫院上疏之時 予亦以爲涏必有事 而

不問其實 厥後詳問得情 別無其實. 今諫院復劾之 請曰:'涏

不懲前失 密謁世子 乃小人之尤者也.' 涏以無實之事 得小人之

名 不自別白而終不得立於朝乎? 今臺諫徒欲相爲之援 而不察

事情 但請優容 甚無謂也. 爾等問於前等諫員及書筵敬承府官吏

以聞. 涏實有罪 則予何惜一人 以塞言路? 不然則前等諫員鄭悛

等 豈無罪乎?" 承顔承命乃退 劾前正言金顧 顧答以鷹子妓女

等事. 上乃召悛等 蓋欲詰問也. 上顧謂參知議政府事鄭易曰:

"政府何不察事情 而反欲營救諫院乎? 是欲釣名也. 予今日不視

衙朝 有以也. 予性急 若見政丞 則必示怒氣 故但引卿見之 卿宜

往宣此意於政丞. 頃者掌令李倣 斥政府曰:'於孫興宗黃居正之

事 朦朧啓聞.'政府怒請其罪. 於已(己)如彼 於涏若是 可乎? 設

以卿言之 或謂卿曰:'卿受賂於人.' 憲司聞之 必請其罪. 予若

不辨其實而從之 則於卿意何如? 今涏之事 亦猶是也."
불변 기실 이 종지 즉 어 경의 하여 금정지사 역 유시야

建州衛吾都里金希周等告還.
건주위 오도리 김희주 등 고환

免江原道春等月課軍器. 觀察使報:'道內人民 今春當赴行廊
면 강원도 춘등 월과군기 관찰사 보 도내 인민 금춘 당부행랑

材木之役 請免月課軍器.'從之.
재목 지역 청면 월과군기 종지

置三軍錄事祿官二. 政府以三軍錄事等狀啓曰:'前此 以
치 삼군녹사 녹관 이 정부 이 삼군녹사 등 장계 왈 전차 이

訓鍊觀參軍四 錄事六 大淸觀錄事二 爲三軍錄事 遷轉祿官 今皆
훈련관 참군 사 녹사 육 대청관 녹사 이 위 삼군 녹사 천전 녹관 금개

無之. 請以三軍中司正一 副司正一 爲祿官.'從之.
무지 청이 삼군 중 사정일 부사정 일 위 녹관 종지

壬寅 宥司宰監金乙成. 乙成以奔競權門 謫在利川 至是 其妻
임인 유 사재감 김을성 을성 이 분경 권문 적재 이천 지시 기처

鄭氏狀告政府曰:'夫之母在殯 父亦年今八十有二 在西北界 乞
정씨 장고 정부 왈 부지모 재빈 부역연금 팔십 유 이 재 서북계 걸

放還.'政府以啓 上曰:"如此事 尤感傷和氣也."
방환 정부 이계 상왈 여차 사 우 감상 화기 야

命召肅州人申得財. 得財善造紙 絶類中國紙樣 故召之 優賜
명소 숙주 인 신득재 득재 선 조지 절류 중국 지양 고 소지 우사

衣食 令人傳習. 且傳旨西北面 賜其母米五石 復其妹夫軍役
의식 영인 전습 차 전지 서북면 사 기모 미 오석 복 기 매부 군역

以養其母.
이양 기모

癸卯 下義州牧使禹博于巡禁司 贖杖六十. 初 兵曹判書黃喜
계묘 하 의주목사 우박 우 순금사 속장 육십 초 병조판서 황희

回自京師上言:"本國人賣馬于彼土者 以千數." 西北面敬差官
회자 경사 상언 본국 인 매마 우 피토 자 이 천수 서북면 경차관

曹致又啓曰:"遼東指揮方俊 嘗欲買馬 先賂於博 博受之. 後
조치 우 계왈 요동 지휘 방준 상욕 매마 선 뢰어 박 박 수지 후

遼人入我疆 買馬千餘匹以還 博佯不禁 請罪之."上曰:"果若是
요인 입 아강 매마 천여필 이환 박 양 불금 청죄 지 상왈 과약시

歟? 博不得辭其罪矣."令巡禁司鞫問 博以不知答之. 巡禁司請
여 박 부득 사 기죄 의 영 순금사 국문 박 이 부지 답지 순금사 청

博專制方面 不堪其任之罪. 政府上言:"東西北二面 地連他境
박 전제 방면 불감 기임 지죄 정부 상언 동서북 이면 지련 타경

其民間馬匹 皆着火印 毋令私賣."從之.
기 민간 마필 개 착 화인 무령 사매 종지

禮曹上宗廟五室加上尊號 獻玉册儀.

宥外方罪人. 水原安置李倣; 江華水軍定屬 李君世 盧仁; 律學

廳直定屬 金思奕; 忠淸道水軍定屬 禾尺金加勿; 尼山鎭定屬

金得玄; 安州水軍定屬 張乙生 李乙臣 李葳; 平壤水軍定屬

池永守 池乙生; 異姓諸君所廳直 孫乙昌 姜浩; 江原道金化水軍

定屬 韃靼趙金; 東北面水軍定屬 朴崇 全吉; 慶尙道水軍定屬

安居道; 忠淸道水營付處 林璹; 北靑州付處 李聖仇知; 慶尙道

寧海付處 郭承祐; 東萊付處 韓奇 崔得壽 徐致; 泗州付處

韓永富 金鶴年; 全羅道海珍付處 鄭義 朴實 李龜原; 樂安付處

金立等 京外從便.

命司憲府勿問前等諫院請罪沈泟之事. 初 世子講學後 與

宿衞司大護軍李叔畝 署令趙保等習射. 世子將入 叔畝辟左右

進言曰: "今憲司劾前等諫官. 叔畝雖不知沈泟之事 今殿內絃管

鷹子皆在焉. 上亦不知 以爲殿內肅淸 而諫院罔飾泟罪 聖怒

方甚. 叔畝竊謂諫官必以所聞言之 若鞫問則是非以辨 而罪有

所歸矣 邸下宜先告于上. 若不能自達 則因東殿及孝寧忠寧而

達之 或因大臣亦可." 世子警懼 卽去所玩之物 使滅其迹 謂叔畝

曰: "爾往安城君李叔蕃之第陳之." 叔畝卽往告之 叔蕃告于上

曰: "問前等諫官 則瑣瑣之事 必延及於世子 請寢之." 上召世子

問叔蕃所啓之由 世子匿之 不以實對 因泟之潛誘也. 至是 命

勿問.
<small>물문</small>

甲辰 雨雹大風.
<small>갑진 우박 대풍</small>

釋尹興阜囚.
<small>석 윤흥부 수</small>

日本 小二殿 宗貞茂等 使人來獻土物.
<small>일본 소이전 종정무 등 사인 내헌 토물</small>

乙巳 賜醞于開川都監.
<small>을사 사온 우 개천도감</small>

丙午 春州昭陽江上灘水渴 深才半尺 卽日如舊.
<small>병오 춘주 소양강 상탄 수갈 심재 반척 즉일 여구</small>

命西北面都巡問使林整飮藥酒. 上謂整曰: "卿本有疾 外方時
<small>명 서북면 도순문사 임정 음 약주 상위정왈 경본 유질 외방 시</small>

雖禁酒 宜用飮藥."
<small>수 금주 의용 음약</small>

己酉 命給前戶曹參議李種善告身.
<small>기유 명급 전 호조참의 이종선 고신</small>

庚戌 以韓尙敬爲戶曹判書 世子左賓客 李來雞城君世子右賓客
<small>경술 이 한상경 위 호조판서 세자좌빈객 이래 계성군 세자우빈객</small>

趙秩中軍同知摠制 延嗣宗東北面都巡問使 姜淮仲義州牧使.
<small>조질 중군 동지총제 연사종 동북면 도순문사 강회중 의주목사</small>

以各道侍衛軍 輪代船軍. 從政府之請也.
<small>이 각도 시위군 윤대 선군 종 정부 지청 야</small>

辛亥 議政府上禁奔競罪擧主二條. 初 上命政府曰: "罪及擧主
<small>신해 의정부 상금 분경 죄 거주 이조 초 상명 정부 왈 죄급 거주</small>

與奔競避罪等事 實爲未便. 守令被罪 輕重不同. 若貪汚不法 則
<small>여 분경 피죄 등사 실위 미편 수령 피죄 경중 부동 약 탐오 불법 즉</small>

幷罪擧主宜矣 或於公事所錯 幷罪擧主 無乃不可乎? 又大小人員
<small>병죄 거주 의의 혹어 공사 소착 병죄 거주 무내 불가 호 우 대소 인원</small>

或以公事 或以故舊 幸入權門 時行則罷職 前衛則付處 亦不可
<small>혹이 공사 혹이 고구 행입 권문 시행 즉 파직 전함 즉 부처 역 불가</small>

也. 政府擬議以聞." 至是 政府議聞:
<small>야 정부 의의 이문 지시 정부 의문</small>

'一曰 永樂三年三月十六日司諫院受敎內: "士有廉恥 然後
<small>일왈 영락 삼년 삼월 십육 일 사간원 수교 내 사 유 염치 연후</small>

能盡事君之義." 前朝之季 權移於下 附權趨勢者 驟遷華要;
<small>능진 사군 지의 전조 지계 권 이어 하 부권추세 자 취천 화요</small>

廉靜自守者 反遭擯斥. 雖臺諫之員 皆爲權貴頤指 奔競成風
<small>염정 자수 자 반조 빈척 수 대간 지원 개위 권귀 이지 분경 성풍</small>

廉恥道喪 以至覆轍. 國初 遺風未殄 殿下深念其弊 嚴立法禁 令
염치 도상 이지 복철 국초 유풍 미진 전하 심념 기폐 엄립 법금 영

憲司糾理 或加罷黜. 然諂諛之徒 乘間抵隙 干謁阿附 造言生事
헌사 규리 혹가 파출 연 첨유 지도 승간 저극 간알 아부 조언 생사

遂使廉靜之輩 等蒙其恥 良可歎也. 願自今 於權貴之門 非親戚
수사 염정 지배 등몽 기치 양 가탄 야 원 자금 어 권귀 지문 비 친척

而奔競者 令吏曹精察 勿論時散 標付過名 不許敍用 又令憲司
이 분경 자 영 이조 정찰 물론 시산 표부 과명 불허 서용 우 영 헌사

申嚴其法 以勵士風. 知申事朴錫命申判依申: "執政家門外奔競
신엄 기법 이려 사풍 지신사 박석명 신판 의신 집정 가문 외 분경

勿令禁止." 今臣等以爲急速公事告課各司員吏及奉使出入人員
물령 금지 금 신등 이위 급속 공사 고과 각사 원리 급 봉사 출입 인원

不可以阿附論 內外親戚 亦依曾下教旨 勿竝禁止.'
불가이 아부 논 내외 친척 역 의 증하 교지 물병 금지

'二曰 永樂元年司諫院受教: "近年以來 守令多非其人 或闒茸
이왈 영락 원년 사간원 수교 근년 이래 수령 다 비기인 혹 탑용

無能而不勝其任 或貪汚不法而虐害生民." 願今凡除守令 罪及
무능 이 불승 기임 혹 탐오 불법 이 학해 생민 원금 범제 수령 죄급

舉主之法 一依六典 令一品至顯官六品 各舉所知 以曾經顯秩有
거주 지법 일의 육전 영 일품 지 현관 육품 각거 소지 이 증경 현질 유

名望者 歷仕中外有成績者 取其望多而用之 勿以請托家臣 憸小
명망 자 역사 중외 유 성적 자 취 기망 다 이 용지 물이 청탁 가신 섬소

吏典出身者 雜於其間. 及考績 亦令各道監司 具其殿最 移文
이전 출신 자 잡어 기간 급 고적 역 영 각도 감사 구기 전최 이문

憲司 所舉非人 罪及舉主. 又永樂二年本府受教: "賢良保舉
헌사 소거 비인 죄급 거주 우 영락 이년 본부 수교 현량 보거

其令東班六品 西班四品以上人員 各舉所知 勿論時散親舊 七品
기령 동반 육품 서반 사품 이상 인원 각거 소지 물론 시산 친구 칠품

以上人材 年甲 籍貫 出身 歷仕 文武材幹 具錄保舉 以備擢用.
이상 인재 연갑 적관 출신 역사 문무 재간 구록 보거 이비 탁용

所舉非人 罪及舉主." 今臣等以爲 若其家中使喚人及出身歷仕
소거 비인 죄급 거주 금 신등 이위 약 기가 중 사환 인 급 출신 역사

不明人舉之者 固當受罪 若舉曾經顯秩歷仕中外者及遺逸有文武
불명 인 거지 자 고당 수죄 약거 증경 현질 역사 중외 자 급 유일 유 문무

材幹者 不可竝受其罪. 所坐之罪 自非敗毀綱常 貪汚坐贓之事
재간 자 불가 병수 기죄 소좌 지죄 자비 패훼 강상 탐오 좌장 지사

勿及舉主.'
물급 거주

竝從之.
병 종지

壬子 罷柳孟聞 成孝祥職. 司憲府請曰: "近者 以前吏曹佐郎
임자 파 유맹문 성효상 직 사헌부 청왈 근자 이 전 이조좌랑

柳孟聞爲橫川監務 前監察成孝祥永春監務. 孟聞等 見罷未幾
유맹문 위 횡천 감무 전 감찰 성효상 영춘 감무 맹문 등 견파 미기

尋又拜命. 臣等竊謂國之大柄 惟賞與罰. 賞罰無章 何以勸沮!
심 우 배명 신등 절위 국지 대병 유 상여벌 상벌 무장 하이 권저

願罷其職." 從之.
원파 기직 종지

癸丑 火星犯軒轅夫人星南.
계축 화성 범 헌원 부인성 남

遣驪川君閔汝翼如京師. 賀聖節也. 判司譯院事李子瑛 齎咨
견 여천군 민여익 여 경사 하 성절 야 판사역원사 이자영 재자

俱往 爲收買祭服及藥材也.
구왕 위 수매 제복 급 약재 야

甲寅 議告身法. 上命禮官曰: "前朝朝謝之法 甚爲未便 我太祖
갑인 의 고신 법 상명 예관 왈 전조 조사 지법 심위 미편 아 태조

改爲官敎 上王之時 復行其法. 平壤伯趙浚爲政丞 臺諫不署 予
개위 관교 상왕 지시 부행 기법 평양백 조준 위 정승 대간 불서 여

甚惡之 卽改以官敎. 然四品以下朝士 則尙循其弊 權在臺諫 甚
심 오지 즉 개이 관교 연 사품 이하 조사 즉 상순 기폐 권재 대간 심

不可也. 爾宜稽考歷代除授告身之法以聞 予當倣古." 命政府曰:
불가 야 이의 계고 역대 제수 고신 지법 이문 여당 방고 명 정부 왈

"人君授人以官 人臣擅滯告身 實爲未便 稽諸古典 亦無出謝之
인군 수인 이관 인신 천체 고신 실위 미편 계저 고전 역무 출사 지

法. 太祖因前朝之法 四品以上則給官敎 五品以下則只令門下府
법 태조 인 전조 지법 사품 이상 즉급 관교 오품 이하 즉지 령 문하부

給敎牒 及予卽位 四品以下 皆令臺諫署出 非遵太祖之法也. 其
급 교첩 급여 즉위 사품 이하 개령 대간 서출 비준 태조 지법 야 기

擬議以聞." 政府上言曰: "我朝鮮辨貴賤之法久矣. 臺諫署謝之
의의 이문 정부 상언 왈 아 조선 변 귀천 지법 구의 대간 서사 지

法 非特辨人之貴賤 亦以懲一身之過失 不可輕改." 上曰: "國論
법 비특 변인 지 귀천 역이 징 일신 지 과실 불가 경개 상왈 국론

若爾 予當從之."
약이 여당 종지

前京畿都觀察使全伯英 以老病乞骸歸慶山縣 上許之曰: "全
전 경기 도관찰사 전백영 이 노병 걸해 귀 경산현 상 허지 왈 전

宰臣服勞中外 今茲告歸 誠可惜也. 宜給草料粥飯以遣."
재신 복로 중외 금자 고귀 성 가석 야 의급 초료 죽반 이견

領議政府事河崙獻保東方 受貞符 二篇. 初崙請爲太祖製盛德
영의정부사 하륜 헌 보동방 수정부 이편 초 륜 청위 태조 제 성덕

之歌 以代受寶錄 上許之 故至是進二篇. 上曰: "保東方善矣
지가 이대 수보록 상 허지 고지시진 이편 상왈 보동방 선의

受貞符乃讖緯之說 未愜予心. 宜下政府六曹議之 咸曰可則予
수정부 내 참위 지설 미협 여심 의하 정부 육조 의지 함왈가 즉여

從之." 知申事金汝知以崙之言 陳于上曰: "有一秘記云: '高麗都
종지 지신사 김여지 이륜지언 진우상왈 유일비기운 고려도

松岳四百八十年 朝鮮都漢陽八千歲.' 高麗氏歷年之數果驗. 由此
송악 사백 팔십년 조선 도 한양 팔천세 고려 씨 역년 지수 과험 유차

觀之 秘記之言可信也." 因言太祖開國之時 有夢金尺受寶錄之
관지 비기 지언 가신 야 인언 태조 개국 지시 유 몽금척 수보록 지

異 上曰: "昔 漢武之時 趙人江充 緣武帝怪夢 禍及無辜; 西漢
이 상왈 석 한무 지시 조인 강충 연 무제 괴몽 화급 무고 서한

之末 王莽 公孫述之輩 惑信符讖之言 殃民禍己. 迹此觀之 讖文
지말 왕망 공손술 지배 혹신 부참 지언 앙민 화기 적차 관지 참문

夢怪 不足信也. 我太祖創業 實基於天命人心 縱無金尺寶錄之異
몽괴 부족 신야 아 태조 창업 실 기어 천명 인심 종무 금척 보록 지이

其不能創業乎? 卿等皆儒臣也. 何論說之至此乎?" 群臣皆俛首
기 불능 창업 호 경등 개 유신 야 하 논설 지 지차 호 군신 개 면수

唯唯而已. 崙親啓曰: "臣前日所獻受貞符一篇 上以爲不可. 臣
유유 이이 륜 친 계왈 신 전일 소헌 수정부 일편 상 이위 불가 신

以爲受寶錄 雖出讖記 實天命之先定也. 其閭巷歌詠 請勿禁."
이위 수보록 수출 참기 실 천명 지 선정 야 기 여항 가영 청 물금

上曰: "置之樂府則不可 閭巷歌詠則何必禁之!"
상왈 치지 악부 즉 불가 여항 가영 즉 하필 금지

| 원문 읽기를 위한 도움말 |

① 殿下不唯不允 又加譴責. '不唯~又~'는 '~뿐만 아니라 ~도 또한'이라는
   전하 불유 불윤 우가 견책 불유 우
   구문이다.

태종 12년 임진년
2월

二月

　병진일(丙辰日-1일) 초하루에 전라도(全羅道)에서 지진(地震)이 일어났다. 서운관(書雲觀)에서 해괴제(解怪祭)[1]를 거행할 것을 청하니 상(上)이 말했다.

　"옛 사람이 말하기를 '천재지변(天災地變)을 만나면 마땅히 인사(人事)를 닦으라'고 했으니 반드시 (그런) 제사를 행할 필요는 없다."

　무오일(戊午日-3일)에 금주령(禁酒令)을 내렸다. 사헌부(司憲府)에서 아뢴 바에 따른 것이다.

　○ 고(故) 상장군(上將軍) 박순(朴淳)의 처 임씨(任氏)에게 쌀 10석을 내려주었다.

　○ 검교한성윤(檢校漢城尹) 최야오내(崔也吾乃)에게 저세포(苧細布)와 마세포(麻細布) 각각 1필씩과 화(靴-신발)와 입(笠) 각각 하나씩을 내려주었으니 향화(向化-귀화)한 때문이다.

　○ 언양감무(彦陽監務) 정포(鄭包)를 파직했다. 포(包)가 애초에 최씨에게 장가들어 함께 아비의 상(喪)을 지냈는데[更=經][2] 다시 안씨
_{경　　경}

1　천재지변(天災地變)이나 괴이(怪異)한 일이 있을 때 나라에서 관원을 보내 행하는 제사를 말한다. 나쁜 병이 생기면 기양제(祈禳祭), 황충(蝗蟲)이 생기면 포제(酺祭), 지진 등의 좋지 않은 일이 발생하면 해괴제를 행하는 것이 통례였다.

2　이는 삼불거(三不去)의 하나에 해당한다. 아내에게 칠거(七去)의 이유가 있더라도 그 아내

(安氏)에게 장가들었다. 그 뒤에 최씨에게서 자식을 낳았으나 까닭 없이 최씨를 도로 내버렸다. 헌사(憲司)에서 추핵(推劾)할 때에 포(包)가 두 아내를 함께 거느리고 있다는 죄를 면하려고 꾀해[窺免=規免] 소생 자식을 자기 자식이 아니라고 했다. 최씨와 대변(對辯)시키니 실정을 숨기지 못했다. 윤리(倫理)에 누(累)가 되므로 백성에게 임할 수 없다고 해 헌사(憲司)에서 소(疏)를 올려 청했는데 일이 사유(赦宥-사면령)하기 전에 있었으므로 다만 파직만 했다.

○ 사헌부대사헌(司憲府大司憲) 유정현(柳廷顯) 등이 글을 올렸다. 첫째는 이러했다.

'국가에서 인보(隣保)의 법을 설치했으니 살고 죽은 것이나 이사한 것을 두루 알지 못할 리가 없으나 서울과 외방의 백성들이 나라의 법령을 두려워하지 않고 옮기며 서로 유이(流移)해 호구(戶口)가 날로 줄어듭니다. 지금의 계책으로는 호패(戶牌)의 법을 시행해 드나드는 절차를 정하는 것만 한 것이 없겠습니다.'

둘째는 이러했다.

'공로(功勞)를 포상(褒賞)해 토전(土田)을 주어 자손으로 하여금 서로 전하게 하는 것은 참으로 아름다운 법이나 토전은 일정한 수가 있으니 영구적으로 사유(私有)하게 할 수는 없습니다. 또 태조(太祖)와 전하의 원종공신전(原從功臣田)은 다만 자기 한 몸에게만 주는 데 반해 별사전(別賜田)은 자손에게 전하니 실로 잘못됐습니다. 빌건대

를 버리지 못할 세 가지 경우를 말한다. 곧 부모의 삼년상을 함께 치렀거나, 가난할 때에 장가들어 집안을 일으켰거나, 아내가 돌아가 살 곳이 없는 경우를 말한다.

별사전도 또한 자기 한 몸에게만 주게 해야 할 것입니다.'

셋째는 이러했다.

'급전(給田)하는 법은 본래 염치(廉恥)를 기르는 것인데 지금 대소 인원(大小人員)이 남이 병들어 죽었다는 말을 들으면 다퉈 그것을 받고자 하고 혹은 죽기도 전에 진고(陳告)하고, 혹은 죽는 날에 진고하니 염치의 도리가 없어지고 풍속이 쇠하고 엷어집니다. 바라건대 이제부터 진고하는 것은 반드시 사람이 죽은 지 7일을 기다린 뒤에 전에 받은 전지의 수(數)를 써서 고하게 해야 할 것입니다.'

넷째는 이러했다.

'관복(官服)의 제도는 한결같이 중국의 제도를 따르는데 환관(宦官)과 부인의 의복은 아직 예전 그대로입니다. 빌건대 모두 또한 화제(華制-중국의 제도)를 따르고 다만 공사(公私) 천녀(賤女)가 지고 다니는 것에 익숙하지 못하니 속발(束髮)하면 물건을 이기에 어려울 것입니다. 아직 본속(本俗)을 따르도록 해야 할 것입니다.'

다섯째는 이러했다.

'우리 조정에서 중국 제도에 의거해 교의(交倚) 승상(繩床)에 앉고 청당(廳堂)에 까는 것은 모두 자리[席]를 쓰는데 그 나오는 곳을 캐보면 모두 민력(民力)에서 비롯되는 것입니다. 바라건대 이제부터 서울과 외방의 아문(衙門)의 침방(寢房) 외에는 자리를 쓰지 말게 해야 할 것입니다.'

명해 정부(政府)에 내려 토의하니 정부에서 아뢰었다.

"별사전(別賜田) 친시등과전(親試登科田)은 다만 자기 한 몸에만 허락하고, 수조(收租)하는 전지(田地)를 진고하는 것은 반드시 7일을 기다리게 하고, 서울과 외방의 아문의 침방 외에는 자리를 쓰지 말자는 등의 일은 마땅히 헌사(憲司)의 소청(疏請)에 따라야 할 것입니다."

그것을 따랐다.

기미일(己未日-4일)에 병조정랑(兵曹正郞) 오을제(吳乙濟)를 파직했다. 매 세초(歲抄) 도목정(都目政)³에 헌사(憲司)의 소유(所由) 1인과 갈도(喝道)⁴ 1인이 천직(遷職)하는 것이 예(例)인데 을제(乙濟)가 병조무선사(兵曹武選司)가 돼 단지 1인만을 조용(調用)했다. 헌사에서 을제를 탄핵하니 상이 용서했다[寬]. 헌사에서 다시 죄줄 것을 청하니 마침내 파직을 명했다.

신유일(辛酉日-6일)에 백악(白岳)과 목멱(木覓)의 신주(神主)를 고쳐서 만들었다. 예조에서 아뢰었다.

"백악과 목멱의 신주가 만든 지 오래이고 또 옛 제도에 부합하지 않습니다. 빌건대 『홍무예제(洪武禮制)』에 의거해 고쳐 만들어야 할 것입니다."

---

3 해마다 음력 6월과 12월에 이조와 병조에서 중앙과 지방 관리의 치적을 종합 조사해 그 결과에 따라 영전, 좌천 또는 파면을 시키던 일을 가리킨다.

4 갈도는 가금법(呵禁法)의 하나로 조선 초기부터 불린 명칭이다. 이는 주로 조례(皁隷)·나장(羅將) 등의 하례(下隷)를 가리키는 것으로, 관직자들의 경호를 위한 것이었으나 벼슬아치들의 위엄을 과시하는 일이기도 했다. 국왕의 갈도는 봉도라 해 가교봉도(駕轎奉導), 마상봉도(馬上奉導) 등이 있었다. 한편 사간원 소속의 하례들도 갈도라 했는데 정원은 15인이었다. 형조의 장수(杖首), 사헌부의 소유(所由) 등과 같은 나장의 일종으로서 조선 후기에는 보통 사령(使令)이라고도 했다.

그것을 따랐다.

○ 우현보(禹玄寶)의 아들 홍부(洪富)와 홍강(洪康)을 원종공신(元從功臣)으로 칭하(稱下)[5]했다. 상이 계성군(鷄城君) 이래(李來, 1362~1416년)[6]를 불러 물었다.

"은문(恩門-과거 급제 때의 시험관) 우현보의 자손이 몇이나 되는가?"

래(來)가 대답했다.

"전 개성부유후(開城副留後) 우홍부(禹洪富, ?~1414년)[7]와 전 공안

---

5 공신(功臣)으로 봉(封)할 때 누락된 사람을 추후(追後)에 공신의 열(列) 아래에 넣고 공신이라 부르던 일을 말한다.

6 아버지는 고려 때의 우정언(右正言) 이존오(李存吾)이며, 우현보(禹玄寶)의 문인이다. 1371년(공민왕 20년) 아버지 이존오가 신돈(辛旽)의 처벌을 주장하다가 유배돼 울화병으로 죽고, 이어 신돈이 처형되자 10세의 어린 나이로 전객녹사(典客錄事)에 특임됐다. 1383년(우왕 9년) 문과에 급제하고 공양왕 때에 우사의대부(右司議大夫)에 올랐다. 1392년(공양왕 4년) 정몽주(鄭夢周)가 살해되자 그 일당으로 몰려 계림(鷄林-경주)에 유배됐다가 곧 풀려나서 공주에 은거했다. 1399년(정종 1년) 좌간의대부로 등용되고 이듬해인 1400년에 이방간(李芳幹)의 난을 평정하는 데 공을 세워 좌명공신(佐命功臣) 2등에 책록됐다. 곧 좌군동지총제가 됐고 계림군(鷄林君)으로 봉작됐다. 1402년(태종 2년) 대사간을 거쳐 공조판서(工曹判書)로 승진됐고, 1404년 정조사(正朝使)가 돼 명나라에 다녀왔다. 이듬해에 예문관대제학이 됐고, 1407년 경연관을 거쳐 세자의 스승인 좌빈객(左賓客)을 지냈으며, 1408년에 지의정부사 겸 판경승부사에 이르렀다. 태종 묘정에 배향됐다.

7 아버지는 단양백(丹陽伯) 우현보(禹玄寶)다. 문음(門蔭)으로 입사해 1382년(우왕 8년) 장복서령(掌服署令)으로 예부시(禮部試)에 급제했다. 1392년(공양왕 4년) 6월 전의감부령(典醫監副令) 재직 중에 이성계(李成桂) 일파의 구신(舊臣) 제거와 관련돼 관직을 삭탈당하고 원방에 유배하도록 결정됐다. 1392년(태조 1년) 7월 고려 구신에 대한 재논죄와 함께 직첩을 몰수당하고 결장(決杖) 후 원방에 유배됐다가 곧 방면됐으며, 1398년(태조 7년) 윤5월에 직첩(職牒)을 환급받았다. 1400년(정종 2년) 1월 회안군(懷安君-이방간)의 처조카인 판교서감사(判校書監事) 이래(李來)가 아버지에게 회안군이 정안군(靖安君-이방원)을 제거하려 한다고 하자 이를 전해 듣고 정안군에게 고변했다. 이 공로로 이해 11월 특별히 개성유후사부유후에 서용됐다. 이때인 1412년(태종 12년) 이방간의 난에 대한 공로가 다시 논의돼 원종공신에 추록되고 예안군(禮安君)에 봉군됐다. 1413년 왕거을오미(王巨乙吾未) 사건에 관련돼 고신(告身)을 몰수당했으나 이듬해 태종의 특은(特恩)으로 고신을 환급받은 뒤 죽었다.

부윤(恭安府尹) 우홍강(禹洪康, 1357~1423년)이 있습니다."

상이 좌우에 일러 말했다.

"경진년 봄[8]에 만일 우씨(禹氏)가 없었다면 어찌 오늘이 있었겠는가? 그때에 내가 다사(多事)하므로 인해 잊었고 또 말하는 사람도 없었기 때문에 좌명공신(佐命功臣)의 대열에 두지 못했으니 참으로 한스럽다. 좌명(佐命)은 이미 할 수 없게 됐으니 지금이라도 원종공신(元從功臣)으로 칭하(稱下)하는 것이 어떻겠는가?"

영의정부사(領議政府事) 하륜(河崙)과 좌우의 모두가 말했다.

"가능합니다."

상이 곧 지신사(知申事) 김여지(金汝知) 등에게 명해 말했다.

"홍부(洪富)와 홍강(洪康)을 논공(論功)하는 축(軸)을 외제(外製)로 하여금 만들게 하지 말고 너희가 곧 만들어 바치라."

드디어 홍강의 아들 원규(元珪)를 사면했다. 원규는 일찍이 과전(科田)을 바꿔 받은 죄로 죽주(竹州)에 폄출(貶黜)됐었다.

○사복시 겸 판사(司僕寺兼判事) 김남수(金南秀)가 마정(馬政)을 아뢰었다. 계문(啓聞)은 이러했다.

"마정은 군국(軍國)의 중대한 것인데 각 도의 여러 섬의 말이 수초(水草)가 무성하지 못하므로 자산(孶産-새끼를 낳음)하는 수가 적어서 이름만 있을 뿐입니다. 가만히 생각건대[竊惟] 전라도 해변이 제
절유
주(濟州)의 풍토(風土)와 비슷하고 또 바다를 접한 곳에 놓고 있는

---

8 1400년(정종 2년) 경진년 봄에 일어난 2차 왕자의 난을 말한다. 이때 방간(芳幹)의 계획을 이래(李來)가 우현보(禹玄寶)에게 말해 우현보가 태종 이방원(李芳遠)에게 알려서 난을 막을 수 있었다.

넓은 땅이 많습니다. 빌건대 제주의 말 가운데에 가려내 4~5월 때를 맞춰 들여와 방목해 번식하게 하는 것이 어떠하겠습니까?"

정부(政府)에 내렸다.

임술일(壬戌日-7일)에 상이 편찮으니[不豫] 세자가 몸소[躬自] 약을
<small>불예</small>　<small>궁자</small>
달여 바쳤다. 상이 맛보고 말했다.

"네가 옛 글을 배웠기 때문에 마침내 이렇게 하는 것이다."[9]

한낮에 이르러 평소처럼 회복됐다가[平復] 이튿날 다시 편찮으니
<small>평복</small>
[未寧] 근신(近臣)들에게 일러 말했다.
<small>미령</small>

"기운과 몸이 아직 회복되지 못했는데 다시 사나흘 지나면[更=經]
<small>경　경</small>
일을 볼 수 있겠다."

또 말했다.

"사냥하는 법은 제왕(帝王)이 중요하게 여기는 바다. 예조참의(禮曹
參議) 허조(許稠)로 하여금 고전(古典)을 상고해 정부 대신(政府大臣)
이나 의흥부(義興府)와 더불어 함께 토의해 강무의(講武儀-사냥 의례
절차)를 상정(詳定)하도록 하라."

갑자일(甲子日-9일)에 사헌부대사헌 유정현(柳廷顯) 등이 소를 올
렸다. (그중) 하나는 박만(朴蔓) 등의 죄를 청하는 것이었다.

'가만히 생각건대 상벌은 나라의 큰 법전으로 삼가지 않을 수 없

9　태종의 이 말은 『예기(禮記)』에 나오는 다음 구절을 염두에 둔 것이다. "임금이 병이 들어
　약을 먹을 경우에는 신하가 먼저 맛보고, 부모가 병이 들어 약을 먹을 경우에는 자식이
　먼저 맛본다. 의원(醫員)이 삼대를 이어온 경우가 아니면 그가 처방한 약을 먹지 않는다."

으니 하나라도 맞지 않는 것[不中]이 있으면 어떻게 나라를 다스리겠
습니까? 이 때문에 예로부터 제왕(帝王)이 비록 지극히 친애하고 사
랑하더라도 사(私)로써 공(公)을 폐하지는 않았습니다. 하물며 두 마
음을 품고 난을 선동해 죄가 용서할 수 없는 자이겠습니까? 임오년
에 박만(朴蔓)과 임순례(任純禮)의 난역(亂逆)한 죄는 하늘과 땅이
용납하지 않고, 종사(宗社)가 용서하지 않고, 신자(臣子)라면 함께 하
늘을 이고 살 수 없는 원수입니다. 전하께서 특별히 살리기를 좋아하
시는[好生] 은혜를 내려 머리를 보전하도록 해 향곡(鄕曲)에 안치해
오늘에 이르렀으니 조야(朝野)의 신민이 마음에 분하게 여기지 않는
이가 없습니다. 또 박만의 아들 박진언(朴眞言)은 혼인의 연고로써 외
람되게 종묘서승(宗廟署丞)을 받아 또한 조정 반열에 참여했으니 대
역(大逆)의 자손으로 어찌 감히 이와 같을 수가 있겠습니까? 가만히
생각건대[竊謂] 전하께서 박만과 임순례 등의 용서할 수 없는 죄를
법대로 처치하지 않으니 나라의 법전이 어찌 되겠으며, 종사(宗社)의
계책에 있어 또 어찌 되겠습니까? 또 난역에 참여한 무리는 모두 이
미 복주(伏誅)됐고 지금 이언(李彦)이라는 자도 또한 천주(天誅)를 받
았는데, 오로지 조순화(趙順和)만이 다행히 주상의 은혜를 입어서
성명(性命)을 보전하고 있습니다. 죄는 같고 벌은 다르니 이는 만세에
훈계를 남기는 도리가 아닙니다. 바라건대 전하께서는 박만, 임순례,
조순화 등을 율에 의거해 시행함으로써 신민의 소망을 위로해주셔야
할 것입니다.'

윤허하지 않았다.

하나는 지평(持平) 남이(南珥)의 죄를 청하는 것이었다.

'지금의 종묘서승(宗廟署丞) 박진언(朴眞言)은 역신(逆臣) 박만(朴蔓)의 아들이요, 우정승(右政丞) 조영무(趙英茂)의 사위입니다. 진언(眞言)으로 하여금 이미 경승부(敬承府) 행수(行首)의 직임에 종사하게 하고, 또 신묘년에 직장(直長)을 제수하고, 또 경승부승(敬承府丞)에 옮겼으니 이는 영무(英茂)의 잘못입니다. 지금 영무가 헌부(憲府)에서 고신(告身)을 서출(署出)하지 않는다는 의견을 듣고 가만히 장무지평(掌務持平) 남이(南珥)와 더불어 편지를 통해 청했는데 이(珥)가 헌부(憲府)의 의견을 돌아보지 않고 상좌(常坐)[10]에서 사사로이 진언의 고신을 내주었으니 불초(不肖)함이 심합니다. 청컨대 유사(攸司)에 내려 국문해 과죄해야 할 것입니다.'

이(珥)를 파직하라고 명했다.

하나는 전 곡주지사(谷州地事) 이모(李蓍)가 아중(衙中)에서 사사로이 양잠(養蠶)해 사풍(士風)을 더럽힌 죄를 청하는 것인데 외방에 유배 보내라고 명했다.

을축일(乙丑日-10일)에 비로소 시전(市廛)의 좌우행랑(左右行廊) 800여 간의 터를 닦았다. 혜정교(惠政橋)에서 창덕궁(昌德宮) 동구(洞口)에 이르렀는데 외방의 유수(游手)[11] 승도(僧徒)를 모아 양식을 주어 역사시키고 그 기회에 개천도감(開川都監)으로 하여금 그 일을

---

10 공식적인 회의석상이 아니라 사사로운 자리를 가리킨다.

11 일정한 직업이 없이 놀고먹는 사람을 가리킨다. 유교(儒敎) 사상에서 나온 것으로 장사치[商賈]나 승도(僧徒) 등을 말한다.

맡게 했다. 사헌부에서 사람을 보내 점검해 살피게 하니 부역(赴役)한 군정 가운데 물고(物故-사망)한 자가 11인이고 병든 자가 200여인이라고 보고했다.

병인일(丙寅日-11일)에 개천도감(開川都監)에 내온(內醞)을 내려주었다.

○ 검교한성윤(檢校漢城尹) 고충언(高忠彦)으로 하여금 (사망한) 고봉례(高鳳禮)를 대신해 제주(濟州) 도주관(都州官) 좌도지관(左都知管)으로 삼았다. 정부(政府)의 청에 따른 것이다. 전라 감사가 말씀을 올렸다.

"제주 목사(濟州牧使)의 판관(判官)을 시기가 아닌 때에 경질(更迭)하면 역풍(逆風)으로 인해 여러 달 동안 돌아오지 못하니 그 폐단이 적지 않습니다. 이제부터 체대하는 것을 반드시 순풍(順風)이 부는 정월과 2월[正二月]을 이용해야 할 것입니다."

그것을 따랐다.

○ 예조(禮曹)에서 (자신들이) 상정(詳定)한 전수의(田狩儀)[12]를 올렸다.

'하나, 제장(諸將)은 (각각이 이끄는) 사졸(士卒)이 서로 섞이지 못하게 할 것.

하나, 대가(大駕) 앞에 반드시 기(旗)를 세워 대가가 움직이면 반드시 뒤따라서 첨시(瞻視)를 구별하게 할 것.

---

12 사냥하는 의식(儀式)을 말한다.

하나, 근시(近侍)·내시위(內侍衛)·별사금(別司禁) 외에 대소 잡인(大小雜人)은 일절 금지하게 할 것.

하나, 상이 화살을 쏘기 전에는 근시(近侍)하는 자는 화살을 쏘지 못하게 할 것.

하나, 금수(禽獸)를 모두 대가 앞으로 몰아들이되 모이는 것은 쏘지 못하고 도망하는 것만 쏘게 할 것.

하나, 대소 잡인과 매와 개는 포위한 범위 안에 들어가지 못하게 할 것.

하나, 대소인(大小人)은 포위한 앞으로 먼저 가지 못하게 할 것. 명령을 어기는 모든 자는 의흥부(義興府)에서 고찰해 가벼운 자는 태(笞) 50대를 때리고 무거운 자는 장(杖) 80대를 때리며 2품 이상은 근수(根隨-수종)하는 자를 죄주도록 할 것.'

○ 명해 충청도의 곡식 5,000석과 경기의 곡식 5,000석을 풍해도(豐海道)와 서북면(西北面) 두 도(道)에 수운(水運)하게 했다. 이는 해를 이어 기근이 들었기 때문으로 종자(種子)를 마련하기 위한 것이었다.

정묘일(丁卯日-12일)에 동교(東郊)에서 매사냥[放鷹]을 구경했다.
방응
○ 상왕(上王)이 서교(西郊)에서 매사냥을 구경했다.

기사일(己巳日-14일)에 조비형(曹備衡)을 경상도 병마절제사(慶尙道兵馬節制使)로 삼았다. 좌도절제사(左道節制使) 소속인 군마(軍馬)를 없애 합포진(合浦鎭)에 아울러 붙였다.

○ 김을우(金乙雨)를 경상도 수군도절제사(慶尙道水軍都節制使)로, 김우(金宇)를 안주도 병마도절제사(安州道兵馬都節制使)로, 윤향(尹向)을 계림부윤(鷄林府尹)으로, 하경복(河敬復)을 경성등처병마절제사(鏡城等處兵馬節制使)로, 윤림(尹臨)을 제주도 도안무사(濟州道都安撫使)로, 이륙(李稑)을 우사간대부(右司諫大夫)로 삼았다. 전번에 좌사간대부(左司諫大夫) 윤회종(尹會宗) 등이 심정(沈泟)의 죄를 청했기에 모두 사제(私第)로 돌아가라고 명했는데 지금 모두 파면하고 정(泟)을 다시 상호군(上護軍)으로 삼았다.

○ 세자가 (상을) 호종(扈從)해 강무(講武-사냥)하는 것을 하륜(河崙)과 토의했다. (그에 앞서) 상이 서연관(書筵官) 조상(曺尙)을 불러 말했다.

"근래에 내가 미령(未寧)했는데 세자가 먼저 약을 맛보고 바치기에 내가 허락했다. (그래서) 이번 강무에 데리고 가기로 생각했고 또 여러 날 동안 행궁(行宮)에 장자(長子)가 수종(隨從)하는 것이 어찌 도리에 어그러짐이 있겠는가? 만일 군사를 진무(鎭撫)하고 감국(監國)[13]하는 경우라면 오래 (도성을) 비워두고서 천사(遷徙)하는 예(例)에 해당되는 것은 아니다. (반면) 만일 학문(學問)하는 때를 맞아 전심치지(專心致志)하지 못한다고 말한다면 그것은 그러하나, 세자가 어리지 않고 나이 이미 19세이니 어찌 무사(武事)에 마음이 끌려 학문을 꺼리겠는가? 옛글을 상고하면 세자가 부왕(父王)을 따라서 행차한

---

13 임금이 일시적으로 멀리 행행(行幸)할 때 세자가 도성(都城)에 남아 대신 정치를 보살피던 일 또는 그때의 세자 칭호를 가리킨다.

일이 있으니 네가 하륜의 집에 가서 자세히 물어서 오라."

상(尙)이 복명(復命)했다.

"륜(崙)이 대답하기를 '저부(儲副-세자)의 배움은 단지 학문뿐만 아니라 시선(視膳)[14]하고 문안(問安)하는 것도 배움입니다. 호종(扈從)해 강무(講武)하는 것이 무슨 안 될 일이 있겠습니까? 그러나 신의 뜻으로 생각하기에는 여러 날을 강무하시니 세자는 도성에 남아[留都] 감국하면 참으로 신민(臣民)의 바람에 부합할까 합니다. 옛날의 예(例)는 신이 알지 못합니다'라고 했습니다."

유도

상이 말했다.

"그렇다. 나 또한 그런 글은 알지 못한다. 그러나 옛날에 위문제(魏文帝)[15]가 나가서 사냥할 때 명제(明帝)가 태자(太子)로 따라갔는데 문제(文帝)가 암사슴을 쏘고 태자를 돌아보며 말하기를 '너는 새끼를 쏘라'고 했다. 이에 태자가 울며 말하기를 '이미 그 어미를 죽이고

---

14 세자가 임금의 수라상(水刺床)을 직접 살피던 일을 가리킨다.

15 중국 삼국시대 위(魏)나라의 초대 황제다. 조조(曹操)의 셋째 아들로 태어났지만 유씨(劉氏)가 낳은 조앙(曹昻)과 조삭(曹鑠)이 모두 일찍 죽고, 그의 어머니인 변씨(卞氏)가 황후(皇后)가 돼 조조의 적장자(嫡長子)가 됐다. 조조는 원소에 대항한 관도전투에서 승리한 뒤 위공이 됐고, 216년에는 위왕으로 봉해져 사실상 새로운 왕조를 개창했다. 하지만 조조는 220년 낙양(洛陽)에서 사망했고, 조비가 그 뒤를 이어 후한(後漢)의 헌제(獻帝)에게서 양위받는 형식으로 황제가 됐다. 즉위 후 후한 말기부터 계속된 사회 혼란을 극복하고 왕조의 기반을 공고히 하기 위해 내정 개혁에 힘썼다. 진군(陳群)의 건의를 받아들여 새로운 관리선발제도인 구품관인법(九品官人法)을 시행했고, 환관(宦官)을 일정 이상의 관위(官位)에 오르지 못하게 금지하는 등 환관과 외척(外戚)의 발호를 막기 위한 정책을 실시했다. 그리고 사회질서를 유지하기 위해 사사로운 형벌과 보복을 금지하는 등 사회 혼란을 극복하고 안정시키기 위한 여러 정책을 펼쳤다. 그러나 과도한 음주로 얻게 된 병이 악화되자 아들 조예에게 자리를 물려주고 재위 7년 만에 죽으면서 왕조의 기반을 공고히 하는 데는 실패했다.

또 그 새끼를 죽이는 것이 가합니까?'라고 하니 문제가 듣고 불쌍히
여겼다. 애초에 명제의 모후(母后)가 사사(賜死)를 당했던 까닭에 이
런 말이 있었던 것이다. 이것으로 본다면 태자가 강무(講武)에 따라
가는 것은 예전에도 예(例)가 있었다."

예조참의(禮曹參議) 허조(許稠)를 불러 말했다.

"내가 들으니 예전에 위명제(魏明帝)가 강무에 호종한 적이 있었다.
그것을 사책(史冊)에서 상고해 아뢰라."

상이 김여지(金汝知) 등에게 일렀다.

"송(宋)나라 태종(太宗)이 태조(太祖)를 이어서 즉위했는데, 모후
(母后)가 태종에게 명하기를 '너는 마땅히 태조의 아들을 세워야
한다'고 했다. 그런데 하루는 군중(軍中)에서 변(變)이 있어 태종의
간 곳을 잃어버렸다. 그래서 국가에서 태조의 아들을 세우기를 토의
했다. 지금 세자가 강무에 참여하는 것이 마땅하지 않은가? 또 내가
병이 있으면 세자가 약을 맛보는 것은 그 직분이다."

빈객(賓客) 이래(李來)를 불러 의견을 물으니 래(來)가 말했다.

"세자는 천자(天資)가 명민(明敏)하고 근일에는 학문에 부지런합
니다. 그러나 만일 춘추가 장성하면 학문에 게으를까 염려돼 만일
강무(講武)하는 데에 따라가게 된다면 제가 간언해 말리려고 했습
니다. 지금 환란을 염려하는 뜻이 이와 같으니 신이 감히 의견을 낼
것이 못 됩니다. 다만[第=但] 마땅히 환가(還駕)한 뒤에는 부지런히
                   제 단
배워서 쉬지 않도록 하소서."

상이 말했다.

"지금 이후로는 응견(鷹犬)의 오락이나 전렵(田獵)의 유희에 대해 누

가 앞장서 그 마음을 열어주겠는가? 내가 마땅히 권학(權學)할 것이다."

경오일(庚午日-15일)에 도랑을 여는[開川] 역사가 끝났다. 장의동(藏義洞) 입구에서 종묘동(宗廟洞) 입구까지 문소전(文昭殿)과 창덕궁(昌德宮)의 문 앞을 모두 돌로 쌓고, 종묘동 입구에서 수구문(水口門)까지는 나무로 방축(防築)을 만들고, 대소 광통(大小廣通)과 혜정(惠政) 및 정선방(貞善坊) 동구(洞口) 및 신화방(神化坊) 동구 등의 다리를 만드는 데는 모두 돌을 썼다. 개천을 준설하는 역도(役徒)를 풀어주라고 명하니 많은 사람이 입을 모아 말했다.

"전번에는 성을 쌓을 때 밤에 편히 자지를 못해 사람이 많이 병들어 죽었는데, 금년의 역사에는 오로지 상의 은혜를 입어 낮에는 역사하고 밤에는 자기 때문에 병들어 죽은 사람이 많지 않았습니다."

개천도감(開川都監)에서 아뢰어 말했다.

"역사에 나와 병들어 죽은 자가 64인입니다."

상이 말했다.

"일에 시달려 죽은 자들이 심히 불쌍하다. 마땅히 그 집의 요역(徭役)을 면제하고[復] 또 콩과 쌀을 주라."

상이 말했다.

"개천을 파는 것이 끝났으니 내 마음이 곧 편안하다."

또 말했다.

"나는 어리석은 백성들이 집을 그리워해 다퉈 한강(漢江)을 건너다가 생명을 상할까 염려된다. 마땅히 각 도의 차사원(差使員), 총패(摠牌) 등으로 하여금 운(運-단위)을 나눠 요란(擾亂)하지 못하게 하라."

또 순금사 대호군(巡禁司大護軍) 박미(朴楣), 사직(司直) 하형(河逈)
등에게 명해 차례를 무시하고 강을 건너는 것을 금하게 했다. 미(楣)
등이 복명해 아뢰었다.

"모두 잘[穩] 건넜습니다."
　　　　온
상이 기뻐했다.

○ 개천도감(開川都監)을 그대로[仍] 행랑조성도감(行廊造成都監)으
　　　　　　　　　　　　　잉
로 삼아 이날부터 역사를 시작했다. 역도(役徒)는 2,035인인데 그중
에 승군(僧軍)이 500명이었다.

○ 사사로운 일로 사직(辭職)하는 것을 금지했다. 의정부에서 아뢰
었다.

"무릇 사환(仕宦-벼슬)하는 자가 긴급하지 않은 사사로운 일로 사
직하고 외방에 나가는 것은 진실로 (나라에서 그들을) 믿고서 맡긴
[委質] 의리가 아닙니다. 이제부터 부모의 질병이나 상사(喪事), 장사
　위질
(葬事) 외에는 사직하는 것을 허락하지 마소서."

또 아뢰었다.

"동서 양계(東西兩界)의 백성들이 국경 밖의 사람과 우마(牛馬)를
매매해서는 안 된다는 것은 일찍부터 나타난 법령이 있는데도 무식
한 백성들이 비밀리에 매매를 행합니다. 이제부터 범(犯)하는 자와
관리(官吏) 및 파절인(把截人)[16]으로서 알면서 고의로 놓아준 자와
공모해 매매를 주선한 자와 숨겨두고 고발하지 않은 자는 빌건대 무

---

16 지세가 험해 적을 방어하는 데 편리한 요해처(要害處)를 파수(把守)하며 경비하는 사람
　을 말한다.

겁게 형벌해 뒷사람을 경계해야 할 것입니다."

모두 그대로 따랐다.

○ 호조판서(戶曹判書) 한상경(韓尚敬)이 저화(楮貨)를 만드는 법을 아뢰어 말했다.

"저화의 종이가 각 도에서 오므로 두껍고 얇은 것과 곱고 거친 것 [精麤=精粗]이 같지 않은데 시정(市井) 사람들이 다만 두꺼운 종이를
　정추　　정조
쓰는 것을 좋아할 줄만 압니다. 바라건대 서울 안의 한 곳에서 만들 게 하소서."

그것을 따랐다.

○ 이언(李彦)을 숨겨준 자 9명의 고신(告身)을 거두라고 명했다. 고주(高州) 전 전서(典書) 서을보(徐乙寶), 길주(吉州) 전 만호(萬戶) 손귀(孫貴), 전 부령(副令) 강문(姜文), 전 강릉판사(江陵判事) 조천(趙千), 통주(通州) 전 낭장(郎將) 문중선(文仲宣), 이천(伊川) 전 낭장(郎將) 최원(崔源), 이주(理州) 전 군기윤(軍器尹) 임원(任元), 해주(海州) 전 중랑장(中郎將) 김장수(金長守), 보주(甫州) 전 현령(縣令) 이영주(李英柱)였다.

임신일(壬申日-17일)에 동교(東郊)에서 매사냥을 구경했다. 어가가 출발할 때에 대언(代言) 등에게 일렀다.

"동서 양계에서 백응(白鷹-흰매)을 얻었으므로 지금 보고자 하는 것이고 얼마 뒤에 그만두겠다."

계유일(癸酉日-18일)에 사헌부에서 박만(朴蔓), 임순례(任純禮), 조순

화(趙順和)의 죄를 청했다.

○상이 대사헌 유정현(柳廷顯)에게 일러 말했다.

"경 등이 박만, 임순례, 조순화의 죄를 청하는 소를 올렸는데 내가 말하기를 장차 대신과 의논하겠다고 한 것은 만(蔓) 등을 죄주고자 하는 것이 아니라 그 자손을 서용(敍用)할지의 여부를 토의하려고 한 것이다."

정현(廷顯)이 대답했다.

"예전 임오년(壬午年-1402년)[17]에 만(蔓)을 뽑아서[抄] 동북면 도순문사(東北面都巡問使)로 삼고 순례(純禮)는 찰리사(察理使)로 삼아 한 도(道)의 병마(兵馬)를 전담해서 통솔하게 했을 때 변에 응할 수가 있었는데도 망설이고 후퇴하다가 드디어 도망쳤으니 그 마음의 간특(奸慝)함을 헤아릴 수가 없습니다. 지금 각 도에 모두 도절제사(都節制使)·관찰사(觀察使)가 있는데, 만일 불측한 변이 있으면 혹시 이와 같은 자가 있을 것이니 장차 어떻게 제재하겠습니까? 또 순화(順和)·이언(李彦) 등이 죄가 같은데 언은 이미 복주(伏誅)되고, 순화·순례·박만이 모두 머리를 보존했으니 형정(刑政)에 어그러짐이 있는 것이 아닙니까?"

상이 말했다.

"임금이 형벌을 쓸 때는 마땅히 정상을 캐물어[原情] 죄를 정해야 한다. 순례와 박만은 비록 병권을 총괄하기는 했으나 대군(大軍)이 졸지에 일어남을 당해 창황(蒼黃)한 즈음에 제지하기가 어려웠고, 또

_____

17 1402년(태종 2년)에 안변부사(安邊府使) 조사의(趙思義)가 일으킨 반란을 말한다.

82

연산부(延山府)에서 군사를 해산하기 전에 도망쳐 왔으니 모반할 마음이 있었다면 어찌 그러했겠는가?"

정현이 굳게 청하니 상이 말했다.

"내가 이미 조처했으니 다시는 말하지 말라."

○ (강원도) 철원부(鐵原府)의 들판을 강무장(講武場)으로 삼고 이어서 사렵(私獵)을 금지했다.

○ 사약(司鑰) 강의(姜義)를 강원도(江原道)에 보내 좋은 배나무 가지를 찾도록 했다. 상림원(上林園)의 나무에 접붙이기 위함이었다.

갑술일(甲戌日-19일)에 상왕이 찾아오니 상이 해온정(解慍亭)에서 맞아들여 술자리를 베풀어 극진히 즐기고 밤을 타서[乘夜] 문밖에
  <small>승야</small>
나가서 마주해 춤추고[對舞] 작별했다.
  <small>대무</small>

○ 사헌부에서 또 박만(朴蔓)과 임순례(任純禮) 등의 죄를 청하니 상이 말했다.

"내가 즉위한 이래로 범법한 자가 있으면 반드시 줄여서 가벼운 형벌을 따랐고 정말[果] 그 율대로 따른 적은 있지 않았다. 간혹 죽
  <small>과</small>
은 자가 있었으나 이것은 정상이 명백해 법으로 용서할 수 없는 것이었다. 박만 등의 일은 이미 10년이 넘었는데 오늘에 와서 다시 법대로 처치하겠는가? 대간(臺諫)의 말을 따르지 않은 것이 많은데 지금 또 내가 간언하는 것을 듣지 않는다는 이름을 거듭 얻겠다. 만일 말한 것이 맞지 않는다고 책한다면 이는 대간이 항상 견책을 당하는 것이라 할 것이다. 정부로 하여금 토의하게 해서 만(蔓) 등이 과연 죽어야 한다면 베고 살릴 만하다면 살리기를 반드시 공론(公論)

을 기다려서 한다면 나 혼자 간언하는 것을 거부한다는 (안 좋은) 이름은 받지 않을 것이다."

헌사(憲司)가 또 청했다.

"강원도(江原道) 평강(平康) 등지가 한재로 인해 백성이 굶주리니 빌건대 근교(近郊)에서 사냥하소서."

상이 따르지 않고 승정원(承政院)에 명해 말했다.

"지신사(知申事) 이외에 기타 대언(代言)과 대간(臺諫)은 모두 호종(扈從)하지 말라."

서연관(書筵官)을 불러 말했다.

"세자(世子)는 나라의 근본이므로 사냥하는 데 따라갈 수 없으니 도성에 머물러 감국(監國)하라."

그러나 결국은 (세자가) 따라갔다.

○ 계림부윤(鷄林府尹) 윤향(尹向)이 사냥개[田犬]를 급히 바치니 상이 말했다.

"사냥이 비록 유희(遊戲)의 일이나 시기에 맞춰[趁時=從時] 바치니 그 뜻이 가상하다."

가져온 사람에게 저화(楮貨) 40장을 내려주었다.

○ 대간에서 호종(扈從)하기를 청하고자 대궐에 나아왔으나 (그 뜻을) 상달(上達)하지 못했다. 상이 일찍이 중관(中官-환관) 윤흥부(尹興阜)에게 명해 금후로는 대간의 말을 아뢰지 말라고 했기 때문이다.

○ (일본의) 소이전(小二殿)과 종정무(宗貞茂)가 보낸 객인(客人)이 왔다.

을해일(乙亥日-20일)에 풍해도(豐海道) 채방별감(採訪別監) 반영(潘泳)이 서흥(瑞興)에서 은(銀) 50냥(兩)을 취련(吹鍊)해 바쳤다.

○ 의정부(議政府)에서 수우각(水牛角-물소뿔) 16척(隻)을 바쳤다.

병자일(丙子日-21일)에 곽승우(郭承祐)의 고신(告身)과 과전(科田)을 돌려주라고 명하고 이어서 내금위절제사(內禁衛節制使)로 삼았다.

○ 동북면 채방별감(東北面採訪別監) 박윤충(朴允忠)이 안변(安邊)과 단천(端川) 지방에서 금(金) 3냥(兩)을 얻어 바쳤다. 군사 600명으로 3일간 역사한 것이다.

무인일(戊寅日-23일)에 의정부에서 박만(朴蔓)과 임순례(任純禮)의 죄를 토의해 글을 올렸다. 글은 이러했다.

'헌부(憲府)에서 두 번 만(蔓) 등의 죄를 청했으나 그대로 하라는 윤허[兪允]를 얻지 못했습니다. 가만히 생각건대 만일 두 사람을 반드시 죽일 필요가 없다고 한다면 그 당시 죄가 두 사람보다 더하지 않은데도 복주(伏誅)된 자가 많습니다. 또 세월이 이미 오래돼 추론(追論)할 수 없다고 하지만 근래에도 (그 일과 관련해) 복주된 자가 있습니다. 죄는 같은데 벌은 다르니 어떻게 후세에 모범이 될 수 있습니까? 율문에 있어서도 사람을 한 명 치사(致死)하면 모두 좌죄(坐罪)해 죽이는데 이 두 사람의 연고로 죽은 사람이 몇 사람입니까? 또 공신(功臣)들이 맹세한 글에 이르기를 "일이 종사(宗社)와 관계되면 마땅히 법으로 논한다"라고 했습니다. 공신에 대해서도 오히려 그러하거늘 하물며 공신이 아닌 자이겠습니까? 이 두 사람이 전하를 섬겨 벼슬이 2품에 이르렀고 전하의 명을 받아 한 지방을 전제(專制)하게 됐는데 이에 감히 경내(境內)에 이문(移文)해 함부로 군사를 일으켜 서울[京城]로 향하고자 했으니 그 난역(亂逆)을 행한 것은 죽여도 용서할 수 없습니다. 특히 전하의 살리시기 좋아하는 다움[好生之德]을 입어 머리를 보존해 오늘에 이르렀으니 그 은혜가 두 사람에게 참으로 이미 지극했습니다. 그러나 국가의 법은 끝내는 바른 데로 돌아가지 않을 수 없습니다. 엎드려 바라옵건대 대의(大義)로 결단하시어 만세의 법을 바로잡아야 할 것입니다.'

상이 말했다.

"임오년부터 오늘에 이르기까지 정부와 헌사(憲司)가 된 자가 많지 않은 것이 아닌데, 어찌 오늘에 이르러서야 두 사람이 죄가 있다는 것을 알았다는 것인가? 무인년 가을에 태조(太祖)께서 병환이 있었을 때 간사한 소인의 무리가 우리를 해치고자 꾀해 화가 예측할 수 없는 지경에 있었던 까닭으로 어쩔 수 없이 화란(禍亂)을 쳐서 없앤 것일 뿐이다. 그때 내응(內應)한 자를 마땅히 죽이기를, 한고조(漢高祖)가 정공(丁公)[18]을 베듯이 하는 것이 마땅한데 내가 불민한 탓으로 감히 그렇게 하지 못했다. 그때 비록 복주(伏誅)를 당한 자가 있었으나 각각 그 정상이 용서할 수 없는 것이 있었기 때문이었다. 이

---

18 초(楚)나라 항우(項羽)의 장수다. 한(漢)나라 고조(高祖) 유방(劉邦)이 일찍이 싸움터에서 크게 패배해 쫓기게 됐는데 그 형세가 자못 위급하게 되니 유방이 그를 바짝 뒤쫓는 정공(丁公)에게 애걸해 목숨을 구했다. 그 후에 한나라가 초나라를 멸망시킨 뒤에 정공이 고조를 뵙자 고조는 말하기를 "후세에 남의 신하가 된 사람들로 하여금 정공을 본받지 말도록 하라"고 하고는 정공을 베었다.

두 사람은 실상 난역의 당(黨)이 아니니 모반(謀叛)으로 논할 수는 없다. 금후로는 다시 청하지 말라."

기묘일(己卯日-24일)에 회회사문(回回沙門-회교 성직자) 도로(都老)에게 명해 금강산(金剛山), 순흥(順興), 김해(金海) 등지에서 수정(水精)을 캐도록 했다. 도로가 일찍이 본국의 수정모주(水精帽珠)를 만들어 바쳤는데 상이 좋다고 칭찬했다. 도로가 또 말씀을 올렸다.

"산천이 많아서 반드시 진귀한 보화를 가졌을 것이니 만일 저로 하여금 두루 돌아다니게 한다면 얻을 수 있을 것입니다."

경진일(庚辰日-25일)에 (강원도) 철원(鐵原)에서 강무(講武)했다. 애초에 상이 지신사 김여지(金汝知)에게 일러 말했다.

"점치는 자가 전해에는 액이 있다 했으므로 내가 비록 믿지는 않으나 감히 말을 달려 사냥하지 않았다. 금년 봄에 비록 백성을 역사시켜 도랑을 열기는 했으나 경기 백성들은 참여시키지 않았다. 역사를 끝낸 뒤에 내가 철원에 사냥하고자 하니 미리 관리(官吏)로 하여금 준비하게 하라."

호군(護軍) 이자화(李自和)를 보내 임강(臨江), 장단(長湍), 우봉(牛峰), 토산(兎山)에 가서 산림(山林)을 불태워 강무(講武)를 준비했다. 이때에 이르러 강무하러 가니 세자가 따라갔다. 대간(臺諫) 두 사람이 뒤따라가 행궁(行宮)에 이르러 호가(扈駕)할 것을 군게 청했으나 근신(近臣)이 아뢰지 않았다.

○ 상왕이 고봉(高峰)에서 사냥했다. 목욕(沐浴)을 칭탁해 가서

7일 만에 돌아왔다.

신사일(辛巳日-26일)에 지신사 김여지(金汝知)에게 사냥개[田犬]를
내려주었다.

○ 서북면 도순문사(西北面都巡問使)가 매[鷹] 10련(連)을 바쳤다.

○ 예조에서 천금의(薦禽儀)를 올렸다. 계문(啓聞)은 이러했다.

'건문(建文) 4년(1402년)에 봉교(奉教)해 전수의주(田狩儀註)를 상
정(詳定)했는데 "잡은 짐승을 종묘(宗廟)에 급히 천신(薦新)한다"라고
했습니다. 지금 강무를 하게 돼 그 천금(薦禽)하는 예를 영락(永樂)
9년(1411년)에 봉교한 천신의주(薦新儀註)에 의거하되 만일 삭망일
(朔望日)을 만나면 겸해 천신하고, 만일 만나지 않으면 날을 가리지
말고 즉시 천신해 일작(一爵-술을 한 잔만 올림)의 예를 행하면 거의
실정과 예법[情禮]에 부합할까 합니다.'

그것을 따랐다.

임오일(壬午日-27일)에 흰 기운이 해를 둘러쌌다.

○ 의정부(議政府)에서 다시 박만(朴蔓) 등의 죄를 청했으나 윤허하
지 않았다.

계미일(癸未日-28일)에 지신사 김여지(金汝知)에게 활과 화살을 내려
주었다.

○ 풍해도 도관찰사(豊海道都觀察使) 심온(沈溫)이 와서 사냥개를
바쳤다.

○ 상살(上殺)[19]한 금수(禽獸)를 종묘에 급히 천신하고 이어서 명했다.

"전일에 천신한 것은 상살(上殺)이 아니니 젓[醢]을 담아 하향 대제(夏享大祭)에 이바지하게 하라."

갑신일(甲申日-29일)에 옛 동주평(東州坪)에 이르러 상이 활과 화살을 차니 안성군(安城君) 이숙번(李叔蕃)이 간언해 그만두었다.

○ 충주의 금천창(金遷倉) 10여 칸이 불탔다.

---

19 짐승을 쏠 때 왼쪽 표(膘-어깨 뒤 넓적다리 앞 살)에 쏘아 오른쪽 우(膈-어깻죽지 앞의 살)로 관통하는 것을 말한다. 이것을 건두(乾豆)로 만들어 종묘(宗廟)에 천신했다. 오른쪽 귀 부근을 관통한 것을 중살(中殺)이라 해 빈객(賓客)을 대접하는 데 썼으며, 왼쪽 비(脾-넓적다리 뼈)에서 오른쪽 연(膈-어깨 뼈)으로 관통한 것을 하살(下殺)이라 해 포주(庖廚)에 충당했다.

丙辰朔 全羅道地震. 書雲觀請行解怪祭 上曰: "古人有言曰:
병진 삭　전라도 지진　서운관 청행 해괴제　상왈　고인 유언왈

'遇天災地怪 當修人事.' 不必行祭."
우 천재 지괴 당수 인사　불필 행제

戊午 下禁酒令. 從司憲府之啓也.
무오 하 금주령　종 사헌부 지계 야

賜故上將軍朴淳妻任氏米十石.
사 고 상장군 박순 처 임씨 미 십석

賜檢校漢城尹崔也吾乃苧麻細布各一匹 靴笠各一事 以向化也.
사 검교 한성윤　최야오내 저마 세포 각 일필 화립 각 일사 이향화 야

罷彦陽監務鄭包職. 包初娶崔氏 與更父喪 又娶安氏 厥後生子
파 언양 감무 정포 직　포 초취 최씨 여경 부상 우 취 안씨 궐후 생자

於崔 無故還棄崔氏. 當憲司推劾之際 包窺免竝畜之罪 以所生子
어 최 무고 환기 최씨　당 헌사 추핵 지제 포 규면 병축 지죄 이 소생 자

爲非己子 與崔氏對辨 不能匿情 有累倫理 不合臨民 故憲司疏請
위 비 기자 여 최씨 대변 불능 익정 유루 윤리 불합 임민 고 헌사 소청

事在宥前 只罷其職.
사 재 유전　지 파 기직

司憲府大司憲柳廷顯等上書.
사헌부 대사헌 유정현 등 상서

'一曰 國家設隣保之法 生歿移徙 靡不周知 然京外之民 不畏
일왈 국가 설 인보 지법 생몰 이사 미불 주지 연 경외 지민 불외

國令 轉相流移 戶口日減. 爲今之計 莫若設戶牌之法 以定出入
국령 전상 유이 호구 일감　위 금지계 막약 설 호패 지법 이정 출입

之節. 二曰 襃賞功勞 賜以土田 使子孫相傳 誠爲美法 然田有
지절　이왈 포상 공로 사 이 토전 사 자손 상전 성위 미법 연 전유

常數 不可永爲私有. 且太祖與殿下 原從功臣田 只給己身 而
상수 불가 영위 사유　차 태조 여 전하 원종공신전 지급 기신 이

別賜田 傳於子孫 實爲未便. 乞將別賜田 亦令只給己身. 三曰
별사전 전어 자손 실위 미편　걸장 별사전 역령 지급 기신　삼왈

給田之法 本以養廉恥. 今大小人員 聞人病死 爭欲遞受 或陳告
급전 지법 본 이양 염치　금 대소 인원 문 인 병사 쟁욕 체수 혹 진고

於未死之前 或在身死之日 廉恥道喪 風俗衰薄. 願自今陳告者
어 미사 지전 혹재 신사 지일 염치 도상 풍속 쇠박 원자금 진고자

必待身死七日之後 並書前受田數以告. 四曰 官服之制 一遵中國
필대 신사 칠일 지후 병서 전수 전수 이고 사왈 관복 지제 일준 중국

而宦官婦人之服 尙仍其舊 乞皆亦從華制. 但公私賤女 不習擔持
이 환관 부인 지복 상잉 기구 걸개 역종 화제 단 공사 천녀 불습 담지

束髮則難以戴物 姑從本俗. 五曰 我朝依中國之制 坐以交倚繩床
속발 즉난 이 대물 고종 본속 오왈 아조 의 중국 지제 좌이 교의 승상

而廳堂之設 皆用席 原其所自 皆出民力. 願自今京外衙門寢房外
이 청당 지설 개용석 원기 소자 개출 민력 원자금 경외 아문 침방 외

毋用席. 命下政府議之 政府啓: "別賜田親試登科田 只許己身收
무 용석 명하 정부 의지 정부 계 별사전 친시 등과전 지허 기신 수

租 田地陳告 必待七日. 京外衙門寢房外 毋用席等事 宜從憲司
조 전지 진고 필대 칠일 경외 아문 침방 외 무용석 등사 의종 헌사

疏請." 從之.
소청 종지

己未 罷兵曹正郎吳乙濟職. 每歲抄都目政 憲司所由一人 喝道
기미 파 병조정랑 오을제 직 매 세초 도목정 헌사 소유 일인 갈도

一人當遷 例也 乙濟爲兵曹武選司 只調一人. 憲司劾乙濟 上寬之
일인 당천 예야 을제 위 병조 무선사 지조 일인 헌사 핵 을제 상 관지

憲司復請罪 乃命罷職.
헌사 부 청죄 내 명 파직

辛酉 改制白岳 木覓神主. 禮曹啓: "白岳 木覓神主 制作年久
신유 개제 백악 목멱 신주 예조 계 백악 목멱 신주 제작 연구

且不合古制. 乞依洪武禮制 改制." 從之.
차 불합 고제 걸의 홍무예제 개제 종지

以禹玄寶子 洪富 洪康稱下元從功臣. 上召雞城君李來問曰:
이 우현보 자 홍부 홍강 칭하 원종공신 상 소 계성군 이래 문왈

"恩門禹玄寶子孫有幾?" 來對曰: "前開城副留後洪富 前恭安府
은문 우현보 자손 유기 래 대왈 전 개성 부유후 홍부 전 공안부

尹洪康在焉." 上謂左右曰: "庚辰春 若無禹氏 則安有今日?
윤 홍강 재언 상 위 좌우 왈 경진 춘 약무 우씨 즉 안유 금일

其時 予因多事遺忘 且無言之者 故不置佐命之列 良可恨也.
기시 여 인 다사 유망 차 무언지 자 고 불치 좌명 지열 양 가한 야

佐命則業已不及 今以元從功臣稱下何如?" 領議政府事河崙及
좌명 즉 업이 불급 금 이 원종공신 칭하 하여 영의정부사 하륜 급

左右皆曰: "可." 上卽命知申事金汝知等曰: "洪富 洪康論功
좌우 개왈 가 상 즉명 지신사 김여지 등 왈 홍부 홍강 논공

軸 勿使外製製之 爾等卽進." 遂宥洪康之子元珪. 元珪曾以遞受
축 물사 외제 제지 이등 즉진 수유 홍강 지자 원규 원규 증 이 체수

科田之罪 貶于竹州.
_{과전 지죄 폄우 죽주}

司僕寺兼判事金南秀 啓馬政. 啓曰: "馬政 軍國所重 各道
_{사복시 겸판사 김남수 계 마정 계왈 마정 군국 소중 각도}

諸島馬 因水草不敷 孳産數少 名存而已. 竊謂全羅海邊 與濟州
_{제도 마 인 수초 불부 자산 수소 명존 이이 절위 전라 해변 여 제주}

風土相似 且多連海閑曠之地. 乞於濟州馬中簡出 當四五月時
_{풍토 상사 차 다 연해 한광 지지 걸어 제주 마중 간출 당 사오월 시}

入放孳息何如? 下政府.
_{입방 자식 하여 하 정부}

壬戌 上不豫 世子躬自湯藥以進. 上嘗之曰: "汝學古書 故乃
_{임술 상 불예 세자 궁자 탕약 이진 상 상지 왈 여 학 고서 고 내}

爾." 至日中平復 翼日又未寧 謂近臣曰: "氣體尙未平復 更三四
_{이 지 일중 평복 익일 우 미령 위 근신 왈 기체 상 미 평복 경 삼사}

日則可視事." 又曰: "蒐狩之法 帝王所重. 令禮曹參議許稠 稽
_{일 즉 가 시사 우왈 수수 지법 제왕 소중 영 예조참의 허조 계}

諸古典 與政府大臣 義興府同議 詳定講武儀."
_{저 고전 여 정부 대신 의흥부 동의 상정 강무의}

甲子 司憲府大司憲柳廷顯等上疏. 一請朴蔓等罪曰:
_{갑자 사헌부대사헌 유정현 등 상소 일청 박만 등 죄왈}

'竊惟賞罰 國之大典 不可不謹 一有不中 何以爲國? 是以自古
_{절유 상벌 국지 대전 불가 불근 일유 부중 하이 위국 시이 자고}

帝王 雖至親幸 不以私廢公. 況懷二扇亂 罪在不宥者乎? 歲在
_{제왕 수지 친행 불이 사폐공 황 회이선란 죄제 불유 자호 세재}

壬午 朴蔓 任純禮逆亂之罪 天地所不容 宗社所不宥 而臣子
_{임오 박만 임순례 역란 지죄 천지 소불용 종사 소불유 이 신자}

不共戴天之讎也. 殿下特垂好生之恩 俾全首領 安置鄕曲 以至
_{불공대천 지수 야 전하 특수 호생 지은 비전 수령 안치 향곡 이지}

今日 朝野臣庶 莫不痛心 而又朴蔓之子眞言 以婚姻之故 濫受
_{금일 조야 신서 막불 통심 이우 박만 지자 진언 이 혼인 지고 남수}

宗廟署丞 亦與朝班. 大逆之裔 安敢若是乎? 竊謂殿下 乃以朴蔓
_{종묘서 승 역여 조반 대역 지예 안감 약시 호 절위 전하 내이 박만}

任純禮等不宥之罪 不置於法 其於有國之典何 宗廟之計又如何?
_{임순례 등 불유 지죄 불치 어법 기어 유국 지전하 종묘 지계 우 여하}

且其與亂之徒 皆已伏誅 今李彦者 亦受天誅 獨趙順和幸蒙上恩
_{차 기여 난지도 개 이 복주 금 이언 자 역수 천주 독 조순화 행몽 상은}

得保性命 罪同罰異 非垂訓萬世之道也. 願殿下將朴蔓 純禮
_{득보 성명 죄동벌이 비 수훈 만세 지도 야 원 전하 장 박만 순례}

順和等 依律施行 以慰臣民之望.'
_{순화 등 의율 시행 이위 신민 지망}

不允. 一請持平南珥之罪曰:

'今宗廟署丞朴眞言 逆臣蔓之子 右政丞趙英茂女壻. 使眞言
既從仕於敬承府行首之任 又於辛卯年 除直長 又移敬承府丞 此
乃英茂之失也. 今英茂聞憲府不出告身之議 暗與掌務持平南珥
通書以請 珥不顧憲議 乃於常坐 私出眞言告身 其不肖甚矣.
請下攸司 鞫問科罪.'

命罷珥職. 一請前知谷州事李暮於衙中 私自養蠶 以汚士風之
罪 命竄于外.

乙丑 始基市廛左右行廊八百餘間. 自惠政橋至于昌德宮洞口
聚外方游手僧徒 給糧役之 仍使開川都監掌其事. 司憲府遣人
點視 赴役軍物故者十一人 病者二百餘以聞.

丙寅 賜醞于開川都監.

以檢校漢城尹高忠彦 代高鳳禮 爲濟州都州官左都知管. 從
政府之請也. 全羅道監司上言: "濟州牧使判官 非時更遞 則因
逆風累月未還 其弊不細. 自今遞代 必用順風正二月." 從之.

禮曹上詳定田狩儀:

'一, 諸將令士卒不得相雜. 一, 駕前必樹旗 動駕則必隨之 以別
瞻視. 一, 近侍 內侍衛別司禁外 大小雜人一禁. 一, 上發矢前
近侍者不得發矢. 一, 禽獸皆驅進駕前 不得要射 逸者乃射. 一,
大小雜人及鷹犬 不得入圍內. 一, 大小人 於圍前不得先行. 凡

違令者 義興府考察 輕者笞五十 重者杖八十 二品以上 罪根隨者.
위령 자 의흥부 고찰 경자 태 오십 중자 장 팔십 이품 이상 죄 근수 자

命漕忠淸道穀五千石 京畿穀五千石 豊海 西北兩道. 以連年
명조 충청도 곡 오천 석 경기 곡 오천 석 풍해 서북 양도 이 연년

饑饉 備種子也.
기근 비 종자 야

丁卯 觀放鷹于東郊.
정묘 관 방응 우 동교

上王觀放鷹于西郊.
상왕 관 방응 우 서교

己巳 以曺備衡爲慶尙道兵馬都節制使 罷左道節制使所部軍馬
기사 이 조비형 위 경상도 병마도절제사 파 좌도 절제사 소부 군마

幷屬合浦鎭.
병 속 합포진

以金乙雨爲慶尙道水軍都節制使 金宇安州道兵馬都節制使
이 김을우 위 경상도 수군도절제사 김우 안주도 병마도절제사

尹向鷄林府尹 河敬復鏡城等處兵馬節制使 尹臨濟州道
윤향 계림부윤 하경복 경성 등처 병마절제사 윤림 제주도

都安撫使 李稺爲右司諫大夫. 前此 左司諫大夫尹會宗等 請
도안무사 이륙 위 우사간대부 전차 좌사간대부 윤회종 등 청

沈泟之罪 皆命歸私第 今皆罷之 以泟復爲上護軍.
심정 지 죄 개 명귀 사제 금 개 파지 이정 부위 상호군

議世子扈從講武于河崙. 上召書筵官曹尙曰: "日者 予未寧
의 세자 호종 강무 우 하륜 상 소 서연관 조상 왈 일자 여 미령

世子嘗藥而進 予許之. 今講武率行爲意 且累日行宮 長子隨之
세자 상약 이진 여 허지 금 강무 솔행 위의 차 누일 행궁 장자 수지

豈有乖於理乎? 若曰撫軍監國 則非曠久遷徙之例也 若曰當學問
기 유괴 어리 호 약왈 무군 감국 즉 비 광구 천사 지 례 야 약왈 당 학문

之時 不專致志 則然也. 然世子非幼弱 年已十九 豈有心於武事
지 시 부전 치지 즉 연야 연 세자 비 유약 연 이 십구 기유 심 어 무사

而憚其學問乎? 考之古文則世子隨父王而行者有之. 爾往河崙第
이 탄 기 학문 호 고지 고문 즉 세자 수 부왕 이 행자 유지 이 왕 하륜 제

詳問以來." 尙復命曰: "崙對曰: '儲副之學 非特學問而已 視膳
상문 이래 상 복명 왈 륜 대왈 저부 지학 비특 학문 이이 시선

問安 是學也. 扈從講武 何不可之有! 然臣意以爲講武累日 儲副
문안 시 학야 호종 강무 하 불가 지유 연 신의 이위 강무 누일 저부

留都監國 則允合臣民之望也. 古例則臣未知也.'" 上曰: "然. 予
유도 감국 즉 융합 신민 지 망야 고례 즉 신 미지 야 상왈 연 여

亦未知其文 然昔魏文帝出獵 明帝以太子隨之 帝射牝鹿 顧謂
역 미지 기문 연 석 위문제 출렵 명제 이 태자 수지 제 사 빈록 고위

太子曰: ‘爾射兒.’ 太子泣曰: ‘旣殺其母 又殺其子可乎?’ 文帝
聞而哀之. 初 明帝母后被賜死 故有是言也. 以此觀之 則太子
隨講武 古有例也." 召禮曹參議許稠曰: "予聞昔魏明帝爲太子
時 扈從講武 有諸? 其稽史册以聞." 上謂金汝知等曰: "宋之
太宗 繼太祖而立. 母后命太宗曰: ‘汝當立太祖之子.’ 一日 軍中
有變 迷失太宗所之 國家議立太祖之子. 今世子之與於講武 無乃
宜乎? 且予一有疾病 則世子之嘗藥 其職也." 召賓客李來議之
來曰: "世子天資明銳 近日切於學問. 若春秋壯盛 則恐怠於學問
若從講武 則吾當白止. 今玆慮患之意若是 非臣所敢議也 第宜
還駕 勤學不已." 上曰: "自今以後 鷹犬之娛 田獵之戲 誰肯啓
其心乎? 吾當勸學."

庚午 開川役告訖. 自藏義洞口至宗廟洞口 文昭殿與昌德宮
門前 皆以石築之; 自宗廟洞口至水口門 以木作防築; 作大小
廣通 惠政及貞善坊洞口 神化坊洞口等橋 皆用石. 命放開川
役徒 萬口同辭曰: "前此築城之時 夜不安枕 人多病死. 今年之
役 專荷上恩 晝役夜寢 病死者不多." 開川都監啓曰: "赴役病死
者六十四人." 上曰: "勞於事而死者 甚可憐也. 宜復其家 且給
豆米." 上曰: "開川已畢 我心卽平." 又曰: "予恐愚民思家 爭
涉漢江傷命. 宜令各道差使員摠牌等分運 使不得擾亂." 又命
巡禁司大護軍朴楣 司直河逈等 禁越次過涉者. 楣等復命啓: "皆

穩涉." 上喜.
온섭　상희

以開川都監 仍爲行廊造成都監 是日始役. 其役徒二千三十五
이 개천도감　잉위　행랑조성도감　시일 시역　기 역도 이천 삼십 오

人內 僧軍五百.
인내 승군 오백

禁以私事辭職. 議政府啓: "凡仕宦者 以不緊私事 辭職出外
금 이 사사 사직　의정부 계　범 사환 자 이 불긴 사사　사직 출외

固非委質之義也. 自今父母疾病及喪葬外 不許辭職." 又啓:
고 비 위질 지 의야　자금 부모 질병 급 상장 외　불허 사직　우계

"東西兩界之民 毋得與境外之人賣牛馬 曾有著令 無識之民 暗行
동서 양계 지민 무득 여 경외 지인 매 우마 증유 저령 무식 지민 암행

買賣. 自今犯者及官吏與把截人 知而故縱者 通同做賣者 隱匿
매매　자금 범자 급 관리 여 파절 인 지이 고종 자 통동 주매 자 은닉

不告者 乞重刑鑑後." 皆從之.
불고 자 걸 중형 감후　개 종지

戶曹判書韓尙敬 啓造楮貨之法. 啓曰: "楮貨紙 來自各道
호조판서 한상경　계 조 저화 지법　계왈　저화 지 내자 각도

厚薄精麤不同 市井之人 但知樂用厚紙. 願於京中一處做得."
후박 정추 부동 시정 지인 단지 낙용 후지　원 어 경중 일처 주득

從之.
종지

命收藏匿李彦者九人告身. 高州前典書徐乙寶 吉州前萬戶
명수 장닉 이언 자 구인 고신　고주 전 전서 서을보　길주 전 만호

孫貴 前副令姜文 江陵前判事趙千 通州前郎將文仲宣 伊川前
손귀 전 부령 강문 강릉 전 판사 조천 통주 전 낭장 문중선 이천 전

郞將崔源 理州前軍器尹任元 海州前中郎將金長守 甫州前縣令
낭장 최원 이주 전 군기 윤임원 해주 전 중랑장 김장수 보주 전 현령

李英柱也.
이영주 야

壬申 觀放鷹于東郊. 動駕時 謂代言等曰: "於東西兩界得白鷹
임신 관 방응 우 동교　동가 시 위 대언 등 왈　어 동서 양계 득 백응

今欲觀之 後則止矣.
금 욕 관지 후즉 지의

癸酉 司憲府請朴蔓 任純禮 趙順和之罪.
계유 사헌부 청 박만 임순례 조순화 지죄

上謂大司憲柳廷顯曰: "卿等疏請朴蔓 任純禮 趙順和之罪 予
상 위 대사헌 유정현 왈　경 등 소청 박만 임순례 조순화 지죄 여

曰將與大臣議論者 非欲罪蔓等也 欲議其子孫敍用與否也." 廷顯
왈 장여 대신 의논 자 비 욕죄 만 등 야 욕의 기 자손 서용 여부 야　정현

96

對曰：“昔在壬午歲 抄蔓爲東北面都巡問使 純禮爲察理使 專摠
대왈　석재 임오 세 초 만 위 동북면　도순문사　순례 위 찰리사　전총

一道兵馬 可以應變 因循退縮 遂逃焉 其心奸慝 不可測也. 今
일도 병마 가이 응변 인순 퇴축 수 도 언 기심 간특 불가측 야 금

各道皆有節制使 觀察使. 若有不測之變 則或有如是者 將何以
각도 개유 절제사 관찰사 약유 불측 지변 즉 혹유 여시 자 장 하이

制之? 且順和 李彦等 罪同而彦已伏誅 順和 純禮 朴蔓 皆保
제지 차 순화 이언 등 죄동이언이 복주 순화 순례 박만 개보

首領 無乃有乖於刑政乎?”上曰：“人君用刑 當原情定罪. 純禮
수령 무내 유괴 어 형정 호 상왈 인군 용형 당 원정 정죄 순례

與蔓 雖摠兵權 當大軍猝起蒼黃之際 難以制之 且於延山府散軍
여 만 수 총 병권 당 대군 졸기 창황 지제 난이 제지 차 어 연산부 산군

之前逃來 豈有反心而然乎?”廷顯固請 上曰：“予已處之 宜勿
지전 도래 기유 반심 이 연호 정현 고청 상왈 여이 처지 의물

復言.”
부언

以鐵原府坪爲講武場 仍禁私獵.
이 철원부 평 위 강무장 잉금 사렵

遣司鑰姜義于江原道 求好梨枝. 以接上林園木也.
견 사약 강의 우 강원도 구호 이지 이접 상림원 목 야

甲戌 上王至 上迎入解慍亭 設酌極歡 乘夜出于門外 對舞而辭.
갑술 상왕 지 상 영입 해온정 설작 극환 승야 출우 문외 대무 이 사

司憲府又請朴蔓任純禮等罪 上曰：“予自卽位以來 有犯者 必
사헌부 우청 박만 임 순례 등 죄 상왈 여자 즉위 이래 유범 자 필

減而從輕 未有果從其律者也. 間有死者 是情狀明白 法所不宥者
감 이 종경 미유 과종 기율 자야 간유 사자 시 정상 명백 법 소불유 자

也. 朴蔓等事 而十年矣. 今日更置于法乎? 臺諫之言 多所不從
야 박만 등사 이 십년 의 금일 갱치 우법 호 대간 지언 다 소부종

今又重吾拒諫之名也. 若以所言不中責之 則是臺諫常常被責也.
금우 중오 거간 지명 야 약 이 소언 부중 책지 즉시 대간 상상 피책 야

其令政府議之 蔓等果可死則誅之 可活則活之 必待公論 則予
기령 정부 의지 만 등 과 가사 즉 주지 가활 즉 활지 필대 공론 즉 여

不獨受拒諫之名也.”憲司又請曰：“江原道平康等處 因旱民飢
부독 수 거간 지명 야 헌사 우청 왈 강원도 평강 등처 인한 민기

乞蒐于近郊.”不從. 命承政院曰：“知申事外 其他代言與臺諫
걸 수우 근교 부종 명 승정원 왈 지신사 외 기타 대언 여 대간

竝勿扈從.”召書筵官曰：“世子國本 不可從行於田獵之間. 宜留
병물 호종 소 서연관 왈 세자 국본 불가 종행 어 전렵 지간 의류

監國.”然竟從行.
감국 연 경 종행

鷄林府尹尹向 馳獻田犬 上曰：“田雖戲事 趁時來獻 其志
可尙.” 賜來人楮貨四十張.

臺諫欲請扈從 詣闕不得上達. 上嘗命中官尹興阜 今後毋將
臺諫之言以聞.

小二殿及宗貞茂 使送客人來.

乙亥 豐海道採訪別監潘泳 於瑞興鍊銀五十兩以進.

議政府進水牛角十六隻.

丙子 命給郭承祐告身科田 仍命爲內禁衛節制使.

東北面採訪別監朴允忠 於安邊 端川地面 得金三兩以進. 以軍
六百役三日也.

戊寅 議政府議朴蔓 任純禮之罪 上書. 書曰：

‘憲府再請蔓等之罪 未蒙兪允. 竊謂若以此二人爲不必誅 其時
罪不浮二人 而伏誅者多矣. 又以爲歲月已久 不可追論 近日亦
有伏誅者矣. 罪同罰異 豈可爲後世法乎？ 其在律文 致死人一名
皆坐以死. 以此二人之故 而致死者幾何人哉？ 且於功臣盟載之
文曰：“事關宗社 當以法論.” 於功臣尙然 況非功臣者哉？ 二人
者 臣事殿下 位至二品 承殿下之命 專制一方 乃敢移文境內 妄興
師旅 欲向京城 其爲逆亂 不容誅矣. 特蒙殿下好生之德 得保
首領 以至今日 其恩於二人 亦已至矣. 然國家之法 終不可不歸於
正 伏望斷以大義 以正萬世之法.’

上曰："自壬午年至于今日 爲政府憲司者 不爲不多 豈至今日
乃知二人之爲有罪也? 戊寅秋 太祖不豫 憸小之徒 謀害我等 禍
在不測 故不得已剪除禍亂耳. 其時內應者當誅之 如漢高斬丁公
可也. 以予不敏 不敢若是. 其時雖有伏誅者 各以其情 有不可宥
也. 此二人者 實非逆亂之黨 不可以謀叛論 今後毋得更請."

己卯 命回回沙門都老 採水精于金剛山 順興 金海等處. 都老
嘗造本國水精帽珠以獻 上稱善. 都老又上言："山川之多 必蘊
珍寶. 若使我周行 可得也."

庚辰 講武于鐵原. 初 上謂知申事金汝知曰："卜者以前年爲
有厄. 予雖不信 不敢馳獵. 今春雖役民開川 圻甸之民不與焉.
當罷役後 予欲蒐于鐵原 預令官吏支辦." 遣護軍李自和往臨江
長湍 牛峯 兔山 焚山林以備講武. 至是乃行 世子從之. 臺諫
二員 隨至行宮 固請扈駕 近臣不啓.

上王田于高峯. 托沐浴以行 七日而返.

辛巳 賜知申事金汝知田犬.

西北面都巡問使 獻鷹十連.

禮曹上薦禽儀. 啓曰：'建文四年 奉敎詳定田狩儀註 以所獲馳
薦宗廟. 今當講武 其薦禽之禮 乞依永樂九年奉敎薦新儀註 若値
朔望之日 則兼薦 若不値則不卜日卽薦 以行一爵之禮 庶合情禮.'
從之.

壬午 白氣環日.
임오　백기　환일

議政府復請朴蔓等罪 不允.
의정부　부청　박만　등 죄　불윤

癸未 賜知申事金汝知弓矢.
계미　사 지신사　김여지　궁시

豊海道都觀察使沈溫來獻田犬.
풍해도　도관찰사　심온　내헌 전견

以上殺禽獸 馳薦宗廟 仍命曰：“前日所薦 非上殺 令作醢
이 상살 금수　치천 종묘　잉 명왈　전일 소천　비 상살　영 작해

以供夏享大祭.”
이공　하향　대제

甲申 至古東州坪 上佩弓矢 安城君李叔蕃諫止之.
갑신　지고 동주 평　상 패 궁시　안성군　이숙번　간 지지

忠州 金遷倉十餘間災.
충주　금천창　십여 간 재

태종 12년 임진년
3월

三月

을유일(乙酉日-1일) 초하루에 (사냥으로) 잡은 금수(禽獸)를 성비전(誠妃殿)¹과 상왕전(上王殿)에 바치고 이어 도성에 머물고 있는 늙고 병든 대신(大臣)들에게도 내려주었다.

○ 경상도 채방사(慶尙道採訪使) 사공제(司空濟)가 은(銀) 20냥(兩)을 취련(吹鍊)해 바치니 은을 캔 민호(民戶)에게는 복호(復戶)²하라고 명했다.

무자일(戊子日-4일)에 (사냥을 마치고) 궁(宮)으로 돌아왔다. 살곶이[箭串] 냇가에 술자리를 베풀었는데 세자 종친 및 여러 상신(相臣-
전곶
재상)이 시연(侍宴)했다. 풍악을 연주하고 함께 즐겼다. 술이 취하자
[酒酣] 상(上)이 칠성군(漆城君) 윤저(尹柢, ?~1412년)³로 하여금 일어
주감

---

1 태조의 후궁 원씨(元氏)를 가리킨다.
2 조선시대 국가가 호(戶)에 부과하는 요역(徭役) 부담을 감면하거나 면제해주던 제도를 말한다.
3 고려 말기부터 이성계(李成桂)를 시종한 인연으로 조선왕조가 건국되자 1392년(태조 1년) 상장군에 등용됐다. 1395년 형조전서가 돼 고려 왕족들을 강화나루에 잡아다가 수장(水葬)하는 데 앞장섰다. 1396년 상의중추원사(商議中樞院事)가 됐으며, 1397년 경상도 절제사로 재직 중에 박자안(朴子安)의 옥사에 관련돼 한때 투옥됐다가 풀려났다. 1400년(정종 2년) 상진무(上鎭撫)가 됐으며, 다음 해인 1401년(태종 1년) 이방간(李芳幹)의 난을 평정하고 태종이 왕위에 오르는 데 협력한 공으로 익대좌명공신(翊戴佐命功臣) 3등에 책록됐다. 같은 해 사평우사(司平右司)가 되고 칠원군(漆原君)에 봉해졌다. 1402년 참판승추부사(參判承樞府事)가 됐으며, 이조판서(吏曹判書)를 거쳐 1408년 찬성사(贊成

나 춤추게 하고 이어 명했다.

"경은 마땅히 나의 과실을 곧게 말하라[直言]."
직언

저(柢)가 무릎을 꿇고 말했다.

"전하께서는 신민(臣民)의 위에 계시며 모든 하시는 일이 반드시 바른 대로 하고 계십니다. 상께서 하시는 일이 만일 그르다면 신이 어찌 감히 따르겠습니까? 신은 생각건대 빈잉(嬪媵)이 이미 족하니 반드시 많이 둘 것이 아닙니다."

상이 웃으며 김여지(金汝知)에게 일러 말했다.

"무릇 인신(人臣)의 도리는 먼저 임금의 사심(邪心)을 공략하는 것이 좋다. 저가 비록 (학문을) 배우지 않았으나 학문하는 도리가 어찌 여기에 더할 것이 있겠느냐?"

또 세자를 돌아보며 말했다.

"이 경(卿)은 태조(太祖)를 따르면서부터 오늘에 이르렀고 또 내 잠저(潛邸) 때에 서로 보호한 사람이다. 바탕이 곧고 의로움을 좋아하는 것[質直好義]⁴에 있어 누가 이러한 사람이 있겠느냐? 너는
질직　호의

事)에 이르렀다.

4　태종의 이 말은 『논어(論語)』 「안연(顏淵)」편에 나온다. 자장이 물었다. "선비는 어떠해야 경지에 이르렀다(達) 할 수 있습니까?" 공자가 되물었다. "무슨 말인가? 네가 말하는 달(達)이란 것이." 자장이 답했다. "나라에 있어도 반드시 그의 명예에 관한 소문이 나며 집안에 있어도 반드시 소문이 나는 것입니다." 공자는 말했다. "그것은 소문이 나는 것이지 통달한 것이 아니다. 무릇 통달한 사람이란 바탕이 곧고 의리를 좋아하며[質直而好義] 남
질직　이　호의
의 말을 가만히 살피고 얼굴빛을 관찰하며 사려 깊게 몸을 낮추는 것이니 나라에 있어도 반드시 이르게 되고 집안에 있어도 반드시 이르게 된다. (이에 반해) 무릇 소문만 요란한 사람이란 얼굴빛은 어진 듯하나 행실이 어질지 못하고 머물러 있으며 자신의 행실에 대해 아무런 의문도 던지지 않으니 나라에 있어도 반드시 소문이 나고 집안에 있어도 반드시 소문이 난다."

나이가 어리니 마땅히 그를 독실하게 믿고 공경해 무겁게 여겨야 할 것이다."

저가 마침내 감격해 울면서 말했다.

"신이 이미 늙었으니 다만 상의 은덕을 입을 뿐입니다. 어떻게 세자의 시대까지 보겠습니까?"

드디어 저에게 상이 타던 안마(鞍馬)를 내려주었는데 저가 사양하니 상이 말했다.

"경이 사양하는 것은 잘못이다. 내가 주는 것이니 오늘 받았다가 내일 다른 사람에게 주어도 좋다."

기축일(己丑日-5일)에 대간(臺諫)에서 교장(交章)해 박만(朴蔓) 등의 죄를 청했다. 소(疏)는 이러했다.

'전일에 헌사(憲司)에서 역신(逆臣) 박만(朴蔓), 임순례(任純禮), 조순화(趙順和) 등의 죄를 갖춰 법대로 처치할 것을 청하니 전하께서 이에 정부(政府)에 내려 토의해 아뢰라고 하셨기에 신 등은 엎드려 명단(明斷)을 기다렸습니다. 정부에서 이미 토의해 두 번 청했으나 전하께서 특별히 너그러운 법전을 따르시고 유음(兪音)을 내려주지 않으셨습니다. 신 등이 가만히 다시 생각건대 상과 벌은 임금의 큰 권한[大權]이요, 충의(忠義)는 신하의 큰 절의[大節]입니다. 이는
대권   대절
곧 만세에 이르도록 임금과 신하의 중요한 도리[要道]입니다. 역신
요도
박만 등이 한 지방을 전제(專制)해 손에 무거운 권세를 잡았으니 만일 일이 불측한 것을 보고 의리에 의거해 영을 내리면 한 방면의 백성이 누가 감히 따르지 않겠습니까? 만일 어쩔 수 없이 일의 형세가

군색하거나 급박하면[窘迫] 마땅히 의리를 지켜 충성을 다하다가 죽음에 이르러도 변하지 않아야 할 것입니다. 생각이 이러한 데에서 나오지 않고 두 마음을 품고 난을 부추겨[扇亂] 망령되게 군사를 일으켜서 서울로 향하고자 하다가 마침내 일을 이루지 못할 것을 안 뒤에야 군사를 버리고 도망쳤습니다. 남의 신하된 자의 대역(大逆) 중에 무엇이 이보다 더 심하겠습니까? 또 그때에 흉악한 무리가 모두 현륙(顯戮)을 받았는데 오직 괴수(魁首) 세 사람이 홀로 머리를 보존해 오늘에 이르렀습니다. 전하의 살리기를 좋아하는 다움[好生之德]이 지극하나 상과 벌의 큰 법전에는 어찌 되겠습니까? 근일에 이언(李彦)이 10년을 도망쳤다가 붙잡혀 복주(伏誅)됐는데 이는 다른 것이 아니라 죄가 용서할 수 없고 법을 폐할 수 없기 때문입니다. 어찌하여 오로지 이 세 사람만을 보전해 만세의 공공(公共)한 법을 폐하십니까? 엎드려 바라옵건대 전하께서는 한결같이 정부의 아뢴 것에 의거해 박만 등을 법대로 처치해 난적(亂賊)의 계제(階梯-계단)를 끊어야 할 것입니다.'

상이 대사헌 유정현(柳廷顯)과 사간(司諫) 이류(李穃)에게 일러 말했다.

"내가 근일에 몸이 피곤한데 오늘 정사를 보는 것은 오로지 경 등이 교장(交章)한 일 때문이다. 박만 등의 일은 참으로 난역이 아니다. 내가 진실로 저들이 죄가 없는 것을 안다."

정현(廷顯)은 그들이 불충한 죄의 연유를 극력 말하고서 또 말했다.

"오늘날 박만의 아들 진언(眞言)과 조정 반열을 같이 서니 심히 밝

106

은 시대[昭代=太平聖代]의 아름다운 일은 아닙니다."

상이 말했다.

"대간(臺諫)은 법을 지키는 관원이니 말하는 것이 마땅하나 내가 깊이 그 사실을 안다. 지난날의 민씨(閔氏)의 죄는 나라 사람이 함께 아는 것이요, 나도 또한 참으로 그 사실을 알았던 까닭에 비록 사사로운 은혜가 있었으나 의리를 폐할 수가 없어 대형(大刑)으로 보였다. 그러나 박만 등은 내가 본래 아는 것도 아니요, 또 친척도 아니다. 내가 무엇 때문에 저들을 아껴서 경 등이 굳게 청하는 것을 억누르겠는가[抑]? 지금부터는 더 이상 말하지 말라."

○ 사간원(司諫院)에서 소(疏)를 올렸다. 소는 이러했다.

'지금 전하께서 날마다 정전(正殿)에 나아가서 여러 신하를 맞아들여 치도(治道)를 물으시니 묻기를 좋아하는 아름다움과 정사를 보는 부지런함이 근고(近古) 이래로 있지 않은 성대한 일입니다. 다만 지난달 강무(講武)의 거둥에서는 대간의 법관(法官)으로 하여금 호종(扈從)을 못 하게 했으므로 신 등이 시종하기를 청해 여러 차례 대궐에 나아왔으나 한 번도 상달하지 못했으니 장차 언로(言路)의 막히는 것이 이로부터 시작될까 두렵습니다. 바라건대 이제부터 대간이 말하고자 하는 것이 있으면 문득 계달(啓達)하도록 해 전하께서 납간(納諫)하는 아름다움을 밝히소서. 또 열병(閱兵)과 강무(講武)는 예로부터의 제도요, 한 몸의 일락(逸樂)을 위하는 계교가 아니니 의위(儀衛)를 정비해 예에 따라 행해야 진실로 마땅합니다. 지금 전하께서 특별히 간이(簡易-간략)한 것을 좋아 대간의 법관으로 하여금 연(輦)을 따르지 못하게 하셨으니 강무의 예에 있어 어떠하겠습니

까? 엎드려 바라옵건대 전하께서는 매번 강무를 행하심에 있어 대
간의 법관으로 하여금 모두 시종하게 해 성헌(成憲)으로 삼도록 하
소서.'

상이 말했다.

"옳은 말이니 내가 장차 고치겠다."

경인일(庚寅日-6일)에 총제(摠制) 권희달(權希達)이 큰 물고기[大魚]
100여 마리[尾]를 올리니 상이 말했다.

"후일에 마땅히 상왕(上王)에게 바쳐 가절(佳節)을 즐기도록 하
리라[賞]."

○ 건주위(建州衛) 오도리(吾都里) 사람과 일본(日本) 무라가다(無羅
加多) 사람 등이 와서 토산물을 바쳤다.

○ 사헌부에서 소를 올려 인녕부사윤(仁寧府司尹) 황자후(黃子厚)
의 죄를 청했다. 자후가 (경상도) 성주목사(星州牧使)로 있을 때 노
비(奴婢)를 불공평하게 임시로 결절(決絶-판결)한 죄를 논하니 명해
순금사(巡禁司)에 내려 태장(笞杖)을 때려 복직시키라고 했다. 헌사
에서 또 횡천감무(橫川監務) 강순(康順)이 3일 동안의 노정(路程)을
20일이 돼서야 직임에 나아갔고[就職], 또 마음대로 직임을 떠나서
서울에 온 죄를 소를 올려 청하니 순금사에 내려 율에 의거해 처벌
하라고 명했다.

○ 풍해도 채방별감(豐海道採訪別監) 반영(潘泳)이 백은(白銀) 15냥
(兩)과 연석(鉛石)을 바쳤다.

신묘일(辛卯日-7일)에 대사헌 유정현(柳廷顯)이 박만(朴蔓)의 죄를 극력 진달하고[極陳=極言] 또 말했다.

"지금 변경을 지키는 자가 얼마인지 알지 못하는데 만일[脫=若] 이 것을 본받아서 꺼리거나 어렵게 여기는 것[忌憚]이 없으면 장차 어떻게 제어하겠습니까?"

상이 말했다.

"비록 백 사람이 범한 것이 있다 하더라도 그 정상이 불쌍하기가 만(蔓) 같은 자는 정말로 반드시 면죄할 것이다. 민씨(閔氏)는 나의 지친(至親)이지만 여러 신하가 죄를 청하던 날을 당해 내가 그 행실의 불의한 것과 마음의 불충한 것을 깊이 알았던 까닭으로 대의로 결단하고 의심하지 않았던 것이다. 하물며 이 두 사람은 (사사로이) 애석해할 일이 없으니 만일 실지로 반역의 마음이 있었다면 어찌 두 번 청하기를 기다리겠는가? 내가 반드시 듣지 않을 것이다. 경 등이 만일 왕법(王法)을 폐기할 수가 없다고 한다면 때에는 고금이 없으니 후일을 기다려서 죽이는 것도 괜찮다."

박만이 대간에서 자기의 죄를 청한다는 말을 듣고 도망쳐 숨으니 정부에서 경상도에 이문(移文)해 잡아 가두고 또 임순례를 풍해도(豊海道)에 가뒀다. 상이 알고서 곧장 사람을 두 도에 보내 모두 석방하게 했다. 상이 정부에 뜻을 전해 말했다.

"근래에 박만 등의 죄를 상소해 청했는데, 그동안 정부(政府)에 있었던 자가 하나가 아닌데 지금에서야 대간을 따라서 죄를 청하는 것은 진실로 늦은 것이 아닌가? 이번의 이 청은 대간에게 협박당한 것이다. 나는 그 용서할 만한 것을 깊이 알고 있다. 다시는 진언(進言)

하지 말라."

대간에서 또 죄를 청하고자 하니 중관(中官)에게 아뢰지 말라고 명했다.

○ 은(銀)을 캐는 역사를 그쳤다. 경상도·풍해도 감사가 보고했다.

'지금 농삿달을 맞았으니 빌건대 역사를 그쳐야 할 것입니다.'

그것을 따랐다.

○ 전 (경상도) 상주판관(尙州判官) 심계몽(沈啓蒙)에게 장(杖) 80대를 때리고 전 (경기도) 인주지사(仁州知事) 박강생(朴剛生)에게 태(笞) 40대를 때렸다. 사헌부(司憲府)에서 소를 올려 청했다.

'계몽(啓蒙)이 관물(官物)을 가지고 사사로운 은혜를 서울과 외방에 행하고 심지어 자기 시골의 아전[人吏]에게까지 주고 또 자기 집에까지 들여갔으니 심히 청렴하지 못합니다. 강생(剛生)도 또한 상주에서 여러 날 머무르고 표범 가죽을 청해 방석[茵=席]을 만들고 또한 관물을 청구해 사사로운 자량(資糧-밑천)으로 만들었으니 청컨대 국문하소서.'

명해 순금사(巡禁司)에 내려 율에 의거해 시행하라고 명했다.

○ 동교(東郊)에서 매사냥[放鷹]을 했다. 상이 지신사(知申事) 김여지(金汝知) 등에게 일러 말했다.

"내가 강무(講武)할 때 새 한 마리도 쏘지 못했으므로 명일에 상왕을 청해 교외(郊外)에 나가 매사냥을 하며 하루의 오락으로 삼으려고 했는데 마침 적전제(籍田祭)를 만나 나가 놀 수 없기 때문에 오늘 잠깐 동교에 나가는 것일 뿐이다."

○ 도관정랑(都官正郎) 송남직(宋南直)을 파직했다. 사헌부에서

말씀을 올렸다.

"남직(南直)이 사섬서령(司贍署令)으로 있을 때에 인쇄한 저화(楮貨)가 잘못된 것이 많았습니다. 봉직(奉職)하기를 삼가지 못했으니 청컨대 죄주소서."

율에 의거해 시행하라고 명했다가 드디어 그를 파직했다.

○ 헌사(憲司)에서 또 경상도 경차관(慶尙道敬差官)(으로 갔던) 호조정랑(戶曹正郎) 이유희(李有喜)의 죄를 청했다.

"선주지사(善州知事) 진호(秦浩)가 환상조(還上租)⁵를 거두는 데 친히 감독하지 않고 고을 사람을 대신 시켰는데 비록 법에 어긋난 것 같으나 실상은 감사의 명에서 나온 것입니다. 유희(有喜)가 그 근본을 바로잡지 못하고 느닷없이 호(浩)에게 태(笞) 50대를 때렸으니 실로 사리에 합당치 않습니다[不當理].
부 당 리

순금사(巡禁司)에 내려 남의 죄를 넣고 뺀 것으로써 태 50대를 속(贖) 받고 도로 취직하게 하라고 명했다. 또 대호군(大護軍) 이란(李蘭), 사직(司直) 조복초(趙復初) 등이 정선방(貞善坊)의 돌다리를 감독해 만들 때에 견고하게 하지 못해 무너지게 만든 죄를 청하니 상이 말했다.

"사람이 상할까 두려우니 마땅히 고찰을 더 해야 한다. 그러나 란

---

5 환상(還上) 혹은 환자(還子)라고도 한다. 조선 때 양정(糧政)의 하나로 흉년 또는 춘궁기에 곡식을 빈민에게 대여하고 풍년이나 추수기에 갚게 하는 구호제도다. 원래 환곡의 기능은 흉년의 대비, 빈민의 구제, 물가 조절, 정부 보유 양곡의 교환 및 각 관청의 재원 확보 등으로 1392년(태조 1년) 의창(義倉) 설치 당시에는 이자 없이 대여했으나 대여 수수료나 보유 양곡의 자연 소모 등 손실을 보충하기 위해 차츰 연 1~2할의 이식을 징수하게 됐다.

(蘭) 등은 다만 감독만 했을 뿐이고 이것은 곧 다리를 놓은 자의 죄다. 마땅히 석공(石工)을 엄하게 징치하고 원리(員吏)는 가볍게 논해야 한다.”

드디어 순금사에 내렸다가 열흘 만에 석방했다. 또 전사부령(典祀副令) 노인구(盧仁矩)가 예원군지사(預原郡知事)로 있을 때 군 사람들을 시켜 먹 빗[梳]과 사기(砂器) 등의 물건을 만들어[做=作] 백성들에게 억지로 배분하고 그 값을 비싸게 거둔 죄를 청하니 파직을 명했다.

임진일(壬辰日-8일)에 곤방(坤方)[6]에 우레 같은 소리가 났다. 상이 서운관(書雲觀)의 당직하는 자가 곧바로 아뢰지 않은 것에 노해 관승(觀丞) 황사우(黃思祐), 감후(監候) 강숙(姜淑)을 순금사에 가뒀다. 사우(思祐)가 공술(供述)했다.

“숙(淑)을 시켜 입직(入直) 중인 대언(代言) 유사눌(柳思訥)에게 고했습니다. 사눌(思訥)이 말하기를 ‘자세히 알아서 다시 고하라’라고 했습니다. 제가 말하기를 ‘어제 어두울 무렵에 난 소리를 오늘 어떻게 다시 알겠습니까’ 하고 드디어 다시 고하지 않았습니다.”

순금사에서 아뢰었다.

“사우는 마땅히 장(杖) 100대를 때리고 숙은 한 등을 감해야 합니다.”

상이 말했다.

---

6 정남쪽과 정서쪽 사이의 한가운데를 중심으로 한 15도 각도 안의 방위를 말한다.

"이 두 사람이 고하지 않은 것은 아니고 다만 사눌이 늦게 계문(啓聞)한 때문일 뿐이다."

사우 등을 풀어주었다.

○ 풍해도(豊海道)의 시위군(侍衛軍)은 농한기[農隙]를 기다려서 번상(番上)하라고 했다. 의정부에서 풍해도가 실농한 것이 더욱 심하다고 아뢰었기 때문이다.

계사일(癸巳日-9일)에 대간(臺諫)에서 교장(交章)해 또다시 박만(朴蔓), 임순례(任純禮), 조순화(趙順和)의 죄를 청했다. 소는 이러했다.

'전(傳)에 이르기를 "남의 신하된 자[人臣]는 장(將)이 없으니 장(將)이 있으면 반드시 벤다[誅]"[7]라고 했습니다. 하물며 마음대로 군사를 일으켜 서울[京城]로 향하고자 꾀한 것이겠습니까? 매번 신 등에게 가르쳐 말씀하시기를 "박만이 감히 모반한 것이 아니라 일의 형세가 어쩔 수 없이 한 것이었다"라고 하셨습니다. (그러나) 신 등이 생각건대 만(蔓) 등이 손에 군권을 잡고 한 지방을 호령했으니 군사를 억눌러 세우고 신하의 절개를 지키는 것은 진실로 어렵지는 않았습니다. 그런데도 기회를 타려고 형세를 관망했으니 어찌 어쩔 수 없는 일의 형세가 있었겠습니까? 그들이 반역을 한 것이 분명합니다. 또 한때의 흉도(兇徒)가 모두 반역으로 죽음을 당했는데 오로지 이 괴수들만이 다행히 천토(天討)를 면해 밝은 시대에 구차히 살

---

7 『춘추공양전(春秋公羊傳)』에 이르기를 "임금의 친척에게는 장(將)이 없고, 장(將)이 있으면 반드시 벤다"라고 했는데 『한서(漢書)』「숙손통전(叔孫通傳)」에 보면 "인신에게는 장이 없어야 한다"라고 하고 그 주(注)에 "장(將)은 역란(逆亂)을 말한다"라고 했다.

아서 오늘에 이르렀으니[式至=以至] 한 나라의 신민으로서 분노하지
[憤懟=憤懟] 않는 이가 없습니다. 아아! 천지(天地)가 생긴 이래로 대
역(大逆)을 경전(輕典-가벼운 형벌)에 뒀다는 말을 신 등은 듣지 못했
습니다. 전하가 어찌 세 사람의 생명을 아끼느라 만세의 바꿀 수 없
는 법을 폐기하십니까? 엎드려 바라옵건대 해와 달의 밝으심을 돌이
키고 『춘추(春秋)』의 법을 본받아 극형에 처해 만세에 경계를 남겨야
할 것입니다. 신 등은 세 사람에게 본래 사사로운 원망이 없습니다.
신 등의 말이 만일 옳지 않은 것이 있다면 신들의 죄를 다스려서 죽
는 데에 이르더라도 유감이 없겠습니다.'

윤허하지 않았다.

○ 대호군(大護軍) 임상양(林尙陽)을 파직했다. 사헌부에서 소를 올
려 말했다.

'대호군 임상양이 일찍이 풍주진 병마사(豊州鎭兵馬使)로 있을 때
영고(營庫)의 자물쇠를 진무기관(鎭撫記官)에게 주어 스스로 열고 닫
게 하고 물건을 내어 사사로이 증여(贈與)하게 했습니다. 또 백성들
에게 조세를 거두는 데 폐단이 있었고 시도 때도 없이 사냥을 했습
니다. 또 속(贖)으로 거둔 면포(綿布) 5필과 영고 안에 있던 궁전(弓
箭)과 창검(槍釰) 등의 물건을 자기 집으로 가져갔습니다. 바라건대
고신(告身)을 거두고 국문(鞫問)해야 할 것입니다.'

다른 일은 면제해주고[除=免] 파직을 명했다.

○ 건주위지휘(建州衛指揮) 동어허주(童於虛周)와 동소라(童所羅)
등이 와서 토산물을 바쳤다.

갑오일(甲午日-10일)에 달이 헌원(軒轅) 남쪽 큰 별을 범했다.

○ 유장(柳暲)[8]과 노익(盧益)을 사면해 경외종편(京外從便)하게 했다.

을미일(乙未日-11일)에 동교(東郊)에서 매사냥을 구경했다.

○ 대간(臺諫)들이 모두 사직했다. 대간이 다시 박만(朴蔓) 등의 죄를 청했으나 역시 윤허를 얻지 못하니 사직해 말했다.

"신 등이 재주가 없기 때문에 대간의 자리에 억지로 있으면서 [承乏] 말이 이치에 맞지 않고 정성이 천의(天意-임금의 뜻)를 돌이키
승핍
지 못했습니다. 빌건대 신 등의 직책을 파면하고 뛰어난 사람[賢者]
으로 대신하소서."
현자

상이 받아들이고 감찰(監察)로 하여금 분대(分臺)[9]하게 했다.

○ 호조참의(戶曹參議) 윤사영(尹思永)이 사면을 청했다. 이는 대개 병든 어미에게 (임종 때까지) 효도를 바치고자[終孝] 함이어서 그것
종효
을 허락했다.

병신일(丙申日-12일)에 예조(禮曹)에서 진병초(鎭兵醮)[10]를 행하는 법을 올렸다. 그전에는 초제(醮祭)를 행할 때 산천신기(山川神祇)와 용왕(龍王) 등의 신을 아울러 제사 지냈는데 이때에 이르러 예조

---

8 유정현의 아들이다.

9 조선조 때 사헌부(司憲府)의 감찰(監察)을 지방이나 각 관청에 임시로 파견해 국고 출납 (國庫出納)과 관리 규찰(官吏糾察) 등의 일을 행하게 하던 일 또는 그 사람을 가리킨다.

10 나라에 병란(兵亂)이 없도록 일월성신(日月星辰)에게 지내는 도교 계통의 제사다.

에서 의견을 올렸다.

"옛 제도에 어긋날까 두려우니 산천과 용의 신은 각각 해당한 곳에서 제사 지내고 합해 제사 지내게 하지 마소서."

그것을 따랐다.

○ 동북면 도순문사(東北面都巡問使) 연사종(延嗣宗)이 전(箋)을 올려 사직했다. 전은 대략 이러했다.

'사종(嗣宗)이 본래 용렬하고 어리석으나[庸愚] 벼슬이 총질(寵秩)에 이르렀으니 호천(昊天)의 은혜는 뼈가 가루가 되어도 갚기 어렵습니다[粉骨難報]. 지금 아비의 상을 만났는데 기복(起復)해 신이 당직(當職)이 됐으니 성은(聖恩)이 더욱 무겁습니다. 그러나 신이 일찍부터 종사(從仕)해 집에 있으면서 어버이를 섬기지 못했고 지금 아비의 죽음도 또한 보지 못했으니 애통하고 슬픈 마음이 더욱 깊습니다. 어미가 나이 85세인데 항상 병석에 누워 있으니 신이 상제(喪制)를 마치고 겸해 늙은 어미를 봉양하고자 합니다. 엎드려 성자(聖慈)를 빕니다.'

상이 말했다.

"방면(方面)의 부탁은 예전부터 적합한 사람[其人]을 얻기가 어렵다. 뛰어난 이를 등용하고 능한 이를 쓰자면[擧賢用能] 경(卿) 말고 누가 있겠는가? 하물며 경의 노모(老母)가 본래 그 계(界-동북면)에 있으니 무얼 반드시 굳이 사양할 것이 있는가? 경의 얼굴이 초췌(憔悴)하니 과인이 깊이 근심한다."

드디어 고기를 먹으라고 명했다.

정유일(丁酉日-13일)에 상이 상왕(上王)을 모시고 동교(東郊)에서 매사냥을 구경하고 이어서 술자리를 베풀어 극진히 즐기고서 내구마(內廐馬)를 상왕에게 바쳤다. 총제(摠制) 권희달(權希達)이 겸 판사복(判司僕)으로 말을 끌고 들어오니 상왕이 희달에게 옷을 내려주었다.

무술일(戊戌日-14일)에 의정부에서 소(疏)를 올려 박만(朴蔓)과 임순례(任純禮)의 난역죄를 마땅히 법대로 처치해야 한다고 청하고 또 대간(臺諫)을 직사에 나아오게 할 것을 청하니 상이 말했다.

"만(蔓)은 본래 반역한 자가 아니다. 다만 법에만 얽매인다면 대간의 말이 옳은 듯하나[似是] 그 실상을 캐보면 불가하다. 이 사이에는 반드시 대간(臺諫)이 끼어들 것은 없다."

경자일(庚子日-16일)에 의정부에서 대간(臺諫)으로 하여금 직사(職事)에 나오게 해줄 것을 청했다. 아뢰어 말했다.

"대간이 사직한 뒤에 조사(朝士-조정 관리)의 고신(告身)이 지체되는 것이 많고 또 규리(糾理-규찰 통제)하는 사람이 없어 온갖 직사가 느슨해지니 다시 직사에 나오도록 해줄 것을 청합니다."

상이 말했다.

"박만 등의 죄가 마땅히 주살형에 해당한다면 비록 한 번만 청하더라도 내가 반드시 따를 것이다. (그러나) 그가 실로 죄가 없다는 것을 내가 알기 때문에 따르지 않는 것이다. 지난번에 정부에서 대간에 이끌려[牽] 또한 죄를 청했는데 지금 또 열심히[惓惓] 다시 취직

시키기를 청하니 이는 대간이 뒤를 토의할까 두려워함이다. 대개 조종(操縱)하는 권한은 내게 있으니 정부에서 무슨 관계가 있겠는가? 이제부터 마땅히 대간의 직제를 혁파해 없애겠다. 내가 전일에 대간의 직위를 갖춰 차정(差定)하지 않았던 것은 이와 같이 번잡하고 시끄럽게 구는 것[煩聒]을 미워한 때문이다."
<small>번괄</small>

좌우(左右)에서 명령을 듣고 모두 낯빛을 잃었다[失色]. 지신사 김
<small>실색</small>
여지(金汝知)와 완산군(完山君) 이천우(李天祐)를 불러서 말했다.

"무인년에 태조의 병환이 위중하셨을 때 우리는 마땅히 곁을 떠나지 말았어야 할 것인데 다만 죽기를 두려워했던 까닭에 병인(兵刃-병사들) 사이에 들어가지 못한 것일 뿐이다. 만(蔓) 등이 그 당시에 있어서 다만 형세에 핍박된 것이요, 모반할 마음이 있었던 것은 아니었으니 어찌 차마 죽이겠는가? 나는 마땅히 대간으로 하여금 다시 직무에 나아가지 못하게 하겠다."

신축일(辛丑日-17일)에 달이 방성(房星)을 범했다.

○동교(東郊)에서 매사냥을 구경했다. 상이 대언(代言) 등에게 일러 말했다.

"해청(海靑)이라는 매가 그 유(類)에서 뛰어나므로 근일에 자주 동교에 나가 구경한다. 신하들 가운데 나를 사랑하는 자가 어찌 간언하고자 하지 않겠는가? 내가 오늘 나가 논 뒤에는 그만두겠으니 너희는 그리 알라!"

임인일(壬寅日-18일)에 풍해도(豐海道) 수안군(遂安郡)에서 은(銀)

7냥(兩)과 납[鉛] 60근(斤) 11냥(兩)을 취련(吹鍊)해 바쳤다.

계묘일(癸卯日-19일)에 상이 상왕을 해온정(解慍亭)에 받들어 맞아 연향(宴享)을 베풀었는데 극진히 즐기다가 마침내 마쳤다. 상이 상왕을 전송해 돈화문(敦化門)까지 이르렀다가 돌아와 중문(中門)에 이르러 시신(侍臣)을 돌아보며 말했다.

"정안군(靖安君-태종)이 영안군(永安君-상왕)을 맞는 것이 어떠한가? 예전의 제왕(帝王) 중에 어찌 이러한 이가 없었겠느냐?"

이에 앞서 상이 상왕을 받들어 제군(諸君)과 더불어 격구(擊毬)를 했는데 제군이 이기지 못했다. 이때에 이르러 전례대로 사장(私藏)을 내어 저화(楮貨) 200장을 의정부에 보내 예빈시(禮賓寺)로 하여금 판비(辦備-준비)하게 했다.

갑진일(甲辰日-20일)에 전 대사헌 김첨(金瞻)이 산수족자(山水簇子) 및 수묵룡족자(水墨龍簇子)를 각각 한 쌍씩 바쳤다.

○ 동북면 채방별감(東北面採訪別監) 박윤충(朴允忠)이 금(金) 1근(斤) 2냥(兩)을 취련(吹鍊)해 바쳤다. 역군(役軍) 800명이 모두 30여 일을 역사했다.

○ 일본(日本) 강주태수(江州太守) 판창만가(板倉滿家)의 사인(使人)이 예물을 바치고 큰 종[洪鍾]을 청구하고 겸해서 해적을 금지하겠다는 뜻을 고했다.

을사일(乙巳日-21일)에 동교(東郊)에서 매사냥을 구경했다. 한강(漢

江)을 따라 서쪽으로 내려가 영서역(迎曙驛)에 이르러 장의문(藏義
門)을 거쳐 돌아왔다.

병오일(丙午日-22일)에 상왕(上王)이 북교(北郊)에 행차해 매사냥을
구경했다. 상이 중관(中官)에게 명해 술과 과실을 싸 가지고 맞아서
위로하게 했다.

○ 변계량(卞季良)을 세자우부빈객(世子右副賓客)으로, 윤향(尹向)
을 한성윤(漢城尹)으로, 정구(鄭矩)를 계림부윤(鷄林府尹)으로 삼
았다.

○ 좌정승(左政丞) 성석린(成石璘)이 나아와 대간(臺諫)을 오래 폐
기할 수가 없다고 청하니 상이 말했다.

"경 등이 만일 다시 박만(朴蔓) 등의 죄를 청하지 않는다면 내가
장차 도로 취직하도록 명하겠다."

의정부지사(議政府知事) 박신(朴信)에게 명했다.

"대간(臺諫)은 임금의 눈과 귀이니 하루도 없을 수는 없다. 그러나
다시 취직하게 하면 반드시 전날의 청(請)과 같이 할 것이니 어찌하
겠는가? 경이 가서 본부(本府)와 토의해 보고하라."

○ 이조판서(吏曹判書) 이직(李稷)이 병으로 사직을 청했으나 윤허
하지 않았다.

○ 대호군(大護軍) 조주(趙珠),[11] 호군(護軍) 최보로(崔普老)를 파직
했다. 주(珠) 등이 함께 내금위(內禁衛)에 입직(入直)했는데 주가 꿈

---

11 조영규의 아들이다.

에 전 대호군 임상양(林尙陽)을 보고 깨어나 보로(普老)에게 말하니 보로가 말했다.

"너도 상양(尙陽)과 같이 정직(停職)될 것이다."

주가 노해 보로의 머리털을 잡고 주장(朱杖)으로 때리고 또 할아비의 험담을 꾸짖어 말했다. 보로도 또한 갑(匣) 속에 든 칼로 주를 때렸다. 형조에서 고신을 거두고 과죄(科罪)할 것을 청했다.

○ 호군(護軍) 성재(成載), 전 운주지사(雲州知事) 정자수(鄭子壽)를 순금사(巡禁司) 옥(獄)에 내렸다. 애초에 재(載)가 형조에 아뢰었다.

"갑신(甲申-1404년) 연간에 종자부(從姉夫) 정자수(鄭子壽)가 군자주부(軍資注簿)가 됐을 때 종 승룡(升龍)의 소장(訴狀)으로 재의 보단자(保單子)[12]를 위조해 본감(本監)의 쌀 10석을 빌렸습니다."

기축년(1409년)에 이르러 환납을 독촉할 때 자수(子壽)는 마침 운주(雲州)에 부임했다. 재는 자수가 한 짓이라 생각하고[意] 고소해 자수의 아비 집에서 6석을 받아 재가 4석을 바쳤다. 자수가 돌아와 말했다.

"나는 일찍이 쌀을 꾼[糶米] 적이 없다. 너의 보단자와 내가 무슨 상관이 있느냐?"

포화(布貨)를 반사(頒賜)하는 날에 사람을 보내 길에서 기다렸다가 포(布) 9필과 저화(楮貨) 28장을 빼앗았다. 형조에서 그 실상을 조사해보니 승룡은 재의 종매부(從妹夫) 조강(趙岡)의 집종이었고 그 보단자도 또한 재가 손수 쓰고 친히 서압(署押)한 것인데 세월이 오래

---

12 신분(身分)을 보증하기 위해 서명(署名)한 글장이다.

돼 재가 자기가 한 일을 잊은 것일 뿐으로 자수는 처음부터 관계가 없음이 분명했다. 형조에서 청했다.

"재가 이미 친히 서명(署名)해 승룡에게 보증을 서고 도리어 자수를 가리켜 위조했다고 칭하며 또 자수를 감림자도(監臨自盜)의 죄에 빠뜨리고자 했으니 참으로 간악합니다. 자수는 관가에 호소해 스스로 밝히지 않고 길에서 기다렸다가 반사한 물건을 강제로 빼앗았으니 또한 횡포하고 사납습니다. 빌건대 모두 고신을 거두고 그 사유를 국문(鞫問)해야 할 것입니다."

무신일(戊申日-24일)에 검교한성윤(檢校漢城尹) 고충언(高忠彦)에게 홍포(紅袍)와 여지금대(荔枝金帶)를 내려주었다. 충언(忠彦)이 제주도사수(濟州都司守)로서 장차 돌아가기 때문에 이러한 하사가 있었고, 이어 향(香)을 내려주어 한라(漢拏) 산천(山川)의 신(神)에게 제사를 지내게 했다.

○ 예조에서 정조(停朝)와 증시(贈諡)의 법(法)을 올렸다. 아뢰어 말했다.

"나라의 제도에 무릇 대신이 죽으면 종1품은 증시 예장(禮葬)하고, 정2품은 증시 치부(致賻)하고, 종2품은 다만 치부만 합니다. 대체로 정조와 증시는 애도(哀悼)와 영총(榮寵)의 중한 예전(禮典)인데 외방 수령 정2품에게도 또한 정조와 증시를 행하면 은례(恩禮)에 등수가 없습니다. 이제부터 자헌개성유후(資憲開城留後) 이상부터 바야흐로 정조 증시를 허락하소서."

그것을 따랐다.

○ 지인(知印) 두 사람을 보내 풍해도(豊海道)와 서북면(西北面)의 기근(飢饉) 상황을 가서 살피라고 명했다.

○ 행랑조성도감(行廊造成都監)에게 내온(內醞)을 내려주었다. 각 도 목공(木工) 가운데 행랑의 역사에 동원된 자가 무릇 200명이었는데 승인(僧人-승려)을 제외하고 모두 돌려보냈다.

○ 의정부에서 개정한 율문 번역(律文翻譯)을 아뢰었다. 상서(上書)는 이러했다.

'풍해도 관찰사의 보고에 의하면 곡주(谷州) 사람 장영(張永)이란 자가 있어 다른 사람의 전지 30부(負)를 도경(盜耕)했다고 합니다. 율(律)에 의하면 전지 1무(畝) 이하는 태(笞) 30대를 때리고, 5무마다 한 등(等)을 가해 죄가 장(杖) 80대에 해당합니다. 이것을 가지고 전법(田法)을 상고하고 연구해보니 중조(中朝)의 전지 1무가 본조(本朝)의 22부(負)에 준(准)합니다. 이것으로 보면 영(永)의 죄가 태(笞) 40대에 해당하는데, 지금 감사(監司)가 40대 위에 한 배(倍)를 더하는 것으로 결단했으니 이는 대개 율문 번역(律文翻譯) 가운데에 중국 전지[唐田] 1무(畝)를 우리 나라 전지 1부(負)에 준함으로 인해
_{당전}
착오가 여기에 이른 것입니다. 그 안률(按律)하는 것이 대개 모두 이와 같으니 빌건대 중외(中外)로 하여금 개정하게 하소서.'

그것을 따랐다.

○ 군자감판사(軍資監判事) 조계생(趙啓生)과 의정부사인(議政府舍人) 김효손(金孝孫)에게 도로 직사(職事)에 나오라고 명했다. 애초에 무릇 관(官)에 있으면서 죄를 지은 자가 벼슬을 옮긴 뒤에 일이 발각되면 죄과의 이름을 아홉 번 기록한 뒤에 죄주는 법이 율문(律文)에

실려 있었다. 본조(本朝)에서 토의하기를 아홉 번 뒤에 죄를 준다면 죄를 지은 자가 면할 수도 있다고 해 세 번 상고한 뒤에 죄를 주기로 해 이미 이뤄진 법[成法]이 있었다. 계생(啓生)과 효손(孝孫)이 정부 사인(政府舍人)으로 있을 때에 그 법을 내버려두고[束閣] 행하지 않았기 때문에 헌사(憲司)에서 탄핵했다. 이때에 이르러 상이 말했다.

"이 법은 좋지 못하니 결국 실제로 시행할 수도 없다."

○ 한기(韓奇), 최득수(崔得壽), 서치(徐致), 한영보(韓永甫), 김학년(金鶴年), 정의(鄭義), 박실(朴實), 이구원(李龜原), 김립(金立) 등에게 고신(告身)을 주라고 명했다.

기유일(己酉日-25일)에 동교(東郊)에서 흰매[白鷹]가 사냥하는 것을 구경했다. 상이 일찍이 입직(入直)한 대언(代言) 유사눌(柳思訥)에게 일러 말했다.

"흰매가 평범한 종류와 비교해 뛰어나므로 또 한 번 보고자 했다. (그런데) 지금 들으니 서북면(西北面)과 풍해도(豊海道)에서 기근(飢饉)이 심하고 정부(政府)에서 술을 끊었다고 하니 참으로 염려가 돼 더 이상 보지 않으려 한다."

사눌(思訥)이 대답했다.

"무릇 매는 반드시 날려본 뒤에 연(連)에 앉히는 것이니 상께서 매를 구경하시는 게 굶주리는 백성들에게 해가 될 것이 없습니다. 신이 생각건대 명일에 교외에 나가서 한 번 날려본 뒤에 연에 앉히는 것이 좋겠습니다."

또 명해 말했다.

"정부에 뜻을 전해 조주(朝酒)를 사양하지 말게 하라. 정부에서 만일 굳이 사양하면 나도 또한 술을 정지하겠다[輟酒]."
이때에 이르러 교외에 나갔다.

경술일(庚戌日-26일)에 여원군(驪原君) 민무휼(閔無恤)의 처 이씨(李氏)의 상(喪)에 관곽(棺槨)과 지촉(紙燭)을 내려주고 또 중관(中官)을 보내 치제(致祭)했다. 정비(靜妃) 또한 사람을 보내 제사 지냈다. 이씨는 직(稷)의 장녀였다.

신해일(辛亥日-27일)에 하정사(賀正使) 의정부지사(議政府知事) 정탁(鄭擢), 부사(副使) 의정부참지사(議政府參知事) 안성(安省)이 경사(京師-북경)에서 돌아왔다. 탁(擢) 등이 아뢰어 말했다.
"황제가 연도(燕都-북경)에 새로 큰 운하(運河)를 파서 조운(漕運)을 통하게 하고 또 궁궐(宮闕)을 경영해 순행(巡幸)에 대비했습니다."
이어 색사(色絲)와 채담(綵毯) 모자(毛子)를 바쳤다. 정총(鄭摠)의 아들 효문(孝文)은 경사에 갔으나 (명나라 조정에) 주달(奏達)하지 못하고 다만 초혼(招魂)만 하고 돌아왔다.
○ 경상도 도관찰사 안등(安騰)에게 약을 내려주었다. 전교(傳敎)했다.
"등(騰)이 일찍이 좋은 말 한 필을 바쳤는데 내가 지금까지 갚지 못했다."

계축일(癸丑日-29일)에 경상도 도관찰사 안등이 회회사문(回回沙門)

도로(都老)가 캔 수정(水精) 300근(斤)을 바쳤다.

갑인일(甲寅日-30일)에 개성유후사유후(開城留後司留後) 이문화(李文和)가 천엽동백(千葉冬栢)을 바치니 가지고 온 사람에게 저화(楮貨) 20장을 내려주었다.

○ (충청도) 영춘감무(永春監務) 김구경(金久同), 전 총랑(摠郎) 김광미(金光美)에게 장(杖)을 때려 유배 보냈다. 애초에 순금사(巡禁司)에서 아뢰었다.

"영춘 사람 김광미(金光美)가 글을 써서 전 전서(典書) 이영우(李榮遇)를 구경(久同)에게 소송하기를 '영우(榮遇)가 본궁(本宮) 종인 최백(崔白)·동부이(同夫伊) 등과 말하기를 "지금의 주상이 나와 같은 성[同姓]인데 내가 입신(入身)하면 너희를 사환(使喚)으로 삼을 수 있다"라고 했습니다. 구경이 이 말을 듣고 물으니 백(白) 등이 말하기를 '그렇다'라고 했습니다. 구경이 말하기를 '네가 이 말을 듣고 어찌하여 곧 와서 고장(告狀)하지 않았는가?'라고 하니 백 등이 말하기를 '문자(文字)를 알지 못하기 때문에 실행하지 못했습니다'라고 하니 구경이 드디어 관리를 시켜 쓰고 손수 스스로 '여피입신(如彼立身)'이라는 네 글자를 협서(挾書)하고, 곧 영우를 잡아다가 형벌해 문초했으므로 영우의 아들이 감사에게 호소하니 감사가 김구경을 가두고 아뢰었습니다."

명해 구경, 광미, 영우, 최백 등을 잡아다가 한곳에서 심문하니 최백이 자복해 말했다.

"전에 한 말은 모두 사실이 아닙니다. 광미가 영우를 해치고자 해 나를 꾀어서 말하게 한 것입니다."

영우는 석방됐다. 광미와 구경은 요언(妖言)·요서(妖書)를 조작한 죄에 연좌됐는데, 율문에 의거하면 참형(斬刑)에 해당됐으나 1등을 줄이라고 명했다. 광미가 일찍이 영우와 틈이 있어 구경에게 일러 말했다.

"영우가 백성들에게 조세를 거두는 데 폐단이 있는 일을 드러내 놓고 말합니다."

구경의 노여움을 부추기고[激] 마침내 이어서 이 말을 했다. 구경이 최백을 창(窓) 앞으로 나오게 해 술을 먹이고 꾀었던 것이다. 순금사에서 또 아뢰어 말했다.

"구경과 광미의 죄가 관계되는 바가 심히 중하니 청컨대 율에 의거해 시행하소서."

상이 말했다.

"이전에도 죽을죄에 해당한 자를 모두 1등을 줄였으니 마땅히 더 이상 말하지 말라."

대사헌 유정현(柳廷顯)이 말했다.

"광미는 사사로운 분을 품고 영우를 해치고자 해 스스로 요서(妖書)를 만들어 구경에게 바쳤고, 구경은 위력으로 최백을 협박해 고장(告狀)을 쓰게 하고 '여피입신(如彼立身)'이라는 네 글자를 협서(挾書)했으니 그 정상을 캐보면 죄가 죽어도 용서할 수 없습니다. 바라건대 구경 등에게 밝게 그 죄를 바로잡으소서."

상이 말했다.

"사형(死刑)은 내가 차마 못 하는 것이니 고신(告身)을 거두고 가산

(家産)을 적몰(籍沒)하라."

지신사 김여지(金汝知) 등에게 일러 말했다.

"구경의 일은 내가 고식(姑息)에 잃은 듯하다. 의정부(議政府)에 내려 토의해 보고하라."

정부가 토의했다.

"광미가 영우를 무고(誣告)한 죄는 율문에 의하면 '무고해 사죄(死罪)에 이르면 무고당한 사람이 이미 판결된 것은 사죄(死罪)를 반좌(反座)하고, 미결인 것은 장(杖) 100대에 3,000리에 유배해 역사 3년을 더한다'라고 했습니다. 구경이 광미의 참소를 듣고 꾀를 꾸며서 협서한 죄는 율문에 의하면 '남을 위해 사장(詞狀)을 지어서 죄의 정상을 증감(增減)하거나 남을 무고한 자는 범인(犯人)과 죄가 같다. 다만 그 죄에만 연좌시키되 죽는 데에 이르는 자는 1등을 줄여 죄가 장(杖) 100대에 3,000리에 유배하는 데 이르게 한다. 무릇 관사(官司)에서 고의로 남의 죄를 출입(出入)시켜 전출(全出)·전입(全入)한 것은 전죄(全罪)로 논하고, 사죄(死罪)에 이른 것은 사죄에 연좌시키고, 만일 아직 결방(決放)이 되지 않았으면 1등을 줄이는 것을 들어준다'라고 했습니다. 청컨대 율에 의거해 시행하소서."

순금사에 명해 광미는 장(杖) 100대를 때려 경성(鏡城)에 유배시켜 역사 3년을 더하고, 구경은 장 100대를 때려 길주(吉州)에 유배시키고 역사 3년을 더했다.

乙酉朔 獻所獲禽獸于誠妃殿及上王殿 仍賜留都老病大臣.
을유 삭 헌 소획 금수 우 성비 전 급 상왕 전 잉사 유도 노병 대신

慶尙道採訪使司空濟 鍊銀二十兩以進 命復採銀民戶.
경상도 채방사 사공제 연은 이십 냥 이진 명복 채은 민호

戊子 還宮 置酒箭串川邊 世子宗親諸相侍宴 奏樂同歡. 酒酣
무자 환궁 치주 전곶 천변 세자 종친 제상 시연 주악 동환 주감

上令漆城君尹柢起舞 仍命曰: "卿宜直言吾過失." 柢跪曰:
상 영 칠성군 윤저 기무 잉 명왈 경 의 직언 오 과실 저 궤왈

"殿下居臣民之上 凡所作爲 必以其正. 上之所爲若非 則臣安敢
전하 거 신민 지상 범 소작위 필 이 기정 상 지소위 약비 즉 신 안감

從之? 臣竊以爲嬪媵已足 不必多也." 上笑謂金汝知曰: "凡人臣
종지 신 절 이위 빈잉 이족 불필 다 야 상 소위 김여지 왈 범 인신

之道 先攻其邪心可也. 柢雖不學 學問之道 豈有加於此哉?" 又
지도 선공 기 사심 가야 저 수 불학 학문 지도 기유 가어 차재 우

顧謂世子曰: "此卿自從太祖至于今日 且予之潛邸時相保者也.
고위 세자 왈 차경 자종 태조 지우 금일 차 여지 잠저 시 상보 자야

質直好義 孰有如此者乎? 汝則幼沖 當篤信而敬重之也." 柢遂
질직 호의 숙유 여차 자호 여 즉 유충 당 독신 이 경중 지야 저수

感泣曰: "臣已老矣 只蒙上德耳. 焉能及見世子之時乎?" 遂賜柢
감읍 왈 신 이로 의 지몽 상덕 이 언능 급견 세자 지시호 수사 저

所御鞍馬 柢讓辭 上曰: "卿之讓 非也. 予之所賜 今日受之 明日
소어 안마 저 양사 상왈 경지양 비야 여지 소사 금일 수지 명일

以與人可也."
이여 인 가야

己丑 臺諫交章請朴蔓等罪 疏曰:
기축 대간 교장 청 박만 등 죄 소왈

'前日憲司具逆臣朴蔓 任純禮 趙順和等罪 請置於法 殿下乃下
전일 헌사 구 역신 박만 임순례 조순화 등 죄 청치 어법 전하 내하

政府議聞 臣等伏待明斷. 政府旣議再請 而殿下特從寬典 不賜
정부 의문 신등 복대 명단 정부 기의 재청 이 전하 특종 관전 불사

俞音. 臣等竊復惟念 賞罰 人主之大權; 忠義 人臣之大節. 此
유음 신등 절부 유념 상벌 인주 지 대권 충의 인신 지 대절 차

乃萬世君臣之要道也. 逆臣朴蔓等 專制方面 手握重權 苟見事

之不測 仗義施令 則一方之民 誰敢不從! 如不獲已 事窘勢迫 則

固當守義效忠 至死不變. 慮不出此 懷貳扇亂 妄興師旅 欲向

京城 乃知事之不濟 然後棄軍而逃. 人臣之大逆 孰甚於此! 且

其時兇徒 皆受顯戮 惟渠魁三人 獨保首領 以至今日. 殿下

好生之德則至矣 其於賞罰之大典何? 近日李彦在逃十年 見執

伏誅. 此無他 其罪不可赦 而法不可廢也. 乃何獨保三人 以廢

萬世公共之法乎? 伏望殿下 一依政府所申 將朴蔓等 置之於法

以絶亂賊之階.'

　　上謂大司憲柳廷顯 司諫李穡曰:"予近日身倦 今日視事 專以

卿等交章之事也. 朴蔓等事 固非亂逆 予眞知其無罪也." 廷顯

極言其不忠之故 且言:"今日百官與蔓之子眞言 同爲朝列 甚非

昭代之美事也." 上曰:"臺諫 守法之官 言之宜也 然予深知其實.

曩者 閔氏之罪 國人所共知 予亦眞知其實 故雖有私恩 義不可

廢 以示大刑. 若蔓等 非予素知 且非親戚 予何惜之 以抑卿等之

固請? 今後宜勿復言."

　　司諫院上疏. 疏曰:

　　'今我殿下 日御正殿 延訪群臣 詢咨治道 其好問之美 爲政之

勤 誠近古以來未有之盛也. 但於前月講武之擧 令臺諫法官不獲

扈從 臣等請欲侍從 累次詣闕 一不得達 將恐言路之塞 自此而始

也. 願自今 臺諫欲有言焉 輒令聞達 以昭殿下納諫之美. 且閱兵
야 원자금 대간 욕유언 언 첩령문달 이소 전하 납간 지미 차 열병

講武 古之制也 非爲一身逸豫之計 固當整備儀衛 率禮而行. 今
강무 고지제 야 비위 일신 일예 지계 고당 정비 의위 솔례 이행 금

殿下特從簡易 至使臺諫法官 不得隨輦 其於講武之禮何? 伏望
전하 특종 간이 지사 대간 법관 부득 수련 기어 강무 지례 하 복망

殿下 每於講武之行 令臺諫法官 皆得侍從 以爲成憲.'
전하 매어 강무 지행 영 대간 법관 개득 시종 이위 성헌

上曰: "所言是矣 予將改焉."
상왈 소언 시의 여장 개언

庚寅 摠制權希達進大魚百餘尾 上曰: "後日當奉上王 以賞佳節."
경인 총제 권희달 진 대어 백여 미 상왈 후일 당봉 상왕 이상 가절

建州衛吾都里人 日本無羅加多人等 來獻土物.
건주위 오도리 인 일본 무라가다 인 등 내헌 토물

司憲府疏請仁寧府司尹黃子厚罪. 疏論子厚牧星州時 奴婢
사헌부 소청 인녕부 사윤 황자후 죄 소론 자후 목 성주 시 노비

假決不公之罪 命下巡禁司決笞復職. 憲司又疏請橫川監務康順
가결 불공 지죄 명하 순금사 결태 복직 헌사 우 소청 횡천 감무 강순

於三日程 至二十日就職 又擅離職任赴京之罪 命下巡禁司
어 삼일 정 지 이십 일 취직 우 천리 직임 부경 지죄 명하 순금사

依律罪之.
의율 죄지

豐海道採訪別監潘泳 進白銀十五兩及鉛石.
풍해도 채방 별감 반영 진 백은 십오 냥 급 연석

辛卯 大司憲柳廷顯 極陳朴蔓之罪 且曰: "今守邊境者 不知
신묘 대사헌 유정현 극진 박만 지죄 차왈 금수 변경 자 부지

幾何? 脫有效此 無所忌憚 則將何以制之!" 上曰: "雖有百人
기하 탈유 효차 무 소기탄 즉장 하이 제지 상왈 수유 백인

犯之 其情可矜. 若蔓者 亦必免之. 閔氏 予之至親 當群臣請罪之
범지 기정 가긍 약 만자 역필 면지 민씨 여지 지친 당 군신 청죄 지

日 以我深知其行之不義 心之不忠 故斷以大義而不疑. 況此二人
일 이아 심지 기행 지불의 심지 불충 고단 이 대의 이 불의 황차 이인

無所愛惜之事! 若實有反逆之心 則何待再請乎? 予必不聽. 卿
무 소애석 지사 약 실유 반역 지심 즉 하대 재청 호 여필 불청 경

等若以王法不可廢也 則時無古今 以待後日而誅之可也." 朴蔓聞
등 약 이 왕법 불가 폐야 즉 시무 고금 이대 후일 이 주지 가야 박만 문

臺諫請己罪 逃隱 政府移文慶尙道囚之. 又囚純禮于豐海道. 上
대간 청 기죄 도은 정부 이문 경상도 수지 우수 순례 우 풍해도 상

知之 卽遣人于兩道 皆釋之. 上傳旨于政府曰: "日者疏請朴蔓等
지지 즉 견인 우 양도 개 석지 상 전지 우 정부 왈 일자 소청 박만 등

罪 其間爲政府者非一 而乃今從臺諫請罪 不亦緩乎? 今茲之請
爲臺諫所脅也.① 予則深知其爲可恕 勿復進言." 臺諫又欲請罪
命中官勿啓.

罷採銀之役. 慶尙 豐海道監司報:"今當農月 乞罷役."從之.
杖前尙州判官沈啓蒙八十 笞前知仁州事朴剛生四十. 司憲府
上疏請:'啓蒙以官物 行私惠于京外 至贈家鄕人吏 又自入己 甚
爲不廉. 剛生亦於尙州 累日淹留 請豹皮爲茵 又求官物 以營私資
請鞫問.'命下巡禁司 按律施行.

放鷹于東郊. 上謂知申事金汝知等曰:"予於講武 不能射一禽.
欲以明日 請上王出郊放鷹 以爲一日之娛 適値籍田祭 不可出遊
故於今日 暫出東郊耳.

罷都官正郎宋南直職. 司憲府上言:"南直爲司贍署令時 所印
楮貨 多有錯謬 不謹奉職 請罪之."命按律施行 遂罷其職.

憲司又請慶尙道敬差官戶曹正郎李有喜罪曰:"知善州事秦浩
收還上租 不自親監 代以州人 雖若違法 其實出於監司之命.
有喜不能正其本 遽笞浩五十 實不當理."命下巡禁司 以出入
人罪 贖笞五十 還就職. 又請大護軍李蘭 司直趙復初等 監作
貞善坊石橋不堅確 以致頹陷之罪 上曰:"恐有傷人 當加考察 然
蘭等但監督而已 此乃作橋者之罪也 宜痛懲石工 輕論員吏."遂
下巡禁司 至旬日而釋之. 又請典祀副令盧仁矩知預原郡時 令

郡人做墨梳砂器等物 抑配於民 重斂其價之罪 命罷職.
군인 주묵소 사기 등물 억배 어민 중렴 기가 지죄 명 파직

壬辰 坤方有聲如雷. 上怒書雲觀當直者不卽以聞 下觀丞
임진 곤방 유성 여뢰 상노 서운관 당직자 부즉 이문 하관승

黃思祐 監候姜淑于巡禁司. 思祐供稱: "令淑告于入直代言
황사우 감후 강숙 우 순금사 사우 공칭 영숙 고우 입직 대언

柳思訥. 思訥曰: '細知更告.' 思祐曰: '昨日初昏之聲 今日何以
유사눌 사눌왈 세지 갱고 사우왈 작일 초혼 지성 금일 하이

更知!' 遂不復告." 巡禁司啓: "思祐當杖一百 淑減一等." 上曰:
갱지 수불 부고 순금사 계 사우 당장 일백 숙 감 일등 상왈

"此二人 非不告也 特思訥遲緩啓聞耳." 釋思祐等.
차 이인 비불고 야 특 사눌 지완 계문 이 석 사우 등

命豐海道侍衛軍 待農隙番上. 議政府啓豐海道失農尤甚故也.
명 풍해도 시위군 대 농극 번상 의정부 계 풍해도 실농 우심 고야

癸巳 臺諫交章 又請朴蔓 任純禮 趙順和之罪. 疏曰:
계사 대간 교장 우청 박만 임순례 조순화 지죄 소왈

'傳曰: "人臣無將 將而必誅." 況擅興師旅 謀向京城者乎? 每
전왈 인신 무장 장이 필주 황 천흥 사려 모향 경성 자호 매

敎臣等曰: "蔓非敢反也 勢不得已耳." 臣等竊謂 蔓等手握兵權
교 신등왈 만 비감 반야 세 부득이 이 신등 절위 만등 수악 병권

號令一方 按兵特立 以守臣節 固不難也 而乃乘機觀變 豈有
호령 일방 안병 특립 이수 신절 고 불난 야 이내 승기 관변 기유

不得已之勢哉? 其爲叛逆明矣. 且一時兇徒 皆以叛逆就戮 獨此
부득이 지세재 기위 반역 명의 차 일시 흉도 개이 반역 취륙 독차

渠魁 幸免天討 苟生明時 式至于今 一國臣民 莫不憤惋. 嗚呼!
거괴 행면 천토 구생 명시 식지 우금 일국 신민 막불 분대 오호

自有天地以來 置大逆於輕典 臣等所未聞也. 殿下何惜三人之
자유 천지 이래 치 대역 어 경전 신등 소미문 야 전하 하석 삼인 지

軀命 以廢萬世不易之法乎? 伏望回日月之明 體春秋之法 置於
구명 이폐 만세 불역 지법 호 복망 회 일월 지명 채 춘추 지법 치어

極刑 垂戒萬世. 臣等之於三人 本無私怨 臣等所言 若有不是 則
극형 수계 만세 신등 지어 삼인 본무 사원 신등 소언 약유 불시 즉

治臣之罪 至死無憾.'
치 신지죄 지사 무감

不允.
불윤

罷大護軍林尙陽職. 司憲府上疏曰:
파 대호군 임상양 직 사헌부 상소 왈

'大護軍林尙陽 曾爲豐州鎭兵馬使 將營庫之鑰 授鎭撫記官 使
대호군 임상양 증위 풍주진 병마사 장 영고 지약 수 진무 기관 사

自開閉 出物私贈 又斂民作弊 田獵無時 且以收贖綿布五匹及
자 개폐 출물 사증 우 염민 작폐 전렵 무시 차 이 수속 면포 오 필 급

營庫內弓箭槍劍等物入己. 願收告身鞫問.'
영고 내 궁전 창검 등물 입기 원수 고신 국문

命除他事 罷職.
명제 타사 파직

建州衛指揮童於虛周及童所羅等 來獻土物.
건주위 지휘 동어허주 급 동소라 등 내헌 토물

甲午 月犯軒轅南大星.
갑오 월범 헌원 남 대성

宥柳暲 盧益 京外從便.
유 유장 노익 경외종편

乙未 觀放鷹于東郊.
을미 관 방응 우 동교

臺諫皆辭職. 臺諫復請朴蔓等罪 亦未蒙允 辭曰: "臣等以不才
대간 개 사직 대간 부청 박만 등 죄 역 미몽 윤 사왈 신등 이 부재

承乏臺諫 言不中理 誠未回天. 乞罷臣等之職 代以賢者." 上納之
승핍 대간 언 부중 리 성 미회천 걸파 신등 지 직 대이 현자 상 납지

令監察分臺.
영 감찰 분대

戶曹參議尹思永乞免. 蓋欲終孝病母也 許之.②
호조참의 윤사영 걸면 개 욕종효 병모 야 허지

丙申 禮曹上行鎭兵醮之法. 前此行醮時 幷祀山川神祇 龍王
병신 예조 상 행 진병초 지 법 전차 행초 시 병사 산천 신기 용왕

等神 至是 禮曹以爲: "恐違古制 其山川龍神 各祭其所 毋令
등신 지시 예조 이위 공위 고제 기 산천 용신 각제 기소 무령

合祭." 從之.
합제 종지

東北面都巡問使延嗣宗上箋辭. 箋略曰:
동북면 도순문사 연사종 상전 사 전 약왈

'嗣宗本以庸愚 位至寵秩 昊天之恩 粉骨難報. 今遭父喪起復
사종 본 이 용우 위 지 총질 호천 지 은 분골 난보 금조 부상 기복

臣爲當職 聖恩益重 然臣早年從仕 未嘗居家事親 今父之歿 又
신 위 당직 성은 익중 연 신 조년 종사 미상 거가 사친 금 부지 몰 우

未及見 痛悼彌深. 有母年八十有五 常病臥床 臣欲終喪制 兼養
미급 견 통도 미심 유모 년 팔십 유오 상병 와상 신 욕종 상제 겸양

老母 伏乞聖慈.'
노모 복걸 성자

上曰: "方面之寄 古難其人. 擧賢用能 捨卿其誰? 況卿老母 本
상왈 방면 지기 고난 기인 거현 용능 사경 기수 황경 노모 본

在其界 何必固辭! 卿容貌憔悴 寡人深以爲憂." 遂命食肉.
재 기계 하필 고사 경 용모 초췌 과인 심 이위우 수 명 식육

丁酉 上奉上王 觀放鷹于東郊 仍設酌極歡 以廏馬獻于上王.
정유 상봉 상왕 관 방응 우 동교 잉 설작 극환 이 구마 헌 우 상왕

摠制權希達 以兼判司僕 牽馬而入 上王賜希達衣.
총제 권희달 이 겸판 사복 견마 이입 상왕 사 희달 의

戊戌 議政府上疏請朴蔓 任純禮亂逆之罪 宜置於法 且請臺諫
무술 의정부 상소 청 박만 임순례 난역 지죄 의치 어법 차 청 대간

就職 上曰: "蔓本非叛逆者也. 但拘於法 則臺諫之言似是 原
취직 상왈 만 본비 반역자 야 단 구어 법 즉 대간 지언 사시 원

其情 則不可也. 此間不必有臺諫."
기정 즉 불가 야 차간 불필 유 대간

庚子 議政府請令臺諫就職. 啓曰: "臺諫辭職後 朝士告身多
경자 의정부 청령 대간 취직 계왈 대간 사직 후 조사 고신 다

滯 且無糾理者 百職稍緩 請還就職." 上曰: "朴蔓等罪當誅 則
체 차 무 규리 자 백직 초완 청환 취직 상왈 박만 등 죄 당주 즉

雖一請 予必從之. 予知其實無罪也 故不從. 向者政府牽於臺諫
수 일청 여필 종지 여지 기실 무죄 야 고 부종 향자 정부 견어 대간

亦請罪 今又惓惓請還就職. 是畏其臺諫之議其後也. 大抵操縱
역 청죄 금우 권권 청환 취직 시외 기 대간 지의 기후 야 대저 조종

之權在予 政府何與焉? 自今宜革除臺諫之職. 予於前日 不備差
지권 재여 정부 하여 언 자금 의 혁제 대간 지직 여어 전일 불 비차

臺諫之位 惡如此煩聒也." 左右聞命 皆失色. 召知申事金汝知
대간 지위 오 여차 번괄 야 좌우 문명 개 실색 소 지신사 김여지

完山君李天祐曰: "歲在戊寅 太祖病劇 吾輩當不離於側 但以
완산군 이천우 왈 세재 무인 태조 병극 오배 당 불리 어측 단 이

畏死 故不入兵刃之間耳. 蔓等在其時 但爲勢之所迫 非有叛心
외사 고 불입 병인 지간 이 만 등 재 기시 단 위세 지 소박 비 유 반심

何忍殺之? 予當不令臺諫復就職矣."
하인 살지 여당 불령 대간 부 취직 의

辛丑 月犯房星.
신축 월 범 방성

觀放鷹于東郊. 上謂代言等曰: "海靑鷹 出乎其類 近日數出
관 방응 우 동교 상위 대언 등 왈 해청 응 출호 기류 근일 삭출

東郊觀之. 臣之愛我者 豈不欲諫乎? 予今日出遊後 可止 爾等
동교 관지 신지 애아 자 기불 욕간 호 여 금일 출유 후 가지 이등

知之."
지지

壬寅 豐海道遂安郡鍊進銀七兩 鉛六十斤十一兩.
임인 풍해도 수안군 연진 은 칠 냥 연 육십 근 십일 냥

癸卯 上奉迎上王于解慍亭 設享極歡乃罷. 上奉送上王至
敦化門外 還至中門 顧謂侍臣曰: "靖安君迎永安君何如? 古
之帝王 豈無如是者乎?" 先是 上奉上王與諸君擊毬 諸君不勝
至是 例出私藏納楮貨二百張于議政府 令禮賓寺備辦.

甲辰 前大司憲金瞻 獻山水及水墨龍簇子各一雙.

東北面採訪別監朴允忠 鍊進金一斤二兩. 役軍八百凡三十餘日.

日本 江州太守板倉滿家 使人獻禮物 求洪鍾 兼告禁賊之意.

乙巳 觀放鷹于東郊. 沿漢江而西 至迎曙驛 由藏義門而還.

丙午 上王幸北郊 觀放鷹. 上命中官 齎酒菓迎慰.

以卞季良爲世子右副賓客 尹向漢城尹 鄭矩鷄林府尹.

左政丞成石璘 進請臺諫不可久廢 上曰: "卿等若不更請朴蔓
等罪 則予將命還就職矣." 命知議政府事朴信曰: "臺諫 人主之
耳目 不可一日無也. 然復使就職 則必如前日之請 如何? 卿往與
本府議聞."

吏曹判書李稷 以病辭 不允.

罷大護軍趙珠 護軍崔普老職. 珠等俱以內禁衛入直 珠夢見前
大護軍林尙陽 寤言於普老 普老曰: "汝亦如尙陽停職." 珠怒 執
普老頭髮 以朱杖歐之 且罵言祖父痕咎 普老亦以匣劍挟珠. 刑曹
請收告身科罪.

下護軍成載 前知雲州事鄭子壽于巡禁司獄. 初 載告刑曹云:

"甲申年間 從姊夫鄭子壽爲軍資注簿 以奴升龍所志 僞寫載

保單子 貸本監米十石. 至己丑年督納之際 子壽方赴雲州 載意

子壽所爲 告徵于子壽父家六石 載納四石. 子壽還曰：'吾未曾

糶米 汝之保單子 吾何與焉！' 乃於頒賜布貨之日 遣人要於路 奪

布九匹 楮貨二十八張."

刑曹按其實 升龍乃載從妹夫趙岡之家奴也；其保單子 亦載

手書親署也. 歲月已久 載忘其所爲耳 子壽則初不與也明矣.

刑曹請曰："載旣親署其名 爲保於升龍 反指子壽稱爲僞造 且

欲陷子壽於監臨自盜之罪 誠爲奸惡；子壽不訴官自明 乃要於路

攘奪頒賜之物 亦爲橫悍. 乞皆收告身 鞫問其由."

戊申 賜檢校漢城尹高忠彥紅袍荔枝金帶. 忠彥以濟州都司守

將還 有是賜 仍降香 祀漢拏山川之神.

禮曹上停朝贈諡之法. 啓曰："國制 凡大臣之卒 從一品則贈諡

禮葬 正二品則贈諡致賻 從二品則只令致賻. 夫停朝贈諡 哀榮之

重禮也. 於外方守令正二品 亦行停朝贈諡 則恩禮無等. 自今自

資憲開城留後已上 方許停朝贈諡." 從之.

命遣知印二人 往察豐海道西北面飢饉之狀.

賜醞于行廊造成都監. 各道木工來赴行廊之役者凡二百 除

僧人外 皆放還.

議政府啓改正律文飜譯. 上書曰：

'豊海道觀察使報: "有谷州人張永盜耕他人田三十負. 按律
田一畝以下 笞三十 每五畝加一等罪 止杖八十." 得此 考究田法
中朝田一畝準本朝二十二負. 以此觀之 永罪當笞四十 今監司
斷以四十 上加一倍 蓋因律文飜譯乃 以唐田一畝準鄕田一負 故
差謬至此. 其按律 率皆若是 乞令中外改正.'

從之.

命判軍資監事趙啓生 議政府舍人金孝孫還就職. 初 凡在官
作罪者 遷官事發 記過名九度 然後罪之之法 載諸律文. 本朝議
九度而後罪之 則作罪者可免 故三考 然後罪之 已有成法. 啓生
孝孫爲政府舍人 東閣不行 故憲司劾之. 至是 上曰: "此法不善
終亦不可行矣."

命給韓奇 崔得壽 徐致 韓永甫 金鶴年 鄭義 朴實 李龜原
金立等告身.

己酉 觀放白鷹于東郊. 上嘗謂入直代言柳思訥曰: "白鷹出乎
常類 又欲一觀. 今聞西北面 豊海道饑甚 政府斷酒 良用爲念
不欲復觀." 思訥對曰: "凡鷹子必須放之而後坐連 上之觀鷹
無害於飢民. 臣以爲明日出郊一放 而後坐連可也." 又命曰:
"傳旨政府 毋辭朝酒. 政府若固辭 則予亦輟酒." 至是出郊.

庚戌 賜棺槨紙燭于驪原君閔無恤妻李氏之喪 且遣中官致祭
靜妃亦遣人祭之. 李氏 稷之長女也.

辛亥 賀正使知議政府事鄭擢 副使參知議政府事安省 回自
<small>신해 하정사 지의정부사 정탁 부사 참지 의정부사 안성 회자</small>

京師. 擢等啓曰:"皇帝於燕都 新坑大河通漕運 又經營宮闕 以備
<small>경사 탁등계왈 황제 어연도 신갱대하통조운 우경영궁궐 이비</small>

巡幸." 仍獻色絲彩毯毛子. 鄭摠之子 孝文如京師 未得奏達 但
<small>순행 잉헌색사채담모자 정총지자 효문여경사 미득주달 단</small>

招魂而來.
<small>초혼이래</small>

賜藥于慶尙道都觀察使安騰. 傳教曰:"騰嘗進良馬一匹 予
<small>사약우경상도 도관찰사 안등 전교왈 등상진양마일필 여</small>

迄今未報."
<small>흘금미보</small>

癸丑 慶尙道都觀察使安騰 進回回沙門都老所採水精三百斤.
<small>계축 경상도 도관찰사 안등 진회회사문도로소채수정삼백근</small>

甲寅 開城留後司留後李文和 進千葉冬栢 賜齎來人楮貨二十張.
<small>갑인 개성유후사 유후 이문화 진천엽동백 사재래인저화이십장</small>

杖永春監務金久同 前摠郎金光美 流之. 初 巡禁司啓:
<small>장영춘감무김구경 전총랑김광미 유지 초 순금사계</small>

"永春人金光美作書 訴前典書李榮遇於久同曰:'榮遇與本宮奴
<small>영춘인김광미작서 소전전서이영우어구경왈 영우여본궁노</small>

崔白 同夫伊等言曰:"今上 予之同姓也. 吾立身則可使喚汝等.'"
<small>최백 동부이등언왈 금상 여지동성야 오입신즉가사환여등</small>

久同聞而問之 崔白等曰:'然.' 久同曰:'汝聞此言 何不卽來告狀
<small>구경문이문지 최백등왈 연 구경왈 여문차언 하부즉내고장</small>

乎?' 白等曰:'不知文字 故不果.' 久同遂使官吏書之 手自挾書
<small>호 백등왈 부지문자 고불과 구경수사관리서지 수자협서</small>

如彼立身四字. 卽拿榮遇刑問 榮遇之子訴于監司 監司囚久同
<small>여피입신사자 즉나영우형문 영우지자소우감사 감사수구경</small>

具聞."
<small>구문</small>

命執久同 光美 榮遇 崔白等 一處訊問. 崔白服曰:"前言皆
<small>명집구경 광미 영우 최백등 일처신문 최백복왈 전언개</small>

非也. 光美欲害榮遇 誘我言之耳." 榮遇得釋. 光美 久同 坐
<small>비야 광미욕해영우 유아언지이 영우득석 광미 구경 좌</small>

以造妖言妖書 按律應斬 命減一等. 光美嘗與榮遇有隙謂久同
<small>이조요언요서 안율응참 명감일등 광미상여영우유극위구경</small>

曰:"榮遇揚言斂民作弊之事." 以激久同之怒 乃進此言. 久同進
<small>왈 영우양언염민작폐지사 이격구경지노 내진차언 구경진</small>

崔白于窓前 飮之酒而誘之. 巡禁司又啓:"久同 光美之罪 所係
<small>최백우창전 음지주이유지 순금사우계 구경 광미지죄 소계</small>

甚重 請依律施行." 上曰: "前此抵死者 皆減一等 宜勿復言."
심중 청 의율 시행 상왈 전차 저사 자 개 감 일등 의물 부언

大司憲柳廷顯以爲: "光美挾私忿 欲害榮遇 自作妖書呈久同;
대사헌 유정현 이위 광미 협 사분 욕해 영우 자작 요서 정 구경

久同威制崔白 令書告狀 挾書如彼立身四字 原其情 則罪不容誅.
구경 위제 최백 영서 고장 협서 여피 입신 사자 원 기정 즉 죄 불용 주

願將久同等 明正其罪." 上曰: "死刑 予所不忍 宜收告身 籍沒
원장 구경 등 명정 기죄 상왈 사형 여 소불인 의수 고신 적몰

家産." 謂知申事金汝知等曰: "久同之事 予失於姑息矣." 下
가산 위 지신사 김여지 등왈 구경 지사 여 실어 고식 의 하

議政府議聞. 政府議:
의정부 의문 정부 의

"光美誣告榮遇之罪 按律文 誣告至死罪 所誣之人 已決者
광미 무고 영우 지죄 안 율문 무고 지 사죄 소무 지인 이결 자

反坐以死: 未決者 杖一百流三千里役三年. 久同聽光美之譖
반좌 이사 미결 자 장 일백 유 삼천리 역 삼년 구경 청 광미 지참

羅織加書之罪 按律 爲人作詞狀 增減情罪誣告人者 與犯人同罪
나직 가서 지죄 안율 위인 작 사장 증감 정죄 무고 인자 여 범인 동죄

只坐其罪 至死者減一等 罪至杖一百流三千里. 凡官司故出入人
지좌 기죄 지 사자 감 일등 죄 지 장 일백 유 삼천리 범 관사 고 출입 인

罪 全出全入者 以全罪論 至死者 坐以死罪 若未決放 聽減一等.
죄 전출 전입 자 이 전죄 논 지 사자 좌이 사죄 약 미결 방 청 감 일등

請依律施行."
청 의율 시행

從之. 命巡禁司 杖光美一百 流鏡城 加役三年; 久同一百 流
종지 명 순금사 장 광미 일백 유 경성 가역 삼년 구경 일백 유

吉州 加役三年.
길주 가역 삼년

| 원문 읽기를 위한 도움말 |

① 爲臺諫所脅也. '爲~所~'는 '~에게 ~당하다'라는 구문으로 '대간에게 협
   위 대간 소협 야 위 소
   박을 당하다'라는 뜻이다.

② 蓋欲終孝病母也 許之. 이처럼 문장이 蓋로 시작하는 경우는 십중팔구
   개 욕 종효 병모 야 허지   개
   앞의 문장에 대한 일종의 풀이가 이어진다.

태종 12년 임진년
4월

四月

을묘일(乙卯日-1일) 초하루에 상(上)이 상왕(上王)을 광연루(廣延樓)에 받들어 맞이해 잔치를 베풀어 모란(牧丹)을 감상하고 또 타구(打毬)[1]하는 것을 구경했다. 극진히 즐기다가 밤에 마쳤다. 충녕군(忠寧君)과 지신사(知申事) 김여지(金汝知)에게 명해 상왕을 호종(扈從)해 대궐에 돌아가게 하니 상왕이 충녕군에게 각궁(角弓)을, 여지(汝知)에게 면포(綿布) 옷을 내려주었다.

병진일(丙辰日-2일)에 대간원(臺諫員)들에게 도로[還] 직무에 나아오도록 명했다. 정부(政府)의 청에 따른 것이다. 상이 말했다.

"정부에서 만일 대간으로 하여금 전날의 일을 더 이상 청하지 않게 한다면 내가 도로 직무에 나아오도록 명하겠다."

대언(代言)들이 대답해 말했다.

"정부의 뜻은 대간이 비록 다시 나오더라도 어찌 감히 전날의 청함을 그치게 할 수 있겠는가 하는 것입니다."

상이 말했다.

"지금으로서는 다시 대간을 출사하게 하지 않겠다."

---

1 두 패로 갈라서 각기 말을 타고 내달아 구장(毬場)의 한가운데에 놓인 공을 구장(毬杖)으로 떠서 자기편의 구문(毬門)에 집어넣어 승부를 겨루었다. 격구(擊毬)라고도 했다.

대언들이 모두 황공해하며 말했다.

"정부가 어찌 감히 대간을 그치게 할 수 있겠습니까? 만일 능히 그치게 할 수 있다면 대간이라고 말할 수 없을 것입니다."

중관(中官)이 (이 말을 상에게) 아뢰기 전에 이미 이런 명이 있었다. 상이 지신사 김여지(金汝知)에게 물었다.

"전날에 대간으로 하여금 복직하게 했는데 대간들이 무슨 말이 있더냐?"

여지(汝知)가 대답해 말했다.

"다른 말은 없었고 다만 말하기를 '어리석은 신 등의 소견이 이치에 어긋나 윤허를 입지 못하는가 두려워해 그 때문에 정사(呈辭-사직서 제출)했다'라고 했습니다."

상이 웃으며 말했다.

"역대의 임금들이 모두 간언하는 말을 받아들였다면 어찌 평범한 임금[中主=庸主]이 있겠는가?"
　　　　　중주　　용주

대간에서 진언(進言)했다.

"지난번에 박만(朴蔓) 등의 죄를 가지고 합사(合辭)해 여러 번 청했으나 유윤(兪允)을 입지 못했습니다. 옳지 않은[不韙] 말을 가지고
　　　　　　　　　　　　　　　　　　　　　불위
감히 천총(天聰-임금의 귀 밝음)을 더럽혔는가 두려워해 이 때문에 [是用=是以] 정사(呈辭)하고 죄를 기다렸습니다[俟罪=待罪]. 지금 신
　시용　시이　　　　　　　　　　　　　　　　　　　　　사죄　대죄
등에게 복직을 명하셨으나 난신적자(亂臣賊子)는 왕법에 용서하지 못하는 것이요, 신 등의 한때 의논[論]이 아니니 청컨대 지난번의 상
　　　　　　　　　　　　　　　　　　　　　　논
소를 윤허하소서."

상이 말했다.

"정부에서 굳게 청했기 때문에 복직시킨 것이다. (그대들이) 말한 일은 내가 반드시 따르지 않을 것이니 만일 뜻에 부합하지 않는 것이 있거든 마땅히 예전 법을 따르라."

(예전 법이란) 대개 말을 들어주지 않으면 집으로 가는 것을 말한 것이다.

○ 큰 누각[大樓]을 경복궁(景福宮) 서쪽 모퉁이에 새로 지었는데 공조판서(工曹判書) 박자청(朴子靑)에게 명해 감독하게 했다. 제도(制度-규모)가 굉장하고 광활했으며 또 못을 파서 사방으로 둘렀다. 궁궐의 서북쪽에 본래 작은 누각이 있었는데 태조(太祖)가 창건한 것이다. 상이 비좁다고 여겨 명해 고쳐 지은 것이다.

정사일(丁巳日-3일)에 이번 4월 초8일의 연등(燃燈)은 금년 상원일(上元日)²의 예에 의거하라고 명했다. 또 옛 물건들을 고쳐서 쓰고 지나치게 낭비하지 말라고 명했다.

○ 행랑조성도감(行廊造成都監)에 내온(內醞)을 내려주었다. 상이 말했다.

"행랑을 조성하는 일을 처음에는 모두 어렵다고 여겼는데 지어놓고 보니 국가에 모양(模樣)이 있어 볼 만하다. 만일 남은 힘이 있으면 종루(鍾樓) 동서쪽에도 지었으면 좋겠다."

---

2 음력 정월 보름날을 가리킨다. 조선 초기에는 연등(燃燈)을 설치하고 태일(太一)을 제사 지내는 등 왕실 의식을 행했다. 이러한 의식은 『고금상정례(古今詳定禮)』에 나와 있으며, 그 기원은 한(漢)나라에서 태일을 제사 지낸 것으로부터 시작됐다. 태종대에는 연등제가 불교 의식이라 해 폐지가 논의됐으며 1415년(태종 15년)에 혁파됐다.

좌정승(左政丞) 성석린(成石璘)이 대답해 말했다.

"재목은 넉넉합니다."

상이 말했다.

"내년 가을과 겨울을 기다려서 조성하는 것이 좋겠다."

○ 예조에서 송(宋)나라의 반악도(頒樂圖)를 상고할 것을 청했다. 올린 글은 이러했다.

'송조(宋朝) 진양(陳暘)의 『악서(樂書)』에 이르기를 "신종(神宗) 원풍(元豐) 연간에 고려(高麗)에서 중국의 악공(樂工)을 구해 익혔다"라고 했습니다. (이를 볼 때) 지금의 고려 음악은 대체로 중국에서 제정한 것입니다. 지금 신 등이 충주(忠州) 사고(史庫)의 형지안(形止案)[3]을 상고해보면 『성송반악도(聖宋頒樂圖)』 4벌[道]이 제7궤(樻)에 간직돼 있습니다. 가만히 생각건대 이는 곧 진양이 말한 대로 원풍 연간에 구한 것이 아닌가 의심됩니다. 엎드려 바라옵건대 포쇄별감(曝曬別監)[4]으로 하여금 찾아내 가지고 와서 전악서(典樂署)의 악보(樂譜)를 (만드는 데) 참고하게 하소서.'

그대로 따랐다.

○ 김좌(金佐)를 용서해 경외종편(京外從便)하라고 명했다. 전 개성윤(開城尹) 김운귀(金云貴)의 처 이씨(李氏)가 신정(申呈)했다.

"남편의 나이 지금 80세이고 병이 급한데[革=劇] 자식 좌(佐)가 일

---

3 원적부(原籍簿)를 가리킨다.
4 사고(史庫)에서 서적을 점검해 축축한 책은 바람을 쏘이거나 햇볕에 말리던 일을 맡아보던 별감(別監)이다.

찍이 청양(青陽)에 부처(付處)돼 있으니 서로 만나보기를 원합니다."

이에 이런 명이 있었다.

○ 의정부(議政府)에서 소(疏)를 올렸다. 소는 대략 이러했다.

'『경제육전(經濟六典)』 안에 "사헌부(司憲府)와 형조(刑曹)에서 6품 이상의 사람이 범한 것을 논핵하면 장죄(杖罪) 이상은 신문(申聞)해 고신을 거두고 나오게 해서 묻고, 태죄(笞罪)는 순금사(巡禁司)에 이문(移文)해 결태(決笞)하고 환직(還職)시킨다'라고 했습니다. (그런데) 지금 신 등이 생각건대 6품원(六品員)이 비록 태죄를 범했더라도 반드시 계문(啓聞)해야 합니다. 금후로는 본부(本府)에 보고하게 하지 말고 아울러 모두 신문(申聞)해 왕지(王旨)를 받게 하소서. 또 지난번에 하지(下旨)하시어 본부로 하여금 범죄인의 전지(田地)를 즉시 각과(各科)에 옮겨주는 것의 편부를 토의하게 했습니다. 신 등이 생각건대 금후로는 용서하지 못할 중한 죄를 제외하고는 그 나머지 범죄인의 전지는 임시로 군자(軍資)에 속하게 해 3년을 기다린 뒤에 각과에 옮겨주게 하소서.'

그것을 따랐다.

○ 서북면(西北面)의 노인법(路引法)[5]을 세웠다. 의정부에서 말씀을 올렸다.

"서북면 도순문사(西北面都巡問使)가 보고하기를 '요동(遼東) 군인이 압록강(鴨綠江)에 이르면 본국 인민이 우마(牛馬)를 방매하는 것

―――――――

5 옛날 장사아치[商賈]가 매매를 행(行)할 때 소재지(所在地) 관사(官司)에서 물화를 모두 기록한 노인(路引)을 발급받고, 매매하는 고을의 관사에 이를 제출해 장부에 기록하고 배서(背書)에 인(印)을 눌러 매매 허가를 받던 법을 가리킨다.

을 이미 조령(條令)으로 금지한 적이 있습니다. 그러므로 도내 편호(編戶)의 우마에 낙인(烙印)을 찍어 장적(帳籍)에 올려서 고찰에 빙거하게 했으나, 그래도 걱정되는 것은 다른 도(道)의 인민이 부모 족친과 서로 만나보는 것으로 인해 왕래하면서 매매하는 것은 고찰할 만한 빙거가 없습니다. 이제부터 모두 소재(所在)한 관사(官司)에서 문빙(文憑)을 받되 싸 가지고 왕래하는 물화를 하나하나 점검해 노인(路引)을 만들어 가지고 와서 도순문사(都巡問使)에게 교부하면 장부에 옮겨 기록하고 본문(本文)에 배서(背書)해 인(印)을 누르게 하며 문빙(文憑)이 없는 자는 지경 밖의 사람이 서로 매매하는 조령에 의거해 논죄하소서'라고 했습니다. 본부에서 토의해 정하기를 서울과 유후사(留後司)에서 양계(兩界)에 왕래하는 자는 정문(呈文)과 같이 시행하고, 양계 백성이 서로 왕래하는 자도 또한 위의 예에 의거해 시행하고, 노인(路引)이 없는 자는 장(杖) 80대를 때리고 싸 가지고 있는 물건은 관가에 몰수해 진고한 자에게 상으로 주소서."

그것을 따랐다.

무오일(戊午日-4일)에 상왕전(上王殿)의 중관(中官)에게 말을 주라고 명했다. 상왕이 외방 불사(佛寺)에 중관을 시켜 행향(行香)[6]하고자 해 포마(鋪馬-역마) 3필을 청하니 대언(代言) 등이 아뢰어 말했다.

"향(香)을 내리면 외방의 감사와 수령이 모두 명령을 받는데 상왕의 명을 받는 것은 불가하지 않겠습니까?"

---

6 법회(法會)에 모인 중들에게 향을 나눠 주는 일 또는 그 사람을 가리킨다.

상이 말했다.

"기마(騎馬)와 복마(卜馬-짐 싣는 말)를 각각 한 필씩 주는 것은 괜찮다."

경신일(庚申日-6일)에 품미(品米)[7]와 호미(戶米)[8]를 돌려주라고 명했다. 기축년(己丑年-1409년)에 상국(上國-중국)이 북호(北胡-북쪽 오랑캐)와 연이어 전쟁을 하는 바람에[連兵] 화가 우리에게까지 미칠까 염려했기 때문에 각 품(品)으로 하여금 차등 있게 쌀을 내게 해 군량에 대비하게 했다. 이때에 이르러 상이 말했다.

"내가 들으니 백성들이 모두 품미를 돌려받고자 한다고 하던데 그러한가? 그렇다면 지금 국가에 일이 없으니 돌려주는 것도 괜찮다. 또 여리(閭里-일반 민가)가 빈궁한 것이 어느 때가 더욱 심한가?"

모두 말했다.

"4월에 밀과 보리[牟麥]가 익지 않았을 때가 가장 심합니다."

상이 말했다.

"만일 품미를 돌려주면 소민(小民) 가운데 쌀을 사서 생계를 유지하는[聊生] 자들은 사기가 거의 쉬울 것이다."

성석린이 대답했다.

"소민(小民)이 아직 연호미(煙戶米)[9]를 돌려받지 못했는데 각 품(品)

---

7 나라의 전쟁이나 큰일이 있을 때 각 관직에 있는 사람에게 그 직품(職品)에 따라 차등 있게 거둬들이던 쌀을 말한다.
8 연호미를 말한다.
9 나라에서 큰일이나 흉년에 대비하기 위해 평상시에 관리나 백성들로부터 그해의 흉풍(凶

이 돌려받는 것은 적당치 않을 것 같습니다. 또 이미 수납한 것을 지금 다시 돌려주면 아이들 장난[兒戲] 같습니다."

상이 말했다.

"참으로 아이들 장난 같기는 하나 다만 이 말이 마땅함[義]에 부합하지는 않는다."

참찬(參贊) 김승주(金承霍)가 나아와 말했다.

"사람들이 모두 저화(楮貨)로 품미의 값을 주었으면 합니다."

상이 말했다.

"저화가 만일 넉넉하면 저화로 품미의 값을 주어 저화가 민간에 퍼진 뒤에 군자미(軍資米)를 5,000~6,000석(石) 혹은 1만 석을 내어 소민으로 하여금 저화를 바치고 쌀을 바꾸게 하면 좋을 것이다."

모두 말했다.

"옳습니다."

상이 개성유후사유후(開城留後司留後) 이문화(李文和)에게 일러 말했다.

"구경(舊京-개성)의 백성들이 지금 바야흐로 굶주리니 어떻게 할까?"

문화(文和)가 대답했다.

"구경에는 전지를 받은 자가 없기 때문에 저자의 교역(交易)에 쌀을 쓰는 것을 보지 못합니다. 또 지난해의 한재가 경기(京畿)가 더욱

豐)에 따라 거두던 쌀을 가리킨다. 현임 관리와 산관(散官)과 외방(外方)의 농민(農民)을 상호(上戶)·중호(中戶)·하호(下戶)·하하호(下下戶)로 나눠 상호는 10두, 중호는 9두, 하호는 4두, 하하호는 2두를 거뒀는데 풍년에는 정수대로 받고, 중년(中年)은 반으로 감하고, 흉년에는 전면했다.

심했던 까닭으로 백성들 가운데 굶주리는 자가 많습니다. 일찍이 품미와 호미를 바친 자는 저화를 주지 말고 쌀을 돌려주면 백성들이 생활을 유지할 수 있을 것입니다."

그것을 따랐다.

○ 형조에서 제주(濟州) 사람 안방현(安邦顯)의 죄를 청했다. 애초에 상이 제주 도안무사(濟州都安撫使) 김정준(金廷雋)이 해임돼 올 때 마필과 토산물을 실은 배가 풍랑을 만나 뒤집어져서 사람과 말이 많이 죽었다는 것을 듣고서 명해 말했다.

"정준(廷雋)이 반드시 잡물(雜物)을 많이 실어서 뒤집어지게 된 것이니 마땅히 국문해 아뢰라."

이때에 이르러 형조에서 청했다.

"제주 도안무사가 보낸 전 낭장(郎將) 안방현(安邦顯) 등이 잡물을 많이 실어 뒤집어져서 격군(格軍-뱃군) 김석(金石)이 빠져 죽었습니다. 바라건대 방현(邦顯)의 고신(告身)은 거두고 국문해 과죄(科罪)해야 할 것입니다."

거론하지 말라고 명했다.

신유일(辛酉日-7일)에 우사 원단제(雩祀圓壇祭-기우제)를 거행했다.

○ 여러 능(陵)의 비문(碑文)을 책(册)으로 만들어 바치라고 명했다.

임술일(壬戌日-8일)에 해온정(解慍亭)에서 관등(觀燈)하고 이튿날도 또한 그와 같이 했다. 좌우(左右)로 나눠 기둥을 세우고 등을 달았는데[張燈] 내자시(內資寺)와 내섬시(內贍寺)로 하여금 준비하게
장등

했다[辦=辦備].
판 판비

○ 성균관(成均館)과 오부학당(五部學堂)에 내온(內醞)을 내려주
었다. 대사성(大司成) 권우(權遇) 등이 학생을 거느리고 전(箋)을 올
려 사은했다.

○ 예조에서 석전제(釋奠祭)의 전물(奠物)을 미리 준비할 것[預辦]
예판
을 청했다.

"전물(奠物) 중에 건매(乾梅)를 혜민서(惠民署)의 약재 오매(烏梅)
로 제공하고, 등유(燈油)와 건도(乾桃)를 양현고(養賢庫)에서 임시로
저자에서 사는 것이 불편하니 전사시(典祀寺)로 하여금 미리 준비하
게 하소서."

그것을 따랐다.

○ 통사(通事) 최호(崔浩)에게 쌀 30석을 내려주었다. 호(浩)가 약재
를 바친 때문이다.

갑자일(甲子日-10일)에 별요제조(別窑提調)에게 궁온(宮醞)을 내려
주었다.

○ 사헌부에서 전사판관(典祀判官) 박윤영(朴允英), 호조정랑 이유
희(李有喜)의 죄를 청했다. 윤영(允英)은 누문상량제(樓門上樑祭)에
향탄(香炭)을 바치는 것을 빠뜨렸고, 유희(有喜)는 경차관(敬差官)이
됐을 때 밀양군사(密陽郡事) 한유문(韓有紋)과 청도군사(淸道郡事)
최도원(崔道源)이 공사(公事)로 인해 노차(路次)에서 잠깐 모인 일
을 가지고 출곽영송률(出郭迎送律)을 잘못 적용해 도원(道源)에게 장
(杖) 90대를 속(贖) 받은 죄였다. 윤영을 파직시키고 유희는 부지런

하고 조심하므로[勤謹] 비록 조그만 잘못이 있기는 하지만 (그 죄를) 논하지 말라고 명했다.

○ 형조판서(刑曹判書) 이승상(李升商)이 진언(進言)했다.

"광흥창(廣興倉)의 명주 90필과 정포(正布) 500필을 도난당했기 때문에 창고 지키는 자를 국문(鞫問)하고 또 노적(露積)의 가시울타리[棘欄]를 살펴보았는데도 별달리 출입한 흔적이 없고 창고를 봉(封)한 것 또한 완전하니 대단히 의심스럽습니다. 광흥창 참외관(參外官)에게 친히 묻고자 합니다."

상이 말했다.

"관리가 회계문부(會計文簿) 가운데에 착오해 시행한 것이 아닌가? 이것은 의옥(疑獄)[10]이니 서서히 물어보고 엄하게 형벌할 것이 아니다. 이는 화기(和氣)를 감상(感傷)하는 이유가 된다."

을축일(乙丑日-11일)에 경복궁(景福宮)에 행차해 누각(樓閣)과 연못을 구경하고 술자리를 베풀어 감독 제조(監督提調) 박자청(朴子靑) 등을 위로했는데 종친과 부마(駙馬)가 함께했다. 또 역도(役徒), 대장(隊將), 대부(隊副) 등 600여 인에게 술을 내려주었다.

○ 이조정랑(吏曹正郎) 정흠지(鄭欽之)를 파직했다. 애초에 흠지(欽之)가 병조정랑으로 있을 때 갑사(甲士) 사정(司正) 김윤수(金允壽) 등 13인에게 부사직(副司直) 행사정(行司正)을 잘못 제수했는데 이때에 이르러 헌사(憲司)가 소를 올려 청했던 까닭으로 이런

---

10 죄의 유무를 가리기 어려운 사건을 가리킨다.

명이 있었다.

○ 서북면 도순문사(西北面都巡問使)가 추가적으로 나타난 호구(戶口)와 미곡(米穀)의 수를 올렸다. 보고는 이러했다.

'환상(還上)하는 쌀과 콩을 인구로 계산해주니 인구가 많이 나타났습니다. 원호(元戶) 내에서 인보적(隣保籍)[11]에 올리지 않은 것으로 추가해 나타난 장정 남녀(壯丁男女)가 모두 1만 150명이고 동자(童子)가 5,092명입니다. 지금 현재 3,812호 내에서 장정 남녀가 모두 1만 1,005명이고, 동자가 4,390명이며 유리(流離)해 양식을 구걸하는 장정 남녀가 모두 333명이고, 동자가 133명입니다.'

또 보고했다.

'창고(倉庫)에 있는 원수(元數)를 회계하면 쌀·콩·잡곡이 54만 5,014석인데, 실농(失農)한 각 고을 수령의 늠봉(廩俸)과 굶주리는 백성을 진휼한 것과 종자(種子)를 나눠 준 것을 제외하면 현재의 재고가 41만 4,380석이고, 풍해도(豊海道)에서 운수해 온 쌀·콩·잡곡이 2만 7,118석입니다.'

○ 경상도 도관찰사가 보고했다.

'시위군(侍衛軍)의 원수(元數) 5,989명 중에서 시위(侍衛)에 환속(還屬)한 것이 3,021명이고, 기선군(騎船軍)으로 정속(定屬)한 것이

---

11 조선조 때 자치조직(自治組織)인 인보(隣保)의 장부를 가리킨다. 인보는 백성의 생활과 인구의 실태를 파악하고, 수화(水火)를 구제하고, 유이(流移)와 도둑을 방지해 서로 보호하고 서로 지키게 함으로써 풍속(風俗)을 이루게 한다는 목적으로 조직된 것인데 10호(戶) 혹은 3~4호로 1인보(隣保)를 삼고 그중에서 항산(恒産)이 있고 믿을 만한 사람을 정장(正長)으로 삼아 인보 내(隣保內)의 인구를 인보적에 기록해 주장(主掌)했다.

2,850명인데 새로 지은 병선(兵船) 50척에 나눠 태웠습니다.'

병인일(丙寅日-12일)에 행랑조성도감(行廊造成都監)에게 궁온(宮醞)을 내려주고 또 정포(正布) 1,000필을 경복궁(景福宮) 누지(樓池) 및 행랑의 역도(役徒)에게 나눠 주었다.

○상왕(上王)이 광연루(廣延樓)에서 꽃을 감상하고자 하다가 실행하지 못했다. 상왕이 지신사 김여지(金汝知)를 불러 말했다.

"명일에 광연루에 가서 작약(芍藥)이 만개한 것을 보고자 한다."

여지(汝知)가 돌아와서 아뢰니 상이 여지에게 일러 말했다.

"금년 봄에 상왕을 받들고 놀이하고 잔치한 것이 잦았으니 바깥에서 (비판하는) 의견[外議]이 있을까 두렵다. 또 상왕이 피방(避方)[12]하는 곳에 있으므로 나갈 수도 없다. 예에 어긋남이 있으니 네가 이에 가서 여쭈어 정지하게 하라."

외의

무진일(戊辰日-14일)에 각 도 도관찰사(都觀察使)가 비가 내린 것을 치보(馳報)하니 호조판서 한상경(韓尙敬)이 진언(進言)해 말했다.

"금년에는 비 오고 볕 나는 것이 순조로우니[時若] 하례할 만합니다."

시약

상이 말했다.

"농사 때를 3분해 1분이 비록 좋더라도 2분이 아직도 남았으니 성급하게 기뻐할 것이 아니다."

────────

12 재액(災厄)의 방위를 피하기 위해 거처를 다른 곳으로 옮기는 것을 가리킨다.

정부(政府)에서 아뢰어 말했다.

"지금 바야흐로 아래 백성들이 먹을 것이 떨어졌는데 군자감(軍資監)의 쌀과 콩이 묵고 썩은 것이 많습니다. 청컨대 4,000석으로 백성들이 저화(楮貨)를 바치고 바꿔 가도록 허락하소서."

상이 말했다.

"단지 이때에만 그렇게 할 것이 아니라 6~7월을 기다려서 또한 그와 같이 하라."

○『경제육전(經濟六典)』의 「원집상절(元集詳節)」 3권(卷)과 「속집상절(續集詳節)」 3권을 고쳐 정했다[更定]. 애초에 영의정부사(領議政府事) 하륜(河崙), 성산군(星山君) 이직(李稷) 등이 『육전』의 「원집상절」과 「속집상절」을 증손(增損) 고증(考證)해 바치니 상이 좌우(左右)에 물었다.

"이 법전이 과연 시행할 경우 폐단이 없을 만한가?"

병조판서(兵曹判書) 황희(黃喜)가 대답했다.

"신이 지신사로 있을 때 이미 일찍이 참고했고, 뒤에 (의정부) 참지(參知)로 있을 때 다시 상고했는데 그 조례(條例)가 조금 번잡해 받들어 시행하기에 어려운 것이 있을까 합니다."

명해 말했다.

"『원전(元典)』,『속전(續典)』을 마땅히 다시 참고해 착오를 없앤 뒤에 바치도록 하라."

이때에 이르러 륜(崙)이 말씀을 올렸다.

"삼가 『육전』「원집(元集)」 및 「속집(續集)」을 가지고 참고 교정해 중복된 것은 없애고, 번잡하고 쌍스러운 것[繁俚]은 바꾸고, 사리에 깊이 헤아려 토의할 것이 있으면 왕지(王旨)를 받들어 고쳐 정해 「원집」과 「속집」을 수찬(修撰)해 바칩니다. 엎드려 바라옵건대 예람(睿覽)하고 유사(攸司)로 하여금 인출(印出)해 반행(頒行)할 것을 허락하소서."

그것을 따랐다.

○ 전 경성절제사(鏡城節制使) 최윤덕(崔潤德)이 복명(復命)하고 매 1련(連)을 바쳤다.

○ 경기우도(京畿右道)의 선군(船軍)을 놓아 보내라고 명했다. 우도 수군만호(右道水軍萬戶) 강유(康裕)가 신보(申報)했다.

"선군(船軍)이 양식이 떨어져 수어(守禦-방어)하기에 곤란합니다."

그래서 이런 명이 있었다.

기사일(己巳日-15일)에 행랑조성도감에 궁온(宮醞)을 내려주었다.

○ 종친(宗親)을 불러 광연루(廣延樓)에서 격구 놀이를 구경했다. 이튿날도 그와 같이 했다.

○ 의정부(議政府)에 명해 유산국도(流山國島) 사람을 처리할 방법을 토의했다. 강원도 관찰사가 보고했다.

'유산국도 사람 백가물(白加勿) 등 12명이 고성(高城) 어라진(於羅津)에 와서 정박해 말하기를 "우리는 무릉도(武陵島-울릉도)에서 나고 자랐는데 그 섬 안의 인호(人戶)가 11호이고 남녀가 모두 60여 명인데 지금은 본도(本島)로 옮겨 와 살고 있습니다. 이 섬이 동에서 서까지, 남에서 북까지가 모두 2식(息) 거리이고 둘레가 8식(息) 거리입니다. 우마(牛馬)와 논이 없으나 오직 콩 한 말만 심으면 20석 혹은

30석이 나고, 보리 1석을 심으면 50여 석이 납니다. 대나무가 큰 서까래 같고 해착(海錯-해산물)과 과목(果木)이 모두 있습니다"라고 했습니다. 이 사람들이 도망쳐 갈까 염려해 아직 통주(通州), 고성(高城), 간성(杆城)에 나눠두었습니다.'

신미일(辛未日-17일)에 경복궁(景福宮) 누각과 못에 행차해 두루 돌면서 살펴보고[周旋顧視] 또 본궁 수각(水閣)에 행차해 상왕을 맞아 타구(打毬)하는 것을 구경하고 잔치를 베풀어 극진히 즐겼다. 사람을 시켜 또 못에서 고기를 잡게 하고 창기(唱妓)에게 명해 「어부사(漁父詞)」[13]를 부르게 하고서 상기(上妓)와 악공(樂工)에게 저화(楮貨) 100여 장을 내려주었다.

계유일(癸酉日-19일)에 중군총제(中軍摠制) 권희달(權希達)을 면직시켰다. 애초에 희달(希達)이 유후사(留後司-개경)로부터 임진(臨津)에 이르러 행인이 먼저 건너지 못하도록 금했는데 전 호조전서(戶曹典書) 정초(鄭招)가 이미 배에 타고 있었다. 희달이 노해 그 종을 시켜 초(招)를 잡아서 물에 던져버렸다. 초는 곧 희달의 족숙(族叔)이었다. 또 사제(私第)에서 유생(儒生) 박자오(朴子晤)를 때렸다. 초의 아들 예문검열(藝文檢閱) 승서(承緒)와 자오(子晤)가 헌사(憲司)에 고소하니 헌사에서 소를 올렸다.

'희달은 본래 재주와 행실이 없으면서 더욱 광망(狂妄)을 부려 여

---

13 고려 때부터 전하던 단가(短歌) 「어부가(漁父歌)」를 가리키는 듯하다.

러 차례 나라의 법을 어겼는데, 특별히 상의 은혜를 입어 직위가 2품에 이르렀으니 근신해 행실을 고쳐 상의 은덕을 갚기를 도모하는 것이 마땅합니다. (그런데) 일찍이 마음을 고치지 않고 광포를 방자하게 행하니 청컨대 율에 의거해 과죄(科罪)함으로써 불법을 징계해야 할 것입니다.'

상이 말했다.

"이 죄는 율에서 어찌되겠는가?"

대사헌(大司憲) 유정현(柳廷顯)이 대답해 말했다.

"위력제박조(威力制縛條)[14]에 이르기를 '장(杖) 80대다'라고 했습니다."

상이 말했다.

"적지 않구나."

사간(司諫) 이륙(李稑)이 또 나아와 말했다.

"희달이 두 번이나 광포한 죄를 범했으니 징계하지 않을 수 없습니다."

상이 말했다.

"대사헌이 이미 말했으니 내가 잊지 않겠다. 너는 말하지 말라."

희달을 면직시켰다. 상이 면대해 희달을 꾸짖었다.

"네가 임진(臨津)에서 비록 초를 알지 못했더라도 욕보인 것은 잘못이다. 지난번에[頃=頃者] 의정부에서 죄주기를 청하기에 내가 말하
경   경자

---

14 『대명률(大明律)』 조항의 하나로 '만약 강제로 사람을 결박한 자는 장(杖) 80대이고, 인해 죽게 한 자는 교형(絞刑)에 처한다'라는 구절이 있다.

기를 '뒤에 만일 범하는 것이 있으면 내가 마땅히 용서하지 않겠다[不原]'라고 했는데, 지금 네가 또 이와 같이 했기 때문에 너의 직사를 파면한다."

○ 영주(永州)에 안치(安治)한 전 만호(萬戶) 양배(楊培), 이천(利川)에 안치한 전 사재감(司宰監) 김을성(金乙成), 황주(黃州)에 안치한 전 감무(監務) 김부(金阜), 남포(藍浦)에 부처한 전 곡주지사(谷州知事) 이모(李蓍) 등을 용서해 경외종편(京外從便)시켰다.

○ 종정무(宗貞茂)가 보낸 중 세 사람이 와서 토산물을 바쳤다.

○ 행랑조성도감과 누지(樓池)를 만든 역도(役徒)들에게 술을 내려주었다.

○ 칠성군(漆城君) 윤저(尹柢)가 동발(銅鉢) 두 개를 바치고 또 말했다.

"신이 듣건대 전라도 금주(錦州) 땅에서 동석(銅石)이 산출된다 하오니 바라건대 캐어 오게 하소서."

전 삼척군사(三陟郡事) 윤종정(尹宗貞)에게 명해 캐도록 했다.

갑술일(甲戌日-20일)에 감찰(監察) 김자(金滋)를 (전라도) 남원부(南原府)에 유배 보냈다. 애초에 자(滋)가 군자감청대(軍資監請臺)로서 흥복사(興福寺)로 향했는데 어떤 사람이 달려가고 있었고 (그때 마침) 어린아이가 길을 횡단해[截路] 가다가 그자의 팔뚝에 부딪혀 땅에 엎어져 얼굴이 상해 피가 흘렀다. 자(滋)가 달려가던 자를 붙잡아 힐문하니 상당군(上黨君) 이애(李薆)의 종이었다. 애(薆)가 따라가 흥복사 중문(中門)에 이르러 말에 내려 군자감영사(軍資監令史)를 시켜

자에게 말을 전해 말했다.

"내 종을 붙잡았는데 나에게 잘못이 있느냐?"

자가 영사(令史)를 보내 대답하니 애가 다시 말했다.

"내가 들어가서 보아야 하겠느냐? 감찰(監察)이 나와서 나를 보아야 하겠느냐?"

영사가 명을 가지고 아직 청사에 들어가기 전에 애가 친히 들어왔고 자가 뜰에 내려와 읍(揖)하니 애가 답읍(答揖)하며 이에 말했다.

"내가 18세에 감찰이 돼 거의 3년에 이르렀는데 이와 같이 금란(禁亂)하는 것은 맡은 일이 아니었다. 어찌하여 늙은 감찰을 너그럽게 보아주지[饒=裕] 못하는가?"
요 유

말을 끝내고 나가니 그 종도 따라 나갔다. 자는 혼자서 이렇게 생각했다.

"내가 왕명을 욕되게 한 것이 여기에 이르렀고 또 이 청대(請臺) 또한 시간에 미쳐야 할 일[時事]이 아니다."
시사

출사(出仕)를 그만두고 와서 대사헌 유정현(柳廷顯)에게 고하니 정현이 진언(進言)했다.

"애가 경솔하게 청대소(請臺所)[15]에 들어갔고 또 그 말이 공손하지 못했으니 (사리의) 마땅함[義]이 아닙니다."
의

상이 놀라워하며 말했다.

"그 아이가 혹시 죽지나 않았는가?"

---

15 각 관아(官衙)에서 창고(倉庫)를 봉하고 사헌부감찰(司憲府監察)을 불러 검사를 받던 현장을 말한다.

정현(廷顯)이 대답했다.

"죽었는지 아닌지는 알지 못합니다."

상이 말했다.

"그 아이는 어디에 있는가?"

대답했다.

"그 족친이 안고 갔습니다."

상이 말했다.

"감찰이 명을 욕되게 한 것이 아니라 애가 몸을 가볍게 처신해 나갔으니 이것이 명을 욕되게 한 것이다. 자는 오늘 출사(出仕)했는가?"

대답했다.

"하지 않았습니다."

상이 말했다.

"자는 어찌해[胡] 출사하지 않았는가? 경은 어떻게 생각하는가? 내가 볼 때는 애가 비록 가볍게 나아간 실수가 있으나 이미 나갔으니 자가 곧 밖에 나가 그 사유를 고하고 다시 들어와서 행공(行公)한 뒤에 와서 고하는 것이 맞는데 어찌해 공무를 행하지 않고 급히 돌아왔는가?"

드디어 승정원(承政院)에 뜻을 전해 말했다.

"군자감청대 영사와 말을 전한 영사를 불러들여 그 잘못하고 잘못하지 않은 것을 물어보라."

승정원에서 곧 청대 영사에게 물으니 이렇게 말했다.

"상당군의 종이 달려가는데 마침 아이와 부딪쳐 땅에 엎어졌으나 얼굴이 실은 상하지 않았습니다."

또 말을 전한 영사에게 물으니 그 말이 같았다. 승정원에서 갖춰 아뢰니 상이 말했다.

"자세히 물어서 영사(令史) 무리들로 하여금 헌사(憲司)에서 다시 다른 말이 있지 못하게 하라."

다시 물어도 또한 다른 말이 없었다. 사헌부에서 소를 올려 말했다.

'애가 부마(駙馬)의 높은 지위로 흥복사 문에서 말에 내려 영사를 부르고 들어가 감찰에게 고하게 했고, 드디어 청대소(請臺所)에 들어가 소사(所司)를 욕되게 했습니다. 애가 비록 몸을 가볍게 처신해 예를 잃었으나 자는 마땅히 황급하게 나와서 보아야 마땅합니다. 당상(堂上)에 머물러 있다가 부마가 뜰에 이른 뒤에야 당(堂)에서 내려와 서로 만났으니 귀한 사람을 존경하는 예가 없습니다. 마땅히 양쪽을 죄주어야 합니다.'

상이 말했다.

"상당군이 비록 죄가 있으나 마땅히 (임금과의) 인친 관계를 토의하고 그의 공로를 토의해야 한다[議親議功]. 귀한 지위로서 낮은 사람에게 나갔으니 이는 비굴한 것일 뿐 어찌 죄가 있다고 할 수 있겠는가? 감찰은 당상(堂上)에 있으면서 바라보고 영사를 시켜 그 뜻을 통했으니 거만하고 무례함이 심하다."

명해 자를 순금사에 가뒀다가 남원(南原)에 부처(付處)했으니 이는 (자의) 자원(自願)에 따른 것이다.

○ 큰비가 오고 우레와 번개가 쳤다. (파주) 교하현(交河縣) 청라암(青羅巖)의 오얏나무가 벼락을 맞았다.

○ 내자직장(內資直長) 황보인(皇甫仁, ?~1453년)[16]을 면직시켰다. 구례(舊禮)에 원단(圓壇) 오방(五方)의 신(神)에게 각각 방위 빛깔로 폐백을 올리는데 지금 인(仁)이 다만 백색 폐백만을 올렸던 까닭으로 사헌부에서 그 죄를 청한 것이다.

을해일(乙亥日-21일)에 곽승우(郭承祐)를 중군총제(中軍摠制)로 삼았다.

○ 영의정부사(領議政府事) 하륜(河崙), 좌정승(左政丞) 성석린(成

---

16 문음(門蔭)으로 벼슬에 나가 내자시직장(內資寺直長), 사헌부감찰 등을 역임했다. 그러다가 1414년(태종 14년) 친시문과에 을과로 급제했다. 1418년(세종 즉위년) 좌정언이 됐고 1420년 좌헌납이 됐다. 1422년에는 사재감부정(司宰監副正)으로서 강원도 경차관으로 파견돼 기근을 규찰한 뒤 귀환해 곧 장령이 됐다. 1429년 승정원동부대언(承政院同副代言)으로 발탁됐다. 그리고 좌부대언을 거쳐 1430년에는 지신사(知申事)가 됐다. 1431년 강무행행(講武行幸) 중에 추위와 굶주림으로 인마(人馬)가 죽거나 다치자 이에 대한 문책으로 파면됐다. 얼마 안 있어 형조참의로 복직됐으며 이어 강원도 관찰사가 됐다. 1433년 판중추원사 하경복(河敬復), 형조판서 정흠지(鄭欽之), 예문관대제학 정초(鄭招) 등과 함께 진서(陣書)를 찬진(撰進)했다. 이듬해 병조참판을 거쳐 1436년에 병조판서가 됐다. 1440년에는 평안·함길도 도체찰사로 파견됐고 그해 의정부좌참찬 겸 판병조사(議政府左參贊兼判兵曹事)가 되면서 국왕으로부터 대소 행행(大小行幸)에 항상 호종하라고 할 정도로 아낌을 받았다. 1441년 함길도에 파견돼 종성을 수주(愁州) 강변으로 이치(移置)하면서 종성, 회령, 온성, 경원, 경흥 등지에 소보(小堡)를 설치해 북방의 방어를 강화했다. 이후 빈번하게 평안도와 함길도를 출입하면서 김종서(金宗瑞)와 쌍벽이 돼 북변을 개척하고 방어하는 데 공헌했다. 1445년 좌찬성으로 판이조사(判吏曹事)를 겸임하고, 1447년 우의정이 됐다. 그 뒤 1449년 양계축성(兩界築城)의 일에 전념하기 위해 우의정의 사직을 청했다. 그러나 허락되지 않아 그대로 우의정에 유임하면서 축성사를 관장하다가 그해 좌의정이 됐다. 1450년(문종 즉위년) 사은사로 부사 김효성(金孝誠)과 함께 명나라에 파견됐다. 문종의 고명(誥命)을 받고 귀환했으며, 이듬해 영의정부사(領議政府事)가 됐다. 1452년(단종 즉위년) 빈전(殯殿)·국장(國葬)·산릉도감(山陵都監)의 총호사(總護使)가 되어 문종의 국상을 총령했다. 다음 해에 영춘추관사(領春秋館事)로서 감춘추관사 김종서 등과 함께 『세종실록』을 찬진했다. 1453년 계유정난으로 좌의정 김종서, 우의정 정분(鄭苯), 우찬성 이양(李穰), 이조판서 조극관(趙克寬) 등과 함께 어린 단종을 보필하던 중 피살됐다.

石璘), 우정승(右政丞) 조영무(趙英茂)를 불러 『선원세계(璿源世系)』[17]를 가지고 토의해 함주(咸州)의 정릉(定陵) 비문(碑文)을 고쳐 짓게 했다. 이는 대개 원계(元桂)와 화(和)는 태조(太祖)의 동모형제(同母兄弟)가 아니고 첩의 소생이었는데 구비문(舊碑文)에 자세히 싣지 않아서 사람들이 동모(同母)인가 의심했던 까닭으로 지금 구별해 기록한 것이다.

○ 조와국(爪蛙國-자바) 아열(亞列) 진언상(陳彦祥)이 사자를 보내 토산물을 바쳤는데 (이들은) 유구(琉球)의 별종(別種)이다. 그 글은 이러했다.

'언상은 계수(稽首-머리를 숙임) 돈수백배(頓首百拜)해 의정부대인(議政府大人) 각하(閣下)께 여쭙니다. 제가 전년에 왜적(倭賊)의 겁해(劫害)를 당했을 때 감사하게도 황은(皇恩-큰 은혜)을 입어 나에게 의삼(衣衫)과 양식을 주시고 또 군선(軍船)을 주었으니 견마(犬馬)의 정을 이기지 못하겠습니다. 와서 일본국(日本國) 바다 안에 이르러 배에 물이 새 풍랑에 표류돼 공구(槓桹)를 잃어버리고 흘러서 해안가에 이르자 곧 배는 침몰되고 생명만은 보존했습니다. 또 왜적에게 의삼(衣衫)을 다 빼앗기고 너무 춥고 얼어서 견딜 수가 없었는데 감사하게도 일본 국왕(日本國王)이 그때에 사신을 차임(差任)해 군선(軍船) 1척에 태워서 예물을 갖춰 본국에 보내주었습니다. 우리 국왕이 곧 나를 차임(差任)해 일본 사신으로 보내게 했는데 회례(回禮)하

---

17 조선조 왕실(王室)의 세보(世譜)로, 태조의 4조(四祖)부터 세계(世系)를 기록한 보책(譜冊)을 말한다.

는 배가 풍랑으로 인해 공구를 잃어버리고 본국으로 돌아왔다가 금년 7월에 이르러서야 일본 박다(博多) 지방에 이르러 관부(官府)에서 지체하다가 미처 서울에 들어가지 못하고 명년 정이월에 이르러 겨우 일본 서울에 들어갑니다. 내가 전년에 귀국의 후한 은혜를 입은 것을 생각하면 몸소 친히 나아가서 고두(叩頭)하고 사은하고 싶으나 국가에서 준비하지 아니한 관계로 내가 미처 나아가서 친히 황은을 사례하지 못하고, 다만 손자 실숭(實崇)을 시켜 방물(方物)을 싸 가지고 나아가서 대신 절하고 성은(聖恩)을 감사합니다. 대인(大人)께서 하정(下情)을 아뢰어주신다면 고두고두(叩頭叩頭)함을 이기지 못하겠습니다. 전람(電覽)하시기를 엎드려 빕니다.'

○ 일본 비주(肥州) 우구전(宇久殿)이 보낸 객인(客人) 10인이 와서 토산물을 바쳤다.

병자일(丙子日-22일)에 올량합(兀良哈) 두질가무(豆叱加茂) 등 2명이 와서 조회(朝會)했다.

○ 전 총제(摠制) 권희달(權希達)을 사복제조(司僕提調)로 삼았다. 희달(希達)이 마전포(麻田浦)에서 고기를 잡아 바치니 내온(內醞) 10병을 내려주었다. 희달이 일찍이 천택(川澤)에서 고기 잡기를 일삼으니 상 또한 허락했던 까닭으로 서울 가까운 천택에 혹독하게 금하지 않는 것이 없어서 꼴 베고 나무하는 사람[芻蕘]도 손을 대지[下手] 못했다.

○ 중관(中官)을 보내 안성군(安城君) 이숙번(李叔蕃)에게 내온(內醞)을 내려주었다. 숙번(叔蕃)이 어미의 담제(禫祭)로 인해 (경기도)

166

안산(安山)에 있었기 때문이다.

○ 종친 영안군(寧安君) 양우(良祐) 등을 불러 격구(擊毬)를 했다. 그때 작약(芍藥)이 만발해 입직대언(入直代言) 한상덕(韓尚德)을 불러 꽃술[花酒]을 내려주며 말했다.
_{화주}

"내가 이러한 놀이를 하는 것은 안 되지 않겠는가?"

대답해 말했다.

"이 놀이는 거칠고 음란한 것[荒淫]이 아닙니다. 만일 매일 단정히
_{황음}
앉아 있기만 하면 기운이 막혀 병이 납니다. 만기(萬機)의 여가에 종친과 더불어 잠깐 이러한 놀이를 하는 것이 실로 무엇이 해롭겠습니까?"

상이 말했다.

"내가 만일 거칠고 음란한 데에 이르거든 경 등은 반드시 말하라."

대답했다.

"명대로 하겠습니다."

또 아뢰어 말했다.

"임금이 주도면밀하지 않으면 신하를 잃고 신하가 신밀하지 않으면 몸을 잃고 일을 살피기를 주도면밀하게 하지 않으면 해가 된다고 했습니다.[18] 신이 비밀리에 아뢸 일이 있으니 조용한 틈을 얻어 진달하기를 원합니다."

상이 그리하라고 했다[兪]. 이튿날 상덕(尚德)을 안으로 불러들여
_유
말했다.

"어제 경이 말하기를 비밀리에 아뢸 일이 있다고 했으니 지금 마

---

18 『주역(周易)』「계사전(繫辭傳)」에 나오는 말이다.

땅히 말하라."

대답했다.

"상께서 처음 즉위하셨을 때는 병법(兵法-군통수체계)이 닦여지지 않아서 위태롭기가 달걀을 포개어놓은 것과 같았으나 지금은 곧 고쳐져 반석(盤石)같이 평안을 얻었습니다만, 각 위(各衛)의 각 도(各道) 절제사(節制使)가 빠진 곳이 많으니 잘못이 있는 것 같습니다. 『서경(書經)』에 이르기를 '경계하면 근심이 없다[儆戒無虞]'[19]라고 했습니다. 한가한 때를 맞아 경계하는 것이 주밀(周密)하고 허술하지 않게 하는 것이 좋습니다. 만일 우환이 일단 있고 나면 뉘우친들 어찌하겠습니까?"

임금이 말했다.

"그 책임을 맡은 자가 어쩔 수 없이 외방으로 나가면 실로 마땅한 사람을 얻기가 어려운 까닭으로 빠진 곳이 있는 것이다."

대답했다.

"충성하는 마음이 있고 사리를 알면 괜찮지만 그렇지 않으면 비록 무재(武才)가 있더라도 무슨 소용이 있겠습니까?"

상이 말했다.

"경의 말이 옳다."

대답했다.

"지금 사병(私兵)을 혁파해 부병(府兵)으로 만들었으니 참으로 아름다운 법입니다. 그러나 의견을 내는 자[議者]들이 말하기를 '사병

---

19 「우서(虞書) 대우모(大禹謨)」에 나오는 말이다.

을 혁파했기 때문에 군사가 장수의 얼굴을 알지 못하니 만일 군사를 일으키는 일이 있으면 장수가 비록 위태하더라도 구원하는 자가 없을 것이다. 장수는 군사를 훈련하지 못하고 군사는 사랑하거나 두려워하지 않아서 모두 힘써 싸우지 않으니 어찌 반드시 이길 수 있겠는가? 지금의 급무는 장수에게 명해 각 도의 군사를 주관하고 사졸들을 훈련해 장차 그 상관(上官)에게 가깝게 하고 그 장(長)을 위해 죽게 하는 것만 하지 못하다'라고 합니다. 소신(小臣)의 마음에는 이 계책이 심히 불가하다고 봅니다. 만일 이 계책을 쓴다면 역시 사병(私兵)입니다. 지금 조그마한 땅과 한 사람의 백성도 모두 공가(公家)에 속해 보통 때에도 훈련을 하니 만일 어쩔 수 없이 군사를 일으킨다면 그때에 임해 장수를 명해도 늦지 않습니다."

임금이 말했다.

"경의 말이 옳다. 이것이 바로 당(唐)나라 분양왕(汾陽王) 곽자의(郭子儀, 697~781년)[20]의 법(法)이다."

대답했다.

"지난번에 적신(賊臣) 목인해(睦仁海)가 평양군(平壤君-조대림)을

---

20 분양왕에 봉해져 곽분양(郭汾陽)이라고도 한다. 무예로 천거돼 천덕군사 겸 구원태수(天德軍使兼九原太守)가 됐다. 현종(玄宗) 때 삭방절도사(朔方節度使)가 돼 안록산의 난을 토벌해 하북(河北)의 10여 군을 회복했고, 하북에서 사사명(史思明)을 격파했다. 숙종(肅宗)이 즉위하자 관내하동부원수(關內河東副元帥)가 돼 회흘군(回紇軍)과 연합해 장안(長安)과 낙양(洛陽)을 수복했다. 그 공으로 중서령(中書令)에 발탁되고 나중에 분양군왕(汾陽郡王)에 봉해졌다. 대종(代宗) 때 복고회은(僕固懷恩)이 반란을 일으켜 회흘, 토번(吐藩)과 연합해 당나라를 공격했다. 이에 기병(騎兵) 수십 기를 몰아 회흘로 가서 설득해 당과 연합해 토번에 항거하도록 했다. 덕종(德宗)이 즉위하자 상부(尙父)로 존중되고 병권(兵權)은 회수됐다. 곽령공(郭令公)으로도 불린다. 부귀공명과 다복(多福)을 누렸다고 해 팔자 좋은 사람을 '곽분양 팔자'라고 한다.

속여 종친을 없애려고 꾀한 바 있습니다. 인해(仁海)의 뜻으로 어찌 능히 이런 꾀를 냈겠습니까? 아마도 호걸(豪傑)이 사주한 것인가 합니다."

상이 말했다.

"어찌 그러하겠느냐? 인해가 두터운 상을 받으려고 한 것일 뿐이다. 그러나 경의 충심은 내가 이미 알겠다."

○ 세자가 서연(書筵)에 나갔다. (그에 앞서) 세자가 병을 핑계 대자[稱疾] 서연관(書筵官)이 재차 청하고 중관(中官) 김문후(金文厚)가 눈물을 떨어뜨리며 강권하자 세자가 마침내 나갔다.

무인일(戊寅日-24일)에 우군동지총제(右軍同知摠制) 이안우(李安愚)를 보내 경사(京師)에 가게 했다. 천추절(千秋節)을 하례하기 위함이었다.

○ 유후사(留後司)의 굶주린 백성을 진휼했다. 의정부에서 아뢰었다.

"개성(開城)의 호소할 데 없는 늙고 병든 사람을 구제하지 않을 수 없습니다. 바라건대 풍저창(豐儲倉)이 번고(反庫)[21]할 때 모래와 돌이 반반 섞인 것으로 드러난 잡곡 85석으로 진휼하게 하소서."

그것을 따랐다.

기묘일(己卯日-25일)에 원윤(元尹) 덕근(德根-이덕근)이 졸(卒)하니

---

21 창고에 있는 물건을 조사해 물건의 숫자를 파악하던 일을 말한다.

조회(朝會)를 3일 동안 정지하고 부의(賻儀)로 쌀과 콩 30석을 내려 주었으며 또 사제(賜祭)했다. 덕근은 진안군(鎭安君) 이방우(李芳雨, ?~1393년)²²의 얼자(孽子)다. 애초에 원윤(元尹)·정윤(正尹)이 죽으면 종친하등(宗親下等)의 예로 장사 지냈는데 이때에 이르러 정부(政府)에 명해 말했다.

"종실이 친하고 먼 것이 있으니 어찌 대충[泛] 하등(下等)의 예로 장사 지낼 수 있겠는가? 옛 제도를 상고해 아뢰라."

정부에서 말씀을 올렸다.

"원윤·정윤을 장사하는 예를 예조로 하여금 상고하게 하니 '한(漢) 나라 제도에는 다만 황형제(皇兄弟-황제의 형제) 및 황자(皇子)를 왕으로 봉한다고 칭했고, 당(唐)나라·송(宋)나라 제도도 또한 그와 같았습니다. 전조(前朝-고려)에서도 또한 왕형제(王兄弟) 왕자(王子)를 군(君)으로 봉했으며, 원윤·정윤을 예장(禮葬)하는 등차(等差)는 기록하지 않았다고 합니다. 청컨대 태조(太祖)의 자손 중에서 즉위한 임금의 적비(嫡妃)의 아들은 대군(大君)으로 봉하고, 빈잉(嬪媵)의 아들은 군(君)으로 봉하고, 친형제(親兄弟)는 대군으로 봉하고, 친형제의 적실(嫡室)의 장자(長子)는 군으로 봉하고, 중자(衆子)는 원윤으로 봉하고, 그 장사하는 예는 마땅히 하등을 따라야 합니다."

정부에서 또 말했다.

"즉위한 임금의 궁인(宮人-후궁)의 소생은 정윤(正尹)이 되고 친형

---

22 태조 이성계의 맏아들이다. 어머니는 태종과 같은 신의왕후(神懿王后) 한(韓)씨다. 고려 공양왕 초에 밀직부사(密直副使)로 명나라에 건너가 공양왕의 친조를 청하고 돌아와 아버지가 혁명의 뜻이 있음을 잘 알고 해주(海州)에 은거하다가 사망했다.

제와 친자(親子)의 양첩(良妾)의 아들 또한 정윤이 되는 것을 허락하는데 또 장유(長幼)가 분별이 없을 수 없으니 원윤(元尹)을 종2품으로 삼고, 부원윤(副元尹)을 정3품으로 삼고, 정윤을 종3품으로 삼고, 부정윤(副正尹)을 정4품으로 삼아서 항식(恒式)으로 삼아야 할 것입니다."

예조에서 글을 올렸다.

'한(漢)나라 성제(成帝) 때 간대부(諫大夫) 양흥(楊興), 박사(博士) 사승(駟勝) 등이 말하기를 "고조(高祖)의 약속에 공신(功臣)이 아니면 후(侯)로 봉하지 않는데 지금 태후(太后)의 여러 아우가 모두 공(功)이 없으면서 후(侯)가 됐으니 외척(外戚)에서 일찍이 없던 일이다"라고 했습니다. 본조(本朝)에서 토의하기를 한나라 이래로 외척을 후(侯)로 봉해 충성하고 근신해 스스로 지킨 자는 대개 적었으며, 국가의 근심이 된 자가 심히 많았으니 고조의 법은 참으로 만세의 좋은 법입니다. 우리 조정의 법도가 반드시 고전(古典)을 따르면서 외척한 가지 일에 있어서는 오히려 역대의 잘못을 따르는 것이 될 일이겠습니까? 이제부터 고조의 약속을 본받아 공신이 아니면 중궁(中宮)의 부친(父親)을 제외하고 군(君)으로 봉하는 것을 허락하지 말고 그 재품(才品)에 따라 쓰고 버리소서. 옛날부터 후척(后戚)의 집에서 권세를 잡아 용사(用事)하면 좋게 끝을 마치는 것이 적었으니 비록 재능이 쓸 만하더라도 중요한 관직[機要之職]을 제수하는 것을 허락하지 말고 또한 군으로 봉하는 것을 허락하지 말아야 할 것입니다.'

모두 그것을 따랐다.

경진일(庚辰日-26일)에 경복궁(景福宮) 서쪽 누각이 이뤄졌다. 명해 말했다.

"행랑(行廊)은 어느 때에 끝나겠느냐? 오는 5월 10일을 넘기지 말고 역도(役徒)들을 놓아 보내라."

○ 제주(濟州)에서 말을 올렸다. 도안무사(都安撫使)가 7필, 국둔마(國屯馬)가 64필, 탄일진상(誕日進上)이 10필, 고봉례(高鳳禮) 집에서 사사로이 바친 것이 2필, 고자림(高自臨)이 1필, 문충좌(文忠佐)가 2필이었다.

임오일(壬午日-28일)에 행랑(行廊)을 짓던 승군(僧軍)들을 놓아 보냈다.

○ 일본 축전주(筑前州) 종상사무경(宗像社務經)이 사람을 시켜 예물(禮物)을 바쳤다.

乙卯朔 上奉迎上王于廣延樓 設宴賞牡丹 且觀打毬也. 極歡夜
을묘 삭 상 봉영 상왕 우 광연루 설연 상 모란 차 관 타구 야 극환 야

罷. 命忠寧君及知申事金汝知 扈上王還殿. 上王賜忠寧君角弓
파 명 충녕군 급 지신사 김여지 호 상왕 환전 상왕 사 충녕군 각궁

汝知綿布衣.
여지 면포 의

丙辰 命臺諫員還就職. 從政府之請也. 上曰: "政府若令臺諫
병진 명 대간 원환 취직 종 정부 지 청야 상왈 정부 약령 대간

毋得復請前日之事 則予乃命還就職矣." 代言等對曰: "政府之
무득 부청 전일 지사 즉여 내 명환 취직 의 대언 등 대왈 정부 지

意 以謂臺諫雖復出 政府何敢止前日之請乎?" 上曰: "當今之時
의 이위 대간 수 부출 정부 하감 지 전일 지청호 상왈 당 금지시

不復出臺諫矣." 代言等皆惶懼 曰: "政府何敢止臺諫! 若能止
불부 출 대간 의 대언 등개 황구 왈 정부 하감 지 대간 약 능지

則不可謂之臺諫也." 中官未啓 乃有是命. 上問知申事金汝知
즉 불가 위지 대간 야 중관 미계 내유 시명 상문 지신사 김여지

曰: "前日令臺諫復職 臺諫有何言歟?" 汝知對曰: "無他言 但
왈 전일 영 대간 복직 대간 유 하언 여 여지 대왈 무 타언 단

謂愚臣等所見 恐非理而未得蒙允 故呈辭." 上笑曰: "歷代之君
위 우신 등 소견 공 비리 이 미득 몽윤 고 정사 상 소왈 역대 지군

皆納諫言 則安有中主!" 臺諫進言曰: "向者將朴蔓等罪 合辭
개 납 간언 즉 안유 중주 대간 진언 왈 향자 장 박만 등죄 합사

屢請 未蒙兪允. 恐以不韙之言 敢瀆天聰 是用呈辭俟罪. 今命
누청 미몽 유윤 공 이 불위 지언 감독 천총 시용 정사 사죄 금명

臣等復職 然亂臣賊子 王法所不容 非臣等一時之論 請允前疏."
신등 복직 연 난신 적자 왕법 소불용 비 신등 일시 지론 청윤 전소

上曰: "政府固請 故復職 所言之事則予必不從. 如有不愜 宜從
상왈 정부 고청 고 복직 소언 지사 즉여 필 부종 여유 불협 의종

古法." 蓋謂不得其言則去也.
고법 개위 부득 기언 즉 거야

新作大樓于景福宮西隅 命工曹判書朴子靑董之. 制度宏壯
신작 대루 우 경복궁 서우 명 공조판서 박자청 동지 제도 굉장

敞豁 又鑿池四周焉. 宮之西北 本有小樓 太祖所創也. 上以爲隘
命改營.

丁巳 命今四月八日燃燈 依今年上元日例. 且命修葺故物 勿令
濫費.

賜醞于行廊造成都監. 上曰:"行廊造成之事 初皆以爲難 及
其成也 國家有模樣而可觀矣. 若有餘力 則鍾樓東西亦可作也."
左政丞成石璘對曰:"材木足矣." 上曰:"待明年秋冬造成可也."

禮曹請考大宋頒樂圖. 上書曰:

'宋朝陳暘樂書曰:"神宗元豐年間 高麗求中國樂工而習之."
今高麗之樂 大抵中國所制也. 今臣等考忠州史庫形止案 有聖宋
頒樂圖四道 藏在第七櫃. 竊疑此圖 卽陳暘所謂元豐年間所求
也. 伏望令曝曬別監搜出齎來 以典樂署譜參考.'

從之.

命宥金佐京外從便. 前開城尹金云貴妻李氏申呈:"夫年今八十
病革. 子佐曾付處靑陽. 願得相見." 乃有是命.

議政府上疏. 疏略曰:

'經濟六典內 司憲府刑曹劾六品以上所犯杖罪以上 則申聞收
告身 進而問之; 笞罪則移文巡禁司 決笞還職. 今臣等以爲六品
員 雖干笞罪 必須啓聞. 今後毋令報府 竝皆申聞取旨. 又頃日
下旨 令本府議犯罪人田地 卽於各科移給便否. 臣等以爲 今後除

不宥重罪外 其餘犯罪田地 假屬軍資 以待三年 然後各科移給.'
불유 중죄 외 기여 범죄 전지 가속 군자 이대 삼년 연후 각과 이급

從之.
종지

立西北面路引法. 議政府上言:
입 서북면 노인법 의정부 상언

"西北面都巡問使報: '遼東軍人到鴨綠江 本國人民將牛馬
서북면 도순문사 보 요동 군인 도 압록강 본국 인민 장 우마

放賣 已有條禁 故道內編戶牛馬 烙印付籍 以憑考察 尙憂他道
방매 이유 조금 고 도내 편호 우마 낙인 부적 이빙 고찰 상우 타도

人民 因父母親族相見 往來買賣 無憑可考. 自今皆受所在官司
인민 인 부모 친족 상견 왕래 매매 무빙 가고 자금 개수 소재 관사

文憑 所齎物貨 一一施行 以爲路引 來付都巡問使 置簿傳錄
문빙 소재 물화 일일 시행 이위 노인 내부 도순문사 치부 전록

仍於本文背書印押. 其無文憑者 比擬境外人相和買賣條論罪.'
잉어 본문 배서 인압 기무 문빙 자 비의 경외 인 상화 매매 조 논죄

本府議得: 京中留後司兩界往來者 如呈施行: 兩界之民 自相
본부 의득 경중 유후사 양계 왕래 자 여정 시행 양계 지민 자상

往來者 亦依上例施行: 其無路引者 杖八十 所齎物沒官 告者
왕래 자 역의 상례 시행 기무 노인 자 장 팔십 소재 물 몰관 고자

充賞."
충상

從之.
종지

戊午 命給馬於上王殿中官. 上王欲於外方佛寺 令中官行香 請
무오 명급 마어 상왕 전 중관 상왕 욕어 외방 불사 영 중관 행향 청

鋪馬三匹 代言等啓曰: "降香則外方監司守令皆迎命矣 迎上王之
포마 삼필 대언 등 계왈 강향 즉 외방 감사 수령 개 영명 의 영 상왕 지

命 無乃不可乎?" 上曰: "可給騎卜馬各一匹."
명 무내 불가 호 상왈 가급 기 복마 각 일필

庚申 命還給品米戶米. 歲己丑慮上國與北胡連兵 禍延于我 故
경신 명환급 품미 호미 세 기축 여 상국 여 북호 연병 화 연우 아 고

令各品出米有差 以備軍餉. 至是 上曰: "予聞人皆欲還受品米
영 각품 출미 유차 이비 군향 지시 상왈 여문 인 개욕 환수 품미

然乎? 然則今國家無事 可還給也. 且閭里貧乏 何時尤甚?"
연호 연즉 금 국가 무사 가 환급 야 차 여리 빈핍 하시 우심

僉曰: "四月間牟麥未登之時爲最." 上曰: "若還給品米 則小民
첨왈 사월 간 모맥 미등 지시 위최 상왈 약 환급 품미 즉 소민

之買米聊生者 庶可易得矣." 石璘對曰: "小民尙未還受烟戶之
지 매미 요생 자 서가 이득 의 석린 대왈 소민 상미 환수 연호 지

176

米 各品還受 似爲未便. 且旣收納 今又還給 若兒戲也." 上曰:

"誠如兒戲 但此言未合於義." 參贊金承霔進曰: "人皆欲以楮貨

給品米之價." 上曰: "楮貨如可贍 則以楮貨給品米之價 而楮貨

布散民間 然後發軍資米或五六千石或一萬石 令小民納楮貨換米

可也." 僉曰: "是矣." 上謂開城留後司留後李文和曰: "舊京

之民 時方告飢 奈何?" 文和對曰: "舊京無有受田者 故其市易

不見用米. 且前年旱乾之變 畿甸尤甚 故民之飢者衆. 曾納品米及

戶米者 毋給楮貨 還其米 則民可聊生矣." 從之.

刑曹請濟州人安邦顯罪. 初 上聞濟州都安撫使金廷雋解任

來時 其馬匹及土物所載船遭風覆敗 人馬多死 命曰: "廷雋

必多載雜物 以致覆敗 宜推鞫以聞." 至是 刑曹請曰: "濟州

都安撫使所送前郞將安邦顯等 多載雜物 敗沒船隻 格軍金石

溺死. 願收邦顯告身 鞫問科罪." 命勿擧論.

辛酉 行雩祀圓壇祭.

命諸陵碑文成册以進.

壬戌 觀燈于解慍亭 明日亦如之. 分左右立柱張燈 令內資內贍

辦之.

賜醞于成均館及五部學堂. 大司成權遇等 率學生進箋謝恩.

禮曹請預辦釋奠祭奠物. 啓曰: "奠物內乾梅 以惠民署藥材

烏梅供之; 燈油與乾桃 養賢庫臨時買於市 未便. 宜令典祀寺

預辨." 從之.
예판 　 종지

賜通事崔浩米三十石. 浩進藥材也.
사 통사 최호 미 삼십 석 호진 약재 야

甲子 賜醞于別窯提調.
갑자 사온 우 별요 제조

司憲府請典祀判官朴允英 戶曹正郎李有喜罪. 允英於樓門
사헌부 청 전사 판관 박윤영 호조정랑 이유희 죄 윤영 어 누문

上樑祭 闕進香炭; 有喜爲敬差官時 以密陽郡事韓有紋與淸道郡
상량 제 궐진 향탄 유희 위 경차관 시 이 밀양군 사 한유문 여 청도군

事崔道源因公路次暫會之事 誤依出郭迎送之律 贖道源杖九十之
사 최도원 인공 노차 잠회 지사 오의 출곽 영송 지율 속 도원 장 구십 지

罪. 命罷允英職 有喜則勤謹 雖有小失 勿論.
죄 명파 윤영 직 유희 즉 근근 수유 소실 물론

刑曹判書李升商進言曰: "廣興倉紬九十匹 正布五百匹爲人
형조판서 이승상 진언 왈 광흥창 주 구십 필 정포 오백 필 위인

所盜① 故鞫問守庫者 且考露積棘欄 別無出入之處 庫封亦完 甚
소도 고 국문 수고 자 차 고 노적 극란 별무 출입 지처 고봉 역 심

可疑也. 欲親問廣興倉參外官." 上曰: "無乃官吏於會計文簿中
가의 야 욕 친문 광흥창 참외관 상 왈 무내 관리 어 회계 문부 중

錯誤施行乎? 此是疑獄 宜徐徐問之 不可嚴刑. 此所以感傷和氣
착오 시행 호 차 시 의옥 의 서서 문지 불가 엄형 차 소이 감상 화기

之由也."
지 유야

乙丑 幸景福宮 觀樓池 置酒慰監督提調朴子靑等 宗親駙馬
을축 행 경복궁 관 누지 치주 위 감독 제조 박자청 등 종친 부마

與焉. 又賜酒役徒隊長隊副等六百餘人.
여언 우 사주 역도 대장 대부 등 육백 여인

罷吏曹正郎鄭欽之職. 初 欽之爲兵曹正郎 以甲士司正金允壽
파 이조정랑 정흠지 직 초 흠지 위 병조정랑 이 갑사 사정 김윤수

等十三人 誤除副司直行司正 至是憲司疏請 故有是命.
등 십삼 인 오제 부사직 행사정 지시 헌사 소청 고유 시명

西北面都巡問使上加現戶口及米穀數. 報云: '以還上米豆 計
서북면 도순문사 상 가현 호구 급 미곡 수 보운 이 환상 미두 계

人口給之 人口多現. 其元戶內隣保籍不付加現壯男女共一萬
인구 급지 인구 다현 기 원호 내 인보적 불부 가현 장 남녀 공 일만

一百五十名 童子五千九十二名. 今現三千八百十二戶內 壯
일백 오십 명 동자 오천 구십 이명 금현 삼천 팔백 십이 호 내 장

男女共一萬一千五名 童子四千三百九十名. 流離乞糧壯男女共
남녀 공 일만 일천 오명 동자 사천 삼백 구십 명 유리 걸량 장 남녀 공

178

三百三十三名 童子一百三十三名.' 又報: '會計留庫元數米豆

雜穀 五十四萬五千十四石 除失農各官守令廩俸 飢民賑濟 種子

分給外 時留庫四十一萬四千三百八十石. 自豐海道輸來米豆雜穀

二萬七千一百十八石.'

慶尙道都觀察使報: '侍衛軍元數五千九百八十九名內 侍衛

還屬三千二十一名; 騎船軍定屬二千八百五十名 分騎新造兵船

五十隻.'

丙寅 賜醞于行廊造成都監 又以正布千匹 分賜景福宮樓池及

行廊役徒.

上王欲賞花於廣延樓 不果. 上王召知申事金汝知曰: "明日

欲往廣延樓 看芍藥盛開." 汝知還以聞 上謂汝知曰: "今春奉

上王遊宴數矣 恐有外議. 且上王在避方之所 未得詣焉 於禮有愆

爾其往白寢之."

戊辰 各道都觀察使馳報雨澤. 戶曹判書韓尙敬進言曰: "今年

雨暘時若 可賀." 上曰: "三分農時 一分雖好 二分尙在 不可驟喜

也." 政府啓: "時方下民乏食 軍資監米豆多陳朽 乞以四千石 聽

民納楮貨易之." 上曰: "不獨此時爲然 待六七月亦如之."

更定經濟六典元集詳節三卷 續集詳節三卷. 初領議政府事

河崙 星山君李稷等 增損考證六典元集詳節 續集詳節以進 上問

諸左右曰: "此典果可行之無弊乎?" 兵曹判書黃喜對曰: "臣爲

知申事時 已曾參考 後爲參知 復考之 其條例稍煩 恐有奉行之
지신사 시 이증 참고 후위 참지 부고지 기 조례 초번 공유 봉행 지

難.”命曰:“元典 續典 當更參考 無有錯誤 然後進之.”至是 崙
난 명왈 원전 속전 당갱 참고 무유 착오 연후 진지 지시 륜

上言:“謹將六典元集及續集 參考讎校 去其重複 易其繁俚 其
상언 근장 육전 원집 급 속집 참고 수교 거기 중복 역기 번리 기

事理有可擬議者 奉旨更定 修撰元集續集以進 伏望睿覽 許令
사리 유가 의의 자 봉지 갱정 수찬 원집 속집 이진 복망 예람 허령

攸司 印出頒行.”從之.
유사 인출 반행 종지

　前鏡城節制使崔潤德復命 進鷹一連.
　전 경성 절제사 최윤덕 복명 진응 일련

　命放京畿右道船軍. 右道水軍萬戶康裕申報:“船卒乏糧 難於
　명방 경기우도 선군 우도 수군만호 강유 신보 선졸 핍량 난어

守禦.”故有是命.
수어 고유 시명

　己巳 賜醞于行廊造成都監.
　기사 사온 우 행랑조성도감

　召宗親觀擊毬戲于廣延樓. 明日亦如之.
　소 종친 관 격구 희우 광연루 명일 역 여지

　命議政府議處流山國島人. 江原道觀察使報云: ‘流山國島人
　명 의정부 의처 유산국 도인 강원도 관찰사 보운 유산국 도인

白加勿等十二名 求泊高城於羅津 言曰:“予等生長武陵 其島內
백가물 등 십이 명 구박 고성 어나진 언왈 여등 생장 무릉 기도 내

人戶十一 男女共六十餘 今移居本島. 是島自東至西自南至北 皆
인호 십일 남녀 공 육십 여 금 이거 본도 시도 자동 지서 자남 지북 개

二息 周回八息. 無牛馬水田 唯種豆一斗出二十石或三十石 麥
이식 주회 팔식 무 우마 수전 유종 두 일두 출 이십 석 혹 삼십 석 맥

一石出五十餘石; 竹如大椽; 海錯果木皆在焉.”竊慮此人等逃還
일석 출 오십 여석 죽 여 대연 해착 과목 개 재언 절려 차인 등 도환

姑分置于通州 高城 杆城.’
고 분치 우 통주 고성 간성

　辛未 幸景福宮樓池 周旋顧視 又幸本宮水閣 迎上王觀打毬
　신미 행 경복궁 누지 주선 고시 우행 본궁 수각 영 상왕 관 타구

設宴極歡. 令人叉魚于池 命妓唱漁父詞 賜上妓樂工楮貨百餘張.
설연 극환 영인 차어 우지 명기 창 어부사 사 상기 악공 저화 백여 장

　癸酉 免中軍摠制權希達職. 初 希達自留後司至臨津 禁行人
　계유 면 중군 총제 권희달 직 초 희달 자 유후사 지 임진 금 행인

不得先濟 前戶曹典書鄭超已乘舟 希達怒 令其僕執超投水. 超
부득 선제 전 호조전서 정초 이 승주 희달 노 영 기복 집 초 투수 초

乃希達之族叔也. 又於私第挾儒生朴子晤. 迢之子藝文檢閱承緒
내 희달 지 족숙 야 우 어 사제 질 유생 박자오 초 지 자 예문 검열 승서

及子晤訴于憲司 憲司上疏: '希達本無才行 益肆狂妄 屢干邦憲
급 자오 소우 헌사 헌사 상소 희달 본무 재행 익사 광망 누 간 방헌

特蒙上恩 位至二品 謹愼改行 圖報上德可也. 曾不悛心 肆行
특몽 상은 위 지 이품 근신 개행 도보 상덕 가야 증 불 전심 사행

狂暴 請依律科罪 以懲不法.' 上曰: "此罪於律何如?" 大司憲
광포 청 의율 과죄 이징 불법 상왈 차죄 어율 하여 대사헌

柳廷顯對曰: "威力制縛條云: '杖八十.'" 上曰: "不小矣." 司諫
유정현 대왈 위력 제박 조운 장 팔십 상왈 부소 의 사간

李稑亦進曰: "希達再犯狂暴之罪 不可不懲." 上曰: "大司憲已
이륙 역 진왈 희달 재범 광포 지죄 불가 부징 상왈 대사헌 이

言之 予未忘也. 爾宜勿言." 乃免其職. 上面叱希達曰: "汝於
언지 여 미망 야 이 의 물언 내 면 기직 상 면질 희달 왈 여 어

臨津 雖不知鄭迢 辱之非也. 頃議政府請罪 予曰: '後若有犯 則
임진 수 부지 정초 욕지 비야 경 의정부 청죄 여왈 후 약 유범 즉

吾當不原.' 今汝又如是 故免汝職事."
오 당 불원 금 여 우 여시 고 면 여 직사

宥永州安置前萬戶楊培 利川前司宰監金乙成 黃州前監務金阜
유 영주 안치 전 만호 양배 이천 전 사재감 김을성 황주 전 감무 김부

藍浦付處前知谷州事李暮等 京外從便.
남포 부처 전 지 곡주 사 이모 등 경외종편

宗貞茂使送僧三人 來獻土物.
종정무 사송 승 삼인 내헌 토물

賜酒于行廊造成都監及作樓池役徒.
사주 우 행랑조성도감 급 작 누지 역도

漆城君尹柢進銅鉢二 且曰: "臣聞全羅道錦州地産銅石 願令
칠성군 윤저 진 동발 이 차왈 신 문 전라도 금주 지산 동석 원령

采來." 乃命前三陟郡事尹宗貞探之.
채래 내 명 전 삼척군 사 윤종정 채지

甲戌 流監察金滋于南原府. 初 滋以軍資監請臺 向興福寺
갑술 유 감찰 김자 우 남원부 초 자 이 군자감 청대 향 흥복사

有人走者 童子截路而去 爲臂所觸仆地 傷面流血. 滋執走者
유인 주자 동자 절로 이거 위비 소촉 부지 상면 유혈 자 집 주자

詰之 上黨君李薆之奴也. 薆隨至興福寺中門下馬 使軍資監令史
힐지 상당군 이애 지 노야 애 수지 흥복사 중문 하마 사 군자감 영사

傳言於滋曰: "執予奴 予有過歟?" 滋遣令史答之 薆復曰: "我
전언 어 자왈 집 여노 여 유과 여 자 견 영사 답지 애 부왈 아

當入見乎? 監察出見我乎?" 令史將命未入廳 薆親入 滋下庭揖
당 입견 호 감찰 출견 아 호 영사 장명 미 입청 애 친입 자 하정 읍

薆答揖 乃曰:"我十八爲監察 幾至三年 如此禁亂 非職也. 乃何
不饒老監察耶?"言訖而出 其奴隨去. 滋以爲:'予之辱命至此
且此請臺 亦非及時事也.'罷仕而來 告於大司憲柳廷顯. 廷顯
進言:"薆輕入請臺所 且其言不遜 非義也."上驚曰:"其童
無乃死歟?"廷顯對曰:"死否未知."上曰:"其童安在?"對曰:
"其族親抱去."上曰:"監察非辱命 薆輕身以進 是乃辱命也. 滋
今日仕乎?"對曰:"未也."上曰:"滋胡不仕乎? 卿以爲如何?
予則以爲薆雖失於輕進 然旣進矣 爲滋者 卽出外告其由 還入
行公後來告可也. 何不行公務而遽還耶?"遂傳旨承政院曰:"進
軍資監請臺令史及傳語令史 問其失否."承政院卽問請臺令史
乃曰:"上黨君奴子奔去 適有童被觸卜地 面實不傷也."又問
傳語令史 其言同. 院具聞 上曰:"細問 毋令令史輩更有他言."
於憲司更問 亦無異辭. 司憲府上疏曰:'薆以駙馬之尊 下馬
興福門 呼令史入告監察 遂入請臺所 以辱所司. 薆雖輕身失禮
滋當轉倒出見 乃淹留堂上 駙馬到階 然後下堂相接 無尊尊之禮
宜兩罪之.'上曰:"上黨君雖有罪 當議親議功也. 以尊就卑 是爲
卑屈 豈可謂有罪耶? 監察在堂上望見 以令史通其意 倨慢無禮
甚矣."命囚滋于巡禁司付處于南原 從自願也.

大雨雷電 震交河縣靑羅巖李木.

免內資直長皇甫仁職. 舊例 圓壇五方之神 各以方色而進幣 今

仁但進白色幣 故司憲府請其罪也.
인 단 진 백색 폐 고 사헌부 청 기죄 야

乙亥 以郭承祐爲中軍摠制.
을해 이 곽승우 위 중군 총제

召領議政府事河崙 左政丞成石璘 右政丞趙英茂 議璿源世系
소 영의정부사 하륜 좌정승 성석린 우정승 조영무 의 선원세계

改撰咸州定陵碑文. 蓋元桂及和 非太祖母兄弟 乃妾產也 而舊
개찬 함주 정릉 비문 개 원계 급 화 비 태조 모 형제 내 첩산 야 이구

碑文不詳載 人疑於同母 故今別而誌之也.
비문 불 상재 인 의어 동모 고 금별 이 지지 야

爪蛙國亞列陳彦祥 遣使獻土物 琉球別種也. 其書曰:
조와국 아열 진언상 견사 헌 토물 유구 별종 야 기서 왈

'彦祥稽首頓首百拜 申議政府大人閣下. 僕於前年 被倭賊刦害
언상 계수 돈수 백배 신 의정부 대인 각하 복 어 전년 피 왜적 겁해

感得皇恩 賜僕衣衫日食 又賜軍船 不勝犬馬之情. 來至日本國洋
감득 황은 사복 의삼 일식 우사 군선 불승 견마 지정 내지 일본 국 양

內 船隻漏水 被風漂流 失害檣桿 流至岸邊 卽時船沈留得性命.
내 선척 누수 피풍 표류 실해 공간 유지 안변 즉시 선침 유득 성명

又被倭賊刦盡衣衫 十分寒凍 無耐之何 感得日本國王就時差使
우 피 왜적 겁진 의삼 십분 한동 무내 지하 감득 일본 국왕 취시 차사

坐駕軍船一隻 拜禮物 送至本國. 國王就差僕送 日本使臣回禮
좌가 군선 일척 배 예물 송지 본국 국왕 취차 복송 일본 사신 회례

船隻 因風失害檣桿 又回本國 至今年七月內 至日本博多地面
선척 인풍 실해 공간 우회 본국 지 금년 칠월 내 지 일본 박다 지면

官府留遲 未及上京 至明年正二月 只得上京. 僕想感得前年貴國
관부 유지 미급 상경 지 명년 정 이월 지득 상경 복 상 감득 전년 귀국

厚恩 意欲親身前來 叩頭謝恩 干係國家未辦 僕不及前來 親謝
후은 의욕 친신 전래 고두 사은 간계 국가 미판 복 불급 전래 친사

皇恩 特差孫男實崇 齎持方物前來代拜 感謝聖恩. 蒙大人奏下情
황은 특차 손남 실숭 재지 방물 전래 대배 감사 성은 몽 대인 주 하정

無任叩頭叩頭. 伏乞電覽.'
무임 고두 고두 복걸 전람

日本肥州宇久殿使送客十人 來獻土物.
일본 비주 우구전 사송 객 십인 내헌 토물

丙子 兀良哈豆叱加茂等二人來朝.
병자 올량합 두질가무 등 이인 내조

以前摠制權希達爲司僕提調. 希達捕魚于麻田浦以進 賜醞
이전 총제 권희달 위 사복 제조 희달 포어 우 마전포 이진 사온

十瓶. 希達嘗以捕魚川澤爲事 上亦許之 故近京川澤 靡不酷禁
십 병 희달 상 이 포어 천택 위사 상 역 허지 고 근경 천택 미불 혹금

芻蕘不得下手.
<small>추요 부득 하수</small>

遣中官 賜醞于安城君李叔蕃. 叔蕃因母禫祭 在安山.
<small>견 중관 사온 우 안성군 이숙번 숙번 인모 담제 재 안산</small>

召宗親寧安君良祐等擊毬. 時芍藥盛開 召入直代言韓尙德 賜
<small>소 종친 영안군 양우 등 격구 시 작약 성개 소 입직 대언 한상덕 사</small>

花酒曰: "予爲此戲 無乃不可乎?" 對曰: "此戲非荒淫. 若每日
<small>화주 왈 여위 차희 무내 불가 호 대왈 차희 비황음 약 매일</small>

端坐 則氣滯而生病 萬機之暇 與宗親暫爲此戲 亦何傷乎?" 上
<small>단좌 즉 기체 이생병 만기 지가 여 종친 잠위 차희 역 하상 호 상</small>

曰: "予若至於荒淫 則卿等必言之." 對曰: "惟命是從." 又啓曰:
<small>왈 여약 지어 황음 즉 경등 필 언지 대왈 유명 시종 우 계왈</small>

"君不密則失臣 臣不密則失身 幾事不密則害成. 臣有密啓之事
<small>군 불밀 즉 실신 신 불밀 즉 실신 기사 불밀 즉 해성 신유 밀계 지사</small>

願得淸讌之暇而陳之." 上兪. 翼日 召尙德入內曰: "昨卿曰: '有
<small>원득 청연 지가 이진지 상유 익일 소 상덕 입내 왈 작경 왈 유</small>

密啓事.' 今宜言之." 對曰: "上之初卽位也 兵法不修 危如累
<small>밀계 사 금 의 언지 대왈 상지초 즉위 야 병법 불수 위여누</small>

卵 今卽更改得盤石之安 然各衛各道節制使多闕 恐未可也. 書
<small>란 금즉 경개 득 반석 지안 연 각위 각도 절제사 다궐 공 미가 야 서</small>

曰: '儆戒無虞.' 當閑暇之時 戒勅周密 不令虛疎可也. 儻若有虞
<small>왈 경계 무우 당 한가 지시 계칙 주밀 불령 허소 가야 당약 유우</small>

悔之何及!" 上曰: "爲其任者 不得已而出外 則實難其人 故有闕
<small>회지 하급 상왈 위 기임 자 부득이 이 출외 즉 실 난 기인 고 유궐</small>

焉." 對曰: "有忠心識事理則可 不然則雖有武才 何益!" 上曰:
<small>언 대왈 유 충심 식 사리 즉가 불연 즉 수유 무재 하익 상왈</small>

"卿言是也." 對曰: "今革私兵爲府兵 誠爲美法 然有議者曰: '革
<small>경언 시야 대왈 금혁 사병 위 부병 성위 미법 연유 의자 왈 혁</small>

私兵 故軍士未知將帥之面. 儻有興師之事 則將帥雖危 無有救之
<small>사병 고 군사 미지 장수 지면 당유 흥사 지사 즉 장수 수위 무유 구지</small>

者. 將不鍊卒 卒不愛畏 皆不力戰 安能必勝! 當今之務 無若命將
<small>자 장 불련 졸 졸 불 애외 개 불 역전 안능 필승 당 금지무 무약 명장</small>

主各道之兵 訓鍊士卒 將使親其上死其長矣.' 小臣之心 以此策
<small>주 각도 지병 훈련 사졸 장사 친 기상 사 기장 의 소신 지심 이 차책</small>

爲甚不可也. 若用此策 亦是私兵也. 方今尺土一民 皆屬於公家
<small>위 심 불가 야 약용 차책 역시 사병 야 방금 척토 일민 개 속어 공가</small>

尋常訓鍊 若不得已而興師 則臨時命將 亦未晩也." 上曰: "卿
<small>심상 훈련 약 부득이 이 흥사 즉 임시 명장 역 미만 야 상왈 경</small>

言是也. 此是唐家汾陽王郭子儀之法." 對曰: "曩者賊臣睦仁海
<small>언 시야 차시 당가 분양왕 곽자의 지법 대왈 낭자 적신 목인해</small>

欺平壤君 謀欲剪除宗親. 仁海之意 焉能出此謀? 恐有豪傑
嗾之也."上曰:"豈其然耶! 仁海欲蒙厚賞耳. 然卿之忠心 吾已
知之."

世子出書筵. 世子稱疾 書筵官再請 中官金文厚墮淚强之
世子乃出.

戊寅 遣右軍同知摠制李安愚如京師. 賀千秋也.

賑留後司飢民. 議政府啓:"開城無告老病人 不可不救也.
願將豐儲倉反庫時沙石相半雜穀八十五石賑救."從之.

己卯 元尹德根卒 輟朝三日 賜賻米豆三十石 又賜祭. 德根
鎭安君芳雨之孼子也. 初 元尹正尹卒 則以宗親下等例葬之 至是
命政府曰:"宗室有親疏 何泛以下等之例葬之! 稽古制以聞."
政府上言:"元尹正尹葬之之禮 令禮曹考之 曰:'漢制稱皇兄弟
皇子封王 唐宋之制亦同. 前朝亦以王兄弟王子封君 其元尹正尹
禮葬等差 則不錄.'乞於太祖子孫內 卽位之主嫡妃之子封大君
嬪媵之子封君 親兄弟封大君 親兄弟嫡室長子封君 衆子封元尹
其葬之之禮 宜從下等."政府又言:"卽位之主宮人所出爲正尹
親兄弟及親子良妾之子 亦許爲正尹 且其長幼不可無別 以元尹
爲從二品 副元尹爲正三品 正尹爲從三品 副正尹爲正四品 以爲
恒式."

禮曹上書曰:

'漢成帝時 諫大夫楊興 博士駟勝等言: "高祖之約 非功臣
한 성제 시 간대부 양흥 박사 사승 등 언   고조 지 비 공신

不侯. 今太后諸弟 皆以無功爲侯 外戚未曾有也." 本曹議得: 自
불후 금 태후 제제 개 이 무공 위후 외척 미증유 야   본조 의득 자

漢以來 以外戚封侯 而忠謹自守者蓋寡 爲國家患者甚衆 高祖
한 이래 이 외척 봉후 이 충근 자수 자 개과 위 국가 환 자 심중 고조

之法 誠萬世之良法也. 我朝法度 必遵古典 其於外戚一事 尙循
지법 성 만세 지 양법 야 아조 법도 필 준 고전 기어 외척 일사 상순

歷代之失可乎? 自今體高祖之約 非功臣除中宮父親外 不許封君
역대 지 실 가호 자금 체 고조 지약 비공신 제 중궁 부친 외 불허 봉군

隨其才品而用舍之. 自古后戚之家 得權用事 則鮮有令終 雖才能
수 기 재품 이 용사 지 자고 후척 지가 득권 용사 즉 선유 영종 수 재능

可用 不許除機要之職 亦不許封君.'
가용 불허 제 기요 지직 역 불허 봉군

皆從之.
개 종지

庚辰 景福宮西樓成. 命曰: "行廊何時畢乎? 不過來五月十日
경진 경복궁 서루 성 명왈   행랑 하시 필호 불과 내 오월 십일

放送役徒."
방송 역도

濟州進馬. 都安撫使七匹 國屯馬六十四匹 誕日進上十匹
제주 진마 도안무사 칠필 국둔마 육십 사 필 탄일 진상 십필

高鳳禮私進二匹 高自臨一匹 文忠佐二匹.
고봉례 사진 이필 고자림 일필 문충좌 이필

壬午 放行廊造成僧軍.
임오 방 행랑 조성 승군

日本筑前州宗像社務經 使人獻禮物.
일본 축전주 종상 사무경 사인 헌 예물

태종 12년 임진년
5월

五月

갑신일(甲申日-1일) 초하루에 의정부(議政府)에서 육선(肉膳)을 올릴 수 있게 해줄 것을 청했다. 지신사(知申事) 김여지(金汝知) 등이 아뢰어 말했다.

"기년(期年)의 상(喪)은 대부(大夫)에게만 해당되는 것입니다.[1] 전하께서 원윤(元尹)의 죽음으로 인해 육선을 거두신 것이 여러 날이 됐으니 청컨대 예전(禮典)을 따르소서."

상(上)이 말했다.

"내일 재계(齋戒)하는 일이 있으니 내일만 지나면 괜찮다."

정부에서 또 양고기를 올렸으나 허락하지 않았다.

을유일(乙酉日-2일)에 경상도에 우박(雨雹)이 내려 삼과 보리를 손상시켰다. 상주(尙州), 의성(義城), 흥해(興海), 청하(淸河), 의흥(義興), 부계(缶溪), 감음(減陰), 대구(大丘), 하빈(河濱), 신녕(新寧)이었다.

병술일(丙戌日-3일)에 효령군(孝寧君)과 충녕군(忠寧君)을 진봉(進封)해 대군(大君)으로 삼고, 상왕(上王)의 궁인(宮人)의 아들 원생(元

---

1 천자나 제후는 부모가 돌아가신 후 삼년상만 지내면 되고 그 나머지 상례는 하지 않아도 된다는 말이다.

生) · 군생(群生)을 봉해 부정윤(副正尹)으로 삼았다.

○ 태조(太祖)의 후손이 아니면서 재내제군(在內諸君)[2] 원윤(元尹) · 정윤(正尹)으로 봉하거나 외척을 군(君)으로 봉한 것을 없앴고 삼군(三軍)의 도총제(都摠制) · 총제(摠制) · 동지총제(同知摠制) · 첨총제(僉摠制) 각각 1인, 영공안부사(令恭安府事) 1인, 판인녕부사(判仁寧府事) 2인, 판경승부사(判敬承府事) 1인, 인녕부(仁寧府) · 경승부(敬承府) 윤(尹) 각각 1인을 더 두었다. 재내제군 순녕군(順寧君) 이지(李枝)를 영공안부사로, 완성군(完城君) 이지숭(李之崇)을 판인녕부사로 삼고, 원윤 이백온(李伯溫)을 중군도총제로, 이굉(李宏)을 좌군총제로, 이징(李澄)을 우군총제로, 이담(李湛)을 중군총제로, 이교(李晈)를 우군동지총제로, 정윤 이흥제(李興濟)를 경승부윤으로, 이흥발(李興發)을 좌군동지총제로, 이흥로(李興露)를 중군첨총제로, 이회(李淮)를 좌군첨총제로, 이점(李漸)을 우군첨총제로 삼고, 외척제군(外戚諸君) 안천군(安川君) 한검(韓劒)을 판인녕부사로, 영가군(永嘉君) 권홍(權弘)을 판경승부사로, 광산군(光山君) 김한로(金漢老)를 중군도총제로, 여원군(驪原君) 민무휼(閔無恤)을 좌군도총제로, 안원군(安原君) 한장수(韓長壽)를 중군총제로, 여산군(驪山君) 민무회(閔無悔)를 인녕부윤으로 삼았다. 오직 영안군(寧安君) 양우(良祐-이양우)만 공신인 때문에 완원부원군(完原府院君)으로 고쳐 봉했다.

○ 맹사성(孟思誠)을 풍해도 도관찰사(豐海道都觀察使)로, 마천목

---

2 임금의 적비(嫡妃)의 아들인 대군(大君), 빈잉(嬪媵)의 아들인 군(君), 친형제인 대군(大君), 친형제의 적실(嫡室)의 맏아들인 군(君) 등을 말한다.

(馬天牧)을 전라도 병마도절제사(全羅道兵馬都節制使)로 삼았다. 영의정(領議政) 하륜(河崙)이 말씀을 올렸다.

"본국의 악보(樂譜)가 다 폐결(廢缺)됐는데 오직 사성(思誠)만이 악보에 밝아 오음(五音)을 잘 어울리게 합니다[諧叶]. (그런데) 지금 감사로 가라는 명을 받아 장차 풍해도로 가게 됐으니 바라건대 머물러서 악공(樂工)을 가르치게 하소서."

상이 말했다.

"교대되기[見代]를 기다려서 바야흐로 악곡을 가르치도록 허락하겠다."

○ 임첨년(任添年)과 최득비(崔得霏)가 경사(京師)에서 돌아왔다. 첨년(添年) 등이 아뢰었다.

"황제(皇帝)가 신 등을 대접하기를 심히 두텁게 해 각각 고명(誥命) 1통[道]과 내구마(內廐馬) 3필, 보초(寶鈔) 4,000장과 백은(白銀) 100냥(兩), 단초(緞綃) 7필을 주었습니다."

그들이 싸 가지고 온 예부자문(禮部咨文)은 이러했다.

'근자에 조선 국왕(朝鮮國王)의 자문(咨文)에 의하면 "본국(本國)의 조묘(祖廟)와 사직(社稷), 산천(山川), 문묘(文廟) 등의 제사에 중국의 예제를 알지 못해 번국(藩國)의 의식을 전조(前朝) 왕씨(王氏)의 구례(舊禮)를 그대로 쓰니 심히 불편하다. 반강(頒降)해 준수(遵守)하기를 주청(奏請)한다"라고 했는데, 이자(移咨)해 본부(本部)에 이르렀으므로 영락(永樂) 10년 3월 초2일에 본부관(本部官)이 봉천문(奉天門)에서 제주(題奏)해 성지를 받들었는데 "다만 저의 본래 풍속(風俗)을 따르라. 너희 예부(禮部)에서 문서(文書)를 보내 저들

에게 알리라"라고 했습니다.'

첨년(添年) 등이 모자(毛子) 2필과 색사(色絲), 감초(甘草)를 바쳤다.

○ 검교판한성부사(檢校判漢城府事) 이현(李玄)에게 쌀과 콩 20석을 내려주었다. 현(玄)이 말에서 떨어져[墮馬] 병을 앓았기 때문에 약(藥)을 사는 밑천으로 쓰게 한 것이다.

○ 공안부윤(恭安府尹) 정역(鄭易)에게 술을 내려주었으니 병을 치료하기 위함이었다. 상의원별좌(尙衣院別坐) 한장우(韓長祐)가 병들어 죽으니 부의로 쌀과 콩 10석, 종이 70권을 내려주었다. 상이 말했다.

"장우(長祐)가 비록 미천한 사람이지마는 그 직책에 오래 있었고 조금[稍] 공로가 있는 까닭으로 내가 마음 아프게 여긴다."

○ 경사(經師)³ 37명을 내정(內庭)에 모았으니 경(經)을 읽어 재앙을 쫓으려[禳災] 함이었다.

정해일(丁亥日-4일)에 태백성(太白星)이 낮에 보였으니 주천(周天) 분도(分度)에서였다.

○ 궁중에서 형벌을 쓰는 것을 금지했다. 상이 대언(代言) 등에게 일러 말했다.

"내가 젊어서 구경(舊京-개경)에 있을 때 집이 순군(巡軍) 가까이에 있었는데 매번 사람을 형벌하는 소리를 들으니 마음이 불안했다. (그런데) 지금 궁중에서 사람을 형벌하는 소리가 있기에 물어보니 소수

---

3 경(經)을 읽어서 악귀를 쫓는 무당을 가리킨다.

(小竪-어린 환관)가 직책을 이행하지 않아서 어른이 때린 것이었다. 궁중에서 형벌 쓰는 것을 모두 금지하고자 하나 징계하는 바가 없으면 일이 반드시 느슨해질 것이니 이제부터는 궐문 밖에서 때리고 만일 어기는 자가 있으면 너의 사(司-대언사)에서 고찰해 금지하라."

지신사 김여지(金汝知) 등이 대답했다.

"궁중에서 형벌을 쓰지 못한다고 이미 금지하는 영이 있는데 지금 이와 같이 한 것은 환자[內竪=內寺]의 허물입니다. 감히 엄하게 금지하지 않겠습니까?"

내수　내시

무자일(戊子日-5일)에 태백성이 낮에 보였다.

○ 상이 문소전(文昭殿)에 나아가 단오제(端午祭)를 거행하고 종친과 더불어 편전(便殿)에 나아가 술자리를 베풀었다.

기축일(己丑日-6일)에 오부학당(五部學堂)에 전지 100결(結)을 주라고 명했다. 예조참의(禮曹參議) 허조(許稠)가 아뢰어 말했다.

"지금 오부학당을 짓고 생도를 모아서 수가 100여 인에 이르는데 아침에 모이고 저녁에 흩어져 왔다 갔다 하면서 배우는 것을 내팽개치고 있습니다. 이에 교수(敎授), 훈도(訓導) 등이 종일 가르쳐도 또한 먹을 것 등을 제공하는 것[供億=供饋]이 없으니 바라건대 공름(公廩)을 내려주소서."

공억　공궤

마침내 이런 명이 있었다.

경인일(庚寅日-7일)에 사람 4인과 소 3두가 벼락을 맞았다. (풍해도)

배주(白州) 사람 신원(申元)·백동(白同), 연안(延安) 사람 기매(其每), 영평(永平) 사람 타내(他乃)와 큰 소 2두, 교동(喬桐) 사람 최을진(崔乙珍) 집의 큰 소였다.

○ 강화에 우박이 떨어졌다.

임진일(壬辰日-9일)에 태백성(太白星)이 낮에 보였다. 화성(火星)이 태미(太微) 우집법(右執法)을 범했는데 간격이 3촌(寸)쯤 됐다.

○ 한성부윤(漢城府尹) 윤향(尹向)이 글을 올렸다. 글은 이러했다.

'신이 근년에 외람되게[叨=濫] 외방의 직임을 받았는데 이목(耳目)
          도 람
이 미치는 바를 갖고서 병사(兵事)에 관계되는 것 두 조목을 천총(天聰-임금의 귀)에 상달(上達)합니다.

하나, 지금 시위군(侍衛軍)을 제수해 먼저는 연해(沿海)로, 다음은 부근(附近)으로 옮겨 수군(水軍)으로 삼으니 이는 참으로 좋은 법입니다. 그러나 연해의 주군(州郡)들에서 예전에 시위패(侍衛牌)에 속했던 자들에 대해 사어(射御-활쏘기)의 능하고 능하지 못한 것과 가풍(家風)의 실하고 실하지 않은 것[實否]을 묻지 않고 모두 선군(船軍)
                                    실부
에 소속시켰으니 신은 안 될 일이라고 생각합니다. 대체로 선군은 다만 자기 한 몸으로 바다에서 수자리를 살기 때문에 자장(資粧)·기계(機械)를 복종(僕從)과 말에 의지하지 않습니다. 그러므로 비록 하호(下戶)라도 봉족(奉足)만 있으면 괜찮지만 시위군(侍衛軍)은 일이 없으면 번상(番上)해 숙위(宿衛)하고 일이 있으면 빨리 달려 급한 곳으로 가서 치중(輜重-군수 지원)과 복종(僕從)이 없을 수 없습니다. 반드시 건실한 말과 튼튼한 복종이 있은 뒤에야 감당할 수 있습니다.

바라건대 복종과 말이 있고 가풍이 실한 자는 비록 연해변의 땅에 살고 있더라도 도로 시위(侍衛)의 적(籍)에 충당해 군액(軍額)을 알차게 해야 할 것입니다.

하나, 경상도는 땅이 넓고 인구가 조밀하므로 지난번에 진(鎭)을 좌우도(左右道)로 나눠서 양쪽에 절제사(節制使)를 두어 그 군사를 통솔했는데 지금 계림도(鷄林道)를 없애고 다시 합포(合浦)에 병합했습니다. 신이 가만히 보건대 계림(鷄林)에서 합포(合浦)까지 300리이고 합포에서 영해진(寧海鎭)까지 590리이니 그 군졸이 모두 합포에 방수(防戌)하면 어찌 다만 멀리 수자리하는 폐단뿐이겠습니까? 졸지에 불우(不虞)의 변이 있게 되면 사기(事機)에 응하기가 어렵습니다. 바라건대 계림의 군사를 중앙(中央)에 모아서 울주(蔚州)나 흥해(興海) 같은 곳에 한 진(鎭)을 두고 수신(守臣) 중에 무재(武才)가 있는 자를 골라서 보내 급할 때에 대비해야 할 것입니다.'

의정부(議政府)에 내렸다.

○ 조성도감(造成都監)에 궁온(宮醞)을 내려주었다. 상이 말했다.

"행랑(行廊)이 끝났다고 하니 와요(瓦窯-기와가마)의 역도(役徒) 또한 놓아 보내는 것이 좋겠다."

때가 고열(苦熱-혹심한 더위)이 가까워지기 때문이었다.

계사일(癸巳日-10일)에 화성(火星)이 우집법(右執法) 동쪽을 범했다.

○ 조와국(爪哇國-자바) 사람이 매매하는 비포(秘布) 10필을 샀다.

갑오일(甲午日-11일)에 태백성이 낮에 보였고 하늘을 가로질러 갔다.

○ 종친을 불러 광연루(廣延樓) 아래에서 격구(擊毬)를 하고 술자리를 베풀고는 내구마(內廐馬)를 내려주었다.

○ 전라도 병마도절제사(全羅道兵馬都節制使) 마천목(馬天牧)이 배사(拜辭-사은숙배)하니 상이 불러서 만나보고[引見] 말했다.

"내가 경을 서울에 두어 시위(侍衛)하게 하고 싶으나 다만 경의 노모(老母)가 그 도에 있으므로 근성(覲省)하게 하는 것일 뿐이다. 경이 일찍이 전라도 시위군에 적(籍)을 두었었는데 지금 도절제사가 됐으니 이 또한 영광 아닌가?"

천목(天牧)이 대답해 말했다.

"신의 영광은 이루 말할 수 없으니 어떻게 상의 은혜를 갚겠습니까?"

옷 한 벌과 궁시(弓矢)를 내려주니 천목이 아뢰어 말했다.

"남원(南原)에 부처(付處)한 감찰(監察) 김자(金滋)가 무재(武才)가 있으니 빌건대 영중(營中)에 옮겨 부처해 거느리고서 도적을 막게 하소서."

그것을 따랐다.

○ 예조에서 종친을 장사(葬事)하고 부의(賻儀)하는 법을 올렸다. 아뢰어 말했다.

"본국의 관제(官制)에 종친 대군(大君)을 정1품으로 삼고, 제군(諸君)을 종2품으로 삼고, 원윤(元尹)을 정2품으로, 정윤(正尹)을 종2품으로 삼았으므로 장사(葬事)에는 대군이 1등이 되고, 제군이 2등이고, 원윤·정윤이 3등이었습니다. (그런데) 지금 원윤을 종2품으로 삼고, 부원윤을 정3품으로, 정윤을 종3품으로, 부정윤을 정4품으로 하고 있습니다. 신 등이 생각건대 대군·제군·원윤은 그 장사를 이미

196

행한 예에 의하고 부원윤 이하는 다만 치부(致賻)만을 허락하고, 만일 시호를 주게 될 경우에는 세군 이상은 특지(特旨)가 있어야 바야흐로 토의해 아뢰도록 할 것을 허락하소서."

그것을 따랐다.

○ 예조에서 국학(國學)에 대한 사의(事宜)를 올렸다.

'하나, 양현고(養賢庫)[4]는 제생(諸生-유생)을 지응(支應)하는 여러 가지 일을 맡았으니 엎드려 바라옵건대 성균주부(成均注簿) 및 박사(博士) 1인, 학유(學諭) 1인에게 양현고의 사(使)·승(丞)·녹사(錄事)를 겸하여 제수해 오로지 그 일을 맡아서 날마다 본고(本庫)에 근무하게 해 일의 크고 작은 것에 관계없이 아울러 친히 감독하게 하소서.

하나, 원조(元朝-원나라)의 제도에 감선생원(監膳生員)과 참좌주부(參佐注簿)가 같이 식당(食堂)에 앉아 미리 맛보고 먹는 것을 권했습니다. 빌건대 이 제도에 의거해 감선생원 1인과 참좌고관(參佐庫官)을 정해 함께 식당에 앉아 먼저 맛보고 먹는 것을 권하게 하고 식당(食堂)은 구관(舊館)의 제도에 의거해 따로 밖에 세우소서.

하나, 제생의 거처가 마땅함을 얻지 못해 여름에는 더위와 습기에 상하고 겨울에는 바람과 추위에 상하는 자가 자주 있으니 마땅히 고쳐 수리해 여름에는 서늘하고 겨울에는 따뜻하게 해 고관(庫官)이 때때로 고찰하고 만일 잘못된 것이 있으면 헌부(憲府)에 이문(移文)

---

4   고려조와 조선조 때 국학(國學)에 소속해 유생(儒生)의 식량(食糧)을 맡아보던 관아다. 고려 예종(睿宗) 14년에 두었으며, 조선조 태조(太祖) 원년에 그대로 설치해 고종(高宗) 31년에 폐지했다.

해 치죄하게 하소서.

하나, 권과(勸課)하는 법은 동서재(東西齋) 생원(生員)의 명생(名
栍)[5]을 합해 한 통(筒)에 넣어두고, 날마다 찌 하나를 뽑아서 읽은
글의 한 장(章)을 강하고, 유학(幼學)도 또한 그와 같이 하고, 매월
제목을 내어 과제로 해 혹시라도 폐하거나 해이하지 않게 하고, 반드
시 장부에 기록해 날마다 본조(本曹)에 보고해 고찰(考察)에 빙거하
게 하소서.

하나, 겸 대사성(兼大司成)은 한때 유생의 표준이 되니 마땅히 날
마다 성균관에 출사(出仕)해 독실히 강(講)하고 권(勸)하기를 더하게
하소서.'

의정부에 내렸다.

병신일(丙申日-13일)에 조성도감(造成都監)에게 궁온(宮醞)을 내려
주었다.

○ 왜인(倭人) 육랑(陸郎)에게 옷 한 벌을 내려주었다.

정유일(丁酉日-14일)에 형조(刑曹)에서 공조판서 박자청(朴子靑)의
죄를 청했다. 자청(子靑)이 조성감역(造成監役)으로서 역도(役徒) 사
이에 앉아 있는데 부사직(副司直) 이중위(李中位)가 말을 타고 지나
가자 자청이 노해 그를 붙잡아 때렸다. 중위(中位)가 형조에 고소하
므로 형조에서 핵문(劾問)하니 자청이 불복했으나 일의 행적은 밝게

---

5 이름을 새겨 넣은 찌를 가리킨다.

드러났다. 이에 아뢰었다.

"자청은 한미한 집안에서 태어났고 성품이 본래 광망(狂妄)하나 공역(工役)을 능히 이루므로[濟=成] 상에게 총애를 받았습니다[見寵]. 중위를 때릴[抶=打] 때 종부판사(宗簿判事) 이간(李暕), 선공감(繕工監) 조진(趙瑨), 공조정랑(工曹正郎) 홍선(洪善)이 모두 감역관(監役官)으로 현장에서 목격했는데 본조에서 물으니 모두 숨겨주었습니다[容隱]. 빌건대 대신(大臣)에게 아부하는 죄를 물어 아울러 죄를 주어야 할 것입니다."

상이 모두 들어주지 않았다. 사헌부에서 또 소(疏)를 올려 말했다.

'박자청이 제 마음대로 중위를 때렸으니 마땅히 죄주어야 합니다. 이간 등은 자청에게 당부(黨附)해 모두 때리지 않았다고 말했으니 청컨대 아울러 죄주어야 할 것입니다.'

상이 말했다.

"자청은 다만 홀홀단신[孤蹤]이고 대가거족(大家巨族)이 아닌데 어찌 당부할 사람이 있겠는가? 자청이 태조 때부터 일에 복무해[服事] 근무한 것이 이미 오래여서 지위가 대신에 이르렀으니 차마 작은 일 때문에 법을 다할[盡法] 수는 없다. 마땅히 그대로 두라."

간원(諫院)과 형조(刑曹)에서도 핵문(劾問)하니 상이 장무(掌務-당번)를 불러 말했다.

"자청의 죄는 작은 일인데 어째서 삼성(三省-형조, 사헌부, 사간원)이 모두 핵문하는 데에 이르는가? 마땅히 논하지 말라."

상이 사간(司諫) 이륙(李稑)과 집의(執義) 한승안(韓承顔)에게 일렀다.

"자청의 죄가 사직(社稷)에 관계된 것이 아닌데 너희는 다시 무슨 말을 하는가? 대체로 삼성이 신청(申請)하는 것은 죄가 종사(宗社)에 관계된 뒤에야 가능한 것이다. 지금 자청은 의흥부(義興府) 당상관(堂上官)이고 중위는 기껏해야 군사(軍士)다. 비록 그 무례한 것을 다스렸다 한들 무슨 죄가 있겠는가? 만일 조사(朝士)를 임의로 욕보였다고 해도 이는 작은 죄다. 대간(臺諫)에서 정말로 이와 같은 일에 참여하면 (앞으로) 큰일에는 어찌하겠는가? 지금 이와 같이 하는 것은 자청을 미워하기 때문이고 미워하는 까닭은 공역(工役)을 맡은 때문이다. 태조 때에 있어서 무릇 공역(工役)의 일을 환자(宦者) 김사행(金師幸 ?~1398년)⁶이 맡았었는데 나라 사람들이 모두 말하기를 '사행(師幸)이 태조를 권해 공역을 일으켰다'라고 했다. 그러나 사행이 권한 것이 아니고 도성(都城)을 창건하는 초기를 맞아 무릇 공역하는 것은 모두 신충(宸衷-임금의 마음)에서 나왔다. 오늘날 자청이 하는 것 또한 모두 부득이한 일이며 진실로 내 뜻에서 나왔다. 어째서 자청을 미워하는 것이 이와 같이 심할 수 있는가?"

승안(承顔)이 대답했다.

---

6 초명은 김광대(金廣大)다. 공민왕의 총애를 받아 판내부사(判內府事)에 이르렀으며, 1357년(공민왕 6년) 왕의 뜻을 좇아 정릉영전(正陵影殿)의 대역사를 일으켜 많은 재력을 소모했다. 1374년 9월에 공민왕이 죽고 우왕이 즉위하자 선왕 때의 대역사를 일으킨 죄로 익주의 관노가 되고 가산이 몰수됐으나 곧 풀려나왔다. 1391년(공양왕 3년) 판내시부사(判內侍府事)가 되어 경연에 참석하려는 왕에게 경연에 하루 참석하지 않아도 정사에 해로울 것이 없다 하여 나가지 못하게 하고 불법을 강론해 이를 믿게 했다. 조선이 개국된 이듬해에 태조의 명에 따라 팔각전을 보수했으며, 이해 7월에 개국원종공신(開國原從功臣)에 녹훈됐다. 1394년(태조 3년) 왕명에 따라 홀치방동(忽赤房洞)에 내구(內廐)를 지었으며 1차 왕자의 난 때 삼군부(三軍府)의 문에 효수됐다.

"신 등이 사사로이 자청을 미워하는 것이 아닙니다. 형조에서 아뢴 것을 보니 자청이 중위를 때린 것이 너무도 분명하므로 공법(公法)에 마땅히 징계해야 하고, 현장에서 목격한 이간(李暕)·조진(趙瑨)·홍선(洪善)의 무리 또한 권세에 위협받아 서로 숨기고 혹은 울며 맹세한 자가 있으니 사풍(士風)에 있어서[其於] 더럽습니다. 만일 이와 같은 무리를 법대로 처치하지 않는다면 점차 위력을 믿고 광포한 짓을 자행하고 권세를 두려워해 스스로 서로 아부하는 자가 있을 것이니 풍속에 관계되는 큰일이 아니겠습니까?"

상이 말했다.

"헌사(憲司)는 그럴 수 있지만 간원(諫院)은 어째서 참여하는가? 긴요하지 않은[不緊] 일로 거의 다 이뤄진[垂成] 역사(役事)를 지체시키는 것은 안 된다."

참찬(參贊) 김승주(金承霆)가 무릎을 꿇고 나와서 말했다.

"자청이 실은 중위를 때리지 않았는데 지금 몽롱하게 계달(啓達)했습니다."

헌사에서 드디어 승주(承霆)를 핵문(劾問)했다. 대언사(代言司)에 명해 자청의 죄를 조율(照律)하게 하니 불응위죄(不應爲罪)로 태(笞) 40대라고 아뢰자 논하지 말라고 명했다. 이간 등도 대언사로 하여금 핵실(劾實)하게 하니 역시 모두 숨겼다. 상이 말했다.

"이는 의심스러운 옥사[疑獄]이니 더 이상 거론하지 말라."

자청을 불러 직사에 나오게 했다. 그 뒤에 유정현(柳廷顯)이 나와서 말했다.

"자청과 중위의 일은 반드시 하나가 옳고 하나가 그를 것이니 분별하지 않을 수 없습니다."

상이 말했다.

"경 등이 실정을 알아내지 못했는데 어떻게 죄를 주겠는가? 내가 자청을 아끼는 것이 아니라 자청은 질박하고 정직한[質直] 사람이다.
때리지 않았다고 맹세했으니 나는 확고하게 믿는다."

정현(廷顯)이 말했다.

"중위도 맹세했습니다."

상이 말했다.

"이래서 맹세를 믿을 수 없다는 것이다. 이와 같은 작은 일을 모두 법으로 결단하면 일국 신민이 어찌 안심할 날이 있겠는가? 사직에 관계되는 것이 아니면 용서하는 것이 좋다."

승주가 나와서 말했다.

"비록 사직에 관계되지는 않으나 모두 사실대로 고하지 않고 상총 (上聰-상의 귀 밝음)을 속였으니 묻지 않을 수 없습니다."

○ (강원도) 원주(原州), 정선(旌善), 평창(平昌), 영월(寧越) 등의 고을에 홍수가 나 벼가 상했다.

무술일(戊戌日-15일)에 경복궁(景福宮) 누지(樓池)에 고기를 풀어놓았다. 공조(工曹), 순금사(巡禁司), 군기감(軍器監)에 명해 잡아서 넣었다.

기해일(己亥日-16일)에 백악산(白岳山) 남쪽에 돌이 저절로 무너졌는데 길이가 15척이나 됐다. 검교한성윤(檢校漢城尹) 공부(孔俯)에게 명해 해괴제(解怪祭)를 거행했다.

○ 풍해도 서흥군(瑞興郡)에 우박(雨雹)이 내렸는데 큰 것은 주먹만 했고 작은 것은 탄알만 했다. 5~6일 동안 쌓여 있다가 녹았는데 화곡이 손상되고 날짐승이 죽었으며 또 빗물로 인해 산이 무너졌다.

○ 이날은 곧 전하의 탄신일인데 여러 신하의 조하를 정지했다. 이는 대개 구로(劬勞)[7]한 날이기 때문이었다. 근년에는 모두 하례를 받지 않았다.

○ 문신(文臣)들에게 명해 분지저한천(盆池貯寒泉)의 시를 짓게 했다. 지신사 김여지(金汝知)를 불러 말했다.

"재전(齋殿) 북쪽에 돌샘[石泉]이 있으니 도랑을 파서 나누어 양쪽에 작은 못을 만들고 그 옆에 화초를 심어라. 물고기와 새가 노는 것, 별과 달의 경치가 제대로 구경할 만하고 또 포도 한 그루가 있어 그 밑에서 더위를 피할 만하다."

이어서 손수 제목을 써서 명하기를 '분지저한천(盆池貯寒泉)'이라 했다. 영의정부사(領議政府事) 하륜(河崙)이 예문응교(藝文應敎) 윤회(尹淮)를 시켜 새 못[新池]의 형상을 두루 보고 문신들에게 고하게 할 것을 청하니 상이 허락했다. 회(淮)가 들어가 보니 못 위에 돌을 파서 용의 머리를 만들고 물을 끌어서 용의 입으로부터 못 가운데에 쏟아 넣고 돌을 쌓아 언덕을 만들고 그 아래에는 수마석(水磨石)을 깔았는데 너비는 6~7척쯤 되며 길이는 두어 장(丈)이나 되고 깊이는 1척이었다. 고기 수십 마리가 있고 아래에는 발을 쳐서 고기가

7　어버이가 자기를 낳으려고 애썼다는 뜻이다.

달아나는 것을 막았다. 또 그 아래의 너비가 10여 척이나 더 하고 길이 또한 두어 장이 되며 진흙을 깔고 그 가운데에 연을 심었다. 이리하여 성석린(成石璘) 등 수십 인이 모두 제술(製述)에 응하고 륜(崙)이 서(序)를 지어 바쳤다.

"신 륜이 엎드려 듣건대 주상 전하께서 청연(淸讌-한가로움)의 여가에 별전(別殿) 뜰 서쪽에 못을 파서 동이[盆]처럼 만들고 샘을 끌어 고기를 넣고 드디어 문신들에게 명해 제목을 내어 시(詩)를 짓게 하셨다. 신이 생각건대 예전에 송(宋)나라가 성(盛)할 때에 고기를 낚고 꽃을 구경하는 모임이 있어 여러 유신(儒臣)으로 하여금 시를 지어 노래하고 읊게 했으니 실로 태평한 때의 성대한 일이다. 지금 전하께서 이러한 명이 있으니 실로 또한 우리 동방(東方)의 태평성사(太平盛事)의 기초가 되리라. 다만 그 못의 세로와 가로가 모두 한 장(丈)에 지나지 못하고 못의 깊이가 또 두어 척에 차지 못하니 이것으로 전하의 검소한 덕[儉德]의 일단을 볼 수 있도다."

○ 경복궁(景福宮) 새 누각[新樓]의 이름을 경회루(慶會樓)라고 명했다. 상이 경회(慶會), 납량(納涼), 승운(乘雲), 과학(跨鶴), 소선(召仙), 척진(滌塵), 기룡(騎龍) 등의 이름을 가지고 지신사 김여지(金汝知)에게 보이며 말했다.

"내가 이 누각을 지은 것은 중국(中國) 사신에게 잔치하거나 위로하는 장소를 삼고자 한 것이요, 내가 놀거나 편안히 하자는 곳이 아니다. 실로 모화루(慕華樓)와 더불어 뜻이 같다. 네가 가서 하륜에게 일러 이름을 정해 아뢰라."

여지(汝知)가 복명했는데 경회로 정했다.

경자일(庚子日-17일)에 의정부에서 전 사헌장령(司憲掌令) 서견(徐甄)[8]을 힐문(詰問)할 것을 청하니 묻지 말라고 명했다. 견(甄)은 금주(衿州)에 살고 있는데 이런 시를 지은 일이 있었다.

'1,000년(千年)의 신도(新都)가 한강(漢江)을 사이에 두었는데 충량(忠良)들이 성대하게 몰려와[濟濟] 밝은 임금을 돕도다. 삼한(三韓)을 하나로 통일한 공이 어디에 있는가! 도리어 전조(前朝)의 왕업이 길지 못했던 것이 한(恨)스럽도다.'

한스럽다[恨]는 글자를 탄식한다[嘆]는 글자로 고쳐서 전가식(田可植, ?~1449년)[9]에게 보이니 가식(可植)이 참찬(參贊) 김승주(金承霔)에게 고(告)했다. 승주(承霔)가 정부에 말하니 견을 붙잡아 이런 시를 지은 뜻을 묻기를 청했다. 상이 말했다.

"전조(前朝-고려)의 신하가 전조를 잊지 못하는 것은 당연한 마음[其情]이다. 옛적에 장량(張良, ?~기원전 186년)[10]이 한(韓)나라를 위

---

8 안향(安珦)의 문인으로, 1391년(공양왕 3년) 사헌장령(司憲掌令)이 돼 대사헌 강회백(姜淮伯) 등과 함께 조준(趙浚)과 정도전(鄭道傳)을 탄핵했다가 정몽주(鄭夢周)가 살해되자 간관(諫官) 김진양(金震陽) 등과 함께 장류(杖流)됐다. 조선 개국 후 풀려나 청백리(淸白吏)에 녹선됐으나 금천(衿川)에 은거하며 벼슬하지 않았다.

9 1399년(정종 1년)에 문과에 장원급제해 예조판서를 역임했다. 태종의 세자 시절에 세자와 유일지사(遺逸之士)를 논하게 됐을 때 전가식은 "길재(吉再)가 강직하고 집에서는 효행이 돋보였다"고 말했다. 1401년(태종 1년)에 상소해 말하기를 "검소한 풍토를 솔선할 것이며, 안일과 탐욕을 경계할 것이며, 간언(諫言)을 받아들일 것이며, 희노를 함부로 해서는 안 된다"라고 했다. 서장관(書狀官)과 정사(正使)로 중국에 다녀왔다. 1449년(세종 31년) 84세로 세상을 뜨자 세종이 슬퍼하며 예관(禮官)을 보내 조상하게 했다.

10 할아버지와 아버지가 연이어 한(韓)나라의 재상을 지냈다. 진(秦)나라가 조국 한나라를 멸망시키자 자객을 시켜 박랑사(博浪沙)에서 진시황을 암살하려 했지만 실패했다. 그 후 성명을 고치고 하비(下邳) 땅으로 달아나 살았는데 흙다리 위에서 황석공(黃石公)이란 노인을 만나 태공망(太公望)의 병서(兵書)『태공병법(太公兵法)』을 전수받았다고 한다. 진 2세(秦二世) 원년(기원전 209년) 무리를 모아 진승(陳勝)의 반란에 호응했다. 나중에 유방

해 원수를 갚았는데 군자가 옳게 여겼다. 우리 이씨(李氏)도 어찌 능히 천지(天地)와 더불어 무궁할 수 있겠는가? (혹시 이씨가 망했을 때) 만일 이씨의 신하들 중에 이와 같은 사람이 있다면 아름다운 일이다. 마땅히 내버려두고 묻지 말라."

그 뒤에 광연루(廣延樓)에서 정사를 보는데 좌우를 돌아보며 말했다.

"서견이 지은 시는 물을 필요가 없다."

대사헌 유정현(柳廷顯)이 대답했다.

"신 등은 캐묻고자 합니다."

상이 물었다.

"서견이 전조의 신하로서 추모해 시를 지었으니 이는 정말로 좋지 않은가?"

사간(司諫) 이륙(李稑)이 나와서 말했다.

"서견이 비록 전조의 신하이나 몸은 아조(我朝)에 있으니 묻지 않을 수 없습니다."

"서견이 북면(北面)해 나를 섬기지 않으니 어찌 우리 신하라고 할 수 있겠는가? 경 등이 반드시 묻고자 한다면 (주나라를 섬기지 않았던) 백이(伯夷)[11]의 도리를 그르다고 한 뒤에야 물을 수 있을 것이다."

(劉邦)의 모신(謀臣)이 됐다. 유방이 군대를 이끌고 함양(咸陽)에 진군했을 때 번쾌(樊噲)와 함께 유방에게 궁실의 부고(府庫)를 봉하고 패상(霸上)으로 철군할 것을 권했다. 홍문연(鴻門宴)에서 기지를 발휘해 유방을 위기에서 구해냈다. 초한(楚漢) 전쟁 때 여섯 나라가 공존할 수 없음을 제시해 영포(英布)·팽월(彭越)과 연대하고 한신(韓信)을 등용하는 등 계책을 올렸다. 또 항우(項羽)를 공격해 완전히 궤멸시킬 것을 건의했는데 모두 유방이 채택했다. 고조(高祖) 6년(기원전 201년) 유후(留侯)에 봉해졌다. 뜻을 이룬 뒤 속세를 벗어나 벽곡(辟穀)을 해 신선술을 익히며 여생을 보냈다고 한다.

11 백(伯)과 숙(叔)은 장유(長幼)를 나타낸다. 묵태씨(墨胎氏)로, 백이는 이름이 윤(允)이고

대언(代言) 한상덕(韓尙德)이 나와서 말했다.

"이 시의 위 구절은 비록 아조(我朝)를 아름답게 여겼으나 아래 구절은 전조(前朝)를 사모해 지은 것입니다."

상이 말했다.

"서견이 전조에서 벼슬이 장령(掌令)에 이르렀는데 지금은 쓰이지 못했으니 추모하는 것이 무엇이 불가한가? 만일 서견을 죄준다면 길재(吉再)는 바야흐로 관직을 제수했는데도 가버렸으니 이것도 또한 불가한가?"

드디어 일이 잦아들었다[寢].

○ 종친을 불러 격구(擊毬)를 구경하고 이어 술자리를 베풀었다.

○ (삼정승) 하륜(河崙), 성석린(成石璘), 조영무(趙英茂)에게 내구마(內廏馬)를 각각 1필씩 내려주었다.

신축일(辛丑日-18일)에 박경무(朴景武), 조신언(趙愼言)에게 각각 쌀 10석을 내려주었으니 모두 방간(芳幹)의 사위다.

임인일(壬寅日-19일)에 광연루(廣延樓) 아래에 나아가 종친을 불러 술자리를 베풀었다.

자는 공신(公信)이다. 본래는 은(殷)나라 고죽국(孤竹國)의 왕자였는데, 아버지가 죽은 뒤 서로 후계자가 되기를 사양하다가 끝내 두 사람 모두 나라를 떠났다. 그 무렵 주나라 무왕(武王)이 은나라의 주왕(紂王)을 토멸해 주나라를 세우자 무왕의 행위가 인의(仁義)에 위배되는 것이라 하여 주나라의 곡식을 먹기를 거부하고 수양산(首陽山)에 몸을 숨기고 고사리를 캐 먹고 지내다가 굶어 죽었다. 유가(儒家)에서는 이들을 청절지사(淸節之士)로 크게 높였다.

○ 사간원(司諫院)에서 소를 올렸다.

'저부(儲副)를 길러내는 것은 국본(國本-세자)을 반듯하게 하는 것이므로 삼가지 않을 수 없습니다. 지금 세자 저하(世子邸下)께서는 천성이 총명하시니 학문을 부지런히 할 때가 바로 이 시기입니다. 신등이 일찍이 서연일기(書筵日記)를 보니 닷새 동안에 잇달아 강(講)한 날이 적습니다. 가만히 두렵건대 게으른 마음이 한 번 생기면 학업을 이룰 수 없을 것입니다. 바라건대 전하께서는 매번 아조(衙朝-아일 조회)의 날을 당하면 서연의 계본(啓本)을 가져다가 그 진강(進講)한 편장(篇章)의 많고 적은 것과 정강(停講)한 까닭을 특히 물으셔서 만일 서연관(書筵官) 가운데 간절히 강(講)하기를 청하지 않은 자가 있거나 중관(中官) 가운데 삼가 명을 전하지 않은 자가 있으면 수시로 견책을 가해 권하고 징계하는 뜻을 보이소서. 또 사부(師傅)는 달존(達尊)이 겸비하니 저부(儲副)가 공경하고 무겁게 여기는 바입니다. 바라건대 이제부터 특별히 사부에게 명해 5일마다 번갈아 한 번씩 서연에 나가서 조용히 강론하면 자연히 기질(氣質)을 함양하고 덕성(德性)을 훈도해 학업이 날로 새로워질 것입니다. 엎드려 상재(上裁)를 바랍니다.'

의정부에 내려 토의해 아뢰라고 명했다.

○ 간원(諫院)에서 다시 네 조목에 관한 소를 올렸다.

'하나, 연호둔전(煙戶屯田)[12]을 설치한 것은 본래 군량미를 준비하

---

12 연호(煙戶)에 주는 둔전(屯田)으로 연호군정(煙戶軍政)은 유방군(留防軍)·익군(翼軍)·선군(船軍)은 물론 시위패(侍衛牌)·별패(別牌)·갑사(甲士) 등의 정군(正軍)과 봉족(奉足)을 포함했는데, 군량미(軍糧米)의 부족을 보충하기 위해 연호를 대(大)·중(中)·소(小)·잔

기 위한 것입니다. 그러나 근년 이래로 수재와 한재가 서로 잇달아 풍년이 들지 못했으나 이미 정해진 부세(賦稅)가 있고 또 잡렴(雜斂)이 있는데 둔전의 세로 더하니 부렴(賦斂)을 가볍게 하는 뜻에 있어 잘못된 것 같습니다. 하물며 금년은 개천을 파는 역사와 군량의 비용으로 갈고 심는 것이 혹 시기에 미치지 못한 것이 있으니 둔전의 세를 거두는 것은 더욱 차마 못 할 일입니다. 공자(孔子)가 말하기를 "백성의 양식이 풍족하면 임금이 누구와 더불어 족하지 않으랴"[13]라고 했습니다. 바라건대 둔전(屯田)을 없애 민생을 두텁게 해야 할 것입니다.

하나, 조세(租稅)를 거두는 것은 국가의 경비(經費)여서 중하게 하지 않을 수 없습니다. 그러므로 국가에서 매번 추수 때를 당하면 반드시 경차관(敬差官)을 보내 손실(損實)을 살펴 조세의 많고 적은 것을 정하니 참으로 아름다운 법입니다. 그러나 이 법을 행한 지가 이제 이미 수년이 됐는데 탁월한 효과는 보지 못하고 한갓 주군(州郡)의 지대(支待-지원 향응)와 부서 기회(簿書期會)[14]의 번거로움만이 될

(殘)호의 4등으로 나누어 대호는 3말의 종자를 주어 15말, 중호는 2말을 주어 10말, 소호는 1말을 주어 5말, 잔호는 몇 호를 합쳐서 1말의 종자를 주어 5말을 징수했다. 호급둔전(戶給屯田)이라고도 한다.

13 『논어(論語)』「안연(顔淵)」편에 나오는 유약(有若)의 말이다. 공자의 말이라고 한 것은 잘못이다. 애공이 유약에게 물었다. "올해는 기근으로 인해 나라의 재용이 부족하니 어떻게 하면 좋은가?" 유약이 말했다. "어찌 철법을 쓰지 않습니까?" 이에 애공은 말했다. "(지금 거두고 있는) 10분의 2도 내 오히려 부족한데 어떻게 그런 철법을 쓸 수 있겠는가?" 그러자 유약은 이렇게 답했다. "백성의 양식이 족하면 군주가 누구와 더불어 부족할 것이며, 백성의 양식이 부족하면 군주는 누구와 더불어 족하겠습니까?"

14 1년의 회계(會計)를 장부(帳簿)에 기입해 기일(期日)까지 조정에 보고하던 일을 말한다. 부서(簿書)는 전곡(錢穀)을 출납하는 장부(帳簿)를 말한다.

뿐입니다. 신 등이 생각건대 감사가 재보(宰輔)의 높음과 덕망의 중함을 갖고서 한 지방의 (통치) 명령을 받아 무릇 군민(軍民) 사무의 경중과 완급을 모두 전제(專制)하는데 어찌 조세를 거두는 한 가지 일에만 따로 경차관(敬差官)을 보냅니까? 바라건대 이제부터 경차관을 보내지 말고 감사에게 위임해야 할 것입니다.

하나, 전조(前朝)가 번성할 때에 세 아들[三子]이 과거에 오른 자는 그 어머니에게 작(爵)을 봉하고 또 늠록(廩祿)을 주었던 까닭으로 다른 사람의 자식이 된 자[爲人子者]가 서로서로 권면해 그 학업을 이뤘으니 이것이 비록 전조의 법이나 권학하는 방법에 있어서 크게 도움이 있습니다. 바라건대 이제부터 만일 세 아들이 등과(登科)한 자가 있으면 한결같이 예전 제도에 의거해야 할 것입니다. 만일 녹봉(祿俸)이 선비를 권하는 것이므로 지나치게 허비할 수 없다고 한다면 저화(楮貨)를 내려주어서 특히 별도의 은총(恩寵)을 보이셔야 할 것입니다.

하나, 진상(進上)하는 정향포(丁香脯)[15]는 체제가 대단히 커 주군(州郡)에서 괴롭게 여깁니다. 바라건대 이제부터 민간의 중포(中脯)의 예와 같이 하여 적당하게 수를 정해야 할 것입니다.'

갑진일(甲辰日-21일)에 이복례(李復禮), 박재(朴梓), 심인철(沈仁哲), 박인귀(朴仁貴), 김원(金元), 박중려(朴仲呂) 등 6인을 사면했다.

○ 대사헌 유정현(柳廷顯)이 박자청(朴子靑)의 죄를 청하니 들어주

---

15 나라의 제사(祭祀)에 쓰기 위해 특별히 건조시켜 만든 어육(魚肉)의 포(脯)를 말한다.

지 않았다.

○ 안성군(安城君) 이숙번(李叔蕃)이 배를 잘 간수하는 방법을 올렸다. 아뢰어 말했다.

"우리나라가 변방을 방어하는 데는 전함(戰艦)에 힘입는데 반드시 큰 재목(材木)을 써야 하나 재목이 자라는 것이 수십 년을 기다려야 쓸 만하니 참으로 쉽지 않습니다. 배는 항상 바다에 떠 있으므로 벌레가 먹어서 몇 해가 못 돼 썩어빠집니다. 신이 듣건대 중국에서는 석회(石灰)로 배 밑을 발라서 벌레가 먹지 못하게 한다고 합니다. 우리나라의 충청·경상·전라 3도에 참나무가 많으니 석회를 만들 수 있습니다."

상이 말했다.

"그렇다. 석회(石灰)의 용도가 넓다. 궁실(宮室)을 꾸미는 것은 다만 미관(美觀)을 위하는 것이니 비록 쓰지 않더라도 괜찮지마는 분묘(墳墓)를 만드는 데는 긴절하다. 유후사(留後司), 장단(長湍), 강화(江華) 등지에 석회가 있다 하니 장인(匠人)을 보내 넉넉한지 확인하도록 하라."

일을 의정부에 내리니 모두 옳다고 했다.

을사일(乙巳日-22일)에 칠성군(漆城君) 윤저(尹柢)에게 궁온(宮醞-술)과 풍악을 내려주었다. 저(柢)가 말했다.

"신이 일찍이 안마(鞍馬-안장 갖춘 말)를 하사받았으니 은혜와 영광이 지극합니다. 신이 잔치를 준비해 의정부의 기로(耆老)와 더불어 한번 즐기고자 하는데 다만[第=但] 금주령이 엄하니 바라건대 궁온을 내려주시어 신의 뜻을 이뤄주소서."

상이 말했다.

"술과 풍악은 내려줄 수 있다. 또 시구(詩句) 한 연(聯)을 주고자 하는데 괜찮겠는가?"

대답했다.

"신이 지난날에 한 연을 배워 태조(太祖) 앞에 올렸는데 아래 세 글자는 잊었습니다. 신이 연을 짓기는 심히 어렵습니다."

상이 크게 웃고 지신사 김여지(金汝知)를 보내 술과 풍악을 내려주었다. 대사헌 유정현(柳廷顯)이 말했다.

"금주(禁酒)하는 때를 당해 술을 주는 것은 명분이 없는 것입니다."

상이 말했다.

"경의 말이 옳다."

○ 도성(都城) 좌우의 행랑(行廊)이 이뤄졌다. 궐문(闕門)에서 정선방(貞善坊) 동구(洞口)까지 행랑이 472간이고, 진선문(進善門) 남쪽에 누문(樓門) 5간을 세워서 '돈화문(敦化門)'이라고 이름 지었다. 의정부에서 창덕궁(昌德宮) 문밖의 행랑을 각사(各司)에 나눠 주어 조방(朝房)[16]으로 만들 것을 청하고 또 아뢰었다.

"금년 가을에 행랑을 수리하고 장식하는 일과 창고를 조성(造成)하는 등의 일에 유수(遊手)·승도(僧徒)와 대장(隊長)·대부(隊副)로

---

16 조신(朝臣)들이 조회(朝會) 때를 기다리기 위해 아침에 각사(各司)별로 모이던 방으로, 대궐(大闕) 문밖에 있었는데 직방(直房)이라고도 한다.

하여금 역사에 나오게 하소서."

그것을 따랐다.

병오일(丙午日-23일)에 태백성이 낮에 보였다.

정미일(丁未日-24일)에 검교한성윤(檢校漢城尹) 공부(孔俯)가 의이주(薏苡酒-율무술)를 올렸다.

무신일(戊申日-25일)에 일본국(日本國) 우구전(宇久殿)의 사인(使人)과 조와국(爪哇國) 진언상(陳彦祥)의 사인 등이 돌아간다고 했다. 조와국 사람이 말했다.

"일본국 사람들의 성품이 본래 탐욕스럽고 사나워서[貪暴]¹ 언상(彦祥)의 재물을 많이 도적질했는데 중도에 우리를 죽여서 그 형적을 없앨까 두렵습니다. 바라건대 국가에서 호송해주소서."

정부에서 아뢰어 말했다.

"한두 병선을 보내더라도 어찌 능히 탐욕스럽고 사나운 것을 막겠습니까! 또 많이 보낼 수도 없습니다."

드디어 (그냥) 갔다.

기유일(己酉日-26일)에 중관(中官) 한문직(韓文直)을 보내 회안군(懷安君) 방간(芳幹)에게 내온(內醞)을 내려주고 이어서 전라도 도관찰사(全羅道都觀察使)에게 뜻을 전해 말했다.

"(방간이) 조그만 말을 타고 감농(監農)하거나 냇가에 노니는 것을 금하지 말라.”

○ 예조에서 종친의 반(班) 차서를 올렸다. 아뢰어 말했다.

“종실의 작질(爵秩)이 이미 등차가 있으니 그 반(班)의 차서를 또한 마땅히 상고해 정해야 하겠습니다. 『문헌통고(文獻通考)』를 상고하면 송(宋)나라 신종(神宗) 원풍(元豐) 연간에 정삭(正朔)과 동지(冬至)의 조하 의주(朝賀儀註)에 삼사(三師)·삼공(三公)은 동쪽에 있어 북면(北面)하는데 서쪽을 상(上)으로 하고 친왕(親王)은 서쪽에 있어 북면(北面)하는데 동쪽을 상으로 했습니다. 빌건대 이 제도에 의거해 종실의 위판(位版)을 모두 서쪽에 베풀어 위차(位次)는 마땅히 본품(本品)의 앞에 있어 위차를 달리해 한 줄로 하고, 대군(大君)은 서쪽에 있어 동쪽을 향하며 세자(世子) 위차 뒤 두 줄쯤으로 하고, 만일 대궐 뜰이 좁으면 4품 이하는 정(正)·종(從)을 한 줄로 하소서.”

그것을 따랐다.

○ 승문원교리(承文院校理) 성개(成槪)를 보내 함주(咸州)에서 정릉(定陵) 소석(小石)에 글을 썼다. 영의정부사 하륜(河崙)이 기(記)를 지어 태조(太祖)의 공덕을 칭송하고 이어 팔릉(八陵)[17]의 사표(四標-사방 경계 표시)를 세웠다.

신해일(辛亥日-28일)에 큰비가 와서 한강(漢江)의 물이 넘쳐 양주(楊州) 선군(船軍) 한 명이 용산강(龍山江)에 빠져 죽었다.

---

17 함경도에 있는 조선 태조의 조상 중에서 추존된 4대조와 그 왕비의 능이다. 즉 덕릉(德陵), 안릉(安陵), 지릉(智陵), 숙릉(淑陵), 의릉(義陵), 순릉(純陵), 정릉(定陵), 화릉(和陵)을 가리킨다.

○ 개성유후사유후(開城留後司留後) 이문화(李文和)가 분죽(盆竹-화분에 심은 대)을 바치니 싸 가지고 온 사람에게 저화(楮貨)를 내려주었다.

○ 유장(柳章)에게 고신(告身)을 주라고 명했다.

○ 종정무(宗貞茂)의 사인(使人)이 (자기네) 백성들을 돌려보내 줄 것을 청하고 어미를 위해 『법화경(法華經)』을 구했다.

甲申朔 議政府請進肉膳. 知申事金汝知等啓曰: "期之喪 達于
갑신 삭 의정부 청진 육선 지신사 김여지 등 계왈 기지상 달우

大夫. 殿下因元尹之卒 輟肉膳者有日 請從禮典." 上曰: "明日有
대부 전하 인 원윤 지졸 철 육선 자 유일 청종 예전 상왈 명일 유

齋戒事 過明日可矣." 政府又進羊肉 不許.
재계 사 과 명일 가의 정부 우진 양육 불허

乙酉 慶尙道雨雹 損麻麥. 尙州 義城 興海 淸河 義興 缶溪
을유 경상도 우박 손 마맥 상주 의성 흥해 청하 의흥 부계

減陰 大丘 河濱 新寧也.
감음 대구 하빈 신녕 야

丙戌 進封孝寧君忠寧君爲大君 封上王宮人子元生群生爲
병술 진봉 효령군 충녕군 위 대군 봉 상왕 궁인 자 원생 군생 위

副正尹.
부정윤

罷非太祖之後而封在內諸君 元尹 正尹及外戚封君者 加置三軍
파 비 태조 지후 이봉 재내제군 원윤 정윤 급 외척 봉군 자 가치 삼군

都摠制 摠制 同知摠制 僉摠制各一 領恭安府事一 判仁寧府事
도총제 총제 동지총제 첨총제 각일 영 공안부 사 일 판 인녕부 사

二 判敬承府事一 仁寧敬承府尹各一. 以在內諸君順寧君李枝爲
이 판 경승부 사 일 인녕 경승부 윤 각일 이 재내제군 순녕군 이지 위

領恭安府事 完城君李之崇判仁寧府事 元尹李伯溫爲中軍都摠制
영 공안부 사 완성군 이지숭 판 인녕부 사 원윤 이백온 위 중군 도총제

李宏左軍摠制 李澄右軍摠制 李湛中軍摠制 李皎右軍同知摠制
이굉 좌군 총제 이징 우군 총제 이담 중군 총제 이교 우군 동지총제

正尹李興濟敬承府尹 李興發左軍同知摠制
정윤 이흥제 경승부 윤 이흥발 좌군 동지총제

李興露中軍僉摠制 李淮左軍僉摠制 李漸右軍僉摠制. 以外戚
이흥로 중군 첨총제 이회 좌군 첨총제 이점 우군 첨총제 이 외척

諸君安川君韓劍判仁寧府事 永嘉君權弘判敬承府事 光山君
제군 안천군 한검 판 인녕부 사 영가군 권홍 판 경승부 사 광산군

金漢老中軍都摠制 驪原君閔無恤左軍都摠制 安原君韓長壽
김한로 중군 도총제 여원군 민무휼 좌군 도총제 안원군 한장수

216

中軍摠制 驪山君閔無悔仁寧府尹. 唯寧安君李良祐以功臣 改封
完原府院君.

以孟思誠爲豐海道都觀察使 馬天牧全羅道兵馬都節制使.
領議政河崙上言曰: "本國樂譜皆廢 唯思誠能明其譜 使五音
諧叶. 今也受監司之命 將赴豐海道 願留之以敎樂工." 上曰:
"待見代 方許敎樂."

任添年 崔得霏 回自京師. 添年等啓曰: "皇帝待臣等甚厚 各
賜誥命一道 內廐馬三匹 寶鈔四千張 白銀一百兩 段綃各七匹."
其齎來禮部咨曰: '近準朝鮮國王咨開: "本國祖廟及社稷山川
文廟等祭 未知聖朝禮制 藩國儀式 仍用前朝王氏舊禮 深爲未便.
奏請頒降遵守." 移咨到部. 永樂十年三月初二日 本部官於
奉天門 題奏奉聖旨: "只從他本俗. 恁禮部行文書去 着他知道."'
添年等進毛子二匹 色絲甘草.

賜檢校判漢城府事李玄米豆二十石. 玄墮馬患病 故備藥資也.
賜酒恭安府尹鄭易 以治病也. 尙衣院別坐韓長祐病死 賜賻
米豆十石 紙七十卷. 上曰: "長祐雖微者 久於其職 稍有功勞 故
予憐之."

集經師三七于內庭 讀經禳災也.

丁亥 太白晝見 周分度也.

禁宮中用刑. 上謂代言等曰: "吾少也居舊京 家近巡軍 每聽

刑人之聲 心爲不平. 今於宮中 有刑人之聲 問之則小豎不供之職
형인 지성 심위 불평 금어 궁중 유형인 지성 문지 즉 소수 불공 지직

長者箠之也. 宮中用刑 皆欲禁斷 然無懲則事必廢. 自今於門外
장자 추지야 궁중 용형 개욕 금단 연무징 즉사필폐 자금 어문외

箠之 如有違者 爾司考禁." 知申事金汝知等對曰: "宮中不得
추지 여유 위자 이사 고금 지신사 김여지 등 대왈 궁중 부득

用刑 已有禁令. 今若是者 內豎過也. 敢不痛禁!"
용형 이유 금령 금약시자 내수 과야 감불 통금

戊子 太白晝見.
무자 태백 주견

上詣文昭殿 行端午祭 與宗親御便殿設酌.
상예 문소전 행 단오제 여 종친 어 편전 설작

己丑 命給五部學堂田百結. 禮曹參議許稠啓曰: "今作
기축 명급 오부학당 전 백결 예조참의 허조 계왈 금작

五部學堂 聚生徒 數至百餘 朝聚暮散 往來廢學. 其敎授訓導等
오부학당 취 생도 수지 백여 조취모산 왕래 폐학 기 교수 훈도 등

終日敎誨 亦無供億 願賜公廩." 乃有是命.
종일 교회 역무 공억 원사 공름 내유 시명

庚寅 震人四牛三. 白州人申元 白同, 延安人其每, 永平人他乃
경인 진인사우삼 배주 인신원 백동 연안 인기매 영평 인 타내

及大牛二 喬桐人崔乙珍家大牛也.
급 대우 이 교동 인 최을진 가 대우 야

雨雹于江華.
우박 우 강화

壬辰 太白晝見. 火星犯太微 右執法 隔三寸許.
임진 태백 주견 화성 범 태미 우집법 격 삼촌 허

漢城府尹尹向上書. 書曰:
한성부윤 윤향 상서 서왈

'臣比年叨承外寄 以耳目所及係干兵事者二條 上達天聰. 一
신 비년 도승 외기 이 이목 소급 계간 병사 자 이조 상달 천총 일

今除侍衛軍 先沿海次附近 移爲水軍 此誠良法也. 然沿海州郡
금제 시위군 선 연해 차 부근 이위 수군 차성 양법 야 연 연해 주군

舊屬侍衛牌者 不問射御工拙 家風實否 悉屬船軍 臣以爲未可.
구속 시위패 자 불문 사어 공졸 가풍 실부 실속 선군 신 이위 미가

夫船軍 只以一身戍海 資粧器械 不賴僕馬 故雖下戶 苟有奉足則
부 선군 지이 일신 수해 자장 기계 불뢰 복마 고수 하호 구유 봉족 즉

可 若侍衛軍 無事則番上宿衛 有事則星馳赴急 輜重僕從 皆不可
가 약 시위군 무사 즉 번상 숙위 유사 즉 성치 부급 치중 복종 개 불가

無 必須有健馬壯僕 然後當之. 願將有僕馬家風實者 雖居沿海
무 필수 유 건마 장복 연후 당지 원장 유 복마 가풍 실자 수거 연해

之地 還充侍衛之籍 以實軍額. 一 慶尙道地廣人稠 向者分鎭
左右道 兩置節制使 以統其兵. 今罷雞林道 復幷合浦. 臣竊見
雞林距合浦三百里 自合浦至寧海鎭則五百九十里也 而其軍卒盡
戍合浦 豈特遠戍之弊? 卒有不虞之變 難以應機. 願將雞林軍卒
約於中央. 若蔚州若興海置一鎭 擇遣守臣有武才者 以備緩急.'

下議政府.

賜醞于造成都監. 上曰: "行廊告訖 瓦窰役徒 亦可放遣." 時近

苦熱也.

癸巳 火星犯右執法東.

買爪蛙國人所賣秘布十匹.

甲午 太白晝見經天.

召宗親擊毬於廣延樓下 設酌賜廐馬.

全羅道兵馬都節制使馬天牧拜辭 上引見曰: "吾欲卿居京

侍衛 但卿之老母在其道 使之覲省耳. 卿嘗籍全羅侍衛軍 今爲

都節制使 不亦榮乎?" 天牧對曰: "臣之榮耀 不可勝言 何以報

上恩?" 賜衣一襲及弓矢 天牧啓曰: "南原付處監察金滋有武才

乞移付處營中 率以禦寇." 從之.

禮曹上宗親葬賻之法. 啓曰: "本國官制 以宗親大君爲正一品

諸君爲從一品 元尹正二品 正尹從二品. 葬則大君爲一等 諸君

二等 元尹正尹三等. 今者以元尹爲從二品 副元尹正三品 正尹

從三品　副正尹正四品．臣等竊謂大君諸君　元尹則其葬依已行

之例　其副元尹以下　只許致賻　若贈諡則諸君以上　有特旨　方許

議聞．"從之．

禮曹上國學事宜：

'一，養賢庫　掌諸生支應諸事．伏望成均注簿及博士一　學諭一，

兼差養賢庫使丞錄事　專任其事　使之日仕本庫　事無大小　竝令

親視．一，元朝之制　監膳生員參佐注簿　同坐食堂　先嘗侑食．

乞依此制　定監膳生員一人　參佐庫官　同坐食堂　先嘗侑食．食堂

依舊館之制　別立於外．一，諸生居處　未得其宜　夏傷熱濕　冬中

風寒者　比比有之．宜改修葺　令夏凉冬燠　庫官以時考察　如有

闕失　移文憲府治罪．一，勸課之法　以東西齋生員名桂　合置一箇

日抽一桂　講所讀書一章　幼學亦如之．每月出題爲課　毋或廢弛

須令立簿　月報本曹　以憑考察．一，兼大司成爲一時儒生標準

宜令日仕成均　敦加講勸．'

下議政府．

丙申　賜醞于造成都監．

賜倭人陸郞衣一襲．

丁酉　刑曹請工曹判書朴子青罪．子青以造成監役　坐於役徒

之間．副司直李中位騎馬過行　子青怒　拘執扶之　中位訴于刑曹．

刑曹劾問　子青不服　然事迹明著．乃啓曰："子青起自寒微　性

本狂妄 以能濟工役 見寵於上. 當其挾中位之時 宗簿判事李

暕 繕工監趙瑨 工曹正郎洪善 皆以監役官證見 及曹問之 亦

皆容隱. 乞以阿附大臣 幷罪之." 上皆不聽. 司憲府又上疏曰:

"朴子靑擅捶中位 宜罪之. 李暕等黨附子靑 皆言不捶 請幷

罪之." 上曰: "子靑但是孤蹤 非大家巨族 安有黨附之人! 子靑

自太祖時 服勤已久 位至大臣 不忍以細故盡法 宜置之." 諫院

刑曹亦劾問 上召掌務曰: "子靑之罪 小事也 何至三省皆劾問

也? 宜勿論." 上謂司諫李稑 執義韓承顏曰: "子靑之罪 非關

社稷 爾等復何言哉! 夫三省申請者 罪關宗社然後可也. 今子靑

爲義興府堂上官 中位乃軍士也. 雖治其無禮 有何罪焉! 若曰擅

辱朝士 是小罪也. 臺諫亦與於如此之事 則其於大事何? 今若是

者 以惡子靑也 其所以惡之者 以其掌工役也. 在太祖時 凡工役

之事 宦者金師幸掌之 而國人憚其工役 皆以爲師幸勸太祖興

工役 然非師幸所勸 當創都之初 凡所工役 皆出宸衷. 今日子靑

所爲 亦皆不得已之事 而出自予意 何惡子靑如是之甚耶?" 承顏

對曰: "臣等非私惡子靑也. 觀刑曹所申 子靑之挾中位明甚 公法

所當懲 而其證見李暕 趙瑨 洪善之徒 亦脅於權勢 更相容隱

或有涕泣誓之者 其於士風陋矣. 若以如此之徒 不置於法 其漸至

有恃威力而肆行狂暴 畏權勢而自相比附者矣. 無奈關風俗之

大事乎?" 上曰: "若憲司可矣 諫院何與焉! 以不緊事 滯垂成之

役 不可.” 參贊金承霔跪進曰: “子青實不捶中位 今朦朧啓達.”
역 불가 참찬 김승주 궤 진왈 자청 실 불추 중위 금 몽롱 계달

憲司遂劾問承霔. 命代言司 照律子青之罪 以不應爲 笞四十啓
헌사 수 핵문 승주 명 대언사 조율 자청 지죄 이 불응 위 태 사십 계

命勿論. 其李暕等 亦令代言司劾實 亦皆容隱 上曰: “是疑獄
명 물론 기 이간 등 역령 대언사 핵실 역개 용은 상왈 시 의옥

也 勿復擧論.” 召子青等就職. 厥後柳廷顯進曰: “子青 中位之
야 물부 거론 소 자청 등 취직 궐후 유정현 진왈 자청 중위 지

事 必一是一非 不可不辨.” 上曰: “卿等不能得情 何以罪之! 非
사 필 일시일비 불가 불변 상왈 경등 불능 득정 하이 죄지 비

予惜子青 子青質直人也. 誓以不捶 予固信之.” 廷顯曰: “中位
여 석 자청 자청 질직 인야 서이 불추 여고 신지 정현 왈 중위

亦誓焉.” 上曰: “是謂盟不足信. 如此小事 皆斷以法 則一國臣民
역 서언 상왈 시위 맹 부족 신 여차 소사 개 단이 법 즉 일국 신민

寧有安心之日乎? 非關社稷 則貸之可也.” 承霔進曰: “雖不關
영유 안심 지일 호 비관 사직 즉 대지 가야 승주 진왈 수 불관

社稷 皆告不以實 欺冒上總 不可不問.”
사직 개고 불 이실 기모 상총 불가 불문

原州 旌善 平昌 寧越等郡大水傷禾.
원주 정선 평창 영월 등군 대수 상화

戊戌 放魚于景福宮樓池. 命工曹巡禁司軍器監 捕而放之.
무술 방어 우 경복궁 누지 명 공조 순금사 군기감 포이 방지

己亥 白岳山南有石自頹 長十五尺. 命檢校漢城尹孔俯 行
기해 백악산 남유석 자퇴 장 십오 척 명 검교 한성윤 공부 행

解怪祭.
해괴제

豊海道 瑞興郡雨雹 大者如拳 小者如彈子 積五六日乃消. 傷
풍해도 서흥군 우박 대자 여권 소자 여탄자 적 오육일 내소 상

禾穀 飛禽亦死 又因雨水山崩.
화곡 비금 역사 우인 우수 산붕

是日 乃殿下誕晨 停群臣朝賀 蓋以劬勞之日也. 近年皆不受
시일 내 전하 탄신 정 군신 조하 개이 구로 지일야 근년 개 불수

賀禮.
하례

命文臣 賦盆池貯寒泉詩. 召知申事金汝知曰: “齋殿之北有
명 문신 부 분지 저 한천 시 소 지신사 김여지 왈 재전 지북 유

石泉 開渠分作兩小池 旁植花卉 其魚鳥之戲 星月之景 足爲
석천 개거 분작 양 소지 방식 화훼 기 어조 지희 성월 지경 족위

可翫. 又有葡萄一架 其下可以避暑.” 乃手筆命題曰盆池貯寒泉.
가완 우유 포도 일가 기하 가이 피서 내 수필 명제 왈 분지 저 한천

領議政府事河崙 請使藝文應敎尹淮 周覽新池形狀 以告文臣 上
許之. 淮入視之 池上鑿石爲龍頭 引水自龍口注池中 甃石爲岸
下鋪水磨石 廣可六七尺 長數丈 深一尺 有魚數十尾 下置薄以
防魚逸. 又其下 增廣十餘尺 長亦數丈 鋪於泥 種蓮其中. 於是
成石璘等數十人皆應製. 崙作序以進云:

"臣崙伏聞主上殿下 以淸讌之暇 於別殿庭西 鑿池爲盆 引泉
放魚 遂命文臣命題賦詩. 臣竊惟昔宋盛時 有釣魚賞花之會 令
諸儒臣 賦詩而歌詠之 實爲太平盛事. 今殿下乃有是命 實亦爲
我東方太平盛事之基矣. 第其池之縱橫 俱不過一丈 而池之深 又
不盈數尺 斯可見殿下儉德之一端矣."

命景福宮新樓名慶會. 上以慶會 納涼 乘雲 跨鶴 召仙 滌塵
騎龍等名 示知申事金汝知曰:"予之搆此樓 欲爲上國使臣宴勞
之所 非予遊佚之所也 實與慕華樓同義. 爾往諭河崙 定名以聞."
汝知復命 定爲慶會.

庚子 議政府請詰前司憲掌令徐甄 命勿問. 甄居衿州 有詩云:
'千載新都隔漢江 忠良濟濟佐明王. 統三爲一功安在! 却恨前朝
業不長.'改恨字書嘆字 示田可植 可植以告參贊金承霆 承霆言於
政府 請執甄問作詩之意. 上曰:"前朝之臣 不忘前朝 其情也.①
昔張良爲韓復讎 君子是之. 吾李氏 豈能與天地無窮哉? 儻李氏
之臣 有如此者 可嘉也 宜置而勿問." 厥後御廣延樓視事 顧左右

曰: "徐甄所作詩 不足問也." 大司憲柳廷顯對曰: "臣等欲問."
왈 서견 소작시 부족 문야 대사헌 유정현 대왈 신등 욕문

上曰: "甄以前朝之臣 追慕作詩 不亦善乎!" 司諫李稑進曰: "甄
상왈 견이 전조지신 추모 작시 불역 선호 사간 이륙 진왈 견

雖前朝之臣 身在我朝 不可不問." 上曰: "甄不北面朝我(我朝)
수 전조지신 신재 아조 불가 불문 상왈 견불 북면 조아 아조

豈可謂我之臣乎! 卿等必欲問之 則以伯夷之道爲非 然後可問."
기 가위 아지신 호 경등 필욕 문지 즉이 백이 지도 위비 연후 가문

代言韓尙德進曰: "此詩上句 雖美我朝 下句則慕前朝而發." 上
대언 한상덕 진왈 차시 상구 수미 아조 하구 즉모 전조 이발 상

曰: "甄於前朝 官至掌令 不見用於今而追慕之 奚爲不可! 若罪甄
왈 견어 전조 관지 장령 불견용 어금 이추모지 해위 불가 약죄견

則吉再方除職而去之 是亦不可乎?" 事遂寢.
즉 길재 방 제직 이거지 시역 불가 호 사 수침

召宗親觀擊毬 仍設酌.
소 종친 관 격구 잉 설작

賜河崙 成石璘 趙英茂廐馬各一匹.
사 하륜 성석린 조영무 구마 각 일필

辛丑 賜朴景武 趙愼言米各十石 皆芳幹之女壻也.
신축 사 박경무 조신언 미각 십석 개 방간 지 여서 야

壬寅 御廣延樓下 召宗親設酌.
임인 어 광연루 하 소 종친 설작

司諫院上疏 疏曰:
사간원 상소 소왈

'養儲副 所以端國本 不可不謹也. 今世子邸下 天性聰明 學問
양 저부 소이 단 국본 불가 불근 야 금 세자 저하 천성 총명 학문

之勤 維其時矣. 臣等嘗見書筵日記 五日之間 連講日少. 竊恐
지근 유 기시 의 신등 상견 서연 일기 오일 지간 연강 일소 절공

怠心一生 則無以成學. 願殿下每當衙朝之日 將書筵啓本 其進講
태심 일생 즉 무이 성학 원 전하 매당 아조 지일 장 서연 계본 기 진강

篇章多少 停講之故 特垂淸問 如有書筵官不切請講者 中官不謹
편장 다소 정강 지고 특수 청문 여유 서연관 부절 청강 자 중관 불근

將命者 時加譴責 以示勸懲. 且師傅 達尊兼備 儲副之所敬重
장명 자 시가 견책 이시 권징 차 사부 달존 겸비 저부 지 소경중

願自今特命師傅 每五日更次 一進書筵 從容講論 則自然涵養
원 자금 특명 사부 매 오일 갱차 일진 서연 종용 강론 즉 자연 함양

氣質 董陶德性 學業日新矣. 伏望上裁.'
기질 동도 덕성 학업 일신 의 복망 상재

命下議政府議聞.
명하 의정부 의문

諫院又上疏四條:

'一曰 烟戶屯田之設 本爲糧餉之備 然比年以來 水旱相仍 年
不登穰 旣有常賦 又有雜斂加以屯田之稅 其於薄賦斂之意 似爲
未便. 況今年則開天之役 餞糧之費 耕種或有不及時者 屯田之斂
尤所不忍. 孔子曰: "百姓足 君孰與不足!" 願罷屯田 以厚民生.

一曰 收租 國家經費 不可不重 故國家每當西成之日 必遣
敬差官 審其損實 以定租之多寡 誠爲令典. 然行此法 今已數年
未見奇效 徒爲州郡支待 簿書期會之煩而已. 臣等竊謂監司以
宰輔之尊 德望之重 受命一方 凡軍民之務輕重緩急 皆所專制.
何獨收租一事 別遣敬差! 願自今毋遣敬差 委之監司.

一曰 前朝盛時 三子登科者 奉爵其母 又賜廩祿 故爲人子者
交相勸勉 以成其學. 此雖前朝之法 其於勸學之方 大有裨益. 願
自今如有三子登科者 一依舊例. 若曰祿俸 所以勸士 不可濫費
則賜以楮貨 特示殊寵.

一曰 進上丁香脯 體制甚大 州郡病之. 願自今一如民間中脯之
例 量宜定數.'

甲辰 宥李復禮 朴梓 沈仁哲 朴仁貴 金元 朴仲呂等六人.

大司憲柳廷顯 請朴子靑之罪 不聽.

安城君李叔蕃 上畜船之法 啓曰: "我國禦邊 戰艦是賴 須用
大材 凡材木之長 待數十年可用 誠不易也. 船常浮海 爲蟲所食

不數年而腐毀. 臣聞 中國以石灰塗船底 蟲不能食 我國忠淸
불 수년 이 부훼 신문 중국 이 석회 도 선저 충 불능 식 아국 충청

慶尙 全羅三道 多有櫟木 可作石灰." 上曰: "然. 石灰之用廣矣.
경상 전라 삼도 다유 역목 가작 석회 상왈 연 석회 지용 광의

宮室之飾 但爲觀美耳 雖不用可也 於造墳則爲切矣. 留後司
궁실 지식 단위 관미 이 수 불용 가야 어 조분 즉 위절 의 유후사

長湍 江華等處有石灰 遣匠驗其實否." 事下議政府 皆曰可.
장단 강화 등처 유 석회 견장 험기 실부 사 하 의정부 개왈 가

　乙巳 賜宮醞與樂于漆城君尹柢. 柢曰: "臣嘗蒙賜鞍馬 恩榮
을사 사 궁온 여악 우 칠성군 윤저 저왈 신 상몽 사 안마 은영

極矣. 臣欲辦宴 與議政府耆老一歡 第禁酒令嚴 願賜宮醞 以成
극의 신 욕 판연 여 의정부 기로 일환 제 금주령 엄 원사 궁온 이성

臣志." 上曰: "酒與樂可賜也. 又欲賜詩句一聯 可乎?" 對曰:
신지 상왈 주 여악 가사 야 우 욕사 시구 일련 가호 대왈

"臣曩者學得一聯 進太祖前 忘下三字 臣之爲聯甚難也." 上大笑
신 낭자 학득 일련 진 태조 전 망하 삼자 신지 위련 심난 야 상 대소

遣知申事金汝知 賜醞與樂. 大司憲柳廷顯曰: "當禁酒時賜醞 是
견 지신사 김여지 사온 여악 대사헌 유정현 왈 당 금주 시 사온 시

無名." 上曰: "卿言是也."
무명 상왈 경언 시야

　都城左右行廊成. 自闕門至貞善坊洞口 行廊四百七十二間;
도성 좌우 행랑 성 자 궐문 지 정선방 동구 행랑 사백 칠십 이간

進善門之南 建樓門五間 名曰敦化. 議政府請昌德宮門外行廊
진선문 지남 건 누문 오간 명왈 돈화 의정부 청 창덕궁 문외 행랑

分給各司爲朝房. 又啓: "今秋行廊修粧 倉庫造成等事 令遊手
분급 각사 위 조방 우계 금추 행랑 수장 창고 조성 등사 영 유수

僧徒及隊長隊副赴役." 從之.
승도 급 대장 대부 부역 종지

　丙午 太白晝見.
병오 태백 주견

　丁未 檢校漢城尹孔俯進薏苡酒.
정미 검교 한성윤 공부 진 의이주

　戊申 日本國宇久殿使人及爪蛙國陳彦祥使人等告還. 爪蛙國
무신 일본국 우구전 사인 급 조와국 진언상 사인 등 고환 조와국

人曰: "日本國人性本貪暴 多竊彦祥財 恐中路殺我 以滅其迹. 願
인왈 일본국 인성 본 탐포 다절 언상 재 공 중로 살아 이멸 기적 원

國家護送." 政府啓曰: "送一兩兵船 安能禦暴! 又不可多遣."
국가 호송 정부 계왈 송 일양 병선 안능 어포 우 불가 다견

遂行.
수행

己酉 遣中官韓文直 賜醞于懷安君芳幹 仍傳旨于全羅道
기유 견 중관 한문직 사온 우 회안군 방간 잉 전지 우 전라도

都觀察使曰: "勿禁騎小馬 監農遊川."
도관찰사 왈 물금 기 소마 감농 유천

禮曹上宗親班序. 啓曰: "宗室爵秩 旣有等差 則其班序 亦
예조 상 종친 반서 계왈 종실 작질 기유 등차 즉 기 반서 역

宜考定. 稽諸文獻通考宋神宗元豐中 正至朝賀儀註 三師三公
의 고정 계 제 문헌통고 송 신종 원풍 중 정지 조하 의주 삼사 삼공

在東北面西上 親王在西北面東上 乞依此制 宗室位版 皆設於西
재동 북면 서상 친왕 재서 북면 동상 걸의 차제 종실 위판 개 설어 서

位次合在本品之前 異位一行; 大君在西當東 世子位後二行許.
위차 합재 본품 지전 이위 일행 대군 재서 당동 세자 위후 이행 허

若殿庭狹窄 則四品以下正從一行." 從之.
약 전정 협착 즉 사품 이하 정종 일행 종지

遣承文院校理成槪 書定陵小石文于咸州. 領議政府事河崙
견 승문원 교리 성개 서 정릉 소석 문 우 함주 영의정부사 하륜

作記 頌太祖功德. 仍建八陵四標.
작기 송 태조 공덕 잉 건 팔릉 사표

辛亥 大雨 漢江水溢. 楊州船軍一名溺死于龍山江.
신해 대우 한강 수일 양주 선군 일명 익사 우 용산강

開城留後司留後李文和獻盆竹 賜齎來人楮貨.
개성유후사 유후 이문화 헌 분죽 사 재래 인 저화

命給柳章告身.
명급 유장 고신

宗貞茂使人請還人口 爲母求法華經.
종정무 사인 청환 인구 위모 구 법화경

| 원문 읽기를 위한 도움말 |

① 其情也. 이때의 其는 '그 상황에 딱 맞는~'이라는 뜻이다. 예를 들어 적
기정 야   기
임자를 其人이라고 할 때의 그 뜻이다.
        기인

태종 12년 임진년
6월

六月

갑인일(甲寅日-1일) 초하루에 영흥부(永興府)의 보현사(普賢寺)와 국
창사(國昌寺)의 돌부처에서 땀이 흘렀다.

○사헌부(司憲府)에서 소(疏)를 올려 다시 박자청(朴子青)의 죄를
청했다. 소는 대략 이러했다.

'자청(子青)의 죄를 형조에서 핵문해 청했으나 내버려두고 논하지
말라고 하셨습니다. 신 등이 또한 재차 천총(天聰-임금의 귀 밝음)을
번거롭게 하니 마침내 가르침을 내려 말씀하셨습니다. "자청이 중위
(中位)를 때린 실상이 나타나지 않았으니 죄줄 수 없다." 신 등이 생
각건대 밝은 시대에 있어 비록 무인지경(無人之境)에서 간궤(奸宄)한
일을 하더라도 오히려 분변하거늘 하물며 한낮에 대도(大都) 가운데
에서 여러 사람이 함께 목격해 아는 일이겠습니까? 중위가 매를 맞
지 않고 무고했거나, 자청이 때리고 숨겼거나 반드시 이 가운데 하나
일 것입니다. 이에 사사로이 서로 숨기고 하늘을 가리켜 맹세하면서
천총을 속였으니 내버려두고 묻지 않을 수 있겠습니까? 자청의 구사
(丘史) 박진(朴眞)·지원(池元) 등은 모두 중위를 때렸다고 공사(供辭)
를 바쳤고, 이간(李暕)·조진(趙瑨)·홍선(洪善)의 무리는 때리지 않
았다고 증언했으니 이 또한 분변하지 않을 수 없습니다. 청컨대 위의
세 사람의 직첩을 거두고, 지원·박진 등과 대변(對辨)해 밝게 그 죄
를 바로잡아야 할 것입니다.'

윤허하지 않았다. 장무지평(掌務持平) 이하(李賀)를 불러 말했다.

"자청이 굴복하지 않으니 만일 초사(招辭)를 받고자 하면 반드시 매질을 해야 하겠는데 작은 일로 대신을 매질하는 것이 가하겠느냐?"

하(賀)가 대답했다.

"일은 비록 작으나 왕지(王旨)를 받들고 묻는데 사실대로 대답하지 않으니 매질을 한들 무엇이 해로울 것이 있습니까?"

상(上)이 노해 말했다.

"너희는 공의(公義)로 논청(論請)하는데 과인은 사정으로 결단하니 언책(言責)이 있는 자가 그 말대로 되지 않으면 어찌 옛 제도가 없느냐? 내가 듣건대 너희 헌부에서 정부의 사주(使嗾)로 굳이 청한다고 하니 정말이냐?"

대답했다.

"어찌 그럴 리가 있겠습니까?"

또 정부 사인(政府舍人) 김효손(金孝孫)을 불러 말했다.

"정부에서 헌사를 사주해 자청의 죄를 청한다고 하니 그런 일이 있느냐?"

대답했다.

"신은 알지 못합니다. 만일 그런 일이 있다면 신이 어찌 알지 못하겠습니까?"

상이 말했다.

"지의정부사(知議政府事) 박신(朴信)이 내게 말하기를 '자청(子青)과 중위(中位) 가운데 반드시 상을 속인 자가 있을 것이니 자세히 물어서 정상을 아는 것이 좋겠습니다'라고 했고, 대사헌이 조금 뒤에 청하기를 '정부에서 또한 추국해 분변하고자 합니다'라고 했고, 참찬(參贊) 김승주(金承霍)가 잇달아 말하기를 '정부의 뜻이 이와 같은 까닭으로 박신으로 하여금 아뢰게 한 것일 뿐입니다'라고 했다. 내가 이 말을 들었기 때문에 이런 물음이 있는 것이다."

또 대언 등에게 일러 말했다.

"나라 사람들이 자청을 미워하는 것은 토목(土木)의 역사 때문이다. 송도(松都)의 경덕궁(敬德宮)과 신도(新都)의 창덕궁(昌德宮)은 내가 거처하는 곳이요, 모화루(慕華樓)와 경회루(慶會樓)는 사신을 위한 곳이요, 개경사(開慶寺)와 연경사(衍慶寺)는 고비(考妣)¹를 위한 곳이요, 성균관(成均館)을 짓고 행랑(行廊)을 세우는 것 또한 국가가 그만둘 수 있는 일이겠느냐? 이러한 역사(役事)는 비록 다른 재상(宰相)에게 명해 감독하게 하더라도 명령에 따르지 않겠느냐? 자청이 부지런하고 삼가서 게을리하지 않았는데 도리어 남에게 미움을 받으니 안 될 일이 아니겠느냐? 조성제조(造成提調)를 마땅히 다시 사람을 택해 아뢰라."

정부에서 아뢰었다.

"자청이 일을 알고 또 부지런하니 바꿀 수 없습니다."

○ 제용소감(濟用少監) 문조(文造)에게 장(杖) 100대를 때렸다. 사헌부에서 소를 올렸다.

'흥종(興宗-손흥종)의 딸 손씨(孫氏)가 가재(家財)를 돌려받는 일 때문에 친히 제용감(濟用監)에 이르렀을 때 소감(少監) 문조가 그를

---

1 돌아가신 어머니를 가리키는 말이다.

보고서 아름답게 여겨 그 남편 김척(金滌)이 버렸던 초기를 틈타 급
급하게[汲汲] 구혼했으니 사풍(士風)을 더럽힘이 있습니다. 척(滌)이
비록 버렸더라도 아직 새로 장가들지 않았으니 손씨로서는 마땅히
절개를 지켜야 할 텐데 문조를 보고 드디어 구혼에 응했으니 실로
부도(婦道)를 무너뜨렸습니다. 빌건대 문조와 손씨에게 밝게 그 죄를
다스려서 풍속을 바로잡아야 할 것입니다.'

(두 사람) 모두에게 장(杖)을 때리라고 명했다.

○ 대호군(大護軍) 전맹겸(全孟謙)을 순금사(巡禁司)에 내려 태(笞)
40대를 때렸다. 애초에 맹겸(孟謙)이 중 장원심(長願心)과 더불어 저
잣거리 사람의 생선을 빼앗았다. 경시(京市)에서 사람을 보내 쫓아가
니 맹겸이 크게 노해 그를 붙잡아서 때리고 이어 그 옷을 벗겼다. 경
시서(京市署)[2]에서 헌사(憲司)에 갖춰 보고해 그 죄를 핵실해 청하니
상이 숙빈(淑嬪-세자빈)의 친척이라 해 용서했다. (그런데) 맹겸이 뉘
우치는 마음이 없고 그 옷을 돌려보내지 않으므로 경시에서 다시
헌사(憲司)에 보고해 또다시 청한 때문이었다.[3] 맹겸은 곧 김한로(金
漢老)의 처제(妻弟-처남)이다.

○ 총제(摠制) 최윤덕(崔閏德)을 순금사(巡禁司)에 가뒀다. 윤덕(閏
德)이 순패(巡牌)를 달지 않아 의흥부(義興府)에서 청한 때문이었다.
조금 뒤에 석방했다.

2 고려조와 조선 초기에 물가의 조정, 상인의 감독, 세과(稅課)의 감독을 맡아보던 서울의
   관아(官衙)다. 나중에는 저화(楮貨)의 유통과 도량형(度量衡)을 관장했다.
3 애초에는 용서했다가 결국 태 40대를 때렸다는 말이다.

을묘일(乙卯日-2일)에 유성(流星)이 오제좌(五帝座)에서 나와 소보(小輔)로 들어갔는데 모양이 됫박[升]과 같았다.

○ 상이 상왕전(上王殿)에 나아가 (상왕을) 봉영(奉迎)해 본궁(本宮) 수각(水閣)에 이르러 잔치를 베풀어 극진히 즐겼다.

○ 경복궁(景福宮)을 수리하라고 명했다. 의정부에 뜻을 전해 말했다.

"경복궁은 태조가 창건한 것이니 비워두거나 폐할 수가 없으므로 내가 행차하고자 한다. 또 사신을 접대하는 곳이니 궁무(宮廡-처마)에 쌓아둔 군자감의 쌀을 빨리 옮겨라."

정부에서 아뢰어 말했다.

"바라건대 의창(義倉) 곡식의 예에 의거해 꿔주소서."

그대로 윤허했다[兪允].

병진일(丙辰日-3일)에 사헌부에서 소(疏)를 올려 김승주(金承霔)와 박신(朴信)의 죄를 청했다. 소는 대략 이러했다.

"자청(子靑)과 중위(中位)의 일을 추핵(推覈)하는 것이 본래 정부의 의견이 아닌데 신이 말하기를 '자기 뜻으로 아뢰었다'라고 하고, 승주는 망령되게 아뢰기를 '본부에서 박신을 시켜 아뢰게 했다'라고 했으니 모두 정부 대신의 의리를 잃었습니다. 바라건대 상께서 재결하소서."

상이 말했다.

"일단은 그냥 두라."

○ 영의정부사 하륜(河崙)이 가곡(歌曲)을 지어 올렸다. 농부(農夫)를 생각하는 곡조 4장(章), 잠부(蠶婦)를 생각하는 곡조 4장, 가언(嘉

言-아름다운 간언)을 올리는 곡조 8장이었다.

○ 경상도 창녕(昌寧) 향교(鄕校)의 계집종 소지장(小支莊)이 아들을 낳고 닷새 건너서[越] 또 아들과 딸을 낳으니 쌀을 내려주라고 명했다.
_월

정사일(丁巳日-4일)에 영의정부사 하륜에게 명해 경회루(慶會樓) 기(記)를 짓게 하고 호조판서 한상경(韓尙敬)이 그것을 썼다.

무오일(戊午日-5일)에 이조에서 종친에게 반록(頒祿)하는 제도를 올렸다. 아뢰어 말했다.

"정1품 완원부원군(完原府院君) 이양우(李良祐)와 영공안부사(領恭安府事) 이지(李枝)는 일찍이 재내제군(在內諸君)으로서 종1품의 녹을 받았으니 마땅히 예전대로 하고, 종2품 원윤(元尹)은 정4품 녹과(祿科)에 준하고[擬=準], 정3품 부원윤(副元尹)은 종4품 녹과에 준하고, 종3품 정윤(正尹)은 정5품 녹과에 준하고, 정4품 부정윤(副正尹)은 종5품 녹과에 준해 반사(頒賜)하소서."

그것을 따랐다.

○ 형조도관(刑曹都官) 좌랑(佐郞) 황득수(黃得粹)를 파직했다. 사헌부에서 아뢰어 말했다.

"후사(後嗣)가 없는 사람 가운데 전계(傳繼)가 없는 노비(奴婢)를 일찍이 속공(屬公)한 것은 다시 거론하지 말라고 이미 드러난 법령[著令]이 있습니다. (그런데) 전 소감(少監) 남봉생(南鳳生)이란 자가 그 후사가 없는 삼촌숙모(三寸叔母)의 노비로서 일찍이 가주(嘉州)
_{저령}

고을에 속한 것을 도관(都官)에 소송했고 또 전계(傳繼-노비 상속)도 없는데 좌랑 황득수가 오결(誤決)해주었으니 청컨대 법대로 논해야 할 것입니다."

상이 그대로 따랐다. 대언(代言) 한상덕(韓尙德)이 아뢰었다.

"율문에 있기를 응의자(應議者)[4]의 아들, 사위, 아우, 조카가 법을 범하면 반드시 계문해 왕지를 취하라'라고 했는데 득수는 공신 홍

---

4 범죄자 가운데 여러 관부에서 합좌(合坐)해 그 형벌의 등급을 신중히 토의해 정해야 할 사람을 가리킨다. 팔의(八議)에 드는 사람들이 여기에 속하는데 조선 초기의 『대명률직해(大明律直解)』에서는 이들이 범죄를 저지를 경우 그의 범죄 사실과 팔의에 드는 상황을 기록해 임금에게 보고하고 집의(集議)할 것을 청한 후 간원(諫院)·형부(刑部) 등 여러 관부에서 모여 그의 죄를 논의하고 다시 그 사실을 임금에게 주문(奏聞)해 임금의 최종 재가를 기다려야 한다고 규정하고 있다. 팔의(八議)란 법을 어겼을 경우 이에 해당하는 형법으로 처벌되지 않고 조정 중신들의 평의(評議)를 거쳐 형량을 경감받는 조선시대 여덟 종류의 특권계층을 가리킨다. 팔의는 의친(議親), 의고(議故), 의공(議功), 의현(議賢), 의능(議能), 의근(議勤), 의귀(議貴), 의빈(議賓)을 말하는데 모두 '평의한다'는 의미의 의(議)가 들어가서 붙여진 용어다. 『대명률』에 규정된 팔의의 범위는 다음과 같다. ① 의친: 황실의 일정 범위의 친족을 대상으로 하며, 범위는 오복(五服)을 기준으로 했다. 황족을 팔의에 포함시키는 것을 정당화하기 위해 친친(親親)의 논리가 동원되었다. 이 대상에는 황제의 친족, 태황태후와 황태후의 친족, 황후의 친족, 황태자비의 친족이 포함된다. 황제의 친족은 단면이상친(袒免以上親)이 포함됐다. 이는 현 황제를 기준으로 볼 때 황제 고조의 형제, 증조의 종형제, 할아버지의 재종형제, 아버지의 삼종형제 그리고 황제 자신의 사종형제로서 동 5대조(同五代祖) 10촌 이내가 해당됐다. 태황태후와 황태후의 친족은 시마 이상친(總麻以上親)이 포함됐다. 이는 태황태후 또는 황태후 증조의 형제, 할아버지의 종형제, 아버지의 재종형제 그리고 자신들의 삼종형제로서 동 고조 8촌 이내가 해당됐다. ② 의고: 황실과 오랫동안 알고 지낸 사람을 의미한다. 이는 평소에 황제를 옆에서 모시면서 특별히 은혜를 입은 지가 오래됐기 때문에 팔의에 들어갔다. ③ 의공: 국가에 지대한 공이 있어서 그 훈공이 공식적으로 등록된 사람을 의미한다. 이들은 대체로 전쟁에서 공을 세운 사람들이었다. ④ 의현: 커다란 덕행이 있는 현인군자로서 그 언행이 법칙이 될 만한 사람을 의미한다. ⑤ 의능: 큰 재주와 학업을 갖춰 군대를 통솔하고 정사를 다스려 제왕의 보좌가 되거나 인륜의 사표가 될 만한 사람이다. ⑥ 의근: 대장군이나 관리 중에 성실하게 관직을 지켜 이른 아침부터 밤늦게까지 봉공하거나, 혹은 먼 곳에 사신으로 가서 어려움을 겪는 등 큰 근로가 있는 사람을 의미한다. ⑦ 의귀: 작(爵) 1품과 문무직사관 3품 이상 및 산관 2품 이상이 해당된다. ⑧ 의빈: 전 왕조의 제사를 받드는 사람으로서 국빈(國賓)이 된 사람을 의미한다.

서(洪恕)의 사위입니다."

상이 말했다.

"정부에서 일찍이 말하기를 '공신의 사위로서 법을 범한 자를 모두 논하지 않으면 죄를 범하는 사람이 많을 것입니다'라고 했으니 다시 토의해 아뢰도록 하라."

정부에서 아뢰었다.

"응의자(應議者)의 자서제질(子壻弟姪)이 죄가 있으면 법관이 말을 갖춰 아뢰고 상께서 그 경중에 따라 그때그때 재단하는 것이 대단히 의리에 부합합니다."

상이 말했다.

"공신녹권(功臣祿券)에 있기를 '용서하는 것이 후세에 미친다'라고 했는데, 후세라는 것은 자손을 이르는 것이고 사위를 이르는 것이 아니다. 그러나 인정으로 보면 (사위는) 다른 사람에 비할 바가 아니다. 지금 득수를 이미 순금사에 내렸으니 마땅히 면직하고 고신을 거둬 수군(水軍)에 편입시키고 억지로 변명한 자인 남봉생은 율에 의거해 과죄하라."

○ 의정부지사(議政府知事) 이응(李膺)이 나아와 말했다.

"지금 저화(楮貨)가 심히 천시당해 쌀로 바꾸는 자가 없어 여리(閭里)에서 곤란을 겪고 있습니다. 일찍이 외관(外官)에 보낸 저화가 관부(官府)에 쌓여 있어 만일 죄를 범한 자가 있으면 면포(綿布) 따위의 물건을 거두는 것으로 계산해 저화로 충당하고 서울로 실어 바치며 말하기를 '속(贖)을 거둔 저화 몇 장이다'라고 합니다. 이것으로 인해 백성들이 구해서 비축할 뜻이 없으니 국가에서 속을 받는 계책에 어그러짐이 있습니다."

상이 말했다.

"저화를 거두고 흩어지게 하는 법이 있는데 지금 많이 흩어지게 하고는 거두지 않으니 어찌 천하지 않을 수 있겠는가? 일단은 마땅히 저지하도록 하라."

기미일(己未日-6일)에 기신재(忌晨齋) 행향사(行香使)의 관복(冠服) 제도를 정했다. 애초에 상이 예조에 명했다.

"무릇 기재(忌齋)의 행향사가 홍포(紅袍)를 입는 것은 잘못이다. 마땅히 상정(詳定)해 아뢰라."

이때에 이르러 예조에서 말씀을 올렸다.

"『문공가례(文公家禮)』를 살펴보면 '기일(忌日)에 술도 마시지 않고 고기도 먹지 않으며 음악도 듣지 않고 검은 건[黲巾], 흰 옷[素服], 참건   소복
흰 띠[素帶]로 거처하며 저녁에는 밖에서 잔다'라고 했습니다. 지금 소대
부터 기일의 복장을 한결같이 『가례』에 따르소서. 빌건대 선왕(先王) 선후(先后)의 기일에 행향사의 복장도 또한 흰 베옷[白布], 사모(紗 백포
帽), 각대(角帶)를 쓰게 하소서."

그것을 따랐다.

○ 예조우참의(禮曹右參議) 허조(許稠)가 글을 올렸다. 글은 대략 이러했다.

'신이 궐리(闕里)[5]에 들어가 선성(先聖-공자)을 뵙고 교수관(敎授官)

---

5   공자(孔子)가 태어난 고향으로 산둥성[山東省] 곡부현(曲阜縣)에 있다.
                                                        산둥성

채평(蔡平)에게 묻기를 '지나는 주현(州縣)의 학교에 모두 동중서(董仲舒, 기원전 170~120년)[6]가 있고 양웅(楊雄, 기원전 53~18년)[7]은 없으니 무슨 까닭인가?'라고 하니 대답하기를 '건문(建文)[8] 연간에 예관(禮官)이 헌의(獻議)하기를 '동중서(董仲舒)로 양웅(楊雄)을 대신하자'라고 했으니 이는 양웅이 왕망(王莽)의 대부(大夫)인 까닭이라고 했습니다. 또 묻기를 '허노재(許魯齋)[9]를 종사한 것은 어느 시대부

---

6 젊어서 『춘추공양전(春秋公羊傳)』을 공부했다. 경제(景帝) 때 박사(博士)가 됐다. 무제(武帝) 때 현량대책(賢良對策)으로 백가(百家)를 몰아내고 유술(儒術)만을 존중할 것을 주장했는데 무제가 받아들여 이후 2,000년 동안 유학(儒學)이 정통 학술로 자리하는 계기를 만들었다. 일찍이 강도상(江都相)과 교서왕상(膠西王相)을 지냈다. 나중에 병을 이유로 사직하고 학문 연구와 저술에만 힘썼다. 항상 장막을 치고 제자를 가르쳤기 때문에 그의 얼굴을 모르는 제자도 있었다. 학문은 유학을 중심으로 하면서도 음양오행(陰陽五行)과 천인감응(天人感應) 같은 체계도 갖추고 있었다. 천도(天道)와 인사(人事)가 서로 부응한다고 해 군신(君臣)과 부자(父子), 부부(夫婦)의 도리도 모두 천의(天意)에서 나온다고 하면서 "하늘이 바뀌지 않으면 도리도 바뀌지 않는다"라고 주장했다. 나중에 자신의 학설로 말미암아 투옥되는 등 파란만장한 생애를 살았다. 저서에 『동자문집(董子文集)』과 『춘추번로(春秋繁露)』 등이 있다.

7 어릴 때부터 배우기를 좋아했고 많은 책을 읽었으며, 사부(辭賦)에도 뛰어났다. 청년 시절에 동향 선배인 사마상여(司馬相如)의 작품을 통해 배운 문장력을 인정받아 성제(成帝) 때 궁정문인의 한 사람이 되었다. 40여 세 때 처음으로 경사(京師)에 가서 문장으로 부름을 받아 성제의 여행에 수행하며 쓴 「감천부(甘泉賦)」와 「하동부(河東賦)」, 「우렵부(羽獵賦)」, 「장양부(長楊賦)」 등을 썼는데, 화려한 문장이면서도 성제의 사치를 꼬집는 풍자도 잊지 않았다. 급사황문시랑(給事黃門侍郎)에 임명됐다. 나중에 왕망(王莽) 밑에서도 일해 대부(大夫)가 됐다. 천록각(天祿閣)에서 책을 교정했다. 시대에 적응하지 못한 자신의 불우한 원인을 묘사한 「해조(解嘲)」와 「해난(解難)」도 독특한 여운을 주는 산문이다. 학자로서 각 지방의 언어를 집성한 『방언(方言)』과 『역경(易經)』에 기본을 둔 철학서 『태현경(太玄經)』, 『논어(論語)』의 문체를 모방한 『법언(法言)』, 『훈찬편(訓纂篇)』 등을 저술했다.

8 명나라 혜제 연호다.

9 이름은 형(衡)이다. 원(元)나라의 유학자로, 원나라의 주자학을 대표했다. 주자가 편찬한 『소학(小學)』을 특히 중시했다. 세조 쿠빌라이의 신임이 두터워 경조제학(京兆提學) 국자좨주(國子祭酒) 등의 요직을 맡았으며, 후에 실천도덕을 주로 한 강학을 계속했다.

터 시작됐는가?'라고 하니 대답하기를 '원(元)나라 때 시작됐다'라고 했습니다. 빌건대 중국의 제도를 따라서 동중서 허노재를 양무(兩廡)에 종사하게 하고 양웅은 아울러 제사하게 하지 마소서. 또 동평주(東平州)의 관리에게 들으니 말하기를 '고을에 요(堯)임금의 사당이 있는데 조정에서 해마다 사람을 보내 제사한다'라고 했습니다. 경사(京師)에 이르니 이부상서(吏部尙書) 건의(蹇義)가 신 등에게 묻기를 '기자(箕子)의 후손이 있는가? 또한 사시(四時)의 제사를 행하는 자가 있는가?'라고 했습니다. 신이 대답하기를 '후사(後嗣)는 없다. 그러나 본국에서는 소재지 고을의 수령에게 명해 (제사를) 행한다'라고 했습니다. 신이 생각건대 본국에서 기자가 있는 것은 중국에서 요임금이 있는 것과 같습니다. 빌건대 기자 사당은 조정에서 요임금을 제사하는 예에 의해 제사하소서.'

예조에 내리라고 명했다. 하륜(河崙)이 또한 일찍이 건의해 조선(朝鮮)의 단군(檀君)을 제사할 것을 청했다. 예조에서 참상(參詳)해 말했다.

"기자의 제사는 마땅히 사전(祀典)에 싣고 춘추(春秋)에 제사를 드려 숭덕(崇德)의 의를 밝혀야 합니다. 또 단군(檀君)은 실로 우리 동방의 시조이니 마땅히 기자와 더불어 함께 한 사당[廟]에 제사 지내야 합니다."

그것을 따랐다.

○ 사헌부에서 우정승(右政丞) 조영무(趙英茂)의 죄를 청했다. 출궁(出宮)한 여자를 첩으로 삼았기 때문이다. 상이 영무(英茂)가 탄핵을 당했다[被劾=見劾]는 말을 듣고 사헌지평(司憲持平) 이하(李

賀)를 불러 말했다.

"내가 즉위한 지 2년에 김주(金湊)의 기첩(妓妾)의 딸 관음(觀音)의 나이 겨우 10세였는데 궁중에 들어왔다가 기생의 소생인 까닭으로 다섯 달을 있다가 도로 나가서 시집가는 것을 허락했다. 지금 이미 10여 년이 됐고 영무가 첩을 삼은 지도 이미 오래다. 무슨 까닭으로 지금에야 탄핵해 문제 삼는가[問]?"
_문

하(賀)가 대답했다.

"역(役)을 피하는 관노비(官奴婢)를 추쇄(推刷)함으로 인해 진양(晉陽) 기생 벽도(碧桃)의 딸 관음이 영무의 첩이 된 것을 알았습니다. 그래서 탄핵한 것입니다."

또 소를 올려 죄를 청하니 윤허하지 않았다. 대사헌 유정현(柳廷顯)이 다시 청했다.

"영무가 신하의 예를 크게 잃었으므로[大失] 전일에 소를 올려 죄를 청했으나 그대로 하라는 윤허를 얻지 못했습니다. 신 등이 생각건대 이 여자는 상께서 비록 가까이하지 않았더라도[未御] 궁중에 있은 지 다섯 달 만에 나갔으니 궁녀인 것이 분명합니다."

상이 말했다.

"영무는 공신이니 죄를 줄 수 없다. 내가 그래서 멈추게 하는데도 경 등이 굳게 청하고 있다. 그렇다면 어떻게 죄를 줄 것인가?"

정현(廷顯)이 대답했다.

"신하가 불경한 마음이 있는데 신 등이 법을 쥔 관원이 되어 그 죄를 청하지 않는다면 그 죄가 같으니[均=同] 이는 신 등이 굳게 청해 사양하지 않는 까닭입니다. 이제 명하시기를 '어떻게 죄를 줄 것인가?'라고 하셨습니다. 신 등이 생각건대 신하가 불경한 죄가 있으면 어찌 그 율이 없겠습니까? 또 영무가 이와 같은 행실이 있으면서 백료(百僚)의 장으로 있으니 신 등이 함께 한 나라의 신하가 된 것을 진실로 마음 아파합니다."

상이 말했다.

"관음이 비록 일찍이 궁내에 들어왔으나 가까이하지 않은 자이고 또 일찍이 풍문 공사(風聞公事)[10]를 행하지 말라는 명이 있었는데 경 등이 풍문으로 굳게 청하는 것이 될 일인가? 다시는 말하지 말라."

상이 좌대언(左代言) 이관(李灌)을 영무의 집에 보내 말했다.

"헌사가 비록 죄를 굳게 청하더라도 내가 따르지 않을 것이니 이에 경은 조금도 근심하지 말라."

영무가 돈수(頓首)해 사례했다.

"성은이 널리 미치시니 신의 기쁘고 감사한 마음을 말로 다하기 어렵습니다. 그러나 신이 재주도 없이[不才] 묘당(廟堂)에 있은 지 이
부재
제 이미 7년이 됐는데 여러 번 헌사의 탄핵을 입었으니 부끄러워서 얼굴이 붉어짐[羞赧]을 이기지 못하겠습니다. 빌건대 신의 직책을 파
수난
면해 뛰어난 사람으로 대신하소서."

상이 대언 등에게 일러 말했다.

"우정승이 이때에 교체되면 사람들이 말하기를 '이 죄 때문이다'라고 할 것이다."

---

10 소문으로 듣고 그 사실을 조사하던 일을 가리킨다. 사헌부에서 관리의 풍기에 관한 일이나 규문(閨門)의 음란에 관한 따위를 소문으로 듣고 조사해 사실이면 과죄(科罪)했다.

사간원에서 소를 올려 말했다.

'신 등이 듣건대 영무가 궁인 관음을 첩으로 삼았는데 헌사에서 추핵(推劾)해 거듭 청해 불경한 죄를 바로잡고자 했으나 전하께서 특별히 너그러운 은혜를 베풀어 유윤(兪允)을 내려주지 않았습니다. 신 등이 생각건대 전(傳)에 이르기를 '남의 신하가 된 자는 경(敬)에 머문다'[11]라고 했으니 만일 경이 없으면 어떻게 군신(君臣)이 될 수 있겠습니까? 저 관음이란 자가 궁에서 나간 지 얼마 아니 됐는데 영무가 감히 첩으로 삼았으니 정욕을 부리고 예를 어겨[縱情踰禮] 군상(君上)을 공경하지 않은 것이요[不敬], 대신다운 행실이 어디에 있습니까? 바라건대 전하께서는 헌사의 신청에 의거해 불경한 죄를 징계하소서.'

따르지 않았다.

경신일(庚申日-7일)에 동북면(東北面) 예원군(預原郡) 관음사(觀音寺) 북쪽 굴(窟)에 있는 부처가 땀을 흘렸다.

○ 경상도 비옥(比屋) 사람 2명이 벼락을 맞았다.

신유일(辛酉日-8일)에 일본 일기주(一岐州) 사람이 와서 토산물을 바쳤다.

---

11 『대학(大學)』에 나오는 말이다. 머문다[止]는 것은 그런 마음을 오랜 간직한다는 뜻이다. 즉 자식이 효도에 오래 머물러야 하듯이 신하는 경에 오래 머물러야 한다는 말이다.

임술일(壬戌日-9일)에 다시 조영무(趙英茂)를 우정승으로 삼았다. 탄핵을 당했었기 때문이다.

○ 경상도 도관찰사 안등(安騰)이 병으로 사직하니 한성윤(漢城尹) 한옹(韓雍)으로 교체했다. 병조참의(兵曹參議) 양수(梁需, ?~?)[12]를 폄출(貶出-좌천)해 강릉대도호부사(江陵大都護府使)로 삼았다. 수(需)가 일찍이 형조참의가 돼 남봉생(南鳳生)의 노비를 잘못 판결한 때문이었다. 수가 배사(拜辭)하니 상이 말했다.

"경이 오결한 죄는 법적으로 마땅히 면직해야 하겠으나 경은 내 옛 친구이고 또 일본에 사신으로 가서 나라에 공이 있으므로 차마 산직(散職)[13]에 두지 못하고 명해 강릉을 지키게 하는 것이다. 자급(資級-품계)을 승진시키지 않은 것은 좌천한 때문이다."

수가 대답했다.

"은혜가 지극합니다. 다만 아내의 병이 위독해 걱정일 뿐입니다."

상이 말했다.

"네가 벼슬을 면하고자 하는가?"

대답했다.

---

12 1382년 문과에 동진사(同進士)로 급제했다. 해주목사(海州牧使), 형조참의(刑曹參議), 강화부사(江華府使) 등을 지냈다. 1410년 2월 회례사(回禮使)가 돼 일본 국왕 아시카가 요시모치(足利義持)에게 서계(書契)와 부물(賻物)로 백세저포(白細苧布)·흑세마포(黑細麻布) 각 25필(匹), 인삼(人蔘)·송자(松子) 각 50근(斤), 잡채화석(雜彩花席) 10장(張), 호피(虎皮)·표피(豹皮) 각 1령(領), 전물(奠物)로 백세저포·흑세마포 각 10필, 청주(淸酒) 100병(瓶) 등을 전하기 위해 파견됐으나 도중에 바다에서 해적을 만나 약탈당했다. 1411년 1월에 아시카가 요시모치가 보내는 답서(答書)와 예물을 가지고 돌아왔다. 태종은 그가 사신으로 갔다가 도둑에게 약탈당한 것을 불쌍히 여겨서 쌀 20석과 저화(楮貨) 100장(張)을 하사했다.

13 일정한 직임(職任)이 없는 관직을 일컫는 말이다.

"벼슬을 면하고자 하는 것은 아니고 오직 가까운 고을을 원할 뿐입니다."

상이 말했다.

"일단은 가지 말라."

○ 세자에게 명해 경회루(慶會樓) 편액(扁額)을 크게 썼다.

○ 남봉생(南鳳生)의 부처(付處-유배)를 면해주라고 명했다. 전 내자주부(內資注簿) 남성지(南成至)가 글을 올려 애소(哀訴)했다.

"신의 애비 봉생(鳳生)이 나이 지금 일흔하나인데 죄를 받아 부처됐으니 빌건대 신의 몸으로 대신하게 해주소서."

상이 불쌍히 여겨 면해주었다.

계해일(癸亥日-10일)에 경회루에 행차해 술자리를 베풀었는데 세자 종친 부마(駙馬)가 연회를 모셨다[侍宴].
시연

○ 우정승 조영무(趙英茂)가 글을 올려 사직하니 허락하지 않았다. 좌대언 이관(李灌)을 보내 (사직서를) 되돌려주고 이어 명했다.

"대간(臺諫)이 비록 청하더라도 내가 경의 충성스럽고 곧은 것[忠直]을 잘 아니 믿고서 혐의하지 말라. 대간의 말은 그 직책(에서
충직
나온 것일 뿐)이다."

갑자일(甲子日-11일)에 명해 물을 이용한 맷돌[水碾]과 물레방아
수년
[水砧]를 만들었다.
수침

○ (일본) 일기주(一岐州) 상만호(上萬戶)가 사람을 시켜 예물(禮物)을 바치고 (붙잡았던) 사람들을 돌려보냈다.

병인일(丙寅日-13일)에 사헌부에서 소(疏)를 올려 다시 조영무(趙英茂)의 죄를 청했다. 소는 대략 이러했다.

'전일에 영무(英茂)의 죄를 소를 갖춰 아뢰었는데 그냥 두고서 묻지 않으시고 이어 그 직위를 회복시켰습니다. 신 등은 가만히 생각건대 정승은 백관의 사표(師表)이니 이른바 자기를 바로잡고서 임금을 바르게 하는[正己而格君] 자입니다. 만일 적합한 사람[其人]이 아니면 어떻게 백관을 바로잡겠습니까? 지금 영무가 원훈(元勳-으뜸 훈신)으로서 직책이 이런 소임에 있는데 불경하고 무례한 죄를 범했으니 조금도 재상의 체통이 없습니다. 어찌 뻔뻔하게[靦然] 묘당(廟堂)의 오른쪽에 앉아 있을 수 있겠습니까? 엎드려 바라옵건대 비록 견책은 가하지 않더라도[加譴] 그 직사를 파해 조정(朝廷)을 무겁게 하고 강상(綱常)을 바로잡아야 할 것입니다.'

상이 말했다.

"상소 안에 '비록 견책은 가하지[加譴] 않더라도 그 직사를 파해'라는 말이 있는데 견책을 가한다는 뜻이 어떠한 것인가, 그 직사를 파하면 견책을 가하는 것이 아닌가? 헌사(憲司)에서 어찌 사람의 죄를 청하면서 말이 곧지 않은가[不直]? 영무는 이씨(李氏)의 사직(社稷)을 지탱해주는 신하이고 또 나의 원훈(元勳)이니 영구히 서용(敍用)하지 않을 수 있겠는가?"

대사헌 유정현(柳廷顯)이 나아와 말했다.

"영무의 행실이 백료(百僚)의 위에 합당치 않은 까닭으로 다만[止] 파직만을 청한 것일 뿐입니다. 뒤에 다시 쓰는 것은 전하에게 달려 있습니다."

상이 말했다.

"지금 불량(不良)하다고 하여 파직하면 이는 영구히 폐고(廢錮)하는 것이다."

드디어 지신사(知申事) 김여지(金汝知)에게 명해 가견(加譴) 두 글자의 뜻을 풀어내게 하니 대답했다.

"견책을 가하는 것[加譴責]을 말하는 것입니다."
_{가 견책}

상이 말했다.

"이 여자의 일은 내가 아주 훤히 알고 있다. 뽑혀 들어온 지 다섯 달 동안에 하루도 가까이서 모신 일이 없고 오래도록 행랑(行廊)에 있었는데 궁중 사람들이 모두 어리석고 미혹하다[愚惑]고 말하기 때문에 나가서 시집가라고 명했다. 마침[適] 행차가 있었기에 다섯 달을 머물렀을 뿐이다. 나가서 있은 지 여러 달 만에 영무가 취했으니 무슨 허물이 있는가? 또 당(唐)나라 태종(太宗)이 후궁(後宮) 6,000명을 놓아 보냈으니 그 뜻이 모두 여승이 되리라고 생각했겠는가? 대간(臺諫)은 그 뜻을 자세히 진달하라."

사간(司諫) 이류(李稑)가 대답해 말했다.

"지금 영무가 대신이 돼 불경을 범했기 때문에 청한 것입니다. 영무의 충성스럽고 의로운[忠義] 마음이 지금 이 일에서는 결함이 생겼습니다."

상이 웃으며 말했다.

"내가 이미 알고 있다."

상이 정현(廷顯)에게 일러 말했다.

"내가 잠저(潛邸) 때부터 경의 충성스럽고 곧은 것을 안다. 지금 들

248

으니 헌사의 법에 한 사람이 발언하면 말리는 자가 없다고 한다. 지금 경이 하관(下官)의 말에 말려든 것이니 다시는 청하지 말라."

정현이 말했다.

"중의(衆議)가 같아진 뒤에야 일을 말하는 것이지 어찌 한 사람의 말을 들어서이겠습니까?"

상이 말했다.

"처음에 청한 상소 가운데서 한두 글자가 영무의 실상에 부합하지 않아 내가 보고 곧 불사르고자 했다. 내가 비록 부덕하나 즉위한 이래로 대간의 소(疏)를 찢어서 불태운 적이 없었던 까닭으로 이번에도 참았다. 비록 다움[德]이 나보다 훨씬 많은 송(宋)나라 태조(太祖) 같은 이도 오히려 간언하는 상소를 찢는 일이 있었다. 지금 관음(觀音)을 특별히 영무에게 주면 어찌하겠는가? 그러나 내가 군왕(君王)이 돼서 어찌 감히 신하와 더불어 희롱하겠는가?"

정현이 대답했다.

"특별히 주신 뒤에 취(娶)하는 것은 가능합니다. 지금 하사(下賜)를 받지 않고 취했기 때문에 감히 청하는 것입니다."

상이 정현을 긴절하게 꾸짖었으나 정현이 모조리 대답했으므로 묻고 대답하다가 아침을 다 보냈다. 정현이 마침내 말했다.

"신이 어리석어 직사를 감당하지 못하겠습니다."

상이 말했다.

"경이 어찌하여 이 말을 하는가? 내가 경더러 유능하지 못하다는 것이 아니다. 죄를 청하는 것이 실상에 지나쳤기 때문이다. 내가 성질이 본래 가볍고 급해[輕急] 말을 발하는 것이 절도가 없었
경급

을 뿐이다."

정현이 말했다.

"말을 해야 하는데 말하지 않는다면 잘못된 것입니다. 신 등이 빠뜨리는 것이 있을까 두려워해 무릇 서로 합하지 않는 것이 있으면 대소 경중이 없이 모두 청하고 상의 명을 기다릴 뿐입니다."

상이 웃으며 말했다.

"경이 충성하고 곧은[忠直] 까닭으로 말이 여기에까지 이른 것이다. 대간의 말을 내가 모두 따르면 아래에 온전한 사람이 없을 것이다. 사람이 조금만 하자가 있는 것도 모두 죄주면 사람이 모두 성인(聖人)일 수 있겠는가? 다시는 청하지 말라."

영무에게 직사에 나오도록 명했다.

정묘일(丁卯日-14일)에 (경상도) 계림(鷄林-경주) 사람 2명이 벼락을 맞았다.

○ (대마도) 종정무(宗貞茂)가 보낸 객인(客人)이 와서 토산물을 바쳤다.

○ 장차 경복궁(景福宮)에 행차하려다가 결국 못 갔다[不果]. 상이 대언사(代言司)에 일러 말했다.

"내일 상왕(上王)께서 나를 위해 경회루(慶會樓)에서 잔치를 베풀고자 하니 내가 오늘 경복궁에 가서 내일 술자리를 베풀고 간 김에 자고 돌아오면 어떠한가?"

지신사 김여지(金汝知)가 대답했다.

"무엇이 해롭겠습니까[何妨]?"

거가(車駕)가 궁문(宮門)에 나가는데 소낙비[驟雨]가 내려 마침내
그만두었다.

○ 사헌부에서 소를 올렸다. 소는 이러했다.

'하나, 외방(外方) 각 고을에서 백성들을 공아(公衙)의 구종(丘從)[14]
에 충당해 부리기를 관노(官奴)처럼 하고 있으니 대단히 옳지 못합
니다[無謂=非也]. 그러므로 정부에서 일찍이 신청(申請)해 이를 없애
고 그 고을의 노비로 하여금 그 역사를 대신하게 했으니 참으로 편
리하고 도움이 되는 일입니다. 그러나 각 고을의 노비가 많고 적은
것이 같지 않아 많은 곳은 천백(千百)에 이르고, 적은 곳은 두어 사
람도 없으니 고을의 역사가 오히려 부족한데 또 어찌 구종의 임무에
충당할 수 있겠습니까? 그러므로 노비가 없는 각 고을에서 도리어
촌민(村民)으로 하여금 서로 교대해 사역시키는데 그 나무하는 노고
와 영송(迎送)하는 번거로움이 비록 농삿달을 당해도 복무를 쉬지
않으니 백성이 심히 근심하고 원망합니다. 바라건대 이제부터 각 고
을의 구종은 그 고을의 등급에 따라 액수(額數-인원수)를 정해 노비
가 없는 각 고을은 수가 많은 각 고을의 노비를 덜어내어 충당해 정
하고, 그래도 부족하거든 속공(屬公)한 사사노비(寺社奴婢)를 그 수
에 충당하면 고을에서는 사령(使令)을 맡기기에 족하고 촌민(村民)은
근심하고 괴로워하는 탄식이 없을 것입니다.

---

14 관원을 모시고 따라다니는 하인 혹은 말을 탈 때 고삐를 잡거나 뒤에 따라다니는 하인을
가리킨다. 노비는 아니지만 사령(使令)보다는 낮은 신분층이라고 봐야 한다.

하나, 국가에서 이미 수참(水站)[15]을 세우고 또 참리(站吏)를 정해 조운(漕運)이 쉽고 국용(國用)이 충족합니다. 그러나 사선(私船)을 가진 자가 조운(漕運)을 함께 하지 않은 까닭으로 수가 적은 참부(站夫)가 농업을 돌아보지 못하고, 봄부터 여름까지 힘을 다해 조운해도 능히 끝내지 못하고 장맛비를 만나면 가을까지도 오히려 다 수운(輸運)하지 못하고, 또 얼음이 얼면 겨울이 지나도록 간수하니 백성이 괴로움을 견디지 못해 집을 나가 떠도는 자가 서로 계속 이어집니다. 전운(轉運) 관원이 그 결여된 인원수를 상고해 주군(州郡)으로 하여금 독촉하고 책임 지워 보충하게 하나 또 한가한 백성이 없으니 인원수를 채우기가 어려워서 그 폐단이 심히 큽니다. 빌건대 이제부터 물가의 주군에 살고 있는 속공(屬公)한 사사노비(寺社奴婢)와 신량수군(身良水軍)들을 활용해 참부(站夫)를 더 두고 배를 더 만들어 서로 교대해 번(番)을 맡게 하면 조운하는 것이 때를 잃는 폐단이 없고 참부가 도망쳐 피하는 근심이 없을 것입니다.

하나, 지금 인녕부(仁寧府)와 경승부(敬承府) 두 부(府)에 판사(判事)와 윤(尹)을 더 두고 사윤(司尹)을 없애지 않으니 상관(上官)은 많고 하관(下官)은 적어 여러 일에 맡아볼 사람이 없습니다. 빌건대 인녕부에서는 마땅히 사윤을 혁파하고 한결같이 공안부(恭安府)의 예에 의거해 소윤(少尹) 한 사람을 두어 낭청(郎廳)으로 삼고 경승부에는 일찍이 소윤을 두었으니 사윤을 또한 마땅히 혁거해 없애

---

15 전라도·경상도·충청도 등지에서 세곡(稅穀)을 서울로 조운(漕運)할 때 중간에서 쉬던 곳을 말한다.

야 할 것입니다.

하나, 조정(朝廷)은 높이지 않을 수 없고 관작(官爵)은 무겁게 하지 않을 수 없습니다. 본래 일찍이 양부(兩府)[16]를 거친 자를 재추(宰樞)[17]라고 일컬어 비록 한가한 산직(散職)에 있더라도 나라에 토의할 일이 있으면 반드시 모여 앉아서 가부를 논하니 직임이 무거운 것이 이와 같았습니다. 그러므로 백성을 다스리는 외방 수령의 직임에 전보(轉補)한 자는 비록 양부(兩府) 이상의 산관(散官)을 띠었더라도 또한 참여하지 못합니다. 하물며 실직이 없는 검교(檢校)의 직임이겠습니까? 지금 양부를 거치지 않은 검교가선(檢校嘉善) 이상이 또한 모두 전함재추소(前銜宰樞所)[18]에 합좌(合坐)하므로 반(班)의 차서가 혼란스러울 뿐만 아니라 명분에 차례가 없으니 깊이 잘못됐습니다. 빌건대 양부를 거치지 않은 검교(檢校)로 하여금 따로 회소(會所)를 만듦으로써 관작을 무겁게 하고 조정(朝廷)을 높여야 할 것입니다.

하나, 작록(爵祿)은 임금이 뛰어난 선비[賢士]를 대우하는 것입니다. 본조(本朝)에서 벼슬을 베풀고 관원을 둔 것이 많지 않은 것이 아니므로 이것으로 뛰어난 인재[賢材]를 대우하기에 족합니다. (그

---

16 고려 때에는 중서문하성(中書門下省)과 처음에는 중추원(中樞院), 뒤에는 밀직사(密直司)의 두 부(府)를 가리켰는데 조선조 때에는 의정부(議政府)와 중추부(中樞府)를 가리키는 말이었다.

17 양부(兩府)의 가선대부(嘉善大夫) 종2품관 이상을 지낸 관원을 가리키는 말이다.

18 종2품 이상의 한량(閑良)·기로(耆老)들이 모인 기관이다. 전함 재추의 수는 처음 태조 때에는 40여 명이었으나 태종 때에는 70여 명이었다. 태종은 공해전(公廨田) 100결, 노비 50명, 서제(書題) 20명을 주어 아문(衙門)을 설치하고 매번 정지(正至), 탄일(誕日)에 반열에 출입하게 했다.

런데도) 조관(朝官) 이외에 또 검교(檢校)를 두어 일 없이 녹을 먹는 자가 많습니다. 빌건대 검교의 벼슬을 모두 없애야 할 것입니다. 만일 재능과 다움[才德]이 직책을 맡길 만한 자가 있으면 드러나게 조관의 관직을 주고 단지 훈구(勳舊)만 있고 조관에 마땅치 않은 자는 단지 (관직의) 제수는 허락하되 녹은 먹지 말게 해야 할 것입니다.

하나, 의관(衣冠)과 예도(禮度)를 모두 중국 제도에 따르면서 여복(女服) 한 가지 일은 아직 예전 풍습을 그대로 따릅니다. 또 본조의 예복(禮服)이 참람하고 사치스러워 절도가 없습니다. 노의(露衣-나들이 옷), 오(襖-겉옷), 군(裙-치마), 입(笠), 모(帽)는 높은 자의 옷인데 지금 장사치[商賈]와 천한 여자까지도 모두 입으니 높고 낮은 것이 더 이상 분별이 없습니다. 빌건대 이제부터 4품 이상의 정처(正妻)는 노의·오·군·입·모를 착용하고, 5품 이하의 정처는 다만 장삼(長衫)·오·군·입·모를 착용하되 노의를 입는 것을 허락하지 마소서. 전일 본부에서 신청한 바 "종비(從婢)는 오·군을 허락하지 아니하고, 그 입·모는 다만 저포(苧布)를 쓰고, 첨(襜)의 길고 짧은 것은 주인의 모자와 똑같지 않고 반을 줄여 제도를 정한다"라고 했으나 또한 상하(上下)가 아직도 분별이 되지 않습니다. 지금부터 궁녀(宮女)와 상기(上妓) 이외에 서인(庶人)의 부녀(婦女)와 종비(從婢), 천례(賤隸)의 옷은 다만 면주와 저포의 몽두의(蒙頭衣)를 쓰고, 나사(羅紗) 단자(段子)와 입(笠)·모(帽)·말(襪-버선)·군(裙)을 허락하지 말고, 상기(上妓)도 또한 입·모를 허락하지 말아 존비(尊卑)의 등급을 구별해야 할 것입니다.'

상이 읽어보고 의정부에 내렸다. 토의해 이렇게 정리했다.

"공아(公衙)의 구종(丘從)은 관노(官奴)를 쓰되 주부군현(州府郡縣)의 차등을 보아 수를 정하고, 검교(檢校)의 합좌(合坐) 문제와 참부(站夫)의 일은 예전대로 하고, 여복(女服)의 일은 예조에 내려 상정하고, 그 나머지는 모두 헌사(憲司)에서 아뢴 것을 따르소서."

상이 명했다.

"검교(檢校)가 녹을 받는 것과 여복(女服)에 대한 일은 예전대로 하고, 그 나머지 사건은 깊이 토의한 것에 의거해 시행하라."

무진일(戊辰日-15일)에 상왕(上王)이 상을 맞아[邀=逆]〔요 역〕 경회루(慶會樓)에 잔치를 베풀고 기생을 시켜 「빈풍(豳風) 7월편(七月篇)」[19]을 송(頌)했다. 상이 대언(代言) 등에게 일러 말했다.

"상왕께서 이르시기를 '내가 예전에 예빈시판사(禮賓寺判事) 김자순(金子恂)의 어부가(漁父歌)를 듣고 대단히 좋아했는데 지금 다시 듣고자 한다'라고 하시니 자순(子恂)을 불러 노래를 부르게 하는 것이 어떠한가?"

지신사 김여지(金汝知)가 대답했다.

"상왕께서 이미 청하셨으니 노래하게 한들 무엇이 해롭겠습니까?"

이에 자순을 불러 노래를 부르게 하니 상왕이 자순에게 옷을 내려주었고 극진히 즐기다가 밤이 돼서야[抵夜=至夜]〔저야 지야〕 마쳤다.

○ 의정부에서 글을 올려 저화(楮貨)를 흥행(興行)시킬 법을 조

___

19 『시경(詩經)』에 실린 시의 하나로 주나라 주공(周公)이 섭정을 그만두고 나이가 어리고 경험이 부족한 성왕(成王)을 등극시킨 뒤에 백성들의 농사짓는 어려움을 인식시키기 위해 지은 것이다.

목별로 진달했다.

'하나, 경중(京中)의 5부(五部)에서 5가(五家)를 1비(比)로 만들어[20] 장관(掌官)을 정해 저화를 쓰지 않고 쌀과 포로써 무역하면 곧 잡아서 관가에 부치는 것을 항구한 법식으로 삼고 만일 숨김이 있으면 장관(掌官)뿐만 아니라 비린(比隣)[21]을 아울러 죄주고, 잡아서 고하는 자가 있으면 범한 사람의 가산(家産)의 반을 상으로 주고, 또 한성부(漢城府) 오부(五部)로 하여금 몰래 고찰을 행해 죄를 논하고, 그 말과 되 이하의 미곡을 무역한 자는 이 한도에 두지 않을 것.

하나, 제색장인(諸色匠人)이 만든 물건을 가지고 저자에 나가지 않고 집에서 쌀을 사고, 대소 양반(大小兩班)이 부득이 무역할 물건을 쌀과 포로 주니 이것이 저화가 행하지 않는 까닭입니다. 금후로는 경시서(京市署)로 하여금 검찰(檢察)해 아울러 저자에 나오게 하고, 여전히 국령(國令)을 따르지 않으면 일찍이 수교(受敎)한 것에 의거해 과죄해 후래(後來)를 경계하고, 대소인원(大小人員) 가운데 나라의 법을 따르지 않는 자는 더욱 뜻이 없습니다. 바라건대 유사(攸司)로 하여금 끝까지 조사해 논죄해야 합니다.

하나, 경외(京外)에서 죄를 범한 사람이 수속(收贖)하는 것은 일찍이 수교(受敎)한 것에 의거해 아울러 저화(楮貨)를 거두도록 할 것.

하나, 무릇 호조에서 수전(受田)한 자에게 매 5결(結)에 저화(楮

---

20 저화(楮貨)를 쓰도록 하기 위해 경중(京中)의 5부(部)에 5가(家) 단위로 묶어 장관(掌官)을 정해 감시하게 하던 제도를 가리킨다.
21 비(比)의 5가(家) 가운데 서로 이웃해 있는 집을 가리킨다. 인보법(隣保法)의 3절린(三切隣)과 같은 것이다.

貨) 10장을 받을 것.

하나, 각사(各司)의 사령(使令)이 공가(公家)에 의지해 겁탈(劫奪)하므로 소민(小民)이 두려워해 저자에 나오지 않으니 금후로는 겁탈하는 자가 있으면 물주(物主)로 하여금 즉시 경시서(京市署)에 고하게 해 소지한 저화(楮貨)를 관(官)에 들이고 그 죄를 중하게 논할 것.

하나, 사복시(司僕寺)의 신참(新參)[22]이 말 값[馬價]을 바치는 것은
　　　　　　　　　　　　　　　　　　　　　　　　마가
예전의 예이니 시직(時職)·산직(散職) 3품 이하 6품 이상으로 하여금 예전의 포수(布數)에 준해 저화(楮貨)로 바칠 것.

하나, 중이 되기를 자원하는 자는 정전(丁錢)과 5승포(五升布) 100필을 바친 뒤에 도첩(度牒)을 주어 출가(出家)하는 것은 『육전(六典)』에 실려 있는 것이니 지금부터는 저화(楮貨)로 포수(布數)에 준해 바치고 어기는 자는 엄하게 징계해야 할 것입니다.'

상이 말했다.

"이것은 모두 전일에 수교(受敎)한 일이다."

의정부지사 이응(李膺)이 대답했다.

"그 법을 거듭 밝히고자 하는 것입니다."

상이 말했다.

"(성패 여부는) 잘 봉행(奉行)하는 데에 있다. 어찌 반드시 재차 수교(受敎)하겠느냐?"

응(膺)이 말했다.

---

22 사복시(司僕寺)에 새로 벼슬하는 참외관(參外官)이다. 사복시의 참외관은 참배(參拜)한 뒤에 말을 주는 까닭으로 그 값을 바치도록 했는데, 나중에 말을 주는 법이 없어져 말 값을 바치는 것도 없앴다.

"거듭 그 법을 밝히는데 만일 하교(下敎)를 받들지 않으면 백성에게 엄한 것을 보일 수 없습니다."

상이 모두 그대로 따랐다.

"신참(新參)한 마가(馬價)의 법은 전조(前朝-고려)가 성대할 때의 일이니 마땅히 그 영을 거듭 밝혀라."

또 유사(攸司)에 명해 저화(楮貨)를 고르는 것을 금하고, 다시 제용감(濟用監)으로 하여금 창고 가운데에 있는 잡물(雜物)로 저화를 무역하게 했다. 모두 소민(小民)이 저화를 쓰지 않을까 염려한 때문이다.

경오일(庚午日-17일)에 일본 대마도(對馬島) 종정무(宗貞茂)가 사람을 시켜 와서 토산물[土宜=土物]을 바쳤다.
_{토의}　_{토물}

○ 전 한성부윤(漢城府尹) 정부(鄭符)가 졸(卒)했다. 부의로 쌀과 콩 20석을 내려주고 중관(中官)을 보내 치제(致祭)했다. 부(符)는 동래(東萊) 사람으로 감찰대부(監察大夫) 양생(良生)의 아들이다. 두 아들은 흠지(欽之, 1378~1439년)[23]와 관지(款之)다.

---

23 1408년(태종 8년) 좌정승 하륜(河崙)을 탄핵하다가 먼 곳에 유배됐다. 그 뒤에 풀려나와 1411년 문과에 병과로 급제해 이조정랑, 병조정랑, 좌헌납을 거쳐 1416년 장령이 됐다. 이때 좌의정 박은(朴誾)이 정탁(鄭擢)과 노비 문제로 송사를 일으키자 박은을 탄핵하다 미움을 받아 배척당해 4년 동안이나 등용되지 못했다. 1418년 세종이 즉위하면서 봉상시소윤(奉常寺少尹)이 되고 이어 집의, 지형조사(知刑曹事), 대언(代言)을 거쳐 지신사(知申事)가 돼 기밀(機密)을 관장했다. 그 뒤 이조참판·대사헌을 거쳐 형조판서에 오르고, 충청·전라·경상 3도의 도순무사가 돼 연해의 주군(州郡)의 성터를 심정(審定)했다. 1435년 (세종 17년) 함길도 관찰사가 돼서는 새로 설치한 회령 등 4진(鎭)의 수비에 공헌하고, 어머니의 병환으로 돌아와 중추원사가 돼 죽었다. 사람됨이 풍채가 좋고 밖으로는 유화하나 내심은 강직했으며, 독서를 좋아했는데 특히 『사기(史記)』, 『한서(漢書)』를 잘 외었다.

신미일(辛未日-18일)에 상이 상왕전(上王殿)에 나아갔다. 대비(大妃)를 문병(問病)하기 위해서였다. 드디어 경회루(慶會樓)에 행차해 더위를 피하고 해가 기울어서 환궁했다.

○ 사헌부에서 소를 올려 전 예문관제학(藝文館提學) 조서(趙敍, 1370~1429년)[24]의 죄를 청했다. 서(敍)의 딸이 검교판한성부사(檢校判漢城府事) 이일(李鎰)의 처 강씨(姜氏)의 수양딸이 됐다[養息]. 강씨가 죽으니 일(鎰)이 외방에 있으면서 병을 칭탁해 오지 않았고 서가 임의로 노비와 가재를 나눠 가졌다. 사헌부에서 두 사람의 죄를 청하니 모두 논하지 말라고 명했다.

임신일(壬申日-19일)에 전의감판사(典醫監判事) 조청(曹聽)을 파직할 것을 명했다. 청(聽)이 약(藥)을 바치면서 봉(封)하지 않았기 때문이다.

○ 저화(楮貨)를 시행하는 법을 거듭 밝혔다. 의정부에서 품의해 왕지(王旨)를 받았다.

"각 고을의 수령(守令)이 범죄인에게서 속(贖)을 거둔 포화(布貨)·잡물(雜物)을 관에 있는 저화로 서로 바꿔 시행하는 것이 있으니 금후로는 다른 물건을 제외하고 아울러 저화로 속을 거두고 각 고을에 남아 있는 저화는 민간의 무역을 제외하고 모두 영(營) 중에 거둬 쌓도록 하라."

일찍이 황보인(皇甫仁)과 함께 『진설(陣說)』을 지어 올렸고, 천문에도 밝아 세종의 명으로 역법(曆法)을 연구하기도 했다.
24 아버지는 조선 개국공신 조영무(趙英茂)이며, 어머니는 강희(康熙)의 딸이다.

정부에 명했다.

"저화 가운데 좋은 것을 고르는 것은 소민(小民)뿐만 아니라 관가에서도 또한 그러하다. 이제부터는 새것과 헌 것, 좋고 나쁜 것, 두텁고 얇은 것, 빳빳하고 부드러운 것을 고르는 것을 금하고, 어기는 자는 교지(敎旨)를 따르지 않는 것으로 논죄하라."

사헌부의 장무장령(掌務掌令) 권천(權踐)을 불러 말했다.

"들으니 '각사(各司)의 사령(使令)이 값을 주는 물건을 점거해 저자에서 빼앗는다'라고 하므로 내가 심히 놀라서 사람을 보내 가서 살피니 과연 소문과 같았다. 난잡(亂雜)한 자 5~6인을 잡아 왔는데 바로 경시서(京市署)의 사령이었다. 그 까닭을 물으니 말하기를 '한성부(漢城府)에서 월말(月末)이 되면 공인(工人)·시인(市人)에게서 저화를 사람마다 각각 한 장씩을 거두는데 경시서로 하여금 독촉해 거둬서 바치도록 하는 까닭입니다'라고 했다. 그 사실을 조사해보니 과연 그 말과 같았다. 이 사람들은 참으로 죄가 없고 소장관(所掌官)에게 있으니 사실을 조사해 아뢰라."

갑술일(甲戌日-21일)에 일본(日本) 구사전(仇沙殿)이 보내온 객인(客人)이 와서 토산물을 바쳤다. 상이 말했다.

"이 물건은 반드시 중원(中原-중국)에 들어가 도둑질해 얻은 것이리라."

곧장 각사(各司)에 나눠 주었다.

을해일(乙亥日-22일)에 상이 편찮았다.

○ 음양서(陰陽書) 20질(帙)을 서운관(書雲觀)에 내렸다. 이 책은 본래 충주(忠州) 사고(史庫)에 소장(所藏)하던 것인데 포쇄(曝曬)[25]하는 사관(史官)이 바친 것이다.

병자일(丙子日-23일)에 문성군(文城君) 유량(柳亮), 좌대언(左代言) 이관(李灌)에게 내구마(內廐馬) 각각 한 필을 내려주었다. 이에 앞서 중궁(中宮)이 이미 해산을 했는데[免身] 상이 김여지(金汝知)에게 일러 말했다.

"중궁이 매번 난산(難産)하는 병이 있어서 내가 걱정했다. (그런데) 이번에 경 등이 성의 있게 약을 공급함에 힘입어 근심이 없으니 내가 심히 기뻐한다. 검교한성윤(檢校漢城尹) 양홍달(楊弘達), 검교참의 (檢校參議) 양홍적(楊弘迪), 전 전의감판사(典醫監判事) 조청(曹聽) 등이 지은 약이 효험이 있었으니 각각 쌀 10석을 내려주라. 전의주부 (典醫注簿) 김토(金土), 부사직(副司直) 이헌(李軒)에게도 쌀 각각 5석을 내려주라."

유량과 이관은 감제(監劑)[26]하는 데 공이 있었던 까닭으로 이러한 하사(下賜)가 있었다. 또 중관(中官) 노희봉(盧希鳳)에게 저화(楮貨) 100장을 내려주었으니 역시 근로한 때문이다. 대언사(代言司)에 뜻을 전해 말했다.

---

25 젖은 책들을 말리는 일을 말한다.
26 전의감(典醫監)에서 약(藥)을 제조(劑造)할 때 약방대언(藥房代言) 등이 이를 감시 감독하던 일을 말한다.

"금년에 아들을 낳으면 복자(卜者)가 말하기를 '아이의 한도가 있다'라고 하니 마땅히 딴 곳에서 양육해야겠다. 누가 자식이 없어서 기를 만한 자인가?"

지신사 김여지(金汝知)가 대답했다.

"권완(權緩), 양수(梁需), 황자후(黃子厚)가 모두 자식이 없습니다."

상이 말했다.

"완(緩)은 노비가 많으니 인심이 반드시 이 때문이라 할 것이고, 수(需)는 바야흐로 부임 중에 있고, 자후(子厚)는 여성군(驪城君)의 아들을 기르고 있으니 모두가 마땅치 않다."

여지(汝知)가 또 말했다.

"염치용(廉致庸) 또한 자식이 없습니다. 성비전(誠妃殿)은 어떻습니까?"

상이 말했다.

"성비전이 좋겠다."

○ 대언사(代言司)에 명해 말했다.

"내가 아직도 편치 못하니[未寧] 오늘부터 그믐날까지 조계(朝啓)를 정지하도록 하라."

정축일(丁丑日-24일)에 전 호조정랑 조기생(趙杞生)을 순금사(巡禁司)에 가뒀다. 애초에 기생(杞生)의 종이 고 삼사장사(三司長史) 최굉(崔宏)의 계집종에게 장가들어 두 자식이 있었는데 기생이 자기 종이 양처(良妻)의 소산이라 해 억지로 붙잡아두고서[據執] 사환(使喚)시켰다. 굉(宏)의 처 안씨(安氏)가 소장(訴狀)을 갖춰 헌사(憲司)에 고

하니 사실을 조사해 아뢰었기 때문에 이러한 명이 있었다.

　무인일(戊寅日-25일)에 (개성) 송악산(松嶽山)의 돌이 스스로 무너졌는데 길이가 13척 5촌, 너비가 7척이었다. 서운관(書雲觀) 관원을 보내 푸닥거리를 했다.

　○ 순덕왕대비(順德王大妃) 김씨(金氏)가 훙(薨)했다. 상왕(上王)의 적비(嫡妃)다. 비(妃)는 계림(鷄林-경주) 세가(世家) 증문하시중(贈門下侍中) 천서(天瑞)의 딸이다. 유한(幽閑)한 덕이 있고 투기하는 마음이 없어 내조(內助)가 대단히 많았다. 훙할 때 향년 58세였다. 상이 가서 곡하고자 해 영의정(領議政) 하륜(河崙)에게 물으니 대답했다.

　"후사(後嗣)가 된 자는 아들이 되는 것이니 예에 마땅히 자최(齊衰)를 입어야 합니다. 지금 성복(成服)을 하지 않았으니 마땅히 포소(布素)로 가서 곡하소서."

　상이 드디어 소복(素服) 차림으로 여러 신하를 거느리고 빈전(殯殿)에 나아가 곡림(哭臨)해 재배(再拜)하고 또 상왕의 이어소(移御所)에 나아가 부복(俯伏)해 받들어 위로하고 돌아왔다. 여러 신하도 또한 소의(素衣)·오모(烏帽)·흑대(黑帶)를 입었다. 청원군(靑原君) 심종(沈淙)에게 명해 빈전(殯殿)에 전(奠)을 드리고 철조(輟朝)하기를 7일 동안 하고, 정시(停市)하기를 5일 동안 하고, 대소 제사를 정지하고 음악(音樂)과 혼가(婚嫁-혼례)를 금지했다.

　○ 예조에서 상제(喪制)를 올렸다.

　"자최(齊衰)를 입되 날로 달을 바꿔 25일 만에 복을 벗고 백의(白衣)·오모(烏帽)·흑대(黑帶)·백화(白靴)를 입었다가 100일이 되면 제거하고 길복(吉服)을 입으소서."

그것을 따랐다.

○ 4개의 도감(都監)을 두었다. 상복도감(喪服都監)은 공안부윤(恭安府尹) 정역(鄭易)을 제조(提調)로 삼고, 빈전도감(殯殿都監)은 총제(摠制) 이담(李湛)을 제조로 삼고, 국장도감(國葬都監)은 옥천군(玉川君) 유창(劉敞), 총제 이지실(李之實)을 제조로 삼고, 재도감(齋都監)은 총제 황록(黃祿), 최윤덕(崔閏德)을 제조로 삼았다. 도감마다 모두 사(使)·부사(副使)·판관(判官)이 있었다.

기묘일(己卯日-26일)에 검교한성부판사(檢校漢城府判事) 변계량(卞季良)이 전(箋)을 올려 사직을 청했으나 윤허하지 않았다. 전은 이러했다.

'신은 젊어서 병이 많아 사환(仕宦-벼슬길)에 뜻을 끊고 두문불출(杜門不出)하며 신음(呻吟)한 지 8~9년이 됐습니다. 다행히 태조의 명을 입어 병을 이기고 종사(從仕)했으나 조금 뒤에 다시 한산(閑散-한직)이 됐습니다. 공손히 생각건대 주상 전하께서 갑자기[奄] 대위(大位)에 오르시자 시종(侍從)의 반열에 두고 임헌(臨軒)해 친히 시책(試策)하고 뽑아서 제1등으로 삼아 세 등급을 뛰어 옮기고 두 번 전임(轉任)해 양부(兩府)에 올라서 오늘에 이르렀습니다. 비록 훈맹(勳盟)의 중신(重臣)이라도 또 벼슬하고 혹은 쉬면서 신과 같이 항상 현질(顯秩)에 처한 자가 있지 않으니 은우(恩遇)의 융성함이 가히 지극하다고 하겠습니다.

신의 성품이 본래 옹졸하고 고지식해[拙直] 세속에 아첨하지 못하
졸직

264

고 또 근신하지 못해 걸핏하면 시비를 야기했으나 여러 번 성총(聖聰)을 번거롭게 해 보전(保全)함을 얻었습니다. 또 전월 초8일에 헌사의 탄핵을 당했으니 그 이유는 아내가 있으면서 다른 아내를 얻은 때문이었습니다. 그 뒤에 다시 대질해 물었고 그달 그믐께 또 전처의 아비 이촌(李村)의 고장(告狀)으로 인해 집안의 추한 행실을 물어서 입에 담지 못할 지경에 이르렀으니 신이 평소 행실을 삼가지 못해 여러 소인의 비방을 부른 것을 대개 볼 수 있습니다. 그러나 헌사에서 끝내 신문(申聞)해 신에게 죄를 가하지 않은 것은 대개 전하께서 특별히 일을 보라고 명하고 또 개비(改批)[27]해 그대로 별사(別司)를 겸하게 하셨으니 권애(眷愛-총애)의 두터움이 특별히 상수(常數)에 뛰어난 것입니다. 명령을 받고 돌아와서 감격해 마지않으나 헌사의 의논이 쉬지 않고 여러 비방이 비등(沸騰)하므로 전(箋)을 올려 사직하고자 했으나 그때에 바야흐로 더위를 먹어서 필찰(筆札)에 미칠 힘이 없어 행하지 못했습니다.

전하께서 신에 대해 공로가 없는데도 총애하시고 죄가 있으면 용서하시니 비록 천지(天地)의 어짊과 부모의 사랑으로도 어찌 비할 바이겠습니까? 그러나 신에게는 다행이지만 공도(公道)에는 어찌 되겠습니까? 대개 전하께서 크게 공정하신데 신에게 사(私)를 두고 전하께서 지극히 밝으신데 신에게 어두우니 신이 비록 용렬하고 망령돼 직위를 탐하고 녹을 무릅쓰더라도 어찌 감히 스스로 편안하겠

---

27 헌사(憲司)의 상소에 대해 임금이 비답(批答)을 고쳐서 내리던 일을 말하는데 개하(改下) 라고도 한다.

습니까? 신의 오랜 병이 나이와 더불어 함께 깊어지니 몸을 빌려 섭양하는 것이 사리에 당연합니다. 또 부부라는 것은 오륜(五倫)의 근본이요, 만사의 근원인데 신이 가도(家道)에 있어 이러하니 나머지야 다시 무슨 말을 하겠습니까? 또 생각건대 예전 사람이 자천(自薦)한 자가 있었는데 대개 천거하는 자가 없었기 때문이었습니다. 지금 헌사에서는 신의 죄를 신문(申聞)하지 않으니 신이 스스로 고백하기를 청합니다. 참으로 뛰어나면 스스로 천거하는 것을 어찌 혐의하겠으며, 참으로 불초하다면 또 어찌 스스로 정상을 말하는 것을 꺼리겠습니까?

엎드려 바라옵건대 전하께서는 신의 직사(職事)를 해면(解免)하고 한산(閑散)에 두어서 첫째는 전하의 사람을 알아보는 밝음[知人之明]을 나타내고, 둘째는 전하의 법을 쓰는 공평함을 밝히고, 셋째는 미신(微臣)의 병을 섭양하는 뜻과 그칠 줄을 아는 밝음[知止之明]을 이뤄주시면 공도가 다행하고 신의 몸이 다행하겠습니다.'

상이 읽어보고 그 글을 돌려주고서 다시 직사에 나오라고 명했다. 사헌부를 불러 뜻을 전해 말했다.

"비록 빼어난 이[聖人]라도 작은 허물이 있는 것을 면치 못하거늘 하물며 그 아래 가는 사람이겠는가? 만일 지금 계량(季良)을 파직하면 문한(文翰)의 임무를 누가 감당하겠는가?"

애초에 계량이 이촌(李村)의 딸에게 장가들어 계실(繼室)로 삼았는데 부부의 예로 대접하지 않고 방한(防閑)[28]이 너무 심해 방 가운

---

28 마음대로 못하게 막는 행위를 말한다.

데에 가둬두고 창구멍을 내 음식을 통하고 오줌 누는 것도 자유롭게 하지 못하게 했다. 촌(村)이 노해 계량을 욕하고 그 딸을 빼앗아 가고 드디어 헌부에 소송했다고 한다[云].

경진일(庚辰日-27일)에 한천군(漢川君) 조온(趙溫)을 보내 종묘에 나아가 대비(大妃)가 훙(薨)한 것을 고하고 지방에서 위전(慰箋)을 올리는 것을 정지하라고 명했다.

○ 예조에 명했다.

"상을 당해 일을 보는 것이 내 마음에 불편하니 이에 토의해 아뢰라."

○ 방간(芳幹)과 맹중(孟衆)에게 상복을 보내라고 명했다.

임오일(壬午日-29일)에 상이 여러 신하를 거느리고 성복(成服)했다. 상이 오모(烏帽)·소의(素衣)·흑대(黑帶)로 백관을 거느리고 빈전에 나아갔다. 상이 세자 종친과 함께 자최(齊衰)·무굴관(武屈冠)·수질(首絰)·요질(腰絰)에 동장(桐杖)을 짚었고, 문무백관(文武百官)도 또한 자최와 베로 싼 사모(紗帽)·요질(腰絰)을 입고 재배하고 곡해 애도를 다하고, 또 재배하고서 상이 소연(素輦)을 타고 환궁하는데 의장을 모두 흰 것을 썼다. 안성군(安城君) 이숙번(李叔蕃)이 예조에 일러 말했다.

"지금 상정한 상제(喪制) 안에 이미 날로 달을 바꿔 자최로 했으니 27일이면 상사(祥事)·담사(禫事)가 끝나는데 다시 소복을 써서 100일을 마치니 이 예는 어느 시대를 모방한 것인지 알지 못하겠다."

판서 설미수(偰眉壽)와 참의 허조(許稠) 등이 말했다.

"후사가 된 자는 아들이 되는 것이니 아들의 도리로 복을 입어야 한다. 비록 중국 제도에 따라서 날로 달을 바꾸더라도 마땅히 본국의 예전 풍속에 따라 소복으로 100일을 마쳐야 한다."

상이 말했다.

"대비(大妃)는 부형(父兄)의 배필이요, 일국의 어머니인데 내가 이미 후사가 됐으니 마땅히 자최를 입어야 한다. 그러나 서울과 외방의 신료들 또한 100일의 제도를 행하면 너무 중하지 않겠는가? 만일 최복(衰服)을 입으면 기년(期年)을 행해야 하고 역월(易月)의 법을 따르면 27일의 상을 입어야 한다. 역월과 100일의 법을 어떻게 아울러 행할 수 있겠는가?"

드디어 의정부에 명해 옛것을 상고해 아뢰게 했다. 정부에서 말씀을 올렸다.

"전하께서 예조에서 아뢴 것에 의거해 후사가 된 뜻으로 자최를 입고 27일로 복을 벗고자 하고 또 소복으로 100일을 마치고자 하니 참으로 성대한 다움입니다. 신 등이 생각건대 한(漢)나라 이래로 남의 임금이 된 자가 비록 친 고비(考妣)의 상에도 또한 13일로 상을 벗은 자가 있었으니 대개 만기(萬機)가 지극히 중해 오래 비울 수 없고 교묘(郊廟)의 제사를 오래 폐할 수 없기 때문입니다. 송(宋)나라 태조 이하 여러 임금이 상에 이르러 모두 역월(易月)의 제도를 써서 27일로 복을 벗었고 장헌태후(章獻太后)와 융우황후(隆祐皇后)의 상에는 13일로 복을 벗고 상복(喪服)으로 바꿨으니 빌건대 송나라 제도에 의거해 13일로 복을 벗고 상복으로 바꾸는 것을 허락해 신민의 바람을 위로하소서."

상이 승정원(承政院)에 뜻을 전해 말했다.

"정부의 장계(狀啓)가 밝게 증거가 있다. 예조는 무엇에 의거해 27일 만에 복을 벗는 것을 청했는가?"

지신사 김여지(金汝知)가 대답했다.

"예조에서는 이 법을 알지 못한 것입니다."

뜻을 전해 말했다.

"정부 가운데에 누가 이 의견을 냈는가?"

검상관(檢詳官) 허규(許揆)가 대답했다.

"좌정승 성석린(成石璘)입니다."

드디어 그것을 따르고 김여지와 예조참의 허조(許稠)에게 명해 영의정부사 하륜(河崙)의 집에 가서 상제(喪制)를 토의(汝知)하게 하니 김여지 등이 반명(反命-복명)해 말했다.

"13일 만에 복을 벗은 뒤에 종묘에 고하는 것과 군신(群臣)에 임하는 것을 모두 순길복(純吉服)을 쓰고, 상사(祥事)·담사(禫事)의 시기에 이르러 여러 신하가 다시 전(前)의 상복을 입어 3년을 마치는 뜻을 살리소서."

그것을 따랐다. 예조에서 아뢰었다.

"송나라 신종(神宗) 원풍(元豐) 8년에 태상시(太常寺)에서 말하기를 '치평(治平) 4년 고사에 산릉 전(山陵前)에는 종묘에 제향을 정지하고, 삭망(朔望)을 만나면 내신(內臣)을 시켜 천식(薦食)의 예를 행하고, 부묘(祔廟)가 끝나는 것을 기다려서 예전대로 하소서'라고 했고, 하휴(河休)는 말하기를 '생(牲)이 있으면 제(祭)라고 하고, 생이 없으면 천(薦)이라고 한다'라고 했습니다. 빌건대 이 제도에 의거해 대비의 산릉 전에는 종묘의 천식(薦食)의 예를 행하소서."

그것을 따랐다. 의정부에서 또 아뢰었다.

"대비가 훙(薨)한 것을 조정(朝廷-명나라 조정)에 고부(告訃)한다면 '형(兄)의 아내'라고 칭하거나 '어머니'라고 칭하는 것이 모두 잘못이고 또 신덕왕후(神德王后) 강씨(康氏)의 상을 고부하지 않았으니 신등이 생각건대 지금도 고하지 않는 것이 마땅하다고 생각합니다."

그것을 따랐다.

甲寅朔 永興府普賢寺及國昌寺石佛汗.
갑인 삭　영흥부　보현사　급　국창사　석불　한

司憲府上疏 復請朴子靑之罪. 疏略曰:
사헌부　상소　부청　박자청　지죄　소　약왈

'子靑之罪 刑曹劾請 置而勿論. 臣等亦再瀆天聰 乃敎曰:
자청　지죄　형조　핵청　치이물론　신등　역　재독　천총　내　교왈

"子靑之挾中位 情狀未著 不可罪也." 臣等竊謂其在明時 雖作
자청　지질　중위　정상　미저　불가　죄야　신등　절위　기재　명시　수작

姦宄於無人之境 尙且分辨. 況白晝大都之中 衆人所共見知者
간귀　어무인　지경　상차　분변　황　백주　대도　지중　중인　소공견　지자

乎? 中位不受杖而誣告 子靑挾之而隱匿 必居一於是矣 而乃私相
호　중위　불수　장이　무고　자청　질지　이은닉　필거　일어　시의　이내　사상

隱匿 指天爲誓 以欺天聰 其可置而不問乎? 子靑丘史朴眞 池元
은닉　지천　위서　이기　천총　기가치　이불문　호　자청　구사　박진　지원

等 皆以挾中位納辭 而李暕 趙瑨 洪善之徒 以不挾爲證 是亦
등　개　이질　중위　납사　이　이간　조진　홍선　지도　이　부질　위증　시역

不可不辨. 請收上項三人職牒 與池元 朴眞等對辨 明正其罪.'
불가　불변　청수　상항　삼인　직첩　여　지원　박진　등　대변　명정　기죄

不允. 召掌務持平李賀曰: "子靑不服 若欲取招 必杖之. 以小事
불윤　소　장무　지평　이하　왈　자청　불복　약욕　취초　필　장지　이　소사

而杖大臣可乎?" 賀對曰: "事雖小 奉旨問之 不以實對 杖之何害!"
이　장　대신　가호　하　대왈　사수소　봉지　문지　불이실　대　장지　하해

上怒曰: "爾等以公義論請 寡人以私情斷之. 有言責者 不得
상　노왈　이등　이　공의　논청　과인　이　사정　단지　유　언책　자　부득

其言 則豈無古制乎? 予聞爾府以政府之嗾固請 信乎?" 對曰:
기언　즉　기무　고제　호　여문　이부　이　정부　지주　고청　신호　대왈

"安有此理!" 又召政府舍人金孝孫曰: "府嗾憲司 請子靑之罪 有
안유　차리　우소　정부　사인　김효손　왈　부주　헌사　청　자청　지죄　유

諸?" 對曰: "臣所未知 若有之 臣豈不知!" 上曰: "知議政府事
자　대왈　신　소미지　약유지　신　기부지　상왈　지의정부사

朴信言於我曰: '子靑 中位必有欺上者 詳問得情可也.' 大司憲尋
박신　언어　아　왈　자청　중위　필유　기상　자　상문　득정　가야　대사헌　심

請之曰: '政府亦欲推辨之.' 參贊金承霔繼曰: '政府之意如此
청지 왈 정부 역 욕 추변 지 참찬 김승주 계왈 정부 지 의 여차

故令信啓之耳.' 我聞是語 故有是問." 又謂代言等曰: "國人之
고 영 신 계지 이 아 문 시어 고 유 시문 우 위 대언 등 왈 국인 지

所以惡子靑 以土木之役也. 若松都敬德宮 新都昌德宮 予所居
소이 오 자청 이 토목 지 역 야 약 송도 경덕궁 신도 창덕궁 여 소거

也. 慕華樓 慶會樓 爲使臣也. 開慶 衍慶寺 爲考妣也. 作成均
야 모화루 경회루 위 사신 야 개경 연경사 위 고비 야 작 성균

建行廊 亦國家之得已者乎? 此役雖命他宰相監之 其不從乎?
건 행랑 역 국가 지 득이 자 호 차역 수 명 타 재상 감지 기 부종 호

子靑勤謹不懈 反爲人所憎惡① 無乃不可乎? 造成提調 宜更擇人
자청 근근 불해 반 위 인 소증오 무내 불가 호 조성 제조 의 갱 택인

以聞." 政府啓曰: "子靑料事而且勤 不可改也."
이문 정부 계왈 자청 요사 이 차 근 불가 개 야

杖濟用少監文造一百. 司憲府上疏曰: '興宗之女孫氏 以家財
장 제용 소감 문조 일백 사헌부 상소 왈 흥종 지 녀 손씨 이 가재

還受事 親至濟用監. 少監文造見而美之 乘其夫金滌去之之初
환수 사 친지 제용감 소감 문조 견 이 미지 승 기부 김척 거지 지 초

汲汲求婚 有累士風. 滌雖去之 猶未改娶 爲孫氏者 當守其節 見
급급 구혼 유루 사풍 척 수 거지 유 미 개취 위 손씨 자 당수 기절 견

造遂應 實乖婦道. 乞將文造 孫氏 明治其罪 以正風俗.' 命皆
조 수 응 실 괴 부도 걸장 문조 손씨 명치 기죄 이정 풍속 명 개

杖之.
장지

下大護軍全孟謙于巡禁司 笞四十. 初 孟謙與僧長願心 奪市人
하 대호군 전맹겸 우 순금사 태 사십 초 맹겸 여 승 장원심 탈 시인

之魚 京市遣人追之. 孟謙大怒 執而抶之 仍脫其衣. 京市署具報
지 어 경시 견인 추지 맹겸 대노 집 이 질지 잉 탈 기의 경시서 구보

憲司 覈請其罪 上以淑嬪之戚寬之. 孟謙罔有悛心 不還其衣
헌사 핵청 기죄 상 이 숙빈 지 척 관지 맹겸 망유 전심 불환 기의

京市更報憲司 復請故也. 孟謙 乃金漢老之妻弟也.
경시 갱 보 헌사 부청 고야 맹겸 내 김한로 지 처제 야

下摠制崔閏德于巡禁司. 閏德不關巡牌 義興府請之也. 尋
하 총제 최윤덕 우 순금사 윤덕 불관 순패 의흥부 청지 야 심

釋之.
석지

乙卯 流星出五帝座 入小輔 狀如升
을묘 유성 출 오제 좌 입 소보 상 여승

上詣上王殿 奉迎至本宮水閣 設宴極歡.
상 예 상왕 전 봉영 지 본궁 수각 설연 극환

命修景福宮. 傳旨議政府曰:"景福宮 太祖所創 不可曠廢 予

欲幸焉. 且禮待使臣之所 宮廡所藏軍資之米 宜速徙置." 政府

啓曰:"願以義倉穀例貸之." 兪允.

丙辰 司憲府上疏請金承霆 朴信之罪. 疏略曰:

'推覈子靑 中位之事 本非政府之議 朴信曰:"以己意啓之."

承霆妄啓曰:"本府令信啓之." 俱失政府大臣之義 惟上所裁.'

上曰:"姑置之."

領議政府事河崙製進歌曲. 念農夫之曲四章 念蠶婦之曲四章

進嘉言之曲八章.

慶尙道昌寧鄕校婢小支莊 生男越五日 又生男女 命賜米.

丁巳 命領議政府事河崙製慶會樓記 戶曹判書韓尙敬書之.

戊午 吏曹上宗親頒祿之制. 啓曰:"正一品完原府院君李良祐

領恭安府事李枝 嘗以在內諸君 受從一品祿 宜仍舊. 以從二品

元尹擬正四品祿科 正三品副元尹從四品科 從三品正尹正五品科

正四品副正尹從五品科頒賜." 從之.

罷刑曹都官佐郎黃得粹職. 司憲府啓曰:"無後人無傳繼奴婢

曾屬公者 勿復擧論 已有著令. 前少監南鳳生者 以其無後三寸

叔母奴婢 曾屬嘉州官 訟于都官 又無傳繼 佐郎得粹誤決給之.

請論如法." 上從之. 代言韓尙德啓曰:"律文有曰:'應議者之子

壻弟姪犯法 則必聞取旨.' 得粹 功臣洪恕之壻也." 上曰:"政府

嘗曰: ‘功臣之壻犯法者 皆勿論 則人多犯罪矣.’ 宜令更議以聞.”

政府啓曰: “應議者之子壻弟姪有罪 則法官具辭以聞 上隨其

輕重 臨時裁斷 甚合於義.” 上曰: “功臣錄券有曰: ‘宥及後世.’

後世者 子孫之謂也 非謂女壻也. 然以人情觀之 非他人比. 今

得粹 已下巡禁司 宜免收告身充水軍. 若强辨者南鳳生則依律

科罪.”

知議政府事李膺進曰: “今楮貨甚賤 無有以米易之者 閭里

困之. 曾送外官楮貨積在官府 如有犯罪者 計收綿布等物 以

其楮貨充之 輸納于京曰: ‘收贖楮貨幾張.’ 緣此民無求畜之意

有乖國家徵贖之術.” 上曰: “楮貨有斂散之法 今多散不斂 安得

不賤乎? 宜姑沮之.”

己未 定忌晨齋行香使冠服之制. 初 上命禮曹曰: “凡忌齋

行香使服紅袍 未可也 宜詳定以聞.” 至是 禮曹上言: “按文公

家禮 忌日不飮酒食肉 不聽樂 黲巾素服素帶以居 夕寢于外

自今忌日之服 一遵家禮 乞於先王先后之忌行香使之服 亦用白布

衣紗帽角帶.” 從之.

禮曹右參議許稠上書. 書略曰:

‘臣入闕里謁先聖 問諸敎授官蔡平曰: “所過州縣之學 皆有

董仲舒 無揚雄 何也?” 答曰: “建文年間 禮官獻議 以董子代

雄 雄爲莽大夫故也.” 又問曰: “許魯齋從仕(從祀) 始於何代?”

答曰: "始於元朝." 乞從中國之制 以董 許從祀兩廡 勿幷祀

揚雄. 又聞諸東平州官 曰: "州有堯廟 朝廷歲遣人以祭." 及至

京師 吏部尙書蹇義問臣等曰: "有箕子之後否? 且有行四時之

祭者乎?" 臣對曰: "無後嗣矣 然本國命所在邑守行之." 臣竊謂

本國之有箕子 猶中國之有帝堯 乞於箕子之廟 依朝廷祀堯之例

祭之.'

命下禮曹. 河崙亦嘗建議 請祀朝鮮檀君. 禮曹參詳: "箕子之

祭 宜載祀典 春秋致祭 以昭崇德之義. 且檀君 實吾東方始祖 宜

與箕子竝祀一廟." 從之.

司憲府請右政丞趙英茂罪. 以出宮女爲妾也. 上聞英茂被劾 召

司憲持平李賀曰: "予卽位二年 金湊妓妾之女觀音 年纔十歲時

入宮中 以妓産 故居五月而還出許嫁 今已十餘年矣. 英茂作妾

亦已久矣 何故至此乃劾問乎?" 賀對曰: "因推刷避役官奴婢 乃

知晋陽妓碧桃之女觀音爲英茂妾也 故劾之." 且上疏請罪 不允.

大司憲柳廷顯再請曰: "英茂大失人臣之禮 前日上疏請罪 未蒙

俞允. 臣等以爲此女 上雖未御 居宮中五月而出 其爲宮女明矣."

上曰: "英茂 功臣也 不可加罪 予乃止之 而卿等固請. 然則何以

罪之?" 廷顯對曰: "人臣有不敬之心 而臣等爲執法之官 不請

其罪則厥罪惟均 此臣等所以固請而不辭者也. 今命曰: '何以

罪之?' 臣等以爲人臣有不敬之罪 豈無其律! 且英茂有如是之行

而居百僚之長 臣等同爲一國之臣 誠可痛心." 上曰: "觀音雖嘗

入于內 不近侍御者也 且嘗有勿行風聞公事之令. 卿等以風聞而

固請可乎? 其勿復言." 上遣左代言李灌于英茂之第曰: "憲司雖

請罪 吾當不從 卿其勿憂." 英茂頓首謝曰: "聖恩優洽 臣之喜謝

難以言盡. 然臣以不才居廟堂 今已七年矣 屢被憲司之劾 不勝

羞赧. 乞免臣職 代以賢者." 上謂代言等曰: "右政丞 此時得代

則人曰: '因此罪也.'"

司諫院上疏曰:

'臣等竊聞 英茂以宮人觀音爲妾 憲司推劾申請 欲正不敬之罪

殿下特布寬恩 不賜兪允. 臣等竊謂 傳曰: "爲人臣止於敬." 苟

無敬焉 何以爲君臣! 彼觀音者 出宮未幾 英茂敢爲己妾 其縱情

踰禮 不敬君上 大臣之行 安在? 願殿下依憲司所申 以懲不敬

之罪.'

不從.

庚申 東北面預原郡觀音寺北窟佛汗.

震慶尙道比屋人二.

辛酉 日本一岐州人 來獻土物.

壬戌 復以趙英茂爲右政丞. 被劾故也.

慶尙道都觀察使安騰病辭 以漢城尹韓雍代之. 貶兵曹參議

梁需爲江陵大都護府使. 需曾爲刑曹參議 誤決南鳳生奴婢故也.

276

需拜辭 上曰: "卿誤決之罪 法當免職. 以卿爲吾故舊 且奉使

日本 有功於國 不忍實散 命守江陵. 其不陞資級者 左遷故也."

需對曰: "恩至渥也 但以妻疾劇爲憂耳." 上曰: "爾欲免耶?"

對曰: "非欲免官 唯願近邑." 上曰: "姑勿往."

命世子大書慶會樓扁.

命免南鳳生付處. 前內資注簿南成至上書訴哀曰: "臣父鳳生

年今七十一歲 被罪付處 乞以臣身代之." 上憐而免之.

癸亥 幸慶會樓設酌 世子宗親駙馬侍宴.

右政丞趙英茂上書辭職 不許. 遣左代言李灌還之 仍命曰:

"臺諫雖請之 我固知卿之忠直也 信勿嫌焉. 臺諫之言 其職也."

甲子 命造水碾水砧.

一岐州上萬戶 使人獻禮物 發還人口.

丙寅 司憲府上疏復請趙英茂之罪. 疏略曰:

'前日將英茂之罪 具疏以聞 置而不問 仍復其職. 臣等竊惟

政丞 百官之師表也 所謂正己而格君者也. 苟非其人 何以正百官

乎? 今英茂 以元勳 職在是任 冒犯不敬無禮之罪 殊無宰相之體

豈宜覥然坐於廟堂之右乎? 伏望縱不加譴 罷其職事 以重朝廷

以正綱常.'

上曰: "疏內有曰: '縱不加譴 罷其職事' 其加譴之意何如? 罷

其職則非加譴乎? 憲司何請人之罪 而言辭不直耶? 英茂 李氏

社稷之臣 且予之元勳也. 其可永不敍用乎?" 大司憲柳廷顯
進曰: "英茂之行 不合於百僚之上 故止請罷職耳. 後之復用 在
殿下." 上曰: "今以不良罷職 則是永錮也." 遂命知申事金汝知
釋加譴二字之義 對曰: "謂加譴責也." 上曰: "此女之事 予甚
明知. 選入五月之內 無一日近侍 長在行廊 宮中人皆謂愚惑 故
命出嫁之. 適値行幸 留五月耳. 出居累月 英茂娶之 何咎之有!
且唐太宗放後宮六千 其意以謂皆爲尼乎? 臺諫詳陳其意." 司諫
李穡對曰: "今英茂爲大臣 犯不敬故請之. 英茂忠義之心 今於
此事有缺." 上笑曰: "予已知之." 上謂廷顯曰: "予自潛邸 知卿
忠直 今聞憲司之法 一人發言 則無有止之者. 今卿囿於下官之
言 宜勿復請." 廷顯曰: "衆議同 然後言事 豈一人之言是聽乎?"
上曰: "其初請疏中一二字 不合英茂之實 予見之 卽欲燒之 予
雖不德 卽位以來 臺諫之疏 未有裂而燒之者 故今亦忍焉. 雖德
邁於予 有如宋太祖 尙裂諫疏. 今以觀音特賜英茂 則奈何? 然我
爲君王 何敢與臣戱之耶?" 廷顯對曰: "特賜然後娶之 可矣 今不
蒙賜而娶之 故敢請耳." 上切責廷顯 廷顯悉對 問對終朝. 廷顯
乃曰: "臣愚不堪職事." 上曰: "卿何出此言耶? 予非謂卿不能
也 以請罪過實也. 予性本輕急 發言無節耳." 廷顯曰: "可以言
而不言 非也. 臣等恐有遺失 凡有不合者 則無大小輕重 皆請之
以待上命耳." 上笑曰: "卿忠直 故言至此矣. 臺諫之言 予皆從之

278

則下無全人矣. 人有小疵 皆罪之 人皆爲聖人乎? 毋復請焉.” 命
英茂就職.

丁卯 震雞林人二.

宗貞茂使送客人 來獻土物.

將幸景福宮不果. 上謂代言司曰:“明日上王欲爲我設宴于
慶會樓 予今日往景福宮 明日設酌 仍宿後還來何如?” 知申事
金汝知對曰:“何妨!” 駕出宮門 驟雨乃止.

司憲府上疏. 疏曰:

‘一, 外方各官 以百姓充公衙丘從 使之如官奴 甚無謂也. 故
政府嘗申請除之 以其官奴婢代其役 誠爲便益. 然各郡奴婢
多小不等 多者或至千百 少者曾無數口. 官中役使 尙且不足 又
焉能充丘從之任哉? 是以無奴婢各郡 反以村民相遞使之 其樵木
之勞 迎送之煩 雖當農月 服勤不已 民甚愁怨. 願自今 各郡丘從
以其州縣等級 定爲額數 無奴婢各郡 以數多各郡奴婢 除出
充定. 若猶不足 以屬公寺社奴婢充數 則州郡足任使令 而村民
無愁苦之嘆矣.

一, 國家旣立水站 又定站吏 漕運易而國用周矣. 然持私船者
不與共漕運 故數少站夫 不顧農業 自春至夏 盡力漕運 亦未能辦
必遭霖雨 至秋猶未畢輸. 又遭氷合 經冬看守 民不堪苦 流移者
相繼. 轉運之官 考其闕額 縱使州郡督責而充之 且無閑民 固難

充額 其弊甚巨. 乞自今 以其水邊州郡所居屬公寺社奴及身良

水軍 增置站夫 加造船隻 更相遞番 則漕運無失時之弊 站夫無

逃避之患矣.

一, 今以仁寧敬承二府 加置判事尹 而不革司尹 上官多而下官

小 庶事無掌之者. 乞於仁寧府 宜革司尹 一依恭安府例 置少尹

一員 以爲郎廳. 敬承府則嘗置少尹 其司尹亦宜革除.

一, 朝廷不可不尊 官爵不可不重. 本以曾經兩府者稱宰樞

雖在閑散 國有議事 則必會坐可否. 職任之重如此 故其補外寄臨

民職者 雖帶兩府已上散官 亦不得與焉. 況檢校無實之職乎?

今也兩府未行檢校 嘉善已上 亦皆合坐於前銜宰樞所 不唯班序

混殽 名分無等 深爲未便. 乞令兩府未行檢校 別爲會所 以重

官爵 以尊朝廷.

一, 爵祿 人主所以待賢士也. 本朝設官置員 不爲不多 以此待

賢材足矣 朝官之外 又設檢校 無事食祿者多矣. 乞悉罷檢校之官

如有才德可任以職 則顯授朝着; 但有勳舊 不宜朝官者 只許除授

毋令食祿.

一, 衣冠禮度 悉遵華制 女服一事 尚循舊習 且本朝禮服 僭侈

無節. 若夫露衣襖裙笠帽 尊者之服也. 今商賈賤女 皆得而服之

尊卑無復辨矣. 乞自今 四品以上正妻 着露衣襖裙笠帽; 五品

以下正妻 只着長衫襖裙笠帽 不許着露衣. 前日本府所申 從婢

不許襖裙 其笠帽則只用苧布 襜之長短 不與主帽齊等 減半定制
불허 오군 기 입모 즉 지용 저포 첨 지 장단 불여 주모 제등 감반 정제

然亦上下猶未辨也. 自今宮女上妓外 庶人婦女及從婢賤隷之服
연 역 상하 유 미변 야 자금 궁녀 상기 외 서인 부녀 급 종비 천례 지복

只用紬苧布蒙頭衣 不許羅紗段子與笠帽襪裙; 上妓亦不許笠帽
지용 주저포 몽두 의 불허 나사 단자 여 입모 말군 상기 역 불허 입모

以別尊卑之等.'
이별 존비 지등

上覽之 下議政府. 議得: "衙丘從用官奴 視州府郡等差定數;
상 람지 하 의정부 의득 아 구종 용 관노 시 주부군 등 차 정수

檢校合坐站夫之事依舊; 女服之事 請下禮曹詳定 其餘皆從憲司
검교 합좌 참부 지사 의구 여복 지사 청하 예조 상정 기여 개종 헌사

所申." 命檢校受祿及女服之事仍舊 其餘事件 依擬議施行.
소신 명 검교 수록 급 여복 지사 잉구 기여 사건 의 의의 시행

戊辰 上王邀上設宴于慶會樓. 上王令妓頌豳風七月篇. 上謂
무진 상왕 요상 설연 우 경회루 상왕 영기 송 빈풍 칠월편 상 위

代言等曰: "上王云: '予昔者聽判禮賓寺事金子洵 漁父歌 甚善
대언 등 왈 상왕 운 여 석자 청판 예빈시 사 김자순 어부가 심선

今欲更聽.' 召子洵唱之如何?" 知申事金汝知對曰: "上王旣請
금 욕 갱청 소 자순 창지 여하 지신사 김여지 대왈 상왕 기청

使歌何害!" 乃召子洵唱之 上王賜子洵衣 極歡抵夜乃罷.
사가 하해 내 소 자순 창지 상왕 사 자순 의 극환 저야 내 파

議政府上書條陳楮貨興行之法:
의정부 상서 조진 저화 흥행 지법

'其一, 京中五部 以五家爲比 定爲掌管. 不用楮貨 而以米布
기일 경중 오부 이 오가 위비 정위 장관 불용 저화 이 이 미포

貿易 則卽拿付官 以爲恒式. 若有容隱 則非特掌管 幷罪比隣.
무역 즉 즉 나부 관 이위 항식 약유 용은 즉 비특 장관 병죄 비린

有能捕告者 將犯人家産 一半充賞. 又令漢城府五部 暗行考察
유능 포고 자 장 범인 가산 일반 충상 우 영 한성부 오부 암행 고찰

論罪 其斗升以下米穀貿易者 不在此限.
논죄 기 두승 이하 미곡 무역 자 부재 차한

一, 諸色匠人將所造之物 不出街市 買米於家 至於大小兩班
일 제색장인 장 소조 지물 불출 가시 매미 어가 지어 대소 양반

不得已貿易之物 給以米布 此楮貨所以不行也. 今後令京市署
부득이 무역 지물 급이 미포 차 저화 소이 불행 야 금후 영 경시서

檢察 竝令出市 如前不從國令 則依曾受教科罪鑑後. 大小人不遵
검찰 병령 출시 여전 부종 국령 즉 의 증 수교 과죄 감후 대소 인 부준

邦憲者 尤無意也. 願令攸司窮推論罪.
방헌 자 우 무의 야 원령 유사 궁추 논죄

一. 京外犯罪人收贖 依曾受敎 竝以楮貨收之.
일 경외 범죄인 수속 의증 수교 병이 저화 수지

一. 凡於戶曹受田者 每五結納楮貨十張.
일 범어 호조 수전 자 매 오결 납 저화 십장

一. 各司使令憑公刦奪 小民畏不出市. 今後如有刦奪者 令
일 각사 사령 빙공 겁탈 소민 외불 출시 금후 여유 겁탈 자 영

物主卽告京市署 所持楮貨入官 重論其罪.
물주 즉고 경시서 소지 저화 입관 중론 기죄

一. 於司僕寺納新參馬價 古例也. 令時散三品以下六品以上
일 어 사복시 납 신참 마가 고례 야 영 시산 삼품 이하 육품 이상

準古布數 以楮貨納之.
준고 포수 이 저화 납지

一. 自願爲僧者 丁錢五升布一百匹納後 給度牒出家 六典所載
일 자원 위승자 정전 오승포 일백 필납 후 급 도첩 출가 육전 소재

也. 今後以楮貨準布數納之 違者痛懲.
야 금후 이 저화 준 포수 납지 위자 통징

上曰: "是皆前日受敎之事也." 知議政府事李膺對曰: "欲申明
상왈 시개 전일 수교 지사 야 지의정부사 이응 대왈 욕 신명

其法也." 上曰: "在乎奉行耳 何必再受敎乎?" 膺曰: "申明其法
기법 야 상왈 재호 봉행 이 하필 재 수교 호 응왈 신명 기법

而若不奉敎 無以示嚴於民也." 上皆從之曰: "新參馬價之法
이 약불 봉교 무이 시엄 어민 야 상개 종지 왈 신참 마가 지법

前朝盛時之事 宜申其令." 又命攸司 禁擇楮貨 且令濟用監 以庫
전조 성시 지사 의신 기령 우명 유사 금택 저화 차령 제용감 이고

中雜物 貿易楮貨 皆慮小民不用楮貨也.
중 잡물 무역 저화 개려 소민 불용 저화 야

庚午 日本對馬島宗貞茂 使人來獻土宜.
경오 일본 대마도 종정무 사인 내헌 토의

前漢城府尹鄭符卒. 致賻米豆二十石 遣中官致祭. 符東萊人
전 한성부윤 정부 졸 치부 미두 이십 석 견 중관 치제 부 동래인

監察大夫良生之子. 二子 欽之 款之.
감찰대부 양생 지자 이자 흠지 관지

辛未 上詣上王殿. 問大妃疾也. 遂幸慶會樓避暑 日昃還宮.
신미 상 예 상왕 전 문 대비 질야 수행 경회루 피서 일 측 환궁

司憲府疏請前藝文館提學趙敍之罪. 敍之女 爲檢校
사헌부 소청 전 예문관제학 조서 지죄 서 지녀 위 검교

判漢城府事李錘妻姜氏養息. 姜氏死 錘在外托疾不臨 而敍乃
판한성부사 이일 처 강씨 양식 강씨 사 일 재외 탁질 불림 이 서 내

擅分奴婢家産. 司憲府請二人之罪 命皆勿論.
천분 노비 가산 사헌부 청 이인 지죄 명 개 물론

壬申 命罷判典醫監事曹聽職. 以聽進藥不封也.

申行楮貨法. 議政府稟奉王旨:"各官守令 將犯罪人收贖布貨雜物 以官中楮貨 互換施行者有之. 今後除他物 並以楮貨收贖. 其各官遺在楮貨 除民間貿易 並於營中收貯." 命政府曰:"楮貨擇善 非特小民 官家亦然. 自今禁擇新舊善惡厚薄强軟 違者以教旨不從論罪." 召司憲府掌務掌令權踐曰:"聞各司使令 據給價物 攘奪于市 予甚駭之 遣人往察 果如所聞. 執亂雜者五六人以來 乃京市使令也. 問其故則曰:'漢城府每當月季 取工人市人楮貨人各一張 令京市署督收以納故也.' 按其實 果如其言. 此人等誠無罪 罪在所掌官 其覈實以聞."

甲戌 日本仇沙殿 使送客人 來獻土物. 上曰:"此物必入寇中原所得也." 卽分各司.

乙亥 上不豫

下陰陽書二十帙于書雲觀. 書本忠州史庫所藏 曝曬史官所進也.

丙子 賜文城君柳亮 左代言李灌廏馬各一匹. 先是 中宮旣免身 上謂金汝知曰:"中宮每有難産之病 予以爲憂. 今賴卿等供藥之勤 得無患焉 予甚喜之. 檢校漢城尹楊弘達 檢校參議楊弘迪 前判典醫監事曹聽等劑藥有效 可賜米各十石 典醫注簿金土副司直李軒米各五石." 柳亮 李灌監劑有功 故有是賜. 且賜中官盧希鳳楮貨百張 亦以勤勞也. 傳旨代言司曰:"今年生子 卜者曰:

'有兒限 宜於別處養育.'誰爲無子而可養者乎?"知申事金汝知
유아 한 의어별처 양육 수위무자 이 가양 자 호 지신사 김여지

對曰:"權緩 梁需 黃子厚 皆無子者也."上曰:"緩多奴婢 人心
대왈 권완 양수 황자후 개무자자야 상왈 완다노비 인심

必謂爲此也. 需方赴任 子厚養驪城之子 皆未可也." 汝知又曰:
필위위차야 수방부임 자후양여성지자 개미가야 여지우왈

"廉致庸亦無子者也. 誠妃殿何如?"上曰:"誠妃殿爲可."
염치용 역무자자야 성비전 하여 상왈 성비전위가

命代言司曰:"予尙未寧 自今至晦日 停朝啓."
명 대언사 왈 여상미령 자금지회일 정조계

丁丑 命囚前戶曹正郎趙杞生于巡禁司. 初 杞生之奴 娶故三司
정축 명수전호조정랑 조기생 우 순금사 초 기생지노 취고삼사

長史崔宏之婢 有二息. 杞生 以己奴良妻所産 據執使喚 宏妻
장사 최굉 지비 유이식 기생 이기노양처소산 거집사환 굉처

安氏具狀告憲司 覈實以聞 故有是命.
안씨 구장 고헌사 핵실이문 고유시명

戊寅 松嶽山石自頽 長十三尺五寸 廣七尺. 遣書雲觀官禳之.
무인 송악산 석 자퇴 장 심삼척 오촌 광 칠척 견 서운관 관 양지

順德王大妃金氏薨. 上王之嫡妃也. 妃 雞林世家贈門下侍中
순덕 왕대비 김씨 흥 상왕지적비야 비 계림세가 증 문하시중

天瑞之女. 有幽閑之德 無妬忌之心 內助弘多. 薨 享年五十八.
천서 지녀 유유한지덕 무투기지심 내조 홍다 흥 향년 오십팔

上欲往哭之 問於領議政河崙 對曰:"爲之後者爲之子 禮當服
상 욕왕 곡지 문어 영의정 하륜 대왈 위지후자 위지자 예 당복

齊衰. 今服未成 宜以布素往哭."上遂以素服 率群臣詣殯殿
자최 금복미성 의이포소왕곡 상수이소복 솔군신예빈전

哭臨再拜 又詣上王移御所 俯伏奉慰乃還. 群臣亦服素衣烏帽
곡림재배 우예상왕이어소 부복봉위내환 군신역복소의 오모

黑帶. 命靑原君沈淙 致奠于殯 輟朝七日 停市五日 停大小祀 禁
흑대 명 청원군 심종 치전우빈 철조칠일 정시오일 정 대소사 금

音樂婚嫁.
음악 혼가

禮曹上喪制:"服齊衰 以日易月 二十五日釋服 着白衣烏帽
예조 상 상제 복 자최 이일역월 이십오일석복 착백의 오모

黑帶白靴 百日而除 卽吉."從之.
흑대 백화 백일이제 즉길 종지

設四都監. 喪服都監 以恭安府尹鄭易爲提調;殯殿都監 以
설 사 도감 상복도감 이 공안부 윤 정역 위 제조 빈전도감 이

摠制李湛爲提調;國葬都監 以玉川君劉敞 摠制李之實爲提調;
총제 이담 위 제조 국장도감 이 옥천군 유창 총제 이지실 위 제조

齋都監 以摠制黃祿 崔閏德爲提調. 每都監 皆有使副使判官.

己卯 檢校判漢城府事卞季良上箋辭 不允. 箋曰:

'臣少多病 絶意仕宦 杜門呻吟者 八九年矣. 幸蒙太祖之命

力疾從仕 尋復置散. 恭惟主上殿下 奄登大位 實諸侍從之列

臨軒親策 擢爲第一 超遷三級 二轉而登兩府 以至今日. 雖勳盟

重臣 且皆或仕或已 未嘗有如臣之恒處顯秩者也. 寵遇之隆 可謂

極矣 而臣性本拙直 不阿世俗 又不謹愼 動惹是非 屢煩聖聰 乃

獲保全. 又於前月初八日 被劾憲司 以有妻娶妻也. 厥後更互

問備 於其月晦 又因前妻之父李村告狀 問以家中醜行 至不容口.

臣之不能謹於庸行 以招群小之謗 蓋可見矣. 然憲司終亦不爲

申聞 以加臣罪者 蓋以殿下特命視事 且又改批 仍兼別司 眷愛

之篤 特出常數也. 受命以還 感激無已. 然以憲議未息 衆謗沸騰

卽欲上箋辭謝 時方中暑 無力及於筆札 所以未就. 殿下於臣

無功而寵之 有罪則原之 雖天地之仁 父母之慈 何以比之? 然於

臣則幸 乃公道何? 夫以殿下之大公而私於臣 殿下之至明而闇於

臣 臣雖庸妄 貪位冒祿 豈敢自安? 臣之久病 與年俱深 乞身頤養

理所當然. 且夫婦者 五倫之本 萬事之原. 臣於家道乃爾 餘復

何言! 又念古之人 有自薦者 蓋以無薦之者也. 今憲司不以臣罪

申聞 臣請自輸. 苟其賢也 何嫌於自薦 苟不肖也 又何憚於自輸!

伏望殿下 解臣職事 投之閑散 一以彰殿下知人之明 二以昭殿下

擧法之公 三以遂微臣養病之志 知止之明 公道幸甚 臣身幸甚.

上覽之 還其書 命復就職. 召司憲府傳旨曰: "雖聖人 未免有

小過. 況其下者乎? 若今罷季良之職 於文翰之任 誰能當之!" 初

季良娶李村之女爲繼室 不以夫婦之禮待之 防閑太甚 閉之房中

穴牖以通飮食 至溲溺不能自由. 村怒 訴季良 奪其女以去 遂

訟于憲府云.

庚辰 遣漢川君趙溫詣宗廟 告大妃薨 命停外方陳慰箋.

命禮曹曰: "遭喪視事 予心未便 其議以聞."

命送喪服于芳幹 孟衆.

壬午 上率群臣成服. 上以烏帽素衣黑帶 率百官詣殯殿. 上與

世子宗親服齊衰 武屈冠 首絰 腰絰 桐杖; 文武百官亦服齊衰

布裹紗帽 腰絰 再拜哭盡哀 又再拜. 上御素輦還宮 儀仗皆

用素. 安城君李叔蕃謂禮曹曰: "今詳定喪制內 旣以日易月 爲

齊衰二十七日而祥譚畢矣. 更用素服終百日 未知是禮倣於何代

歟?" 判書偰眉壽 參議許稠等曰: "爲之後者 爲之子 以子道

服之. 雖從中國之制 以日易月 宜從本國舊俗 以素服終百日也."

上曰: "大妃 父兄之配匹 一國之母儀 予旣爲之後 當服衰矣. 然

京外臣僚 亦行百日之制 不已重乎? 若服之以衰 則當行期年 從

易月之法 則當服二十七日之喪. 易月百日之法 何以竝行?" 遂命

議政府稽古以聞. 政府上言曰:

"殿下依禮曹所申 以爲後之意 服齊衰 欲以二十七日而釋 又欲
전하 의 예조 소신 이위후지의 복 자최 욕이이십 칠일이석 우욕

以素服終百日 誠爲盛德. 然臣等竊謂自漢以來 爲人上者 雖於親
이 소복종백일 성위성덕 연신등절위 자한이래 위인상자 수어친

考妣之喪 亦有十三日而除者 蓋以萬機至重 不可久曠 郊廟之祀
고비지상 역유 십삼일 이제자 개이 만기지중 불가 구광 교묘지사

不可久廢也. 至宋太祖以下諸帝之喪 皆用易月之制 二十七日而
불가 구폐 야 지 송태조 이하제제지상 개용역월 지제 이십 칠일이

除 乃於章獻太后 隆祐皇后之喪 以十三日而除 易以常服. 乞依
제 내어 장헌 태후 융우 황후지상 이 십삼일 이제 역이 상복 걸의

宋制許於十三日而除 易以常服 以慰臣民之望."
송제 허어 십삼일 이제 역이 상복 이위 신민지망

上傳旨承政院曰: "政府之狀 明有證驗. 禮曹何所據而請
상 전지 승정원 왈 정부 지장 명유 증험 예조 하 소거 이청

二十七日而除?" 知申事金汝知對曰: "禮曹未知此法耳." 傳旨
이십 칠일 이제 지신사 김여지 대왈 예조 미지 차법 이 전지

曰: "政府中 誰發此議?" 檢詳官許揆對曰: "左政丞成石璘也."
왈 정부 중 수발차의 검상 관 허규 대왈 좌정승 성석린 야

遂從之. 命汝知與禮曹參議許稠 往領議政府事河崙第議喪制.
수 종지 명여지 여 예조참의 허조 왕 영의정부사 하륜 제 의 상제

汝知等反命曰: "十三日除服後 告廟臨群臣 皆用純吉. 至祥譚之
여지 등 반명 왈 십삼일 제복후 고묘 임 군신 개용 순길 지 상담 지

期 群臣復著前喪服 以存終三年之意." 從之. 禮曹啓: "宋神宗
기 군신 부저 전 상복 이존 종 삼년 지의 종지 예조 계 송 신종

元豐八年 太常寺言: '治平四年古事 山陵前 宗廟輟祭享 遇朔望
원풍 팔년 태상시 언 치평 사년 고사 산릉 전 종묘 철 제향 우 삭망

以內臣行薦食之禮 俟祔廟畢 仍舊.' 何休曰: '有牲曰祭 無牲曰
이 내신 행 천식 지례 사 부묘 필 잉구 하휴 왈 유생왈제 무생왈

薦.' 乞依此制 大妃山陵前 於宗廟行薦食之禮." 從之. 議政府又
천 걸의 차제 대비 산릉 전 어 종묘 행 천식 지례 종지 의정부 우

啓: "大妃之薨 告訃朝廷 則稱兄妻稱母 俱未便 且神德王后康氏
계 대비 지훙 고부 조정 즉 칭 형처 칭모 구 미편 차 신덕왕후 강씨

之喪 不告訃 臣等以爲今亦宜不告." 從之.
지상 불 고부 신등 이위 금 역 의 불고 종지

① 反爲人所憎惡. 反은 '도리어'라는 뜻이다. 나머지는 '爲~所~'라는 구문
   으로 '사람들에게 증오를 당한다'라는 말이다.

태종 12년 임진년
7월

七月

갑신일(甲申日-1일) 초하루에 일식(日食)이 없었다. 애초에 서운관(書雲觀)에서 아뢰어 말했다.

"오는 7월 초1일 갑신(甲申)은 비록 범일(泛日)[1]이라 하더라도 일수(日數)의 천수(千數)가 모두 공(空)이라 일식이 있을지 혹은 일식이 없을지 헤아리기가 어렵습니다."

이날에 이르러 과연 일식이 없었다.

○ 충청도 서주(瑞州) 사람이 은석(銀石) 한 덩어리[一塊]를 캐 바치니 저화(楮貨)를 내려주었다.

병술일(丙戌日-3일)에 태백성이 낮에 보였다.

○ 의정부(議政府)에서 세공(歲貢)하는 저화의 숫자를 아뢰었다. 아뢰어 말했다.

"유수관(留守官)은 각각 500장(張), 대도호부(大都護府)의 목관(牧官)은 각각 400장, 부관(府官)은 각각 300장, 지관(知官)은 각각 200장, 현령(縣令) 및 감무(監務)는 각각 100장씩 모두[共] 5만 1,700장을 각관(各官)으로 하여금 갖춰 바치게 하되 민호(民戶)에서

---

1 전통 천문학의 일월식(日月食) 추보법(推步法)에서 일월식이 일어날 가능성이 있는 날을 말한다. 즉 일월식이 일어날 수 있는 유동성(流動性)이 있는 일수(日數)를 말한다.

징수하지 말게 함이 옳겠습니다."

그것을 따랐다. 정부(政府)에서 또 아뢰었다.

"옛날의 조용조(租庸調)의 법에 의거해 경중(京中)의 각 호(各戶)로 하여금 가대세(家代稅)²를 저화(楮貨)로 바치게 하되 그 복수(卜數)³를 헤아려서 차등 있게 하소서."

그것을 따랐다.

○ 장사치[商賈] 중에 저화를 사용하지 않으며 선악(善惡)을 가리는 것을 헌부(憲府)에서 서리(書吏)와 소유(所由)를 파견해 몰래 다니며 고찰하게 하니 경중(京中)이 시끄러웠다[紛擾]. 상(上)이 이것을 알고서 사람을 보내 저자[市肆]에 가서 살피게 했더니 헌부의 아전들이 편복(便服) 차림으로 고찰한다고 핑계 대고 남의 물건을 빼앗고 있었다. 순금사(巡禁司)에 명해 가두고 지평(持平) 이하(李賀)를 불러 꾸짖었다. 또 정부(政府)와 한성부(漢城府)에 명해 말했다.

"각사(各司)에서 사령(使令)을 저자에 보내는 것을 금하라."

저자 사람들이 편하게 여겼다.

기축일(己丑日-6일)에 태백성이 낮에 보였다.

경인일(庚寅日-7일)에 상이 세자와 백관(百官)을 거느리고 복(服-상

---

2 한성부(漢城府)에서 각 호(戶)의 집터의 복수(卜數)에 따라 해마다 부과하던 세(稅)다. 일명 가기세(家基稅)라고도 한다.

3 토지의 결수를 말한다.

복)을 벗었다[釋服]. 상이 빈전(殯殿)에 나아가 전(奠)을 드리고 드디
어 길복(吉服)을 입고는[卽吉=就吉] 이어서 상왕(上王)의 이어소(移御
所)에 문안했다.

○ 대호군 전맹겸(全孟謙)을 파직시켰다. 이에 앞서 맹겸(孟謙)의 가
노(家奴)가 저자에서 겁박해 약탈하므로 경시서승(京市署丞) 김여진
(金麗珍)이 헌사로 잡아 보내 다스리게 했더니 전맹겸이 이를 원망
했다. 이때에 이르러 여진(麗珍)이 감찰이 되자 맹겸이 망령되이 여진
세계(世系)의 흠[玷垢]을 말한 까닭에 헌사에서 탄핵해 죄줄 것을 청
했다.

○ 행랑(行廊)을 조성할 정장(丁匠)을 징발했다. 의정부에서 계청
(啓請)했다.

"승군(僧軍) 1,000명과 목공(木工) 200명을 뽑아 보내는 일을 각
도에 이문(移文)하게 하소서."

그것을 따랐다.

신묘일(辛卯日-8일)에 의정부에서 육선(肉膳)을 올리니 허락하지 않
았다. 상이 말했다.

"대비(大妃)를 산릉(山陵)에 장사 지낸 뒤를 기다려서 따르겠다."

임진일(壬辰日-9일)에 명해 경기 도관찰사(京畿都觀察使) 권완(權
緩), 경력(經歷) 김명리(金明理)와 전 도관찰사 이상(李湘)을 순금사
에 가두게 했다. 경인년(庚寅年-1410년) 겨울에 정부에서 하교를 받
아 이문(移文)하기를 "과전(科田)에서 수조(收租)하는 것은 5결(結)

마다 모두 저화(楮貨) 1장씩을 수납하도록 하라"라고 했는데 상(湘)
과 명리(明理)는 단지 1년만 행하고 그쳤다. 완(緩)은 신묘년(辛卯
年-1411년)에 수조(收租)한 뒤 본직(本職)을 받았던 까닭에 명해 다
시 직임에 나오게 했다. 상(湘)의 직첩을 거둬 영주(寧州)에 부처(付
處)하고 명리는 장(杖) 60대를 속(贖) 받게 했다.

○ 장성군(長城君) 정용수(鄭龍壽)⁴가 졸(卒)했다. 용수(龍壽)는 태
조(太祖)가 잠저(潛邸)에 있을 때에 섬겨 개국공신(開國功臣)이 됐고
벼슬이 판승녕부사(判承寧府事)에 이르렀다. 졸하니 3일 동안 철조
(輟朝)하고 시호(諡號)를 내려 호목(胡穆)이라 했다.

○ 신득재(申得財)에게 쌀과 면포(綿布)를 내려주었다. 득재(得財)는
요동 사람[遼人]인데 화지(華紙)⁵를 만들어 바치니 주자소(鑄字所)에
내려 『17사(十七史)』⁶를 인쇄했다. 득재에게 쌀 5석, 면포 3필을 내려
주고 지공(紙工)에게 전습(傳習)하게 했다.

○ 3공신(三功臣)과 여러 재상을 의정부에 모이도록 명해 저화(楮

---

4   고려 말 이인임(李仁任)·임견미(林堅味)의 반대 세력으로 나하추(納哈出)의 침입에 대한
    대책을 게을리했다는 이유로 경복흥(慶復興)·설사덕(薛師德)·표덕린(表德麟) 등과 함께
    유배됐다. 1392년 이성계(李成桂)가 왕위에 즉위할 때 배극렴(裵克廉)·정도전(鄭道傳)·
    조준(趙浚) 등과 대비의 선교(宣敎)를 받아 국새(國璽)를 바쳤다. 개국과 더불어 사복
    시판사(司僕寺判事)가 됐고 태조를 보좌해 왕위에 추대한 공으로 개국공신 2등에 녹훈
    됐다. 1400년(정종 2년) 승녕부(承寧府)가 설치되자 윤(尹)이 되었고 이듬해에는 판사로
    승직됐다. 1412년(태종 12년) 장성군(長城君)에 봉해졌다. 이보다 앞서 1402년 조사의(趙
    思義)의 난에 연루돼 탄핵을 받았으나 개국공신인 관계로 사면을 받았다. 그러나 1418년
    세종이 즉위하면서 고신과 공신전을 삭탈당했다.
5   중국에서 만들던 종이로 그 질이 좋아서 책을 인쇄하는 데 많이 사용했다.
6   사마천(司馬遷)의 『사기(史記)』를 비롯해 구양수(歐陽修)의 『오대사기(五代史記)』에 이르
    는 역대 17종의 기전체 역사서를 십칠사(十七史)라고 했다.

貨)를 통용하게 할 방법을 토의해 아뢰도록 했다. 의정부에서 말씀을 올렸다.

"저화의 통용은 이미 수년이 경과해서 민간에 산재한 것이 많이 파손됐습니다. 만약 수납(收納)하지 아니하면 사용에 불편하오니 송나라의 구회자(舊會子) 둘로써 신회자(新會子) 하나를 바꾸던 법에 의거해 백성들로 하여금 파저화(破楮貨) 2장(張)을 바치고 신저화(新楮貨) 1장을 주도록 함이 어떻겠습니까?"

또 말씀을 올렸다.

"『주례(周禮)』에 사장임토(師掌任土)의 법이 실려 있는데 '모든 임지(任地)와 국택(國宅)에는 정세(征稅)가 없고, 원(園)과 전(廛)에는 20에 1이다'라고 했으니 이 제도에 의거해 대소인원(大小人員)에게 택전(宅田)을 절수(折受)해 녹과(祿科)에 따라 납세하게 하되 제1과(第一科)는 8장(張)으로 하고, 위로부터 내려가 8과(八科)에 이르러서는 단지 1장만을 수납하는 것을 세례(歲例-연례)로 삼게 하소서."

모두 그것을 따랐다.

○ 경차관(敬差官)을 각 도로 나눠 보냈다. 의정부에서 아뢰어 말했다.

"근년 이래로 변경(邊境)에 근심이 없어[無虞] 각 포(各浦)의 수비가 혹 느슨해질까 염려되오니 경차관을 파견해 그들 군졸(軍卒)이 부정(不精)하고 기계(器械)가 불비(不備)한 자 3품 이상은 신문(申聞)해 죄를 과하고, 4품 이하는 율문에 비춰 직단(直斷)하게 하되 수군절제사(水軍節制使)의 능함과 능하지 못함도 고찰해 신문하게 하소서."

그것을 따랐다. 내섬시판사(內贍寺判事) 김매경(金邁卿)을 경상·강원도로, 군기감판사(軍器監判事) 노상(盧湘)을 충청·전라도로 보냈다.

○ 광흥창(廣興倉)에 명해 주포(紬布)를 반사(頒賜)하고 저화(楮貨)로 대신하게 했다.

병신일(丙申日-13일)에 의정부에서 육선(肉膳)을 올렸다. 영의정부사 하륜(河崙) 등이 말씀을 올렸다.

"상복(喪服)을 벗은 지 여러 날이 됐는데도 오래도록 육선이 없다는 것은 안 될 일입니다."

상이 말했다.

"(임금의) 뒤를 이은 자가 그의 아들이라 했다. 상왕(上王)께도 육선(肉膳)을 올리지 않았는데 내가 먼저 먹음이 옳겠는가?"

여러 재상들이 즉시 상왕전(上王殿)으로 나아가 드시기를 청하니 상왕이 이를 윤허했다. 하륜 등이 돌아와 고하자 상 역시 이를 윤허했다.

○ (충청도) 진주(鎭州-진천)에 안치한 이거이(李居易)에게 쌀 20석을 내려주었다.

○ 김남수(金南秀)를 공안부판사(恭安府判事)로, 정진(鄭鎭, ?~1418년)⁷

---

7 대제학을 지낸 정홍(鄭洪)의 아들이자 개국공신으로 부원군에 책봉된 조준(趙浚)의 사위다. 음보로 대언을 거쳐 20세 때 중추원부사에 임명됐다. 1409년(태종 9년) 경기우도 도절제사를 거쳐 이때 형조판서에 임명됐다. 1416년에는 평안도 도순문사로 있으면서 매 3마리를 임금에게 바쳤다. 1417년(태종 17년) 판한성부사로 사은사가 돼 좌군동지총제 심정(沈泟)과 함께 명나라에 다녀와 우군도총제에 제수됐다. 1418년 공조판서와 우군도 총제를 거쳐 삼번절제사에 임명됐으나 그해 죽었다.

을 형조판서로, 여칭(呂稱)을 중군도총제(中軍都摠制)로, 김구덕(金九德)을 한성윤(漢城尹)으로 삼았다.

정유일(丁酉日-14일)에 명해 선공감(善工監) 조진(趙瑨)을 성 밖으로 내치도록 했다. 상이 승정원에 뜻을 전해 말했다.

"조진이 과인의 말을 몰래 듣고 슬그머니 우정승 조영무(趙英茂)에게 일러주니 영무(英茂)는 3공신이 모인 곳에서 이를 마구 말했다. 내가 진(瑨)을 순금사(巡禁司)에 가두고 그 이유를 국문(鞫問)하고자 했으나 진은 경회루(慶會樓)를 감조(監造)함에 있어서 밤낮으로 근로한 까닭에 우선 이를 면해주는 것이다. 너희는 빨리 진을 불러 극구 책망하고 성 밖으로 내쫓되 그가 가는 대로 맡겨두라."

승정원에서 즉시 진을 불러 상지(上旨)를 전하니 진이 황공 실색해 고봉현(高峰縣-경기도 고양)으로 나갔다.

무술일(戊戌日-15일)에 갑사(甲士) 최천명(崔天命)과 패두(牌頭)[8]를 순금사에 내려 죄를 속(贖) 받게 했다. 봉례랑(奉禮郎) 장사의(張思儀)가 일찍이 갑사를 꾸짖어 상놈[常僕]이라 하자 갑사들이 앙심을 품었다[衘]. 마침 사의(思儀)가 금문(禁門-대궐문)에 들어서자 갑사 최천명 등 14인이 함부로 구타하므로 대언(代言)이 이를 아뢰니 명해 패두와 아울러 이들을 가두게 했다.

---

8 패(牌)의 우두머리를 말한다. 입역(立役)할 장정 40~50명을 1패(牌)로 만들어 패두가 영솔(領率)했다.

기해일(己亥日-16일)에 큰비가 내렸다. 상이 이를 근심해 서운정(書雲正) 장득수(張得壽)를 보내 흥인문(興仁門)에서 기청제(祈晴祭)를 행하게 했다.

경자일(庚子日-17일)에 큰바람이 불고 비가 내려 나무가 뽑히고 기와가 날리며 곡식이 모두 쓰러졌다. 상이 놀라고 두려워해 잠을 이루지 못하고 장차 대신 등에게 명해 기청제를 종묘(宗廟)·사직(社稷)·북교(北郊)에서 행하려 했는데 이튿날 비가 개어 마침내 그만두었다. 내수(內竪)를 들판에 나눠 보내 곡식을 살피게 했다. 상이 말했다.

"이미 익은 곡식은 수령(守令)이 독촉해 수확함이 마땅했는데도 (그렇게 하지 않아) 지금 손상케 했으니 무슨 까닭이냐?"

드디어 중관(中官) 윤흥부(尹興阜)를 경기 관찰사(京畿觀察使)에게 보내 각 군(各郡)의 수령들이 일찍 수확하지 못하고 손상케 한 연유를 묻고 이어 손상된 상황을 살피게 했다. 정부(政府)에 뜻을 전해 말했다.

"대개 재앙과 허물[災咎]이 생겨난 것은 실로 과인(寡人) 때문이지만 내가 듣자니 기내(畿內)의 수령들이 직책은 농사를 권장하는 사명을 띠고서도[帶] 종일 큰바람이 불었는데도 나가서 곡전(穀田)을 살펴보지 않은 자가 있어 이미 익은 곡식을 다 떨어지게 했으니 어찌 죄가 없겠느냐? 마땅히 속히 고찰해 아뢰게 하라."

성석린(成石璘)이 대답했다.

"이 일은 실로 신 등이 능히 섭리(燮理)하지 못한 소치입니다. 그러니 먼저 수령을 논함은 그 마땅함[義]에 있어 적절하지 않습니다."

상이 말했다.

"마땅히 다시 이를 생각하겠다."

내수(內竪-환관)를 충청·경상·전라 3도에 보내 풍우로 곡식이 손상된 상황을 살피게 했다.

○ (동북면) 길주(吉州) 백탑리(白塔里)의 9층탑이 무너졌다. 큰바람 때문이었다. 명해 말했다.

"대비(大妃)의 산릉군(山陵軍)이 모두 3,000명이니 먼저 부역(赴役)한 자 1,000명을 가려 뽑아 그들의 집으로 방환(放還)해 이미 익은 곡식을 수확하게 하라. 이제 큰바람을 만났으므로 내가 매우 염려하고 있다. 혹시라도[脫=儻] 서리나 우박의 재해가 있게 되면 백성들이
탈   당
먹을 것을 잃을 것이다."

○ 전라도에서 조선(漕船) 21척, 충청도에서 2척이 거센 바람으로 침몰해[颺沒] 죽은 사람이 104명이었다. 상이 심히 불쌍하게 여겨 정
구몰
부에 명해 미두(米豆)를 사람마다 4석씩 내려주고 3년 동안 복호(復戶-부역과 세금 면제)하게 했는데 이 뒤로는 이 같은 일이 있게 되면 이로써 예(例)로 삼게 했다.

○ 상이 정부(政府)에 명했다.

"금주령(禁酒令)을 우선 세민(細民-일반 백성)에 시행하고 거가(巨家)에는 시행하지 않고 있다. 또 술을 팔아 생활의 밑천으로 삼는 자도 있으니 공사연(公私宴)의 음주(飲酒) 이외는 금하지 말라."

○ 또 정부에 명했다.

"지금 큰바람이 불어 나무를 뿌리째 뽑아버렸다. 내가 사람을 시켜 이 상황을 살폈더니 백악산(白岳山)의 소나무가 21주(株), 성산(城

山)의 소나무가 14주나 됐다. 낮은 산에서도 그러한데 하물며 높고 큰 산이야 말할 나위가 있겠느냐? 옛글을 상고해보면 '큰바람이 나무를 뽑아버림은 신료(臣僚)에게 주된 책임이 있다'라고 했고 또 일자(日者)도 '큰 돌이 무너져 떨어짐도 역시 신하 중에 웅렬(雄列-특출함)한 자에게 주된 책임이 있다'라고 했으나 어찌 재변을 신하에게만 돌리고 내 스스로가 반성하지 아니할 수 있겠느냐? 하물며 과인(寡人)의 불법은 진실로 스스로 알지 못하는 것이라 어찌 허물을 받아서[引咎] 스스로를 책하지 아니하겠느냐? 내가 밤낮으로 조심함은 이목(耳目)을 가진 모든 사람이 함께 보고 듣는 바이니 오직 경(卿)들도 재앙을 제거할[弭災] 방법이 되는 까닭을 생각해 각자 경계하고 삼가라."

○ 명해 근일의 큰바람으로 쓰러진 소나무를 병조로 하여금 축토(築土)하도록 했다.

○ 정부에서 조선(漕船)을 침몰케 한 일로 전라도 도관찰사(全羅道都觀察使) 이귀산(李貴山)의 죄를 청하니 상이 말했다.

"배에 싣는 일을 지연시켜 7월에 이르러 조운(漕運)했으니 책임이 없다고 할 수는 없다. 그러나 근일의 큰바람은 인력으로 할 수 없었던 것이니 거론하지 않는 것이 좋겠다. 내 들으니 '중국에서는 7월에 행선(行船)을 금한다'라고 했고, 속담에도 이르기를 '백종(百種-음력 7월 15일)에 큰바람이 있다'라고 했으니 금후로는 엄격하게 법정(法程)을 세워 7월 안에는 공사(公私)의 선척을 바다에 띄우지 못하게 하고 만일 부득이한 경우라면 내 뜻을 받아서[取旨] 시행하라."

상이 『옥력통정(玉曆通政)』을 읽어보니 이런 내용이 있었다.

"풍우가 무상(無常)하면 이는 병화(兵禍) 및 한재(旱災)와 화재(火災)를 주의한다."

정부에 명했다.

"오늘날 풍우의 재변을 만나고 보니 화재도 두려운 것이다. 창고(倉庫)뿐만 아니라 경복궁(景福宮)은 바로 태조(太祖)께서 세운 것이니 더욱 화재를 조심함이 마땅하겠다."

○ 권완(權緩, ?~1417년)⁹을 불러 물었다.

"경기(京畿)에서 바람으로 손상된 곡식이 얼마나 되느냐?"

대답했다.

"대체로 곡식이 손상된 것은 10분의 1에 불과합니다."

상이 말했다.

"지금 개성유후(開城留後) 이문화(李文和)의 보고에 의하면 곡식이 크게 손상됐다 하니 경의 말과는 다르다. 비록 소수가 손상됐다 하더라도 내 반드시 백성의 양식을 다 징수하지는 않겠다."

이는 대개 문화(文和)의 보고를 의심해서였다. 이때에 외방에서 온 어떤 사람들이 있어 상이 풍재(風災)의 심천(深淺)을 상문(詳問)하고

---

9 1407년(태종 7년) 태종이 즉위하기 전부터 태종과 친분이 깊었던 까닭으로 승정원우대언(承政院右代言)으로 발탁됐고, 이듬해 예문관제학을 거쳐 계품사(啓稟使)가 돼 명나라에 다녀왔다. 같은 해 우군동지총제를 거쳐 참지의정부사를 역임하다가 언사(言事)로 인해 파직됐다. 1411년 경기도 관찰사로 부임했는데 이듬해 조세 징수의 성적이 좋지 않고 조운을 막히게 했다는 대간의 탄핵을 받고 영주로 유배되던 중 특사로 풀려났다. 같은 해 공안부윤(恭安府尹)에 복직, 이후 판원주목사(判原州牧使)를 지냈다. 1416년 휴관(休官) 중에 개인적으로 소장한 소합유(蘇合油) 3근을 지신사 유사눌(柳思訥) 등과 공모해 내약방(內藥房)에 들여보낸 사건으로 의금부에 하옥된 뒤 외방으로 유배됐으나 곧 풀려나 직첩을 환급받았다.

각기 자기들이 본 대로 대답하게 하니 말하는 것이 같지 않았다. 어떤 사람에게는 끝가지 힐문을 가하니 외방 사람들이 이를 알고 점차로 말을 꾸며서 아뢰게 됐다. 완(緩)은 본래부터 지조가 없는 데다 황음무도(荒淫無道)해 감사의 직임에 합당하지 않았다. 지금 말하기를 "큰바람에 손상된 곡식은 10분의 1에 불과합니다"라고 했는데 실로 이는 상을 속인 것[罔上]이다.

○ 예조에서 아뢰어 봄가을에 사신을 보내 단군(檀君)·기자(箕子)의 사당[廟]에 제사를 올릴 것을 청하니 그것을 따랐다.

임인일(壬寅日-19일)에 전라도 장성포(長省浦)의 바닷물이 붉어지기 시작해 4일 동안 계속됐다. 서운관판사(書雲觀判使) 최덕의(崔德義)를 보내 해괴제(解怪祭)를 거행하게 했다.

○ 명해 이달에 번상(番上)한 각 도의 시위군(侍衛軍)을 놓아 보내게 했다.

○ 사헌부에서 대호군 김중균(金仲鈞)과 호군 윤린(尹璘) 등의 죄를 청했다. 중균(仲鈞) 등은 정용수(鄭龍壽)가 죽은 지 7일도 못 돼 과전(科田)을 진고(陳告)했던 자들이다. 율(律)에 비춰 과죄(科罪)하게 했다. 경회루(慶會樓)의 못을 파던 역도(役徒)에게 저화(楮貨) 1,000장(張)을 내려주었다. 못을 다 팠으나 물이 새는 곳이 있어 가득 차지 못했다. 박자청(朴子靑)이 계책을 올려[獻計] 말했다.

"물을 트고 다 빼서 물이 새는 곳을 다시 검은 진흙으로 메우면 물을 고이게 할 수 있습니다."

상이 그것을 시도하게 하니 과연 징험이 있었다.

○ 충청도 병마도절제사 신유정(辛有定)이 전(箋)을 올려 사직하니 전 총제(摠制) 김중보(金重寶)로 교체했다.

계묘일(癸卯日-20일)에 대비(大妃)의 존시(尊諡)를 정안왕후(定安王后)라 하고 능(陵)을 후릉(厚陵)이라 했다. 예조에서 아뢰었다.

"삼가 『문헌통고(文獻通考)』를 상고하건대 송나라 태종은 뒤(후사)가 된다는 뜻으로서 태조를 위해 비록 참최(斬衰)의 복(服)을 입었다 하더라도 책축(册祝)에서는 '효제(孝弟)'라고 칭했습니다. 청컨대 이 제도에 의거해 대비의 축문(祝文)에는 '순덕대비(順德大妃)'라 칭하고 국함(國銜)은 '국왕(國王)'이라 칭해야 할 것입니다."

그것을 따랐다.

○ 예조에서 아뢰었다.

"순덕대비(順德大妃)의 예장(禮葬) 때와 계빈(啓殯)[10] 등의 제사에는 모두 섭행(攝行)토록 하시고 헌관(獻官)과 집사(執事)의 칭호는 모두 본국의 관제(官制)에 따르소서."

그것을 따랐다. 또 아뢰었다.

"순덕대비 예장의 발인일(發引日)에는 백관(百官)이 흰 옷에 검은 띠로 성(城)을 나가 봉사(奉辭-하직인사)하고 반혼일(返魂日)에는 상복(常服)으로 봉영(奉迎)하게 하소서."

그것을 따랐다. 상이 승정원(承政院)에 명했다.

"『춘추(春秋)』에 비가 와서 능히 장사 지내지 못함을 비평했다

---

10 발인(發引)할 때 재궁(梓宮)을 내가기 위해 빈전(殯殿)을 여는 의식을 말한다.

[譏].[11] 이제 대비의 장사에 비록 혹시 비를 만나더라도[値雨=遭雨]
예(禮)를 갖춰 행하도록 하라."

　○ 우정승 조영무(趙英茂)가 면직하기를 청했으나 윤허하지 않았다.
비바람이 일정함을 잃은[失常] 때문이었다.

　갑진일(甲辰日-21일)에 대신(大臣)과 더불어 재해를 그치게 할[弭災]
방법을 토의했다. 일찍이 경기 관찰사(京畿觀察使)에게 다음과 같이
뜻을 전해 말했다.

　"윤흥부(尹興阜)가 와서 말하기를 '지금 곡식의 손실(損失)을 분간
하고 있습니다'라고 하기에 내가 말하기를 '조곡(早穀)은 그렇겠지만
만곡(晩穀-늦곡식)은 마땅히 익기를 기다려서 살피도록 하라'라고
했다."

　○ 성석린(成石璘), 조영무(趙英茂), 이조판서 이직(李稷), 병조판서
황희(黃喜), 대사헌 유정현(柳廷顯), 사간 이륙(李稑) 등을 편전(便殿)
으로 불러들여 말했다.

　"근일에 큰바람의 재변이 있는 것은 인사(人事)에 감응함이 있었던
까닭에 그리 된 것이니 과인이 황음(荒淫)한 실수가 있어서인가? 옛사
람이 '황(荒)'자를 해석하기를 '안으로 색(色)에 빠지고, 밖으로는 짐
승에 빠짐이다'[12]라고 했는데 내가 안으로 빠진 것은 경 등이 알 바

11　비를 이유로 장사를 지내지 않은 것을 공자가 비판한 것을 가리킨다.
12　『서경(書經) 하서(夏書)』 「오자지가(五子之歌)」의 제2가(歌)에 "가르침이 있으니 안으로 색
　　황(色荒)을 하고 밖으로 금황(禽荒)을 하는 일 가운데 하나라도 있으면 멸망하지 않는 경
　　우가 없다"라고 했다.

아니지만 밖으로 빠진 것은 모두가 함께 아는 바다. 재변을 만난 뒤로 내 스스로 이르기를 '나의 행위가 천의(天意)에 합하지 아니해 이에 이른 것인가?' 하고 물러가 몸을 닦고 반성함만 같지 못하다고 여겼으므로 정사를 보지 아니한 지 이제는 5~6일이나 됐는데, 그렇지 않다면 호령과 정사가 백성들의 원망을 산 것이 되니 화기(和氣)를 해친 것은 어떤 일인가? 사람을 씀에 아직도 적당함을 얻지 못했음인가? 저화의 새 법[新法]이 아직 인심에 흡족하지 못해서인가? 정부와 대간에서 한마디라도 재변이 오게 된 이유를 말해 과인을 책함이 없으니 내 매우 민망하게 여기노라. 경 등이 감히 면대해 말할 수 없다면 마땅히 각기 실봉(實封)해 계문(啓聞)하게 하라."

석린(石璘), 정현(廷顯), 류(㽕) 등이 대답했다.

"신 등은 아직도 전하의 성덕(盛德)에 잘못이 있으심을 보지 못했습니다. (다만) 사람을 쓰는 한 가지 일로써 말씀드리자면 신 등과 같은 자도 중기(重寄-무거운 지위)를 승핍(承乏)[13]했으니 그 점이 백료(百僚)의 사이에 외람되게 쓰였는지 어찌 알겠습니까?"

석린과 직(稷)이 다시 아뢰었다.

"오늘날 전선(銓選-인사)을 모두 신 등에게 맡기셨으니 실로 마땅하지 못합니다. 바라건대 이제부터는 전선할 때에 집정대신(執政大臣) 등을 어전에 불러 1품에서 권무(權務)에 이르기까지 모두 친히 현부(賢否)를 물으시어 제수하면 외람되게 받은 자가 그 사이에 용납될 수 없을 것입니다."

---

13 인재가 부족해서 재능이 없는 사람이 벼슬을 차지하는 것을 말한다.

상이 말했다.

"그것은 그렇지가 않다. 오늘날 모든 지위에 열해 있는 자들도 경 등이 다 품신해 내가 임명한 사람들이니 어찌 경 등과 함께 직접 해야만 정사를 한다고 하겠는가? 또 정사는 전선(銓選)하는 것뿐 아니라 날마다 경 등과 서로 말하는 것도 모두가 정사를 하는 것이 되니 각기 자기의 마음을 다하라."

또 말했다.

"내가 부덕(否德)한 사람으로 삼가 대업(大業)을 이어받아 오직 상제(上帝)에 어김을 얻을까만 염려했다. 그러므로 근자에 왕위를 세자(世子)에게 선양하고 나로 말하면 별궁(別宮)에 물러가 거처하면서 여생을 마치려 했으나 대소 신료(大小臣僚)들이 모두가 '불가하다' 하고, 또 내 마음으로도 '내 비록 왕위를 사양한다 하더라도 호령(號令)과 정사(政事)는 모두 다 어린 임금에게 위임할 수 없다'라고 여겨서 정사에 참여해 들을 것이니 곧 그 정사의 실수 때문에 재변을 가져오는 것은 실로 과인으로 말미암은 것이다. 만약 그렇다면 그때에 대위(大位)를 사양했다 하더라도 국가에 이익됨이 없었을 것이므로 드디어 그 뜻을 이루지 못하고 곧 오늘에 이르렀다. 앞서 내가 상제(上帝)에게 고(告)하기를 '내가 이 자리에 있는 것은 내가 구해서 얻은 것이 아니라 바로 상제가 명한 것이니 내가 만약 죄가 있다면 어찌하여 내 몸만 죄를 주지 아니합니까?'라고 했으니 최근 과인의 마음을 경 등이 어찌 다 알겠는가?"

석린이 말했다.

"뛰어난 이를 천거하고 구언(求言) 또한 재변을 물리치는 일단(一

端)입니다."

상이 말했다.

"뛰어난 이를 구해 천거된 사람은 모두 전일에 이미 임용해봤던 사람이고 (임금이) 구언(求言)해 진언한 것도 또한 눈앞의 보통일에 지나지 않는다."

○ 명해 강거보(康居寶), 김길(金吉), 안거도(安居道), 임회(林繪), 이복례(李復禮), 정사빈(鄭士賓)에게 고신(告身)을 주게 했다.

을사일(乙巳日-22일)에 일본 대마도의 종정무(宗貞茂)가 보낸 객인(客人)이 와서 토산물을 바쳤다.

○ 대호군 전흥(田興)을 충청도로 보내 곡식이 상한 상황을 살피게 했다.

○ 명해 궐내(闕內)에서 일 없이 밥 먹는 자[冗食者]를 줄이도록 했다.

○ 명해 충청·전라·경상·강원도에서 시위군(侍衛軍)으로 8월에 번상(番上)할 자는 면제하게 했다.

○ 명해 용산강(龍山江)의 군자감 조성(軍資監造成)을 정지시켰다.

○ 구언(求言)했다. 의정부에서 아뢰었다.

"이제 서성(西成)[14]의 때를 맞아 풍우가 재변이 돼 구징(咎徵)[15]으로 보여주는 것은 오로지 모든 관직[庶官]에 그 적절한 사람을 얻지 못

―――――――

14 가을철의 과실이나 곡식이 익는 것을 말한다.
15 좋지 못한 징조를 말한다.

한 이유로 백성에게 그 생업을 이루지 못한 때문입니다. 마땅히 공신(功臣)·제군(諸君)과 시산(時散)의 양부(兩府)·육조(六曹)·대간(臺諫)으로 하여금 각각 재덕이 있고 치체(治體-다스림의 요체)를 알아 재상의 직책에 보직될 만한 자와 현량하고 방정(方正)해 여러 지위에 서열될 만한 자를 천거하되 실봉(實封)해 아뢰게 하고, 시정(時政)의 득실과 민생의 이병(利病)과 현시의 폐단에 간절히 맞는 자도 또한 각사(各司)로 하여금 사실을 봉해 아뢰게 해야 할 것입니다."

그것을 따랐다.

정미일(丁未日-24일)에 안개가 진시(辰時)까지도 걷히지 않았다.

○ 전라도 순천부(順天府)에서 소가 송아지를 낳았는데 귀가 넷이고 10일 만에 뿔이 났다[生角].
    생각

무신일(戊申日-25일)에 의흥부(義興府)[16]를 혁파하고 다시 병조(兵曹)로 하여금 군정(軍政)을 관장하게 했다. 의정부에서 아뢰었다.

"역대 병제(兵制)의 연혁은 같지 아니합니다. 당(唐)나라에서는 부병(府兵)[17]을 두었는데, 1군(一軍)마다 장군(將軍) 1명을 두었고 번상(番上)하는 사람은 숙위(宿衛)뿐이었습니다. 일이 있으면 장수에게 명

---

16 조선조 초기에 의흥친군(義興親軍)을 통할(統轄)하던 군관부(軍官府)다. 세조 12년에 오위도총부(五衛都摠府)로 고쳤다.

17 중국의 수·당(隋唐) 시대에 시행하던 군사 제도다. 병농일치제(兵農一致制)인데 나라에서 균전제(均田制)를 실시함에 따라 모든 농민을 부병(府兵)으로 삼아서 농한기(農閑期)에 훈련을 실시해 숙위하고 유사시에 국방에 대비하게 했다.

해 교대로 나오게 하고 일이 풀리면 바로 해산해 군사는 부(府)에서 흩어지고 장수는 조정으로 돌아왔던 까닭에 장수로 하여금 군사를 장악하는 무거움이 없었습니다. 송(宋)나라에는 금군(禁軍)[18]과 상군(廂軍)[19]이 있었는데 모두 시위사(侍衛司)에서 통할했고 병부(兵部)에서는 그 정령(政令)만을 관장했습니다. 오늘날 국가에서 군대를 둔 법은 당나라의 제도에 가까우나 또한 미비한 것이 있어 신 등이 삼가 조목을 들어 합행(合行)할 사의(事宜)를 올리겠습니다.

하나, 각 령(各領)의 군사는 호군(護軍)으로 하여금 관장하게 할 것.

하나, 모든 군령(軍令)은 병조에서 교지를 받들어 각 군(各軍)에 행이(行移)하고 각 군은 10사(十司)[20]에 행이해 각각 그 사(司)의 상호군(上護軍)과 호군(護軍)이 함께 의논해 시행하되 사중(司中)의 공사(公事)는 그 군에 전보(傳補)하면 그 군은 병조에 보고할 것.

하나, 만일 용병(用兵)이 있게 되면 임금이 특별히 장신(將臣)을 불러 직문기(織文旗)를 내주되 병조에 입직한 참의(參議) 이상은 함께 품명(稟命)하고는 나가 깃발을 궐문(闕門) 밖에 세우고, 각 군에서 출번(出番)한 총제(摠制) 이하의 군사와 내금위(內禁衛) 별시위(別侍衛) 응양위(鷹揚衛)에서 출번한 절제사(節制使) 이하의 군사는 각각 그

---

18 송(宋)나라 때 군사 제도의 하나로, 황제(皇帝)의 궁금(宮禁)을 숙위하고 경사(京師)를 수비하던 군사를 말한다.

19 송나라 때 군사 제도의 하나로, 제주(諸州)의 진병(鎭兵)으로서 지방의 치안을 유지하던 군사를 말한다.

20 의흥시위사(義興侍衛司)·충좌시위사(忠佐侍衛司)·웅무시위사(雄武侍衛司)·신무시위사(神武侍衛司)의 중군(中軍)과 용양순위사(龍驤巡衛司)·용기순위사(龍騎巡衛司)·용무순위사(龍武巡衛司)의 좌군(左軍)과 호분순위사(虎賁巡衛司)·호익순위사(虎翼巡衛司)·호용순위사(虎勇巡衛司)의 우군(右軍)을 말한다.

군기(軍旗) 아래로 나아가 그 호령을 듣게 할 것.

하나, 숙위(宿衛)는 전례와 같이 할 것.

하나, 순작(巡綽-순찰)은 매일 출번하게 할 것.

하나, 위(衛)에서 3군총제(三軍摠制)를 감순(監巡)하게 할 것.

하나, 숙위·순작 등 일의 근만(勤慢)을 고찰함은 병조에서 이를 관장하게 할 것.

하나, 각(角)을 듣고서 예궐(詣闕)하며 사취(私聚-사조직)를 금지하는 등의 일은 한결같이 앞서 내린 교지에 따르게 하소서."

그것을 따랐다.

○ 삼군(三軍)·별시위(別侍衛)·응양위(鷹揚衛)의 절제사(節制使)와 별사금(別司禁)의 제조(提調)를 두었다. 중군절제사(中軍節制使)에는 한규(韓珪)·이담(李湛)·최윤덕(崔閏德)을, 우군절제사(右軍節制使)에는 심구령(沈龜齡)·이화영(李和英)·조질(趙秩)을, 별시위(別侍衛)의 좌1번 절제사(左一番節制使)에는 김남수(金南秀)·이흥발(李興發)을, 좌2번 절제사(左二番節制使)에는 이종무(李從茂)·송거신(宋居信)을, 우1번 절제사(右一番節制使)에는 성발도(成發道)·이징(李澄)을, 우2번 절제사에는 유습(柳濕)·김만수(金萬壽)를, 별사금(別司禁)의 좌변제조(左邊提調)에는 하구(河久)·권희련(權希連)을, 우변제조(右邊提調)에는 유은지(柳殷之)·황록(黃祿)을, 응양위(鷹揚衛)의 좌1번 절제사(左一番節制使)에는 조온(趙溫)·심인봉(沈仁鳳)을, 좌2번 절제사에는 김승주(金承霔)를, 우1번 절제사에는 이지실(李之實)·최용화(崔龍和)를, 우2번 절제사에는 홍부(洪敷)·문효종(文孝宗)을 두었는데 의정부에서 초선(抄選)에 들어가 낙점(落點)을 받은 사람들이었다. 좌군절

제사는 사초(史草)에 빠져 상고하기 어렵다.

○ 경중(京中) 각사(各司)의 개월(箇月)의 법[21]을 혁파했다. 이에 앞서 의정부에서 모든 전곡(錢穀)을 관장한 관리와 결송관(決訟官)에게 개월(箇月)의 법을 쓰자고 청했더니 이때에 이르러 외방 수령으로 고만(考滿)[22]한 자는 많고 경관(京官)으로 고만한 자는 적어서 제수할 때 서로 방애(妨礙)됨이 있는 까닭으로 다시 청해 이를 혁파한 것이다.

○ 사헌부에서 소를 올려 전라도 도관찰사 이귀산(李貴山)이 권문에 회뢰(賄賂)한 죄를 청하니 논하지 말라고 명했다. 귀산(貴山)이 육포를 찬성사 이천우(李天佑)에게 증회했다. 유정현(柳廷顯)이 천우(天佑)의 매부(妹夫)였으므로 그 집에 갔다가 마침 이를 보고서 탄핵했다.

○ 동북면(東北面) 부방갑사(赴防甲士) 송운부(宋云富) 등 7인을 사유(赦宥-사면)했다.

○ 좌정승 성석린(成石璘)이 사직을 청했으나 윤허하지 않았다. 상이 말했다.

"경이 사직하는 것은 풍수(風水)의 재변 때문이다. 나도 왕위를 사양함이 마땅하나 어디에다 사양해야 할지 아직 모르겠다."

○ 명해 조진(趙瑨)을 (풍해도) 옹진(甕津)에 부처(付處)하게 했다.

---

21 정해진 달수의 임기를 채워야 다른 관직으로 승진할 수 있던 제도를 말한다. 대개 경관(京官)은 15개월이었고, 지방 수령은 30개월이었다. 이 임기의 달수를 채우는 것을 개만(箇滿)이라고 했다.

22 벼슬의 임기가 만료되는 것을 말한다. 즉 개만(箇滿)과 같다.

사헌부에서 소를 올려 말했다.

'형벌(刑罰)은 국가의 중전(重典)이라 삼가지 않을 수 없으므로 대체로 죄가 있는 자는 반드시 그 죄를 밝히고 바르게 해 처단하기를 법(法)으로써 한 뒤에야 인심이 복종하고 악한 자가 징계될 것입니다. 신 등이 듣건대 선공감(繕工監) 조진(趙瑨)이 일찍이 범한 것이 있었으나 전하께서 유사(攸司)에 회부해 그 죄를 밝혀서 바로잡지 아니하시고 곧 외방으로 내치시니 조정 신료(臣僚)들이 아직 그 죄를 알지 못해 놀라지 않는 사람이 없으며 실로 밝은 때[明時]의 법에 비춰 단죄(斷罪)하는 국전(國典)에 어긋남이 있습니다. 바라건대 진(瑨)의 직첩을 거두고 국문해 그 죄를 바로잡아 밝게 전형(典刑)을 보여줌으로써 뒤에 오는 사람들을 경계하게 해야 할 것입니다.'

명해 외방에 부처(付處)하게 했다. 사간원에서 소를 올려 말했다.

'전일 헌사(憲司)에서 조진이 범한 것을 알지 못해 국문을 가하기를 청했고 거듭 소를 올려 아뢰었으나 전하께서 윤허를 내리지 않으시고 단지 외방에 부처하게 하셨으니 온 나라의 신민(臣民)이 진이 범한 바가 무엇인지 알지 못해 여러 사람의 의논이 분분합니다. 신 등이 그윽이 생각건대 상벌이란 권선징악(勸善懲惡)하는 것이므로 밝히지 않을 수 없는 것입니다. 상을 주되 그 착함을 알지 못하고 벌을 주되 그 악함을 알지 못함은 예로부터 아직 들은 바 없습니다. 바라건대 전하께서는 헌사(憲司)의 소신(所申)에 따라서 상벌의 법을 밝힘으로써 나라 사람들의 의혹을 끊어야 할 것입니다.'

상이 말했다.

"진이 종실에 대해 허언(虛言)을 퍼뜨렸으나 그것을 드러내 말하는

것[現說]은 옳지 못하므로 이미 외방에 부처(付處)하게 했으니 다시
는 죄를 청하지 말라.”

헌사(憲司)에서 상소해 다시 청하니 진을 옹진에 부처하게 했다.

○ 호(戶)에서 내는 저화(楮貨)와 둔전(屯田)을 면제해주었다. 의정
부에서 말씀을 올렸다.

“이에 앞서 국가에서 해마다 백성에게 거두기를 매호(每戶)마다 베
1필을 내게 했는데 지금은 저화로 대신하고 있습니다. 또 호급둔전
(戶給屯田)²³으로 하여금 대호(大戶)는 종자 3말을 주어 15말을 징수
하고, 중호(中戶)는 종자 2말을 주어 10말을 징수하며, 소호(小戶)는
종자 1말을 주어 5말을 징수했으니 이것은 과중한 세렴(稅斂)이라
백성에게 편하다 할 수 없습니다. 바라건대 이제부터는 각 도의 호
(戶)에서 내던 저화는 그 구급(口給)을 전면하고, 둔전의 소출은 저화
로써 징수하게 하되 만약 미곡(米穀)으로 납부하기를 원한다면 그것
을 들어주소서. 흉년이면[歉年=凶年] 종자의 값만을 받고 경기(京畿)
의 백성은 잡무가 매우 번거로우니 모두 둔전을 면하게 하소서.”

○ 갑사(甲士) 3,000명을 나눠 2번(二番)으로 하고 1년씩 번갈아 시
위(侍衛)하게 했다.

신해일(辛亥日-28일)에 서교(西郊)에 행차해 곡식을 살펴보고 경회

---

23 흉년이나 전쟁에 대비하기 위해 모든 호(戶)에 종자(種子)를 지급하고 가을에 곡식을 거
　두던 제도다. 모든 호(戶)를 대(大)·중(中)·소(小)·잔(殘)호로 나눠 일정한 양의 종자를
　지급하고 그 5배를 징수했다. 태조 때 둔전(屯田)의 폐지와 함께 없앴으나 1409년(태종
　9년)에 다시 부활시켜 군자(軍資)에 충당했다. 연호미법(煙戶米法)이라고도 한다.

루(慶會樓)로 돌아와 잠깐 쉬고는 마침내 환궁했다.

○ 사헌부에서 감찰 서취(徐就)가 순찰을 범한 죄를 청하니 명해 순금사(巡禁司)에 내려 율(律)에 비춰 과죄(科罪)하게 했다.

　임자일(壬子日-29일)에 편전(便殿)에 나아가 정사를 보았다. 민인생(閔麟生)·최사유(崔士柔)가 진퇴(進退)에 실절(失節)하면서부터는 사관(史官)이 편전에 들어갈 수 없었으나 간원(諫院)에서 여러 번 소를 올려 청을 얻어 입시(入侍)함을 윤허했다. 이날 상이 지신사(知申事) 김여지(金汝知)에게 물었다.

　"사관(史官)이 다시 편전에 들어오게 된 것은 어느 때부터 시작됐는가?"

　여지(汝知)가 대답했다.

　"경인년(庚寅年-1410년)에 간원(諫院)에서 소청(疏請)하므로 비로소 들어오게 됐습니다."

　상이 대답하지 않았다. 여지는 사관을 다시 들이지 못하게 할까 의심하고 두려워했다.

　○ 육조(六曹)·대간(臺諫)에서 현량(良方)·방정(正遣)·유일(遺逸)[24]의 사람을 천거하니 상이 이를 보고 말했다.

　"지금 천거한 자들은 모두 내가 일찍이 시용(試用)한 자들이고 재변도 겪은 자들이다. 어찌 특이한 유일한 사람이 없는가?"

　○ 사간원에서 시무(時務) 두 가지를 논해 소(疏)를 올렸다. 그

---

24 벼슬하지 않고 산림에 숨어 있는 선비를 말한다.

첫째는 이러했다.

'국가에서 사도(斯道-유학)를 높이고 무겁게 여겨[崇重] 이단(異端)을 물리쳐서 이미 사원(寺院)을 삭제하고 또 전민(田民-토지와 노비)을 줄였으나 내원당(內願堂)[25]과 정업원(淨業院)[26]만은 그대로 이어받아[因循] 아직도 혁파하지 못하고 있습니다. 저 내원당은 본래 전조(前朝-고려) 때 부도(浮屠-불교)에 혹해서 중을 궐내(闕內)에 맞이해 거처하게 하고는 이름을 '내원당'이라 했으나 오늘날에는 그 실지가 없는데도 헛되이 그 이름만 가졌습니다. 또 감주(監主)[27]가 된 자도 이미 전토를 받은 대찰(大刹)로 들어갔는데 또한 월봉(月俸)을 받아 먹으니 허비되는 것이 한 달에 거의 5석에 이릅니다. 정업원도 역시 전조 때 불도에 혹해 설치한 것인데 저 여승이 된 자 모두가 그 뜻을 얻지 못하고서 부처에게 투신한 자이니 어찌 정업과욕(淨業寡欲)의 실제와 임금을 오래 살게 하고 나라를 복되게 한 정성이 있겠으며 설사 부처에게 신령이 있다 하더라도 달게 응하겠습니까? 또 토전(土田)과 장획(臧獲-노비)을 소유하고 있는데 한 달 안에 분수(焚修)[28]의 요(料)를 또 4석(石)이나 받으니 내원당과 정업원의 1년의 비용을 계산한다면 모두 100석이나 돼 무명(無名)의 비용이 이보다 더 심한 것

---

25 대궐(大闕) 안에 불도(佛道)를 닦던 집으로 내도량(內道場)이라고도 한다.

26 서울의 동대문(東大門-흥인문(興仁門)) 밖 연미정동(燕尾亭洞)에 있었던 여승들만이 기거하던 절이다. 뒤에 정순왕후(定順王后-단종비(端宗妃))가 이곳에서 평생을 보낸 것으로 유명하다.

27 선종(禪宗)에서 사원(寺院)의 사무를 도맡아보는 사람을 가리킨다. 감사(監寺)라고도 한다.

28 분향해 도를 닦는 것을 말한다.

은 없습니다. 바라건대 내원당의 월봉을 혁파하고 감주가 된 자로 하여금 그가 거주하는 절의 전토에서 먹게 하며 또 정업원을 혁파해 그 토전과 장획은 다 속공(屬公)하게 하소서. 만약 갑자기 혁파하지 못하면 이미 전토가 있으니 마땅히 삭료(朔料)를 혁파해 국용(國用)에 대비하게 해야 할 것입니다.'

의정부에 내려 토의하게 하니 위 조항 중에 내원당은 명실이 서로 달라 혁파함이 마땅하다는 결론을 얻었으므로 상이 그것을 따르고 이어 말했다.

"정업원은 갑자기 혁파하는 것이 불가하다."

그 둘째는 이러했다.

'수령은 근심을 나누기 위해 차견(差遣)했으니 100리(百里)의 지방에 나가서 다스리는 소임은 막중(莫重)하온데 하번 갑사(下番甲士)가 부병(府兵)이라 일컬으며 수령을 깔보아 대체로 자가(自家)의 전부(田賦)와 역사에 나가는 것을 모두 다 위반합니다. 수령이 부역(賦役)을 균등하게 하고자 해 한 번이라도 강요함이 있게 되면 문득 능욕을 가하고 또 그 봉족(奉足) 부리기를 자기의 종과 같이해 드디어는 도산자(逃散者)도 간혹 있게 됩니다. 바라건대 이제부터는 하번 갑사도 잡역(雜役) 이외의 모든 전부와 역사를 평민처럼 하게 하고 그 봉족도 사가에서 부리지 말도록 하되 위반하는 자는 수령이 감사에게 보고해 규찰해서 다스리게 하소서.'

의정부에서 토의하니 소청(疏請)대로 따름이 마땅하다는 결론을 얻었으므로 그것을 따랐다.

甲申朔 太陽不食. 初 書雲觀啓曰: "來七月初一日 甲申 雖是
갑신 삭 태양 불식 초 서운관 계왈 내 칠월 초 일일 갑신 수시

泛日 日數千數皆空 蝕與不蝕難測." 至是果不蝕.
범일 일수 천수 개 공 식 여 불식 난측 지시 과 불식

忠淸道瑞州人 採銀石一塊以進 賜楮貨.
충청도 서주 인 채 은석 일괴 이진 사 저화

丙戌 太白晝見.
병술 태백 주견

議政府啓歲貢楮貨之數. 啓曰: "留守官各五百張 大都護府
의정부 계 세공 저화 지 수 계왈 유수관 각 오백 장 대도호부

牧官各四百張 府官各三百張 知官各二百張 縣令監務各一百張
목관 각 사백 장 부관 각 삼백 장 지관 각 이백 장 현령 감무 각 일백 장

共五萬一千七百張. 宜令各官備納 毋徵民戶." 從之. 政府又啓:
공 오만 일천 칠백 장 의령 각관 비납 무징 민호 종지 정부 우계

"依古租庸調之法 令京中各戶納家代稅楮貨 計其卜數有差."
의 고 조용조 지 법 영 경중 각호 납 가대세 저화 계 기 복수 유차

從之.
종지

商賈不用楮貨 揀擇善惡 憲府遣書吏所由 潛行考察 京中紛擾.
상고 불용 저화 간택 선악 헌부 견 서리 소유 잠행 고찰 경중 분요

上知之 遣人往察于市 憲府吏以便服 托其考察 奪人之物. 命囚
상 지지 견인 왕찰 우시 헌부 리 이 편복 탁 기 고찰 탈 인지물 명수

巡禁司 召持平李賀責之. 又命政府及漢城府曰: "禁各司送使令
순금사 소 지평 이하 책지 우명 정부 급 한성부 왈 금 각사 송 사령

于市肆." 市人便之.
우 시사 시인 편지

己丑 太白晝見.
기축 태백 주견

庚寅 上率世子百官釋服. 上詣殯殿設奠 遂卽吉 因問安于上王
경인 상 솔 세자 백관 석복 상 예 빈전 설전 수 즉길 인 문안 우 상왕

移御所.
이어소

罷大護軍全孟謙職. 先是 孟謙家奴行刧於市 京市署丞金麗珍
파 대호군 전맹겸 직 선시 맹겸 가노 행겁 어시 경시서 승 김여진

執送憲司治之 孟謙怨之. 至是 麗珍爲監察 孟謙妄說麗珍世系
집송 헌사 치지 맹겸 원지 지시 여진 위 감찰 맹겸 망설 여진 세계

玷垢 故憲司劾而請罪.
점구 고 헌사 핵이 청죄

徵行廊造成丁匠. 議政府啓請: "僧軍一千名 木工二百名抄送
징 행랑 조성 정장 의정부 계청 승군 일천 명 목공 이백 명 초송

事 移文各道." 從之.
사 이문 각도 종지

辛卯 議政府進肉膳 不許. 上曰: "俟大妃祔山陵後 從之."
신묘 의정부 진 육선 불허 상 왈 사 대비 부 산릉 후 종지

壬辰 命囚京畿都觀察使權緩 經歷金明理及前都觀察使李湘于
임진 명수 경기 도관찰사 권완 경력 김명리 급 전 도관찰사 이상 우

巡禁司. 歲庚寅冬 政府受教移文 凡科田收租者 每五結竝收楮貨
순금사 세 경인 동 정부 수교 이문 범 과전 수조자 매 오결 병수 저화

一張 湘與明理只行一年而止. 緩於辛卯年收租後 受本職 故命還
일장 상여 명리 지행 일년 이지 완 어 신묘년 수조 후 수 본직 고 명환

就職. 湘職牒收取 寧州付處 明理贖杖六十.
취직 상 직첩 수취 영주 부처 명리 속장 육십

長城君鄭龍壽卒. 龍壽事太祖于潛邸 得爲開國功臣 官至判
장성군 정용수 졸 용수 사 태조 우 잠저 득위 개국공신 관 지판

承寧府事. 卒 輟朝三日 賜諡胡穆.
승녕부 사 졸 철조 삼일 사시 호목

賜申得財米及縣布. 得財 遼人也. 造華紙以進 下鑄字所 印
사 신득재 미 급 면포 득재 요인 야 조 화지 이진 하 주자소 인

十七史. 賜得財米五石綿布三匹 令紙工傳習.
십칠사 사 득재 미 오석 면포 삼필 영 지공 전습

命三功臣諸宰相會議政府 議楮貨通行之術以聞. 議政府上言
명 삼공신 제 재상 회 의정부 의 저화 통행 지술 이문 의정부 상언

曰: "楮貨之行 已經數載 散在民間 多有破軟. 若不收納 不便
왈 저화 지행 이경 수재 산재 민간 다유 파연 약 불 수납 불편

於用. 依宋朝以舊會之二換新會之一之法 令民納破楮貨二張 給
어용 의 송조 이 구화 지이 환 신회 지일 지법 영민 납 파 저화 이장 급

新楮貨一張何如?" 又上言曰: "周禮載師掌任土之法 凡任地
신 저화 일장 하여 우 상언 왈 주례 재 사장임토 지법 범 임지

國宅無征園廛二十而一. 乞依此制 大小人員折受宅田 隨科納稅
국택 무정 원전 이십 이일 걸의 차제 대소인원 절수 택전 수과 납세

第一科八張 自上而下 至八科只收一張 以爲歲例." 皆從之.
제일과 팔장 자상 이하 지 팔과 지수 일장 이위 세례 개 종지

分遣敬差官于諸道. 議政府啓曰: "近年以來 邊境無虞 各浦
守備 恐或弛緩 宜遣敬差官. 其軍卒不精 器械不備者 三品以上
申聞科罪; 四品以下按律直斷; 水軍節制使能否 亦令考察以聞."
從之. 遣判內贍寺事金邁卿于慶尙江原道 判軍器監事盧湘于
忠淸全羅道.

命廣興倉頒賜紬布 代以楮貨.

丙申 議政府進肉膳. 領議政府事河崙等上言: "釋服有日 不可
久無肉膳." 上曰: "爲之後者 爲之子矣. 上王不進肉膳 而予先食
可乎?" 諸相卽詣上王殿請進 上王許之 崙等還告 上亦許之.

賜鎭州安置李居易米二十石.

以金南秀爲判恭安府事 鄭鎭刑曹判書 呂稱中軍都摠制
金九德漢城尹.

丁酉 命黜繕工監趙瑨于城外. 上傳旨承政院曰: "趙瑨密聽
寡人之言 潛告右政丞趙英茂 英茂於三功臣會處狂言之. 予欲囚
瑨于巡禁司 鞫問其由 然瑨監造慶會樓 夙夜勤勞 故姑免之.
爾等速招瑨 極口以責 黜于城外 任其所之." 承政院卽召瑨 傳
上旨 瑨惶遽失色 出于高峯縣.

戊戌 下甲士崔天命及牌頭于巡禁司贖罪. 奉禮郎張思儀 嘗
罵甲士爲常僕 甲士等銜之. 方思儀入禁門 甲士崔天命等十四人
擅行歐打 代言以聞 命竝牌頭囚之.

己亥 大雨. 上憂之 遣書雲正張得壽 行祈晴祭于興仁門.

庚子 大風以雨 拔木飄瓦 禾稼盡偃. 上驚懼不寐 將命大臣等 行祈晴祭于宗廟社稷北郊 翌日 雨晴遂止 分遣內竪于郊 以察 禾稼. 上曰: "禾之已熟者 守令宜督收穫 今致損傷 何哉?" 遂遣 中官尹興阜于京畿觀察使 問各郡守令不令早穫而致損之由 仍 察傷損之狀. 傳旨政府曰: "大抵災咎之出 實由寡人 然予聞畿內 守令 職帶勸農 終日大風 無出視穀田者. 已熟之穀 悉皆零落 豈 無罪也? 宜速考以聞." 成石璘對曰: "此實臣等不能燮理之致 然 先論守令 於義未便." 上曰: "當更思之." 遣內竪于忠淸 慶尙 全羅三道 察風雨傷穀之狀.

吉州 白塔里九層石塔頹. 因大風也. 命曰: "大妃山陵軍共 三千人 擇先赴役者一千人 放還其家 令收已熟之穀. 今遭大風 予甚慮焉. 又脫有霜雹之災 民失食矣.

全羅漕船二十一艘 忠淸二艘颶沒 人死者百四. 上甚憐之 命 政府賜米豆人四石 復戶三年 今後有如此者 以此爲例.

上命政府曰: "禁酒之令 先行於細民 不得行於巨家. 且有賣酒 資生者 公私宴飲外勿禁."

又命政府曰: "今大風拔木 吾使人審之 白岳山松二十一株 城山松十四株. 山之卑者且然 況其高峻乎? 考之古文 大風拔木 主於臣僚. 且日者大石崩落 亦主於臣之雄列者. 然豈可以災變

320

歸之人臣而不自省乎? 況寡人之不法 固不自知也 寧不引咎以
귀지 인신 이불 자성 호　황 과인 지 불법　고부 자지 야　녕불 인구 이

自責乎? 予之夙夜祗懼 凡有耳目者 所共見聞. 惟卿等亦思所以
자책 호　여지 숙야 지구　범유 이목 자　소공견문　유경 등역 사 소이

弭災之道 各自戒謹."
미재 지도　각자 계근

命近日大風所偃松木 令兵曹築之.
명 근일 대풍 소언 송목　영 병조 축지

政府以漕船敗沒事 請全羅道都觀察使李貴山之罪. 上曰:
정부 이 조선 패몰 사　청 전라도　도관찰사　이귀산 지 죄　상왈

"遲緩載船 至七月漕運 不無責也. 然近日大風 非人力所能爲
지완 재선 지 칠월 조운 불무 책야　연 근일 대풍　비 인력 소능 위

也 宜勿擧論. 予聞中國 七月禁行船 且諺有之曰: '百種有大風.'
야 의물 거론　여문 중국 칠월 금 행선 차 언 유지 왈　백종 유 대풍

今後嚴立法程 七月內 公私船 毋得泛海 如不獲已 取旨施行."
금후 엄립 법정 칠월 내 공사선 무득 범해 여 불획 이　취지 시행

上覽玉曆通政 有曰: "風雨無常 則主兵及旱與火." 命政府曰:
상 람 옥력통정 유왈　풍우 무상 즉 주병 급한 여화　명 정부 왈

"今遭風雨之變 火災亦可畏也. 非徒倉庫 景福宮乃太祖所建 尤
금 조 풍우 지변　화재 역 가외 야　비도 창고 경복궁 내 태조 소건 우

宜愼火."
의 신화

召權緩問曰: "京畿風損禾穀幾何?" 對曰: "大抵禾穀之損
소 권완 문왈　경기 풍손 화곡 기하　대왈　대저 화곡 지손

不過十分之一." 上曰: "今者 開城留後李文和報禾穀大損 與
불과 십분 지일　상왈　금자　개성 유후 이문화 보 화곡 대손 여

卿言異矣. 雖曰小損 吾必不盡斂民食." 蓋疑文和所報也. 是時
경언 이의　수왈 소손 오필 부진 렴 민식　개 의 문화 소보 야　시시

人有自外來者 上皆詳問風災深淺 各以所見對 所言不一 或窮加
인 유 자외 내자 상 개 상문 풍재 심천 각 이 소견 대 소언 불일 혹 궁가

詰問 外人知之 漸至飾辭以聞. 緩本無操守 專事荒淫 不合監司
힐문 외인 지지 점 지 식사 이문　완 본무 조수 전사 황음 불합 감사

之任. 今日禾穀風損不過十分之一 實是罔上也.
지임　금일 화곡 풍손 불과 십분 지일 실시 망상 야

禮曹啓請春秋遣使 致祭檀君 箕子之廟 從之.
예조 계청 춘추 견사 치제 단군 기자 지묘 종지

壬寅 全羅道長省浦 海水始赤凡四日. 判書雲觀事崔德義 行
임인 전라도 장성포 해수 시적 범 사일　판서운관사 최덕의 행

解怪祭.
해괴제

命放各道今朔番上侍衛軍.
명방 각도 금삭 번상 시위군

司憲府請大護軍金仲鈞 護軍尹璘等罪. 仲鈞等於鄭龍壽之卒
사헌부 청 대호군 김중균 호군 윤린 등죄 중균 등어 정용수 지졸

未及七日 陳告科田者也. 命按律科罪. 賜慶會樓池役徒楮貨一千
미급 칠일 진고 과전 자야 명 안율 과죄 사 경회루 지 역도 저화 일천

張. 池已鑿 水有洩處不盈 提調朴子靑獻計曰: "決水流之盡 更
장 지 이착 수유 설처 불영 제조 박자청 헌계 왈 결수 유지 진 갱

於洩處 塡以黑黏泥 則可瀦水." 上試之 果驗.
어 설처 전 이 흑점니 즉가 저수 상 시지 과험

忠淸道兵馬都節制使辛有定上箋辭 以前摠制金重寶代之.
충청도 병마도절제사 신유정 상전 사 이전 총제 김중보 대지

癸卯 上大妃尊謚曰定安王后 陵曰厚陵. 禮曹啓曰: "謹按
계묘 상 대비 존시 왈 정안왕후 능왈 후릉 예조 계왈 근안

文獻通考 宋太宗以爲後之義 爲太祖雖服斬衰 至於冊祝 稱
문헌통고 송 태종 이 위후지 의 위 태조 수복 참최 지어 책축 칭

孝弟. 請依此制 於大妃祝文 稱順德大妃 國銜稱國王." 從之.
효제 청의 차제 어 대비 축문 칭 순덕 대비 국함 칭 국왕 종지

禮曹啓: "順德大妃禮葬時啓殯等祭 皆令攝行; 獻官執事稱號
예조 계 순덕 대비 예장 시 계빈 등제 개 영 섭행 헌관 집사 칭호

悉依本國官制." 從之. 又啓: "順德大妃禮葬發引日 百官以
실 의 본국 관제 종지 우계 순덕 대비 예장 발인 일 백관 이

白衣黑帶 出城奉辭 返魂日 以常服奉迎." 從之. 上命承政院曰:
백의 흑대 출성 봉사 반혼 일 이 상복 봉영 종지 상 명 승정원 왈

"春秋譏雨不克葬. 今大妃之葬 雖或値雨 其備禮行之."
춘추 기우 불극 장 금 대비 지장 수혹 치우 기비 례 행지

右政丞趙英茂乞免 不允. 以風雨失常也.
우정승 조영무 걸면 불윤 이 풍우 실상 야

甲辰 與大臣議弭災之道. 嘗傳旨于京畿觀察使曰: "尹興阜
갑진 여 대신 의 미재 지도 상 전지 우 경기 관찰사 왈 윤흥부

來言: '時方分揀禾穀損失.' 予謂早穀則然矣 晩穀則宜待熟
내언 시방 분간 화곡 손실 여 위 조곡 즉연의 만곡 즉 의대 숙

審之."
심지

召成石璘 趙英茂 吏曹判書李稷 兵曹判書黃喜 大司憲柳廷顯
소 성석린 조영무 이조판서 이직 병조판서 황희 대사헌 유정현

司諫李稑等 引入便殿曰: "近日大風之變 人事有以感而致之也.
사간 이륙 등 인입 편전 왈 근일 대풍 지변 인사 유 이감 이 치지 야

寡人有荒淫之失歟? 古人釋荒字曰: '內荒於色 外荒於獸.' 我之
과인 유 황음 지실 여 고인 석 황자 왈 내 황어 색 외 황어 수 아지

荒於內者 非卿等所知 荒於外者 則所共知也. 遇災之後 私自謂
황어 내 자 비경등 소지 황어 외자 즉 소공지 야 우재 지후 사 자위

曰: '我之所爲 不合天意 以至於此 莫若退自修省' 故不視事
왈 아 지 소위 불합 천의 이지 어차 막약 퇴자 수성 고 불시사

于今五六日矣. 抑謂號令政事 致民怨而傷和氣者 何事歟? 用人
우금 오륙 일의 억위 호령 정사 치민원 이상 화기 자 하사 여 용인

未得其當歟? 楮貨新法 未愜於人心歟? 政府臺諫 無一言及致災
미득 기당 여 저화 신법 미협 어 인심 여 정부 대간 무 일언 급 치재

之由 以責寡人 予甚悶焉 卿等不敢面言 則宜各實封以聞." 石璘
지유 이책 과인 여심민 언 경등 불감 면언 즉 의각 실봉 이문 석린

廷顯 稑等對曰: "臣等未見殿下盛德之失. 以用人一事言之 如
정현 륙등 대왈 신등 미견 전하 성덕 지실 이용인 일사 언지 여

臣等者 亦承乏重寄 則其於百僚之間 安知有冒濫者哉?" 石璘
신등 자 역 승핍 중기 즉 기어 백료 지간 안지 유 모람 자재 석린

稷復啓曰: "今銓選 皆委之臣等 實爲未便. 願自今銓選之際 召
직 부계왈 금 전선 개위지 신등 실위 미편 원자금 전선 지제 소

執臣等於前 一品至權務 皆親問賢否而除授 則冒濫者無所容
집신 등 어전 일품 지 권무 개 친문 현부 이 제수 즉 모람 자무 소용

其間矣." 上曰: "是不然也. 今列于庶位者 卿等皆稟我命. 何必
기간 의 상왈 시 불연 야 금 열우 서위 자 경등 개품 아명 하필

親與卿等爲政乎? 且政事 非特爲銓選 日與卿等相語者 皆爲爲政
친 여경등 위정 호 차 정사 비특 위전선 일여 경등 상어 자 개위 위정

也. 其各盡乃心." 又曰: "予以否德 祇承大業 惟恐獲戾于上帝
야 기각 진 내심 우왈 여이 부덕 지승 대업 유공 획려 우 상제

故頃者欲以禪于世子 我則退處別宮 以終餘年. 大小臣僚 皆以爲
고 경자 욕 이선 우 세자 아 즉 퇴처 별궁 이종 여년 대소 신료 개 이위

不可 且予心亦謂我雖辭位 號令政事 不能盡委於幼沖 而得與聞
불가 차 여심 역위 아수 사위 호령 정사 불능 진위 어 유충 이득 여문

焉 則其以政事之失而致災變者 實由寡人. 若爾則其辭大位 無益
언 즉 기이 정사 지실 이치 재변 자 실유 과인 약이 즉 기사 대위 무익

於國家也. 是故未遂厥志 式至今日. 日者 我告于上帝曰: '我之
어 국가 야 시고 미수 궐지 식지 금일 일자 아 고우 상제 왈 아지

居此位 非我求而得之 乃上帝所命. 我若有罪 何不只罪我躬?'
거 차위 비아구 이득지 내 상제 소명 아 약유죄 하부 지죄 아궁

近日寡人之心 卿等豈能悉知哉?" 石璘曰: "擧賢求言 亦弭災
근일 과인 지심 경등 기능 실지 재 석린 왈 거현 구언 역 미재

之一端." 上曰: "求賢而所擧 皆昔日已用之人; 求言而所陳 亦
지 일단 상왈 구현 이 소거 개 석일 이용 지인 구언 이 소진 역

不過目前之常事也."
불과 목전 지 상사 야

命給康居寶 金吉 安居道 林繪 李復禮 鄭士賓告身.

乙巳 日本對馬島宗貞茂 使送客人 來獻土物.

遣大護軍田興于忠淸道 察傷穀之狀.

命減闕內冗食者.

命免忠淸 全羅 慶尙 江原道侍衛軍八月番上者.

命停龍山江軍資監造成.

求言. 議政府啓:"今當西成之際 風雨爲災 以示咎徵 專由 庶官不得其人 小民不遂其生. 宜令功臣 諸君 時散兩府 六曹 臺諫 各擧有才德識治體 可補宰職者 賢良方正 可列庶位者 實封 以聞; 時政得失 民生利病 切中時弊者 又令各司實封以聞."

從之.

丁未 霧至辰時不開.

全羅道順天府有牛生犢 四耳 十日生角.

戊申 罷義興府 復令兵曹掌軍政. 議政府啓曰:"歷代兵制 沿革不同. 唐置府兵 每一軍置將軍一人 番上者宿衛而已 有事則 命將迭出 事解乃罷 兵散於府 將歸於朝 故將帥無握兵之重. 宋 有禁軍廂軍 皆摠於侍衛司 而兵部掌其政令. 今國家置兵之法 近於唐制 然亦有未備者 臣等謹條上合行事宜. 一, 各領軍士 令 護軍掌之. 一, 凡軍令 兵曹奉敎行移各軍 各軍行移十司 各其司 上護軍 護軍 同議施行. 司中公事 傳報其軍 其軍報兵曹. 一,

如有用兵 則上特召將臣 授織紋旗. 兵曹入直參議以上 同稟命
乃出 立旗於闕門外 各其軍出番摠制以下軍士及內禁衛 別侍衛
鷹揚衛出番節制使以下軍士 各詣其軍旗下 聽其號令. 一, 宿衛
如前例. 一, 巡綽每日用出番. 一, 衛監巡三軍摠制 以此行之.
一, 宿衛巡綽等事勤慢考察 兵曹掌之. 一, 聞角詣闕 禁止私聚
等事 一依前降敎旨." 從之.

　置三軍 別侍衛 鷹揚衛節度使 別司禁提調. 中軍節制使韓珪
李湛 崔閏德 右軍節制使沈龜齡 李和英 趙秩 別侍衛左一番
節制使金南秀 李興發 左二番節制使李從茂 宋居信 右一番
節制使成發道 李澄 右二番節制使柳濕 金萬壽 別司禁左邊提調
河久 權希連 右邊提調柳殷之 黃祿 鷹揚衛左一番節制使趙溫
沈仁鳳 左二番節制使金承霍 右一番節制使李之實 崔龍和 右
二番節制使洪敷 文孝宗. 議政府入抄受落點也. 左軍節制使
史闕難考.

　罷京中各司箇月之法. 先是 議政府請凡掌錢穀與決訟官 用
箇月之法 至是 外方守令考滿者多 而京官考滿者少 除授之際
互有妨礙 故復請罷之.

　司憲府疏請全羅道都觀察使李貴山行賄權門之罪 命勿論.
貴山以脯脩 贈贊成事李天祐. 柳廷顯 天祐之妹夫也. 往其第 適
見而劾之.

宥東北面赴防甲士宋云富等七人.
유 동북면 부방 갑사 송운부 등 칠인

左政丞成石璘辭 不許. 上曰：“卿之辭 蓋以風水之災也. 予亦
좌정승 성석린 사 불허 상왈 경지사 개이 풍수 지재야 여역

當辭位 未知辭於何處乎?”
당 사위 미지 사 어 하처 호

命趙瑨 瓮津付處. 司憲府上疏曰：
명 조진 옹진 부처 사헌부 상소 왈

‘刑罰 國之重典 不可不愼 故凡有罪者 必使明正其罪 斷之以法
형벌 국지 중전 불가 불신 고범유죄 자 필사 명정 기죄 단지 이법

然後人心服而爲惡者懲矣. 臣等伏聞繕工監趙瑨 嘗有所犯 殿下
연후 인심 복이 위악 자징의 신등 복문 선공감 조진 상유 소범 전하

不付攸司 明正其罪 則黜于外 在朝臣僚未知其罪 罔不驚駭 實
불부 유사 명정 기죄 즉출 우외 재조 신료 미지 기죄 망불 경해 실

有乖於明時按法斷罪之典. 乞將趙瑨 收其職牒 鞫正其罪 昭示
유괴 어 명시 안법 단죄 지전 걸장 조진 수기 직첩 국정 기죄 소시

典刑 以戒後來.’
전형 이계 후래

命外方付處. 司諫院上疏曰：
명 외방부처 사간원 상소 왈

‘前日憲司未知趙瑨所犯 請加鞫問 再疏以聞 殿下不賜兪允 只
전일 헌사 미지 조진 소범 청가 국문 재소 이문 전하 불사 유윤 지

令外方付處 一國臣民 罔知瑨之所犯爲何事 衆議紛紜. 臣等竊謂
령 외방부처 일국 신민 망지 진지 소범 위 하사 중의 분운 신등 절위

賞罰 所以勸善懲惡 不可不明也. 賞之而不知其善 罰之而不知
상벌 소이 권선징악 불가 불명 야 상지 이 부지 기선 벌지 이 부지

其惡 古所未聞也. 願殿下 依憲司所申 以明賞罰之典 以斷國人
기악 고 소미문 야 원 전하 의 헌사 소신 이명 상벌 지전 이단 국인

之疑.’
지의

上曰：“瑨於宗室 浮動虛言 不可現說 故已令付處于外 更勿
상왈 진 어 종실 부동 허언 불가 현설 고 이령 부처 우외 갱물

請罪.” 憲司上疏復請 令瑨付處瓮津.
청죄 헌사 상소 부청 영진 부처 옹진

免戶楮貨及屯田. 議政府上言：
면 호 저화 급 둔전 의정부 상언

“先是 國家歲斂于民 每戶出布一匹 今代以楮貨. 又令
선시 국가 세렴 우민 매호 출포 일필 금 대이 저화 우령

戶給屯田 大戶則給種三斗 收十五斗; 中戶則給種二斗 收十斗;
호급 둔전 대호 즉 급종 삼두 수 십오두 중호 즉 급종 이두 수 십두

小戶給種一斗 收五斗. 是重斂也. 未可謂之便民. 乞自今 各道
소호 급종 일두 수 오두 시 중렴 야 미가 위지 편민 걸 자금 각도

戶出楮貨全免 其戶 給屯田所出 以楮貨收之 若願納米穀 則聽之
호 출 저화 전면 기호 급 둔전 소출 이 저화 수지 약 원 납 미곡 즉 청지

歉年則只收種子之價. 京畿之民 雜務甚煩 幷免屯田."
겸년 즉 지수 종자 지가 경기 지민 잡무 심번 병 면 둔전

分甲士三千爲二番 更一年侍衛
분 갑사 삼천 위 이번 경 일년 시위

辛亥 幸西郊省禾稼 還御慶會樓 小憩乃還
신해 행 서교 성 화가 환어 경회루 소게 내환

司憲府請監察徐就犯巡之罪 命下巡禁司 按律科罪.
사헌부 청 감찰 서취 범순 지죄 명하 순금사 안율 과죄

壬子 御便殿視事. 自閔麟生 崔士柔進退失節 史官不得入於
임자 어 편전 시사 자 민인생 최사유 진퇴 실절 사관 부득 입어

便殿 諫院屢疏得請 許令入侍. 是日 上問知申事金汝知曰:
편전 간원 누소 득청 허령 입시 시일 상문 지신사 김여지 왈

"史官復入便殿 自何時始?" 汝知對曰: "歲在庚寅 以諫院疏請
사관 부입 편전 자 하시 시 여지 대왈 세재 경인 이 간원 소청

始入焉." 上不答. 汝知疑懼 令史官不得復入.
시입 언 상 부답 여지 의구 영 사관 부득 부입

六曹臺諫薦賢良方正遺逸之人 上覽之曰: "今所擧者 皆予所曾
육조 대간 천 현량 방정 유일 지인 상 람지 왈 금 소거 자 개 여 소증

試用而經災變者也. 何無特異遺逸之人耶?"
시용 이 경 재변 자야 하무 특이 유일 지 인야

司諫院疏論時務二事. 其一曰:
사간원 소론 시무 이사 기일 왈

'國家崇重斯道 攘斥異端 旣削寺院 又減田民 而獨內願堂
국가 숭중 사도 양척 이단 기 삭 사원 우 감 전민 이 독 내원당

淨業院 因循未革. 彼內願堂 本前朝惑於浮屠 邀僧闕內以居之
정업원 인순 미혁 피 내원당 본 전조 혹어 부도 요승 궐내 이 거지

仍名曰內願堂. 今無其實 而徒有其名 且爲監主者 旣住受田大刹
잉 명왈 내원당 금무 기실 이 도유 기명 차 위 감주 자 기주 수전 대찰

又食月俸 而一月之費 幾至五石. 淨業院亦前朝惑佛而設 彼爲尼
우 식 월봉 이 일월 지비 기지 오석 정업원 역 전조 혹불 이설 피 위니

者 皆不得其志而投佛者也. 焉有淨業寡欲之實 壽君福國之誠乎?
자 개 부득 기지 이 투불 자야 언유 정업 과욕 지실 수군 복국 지성 호

假使佛有靈 其肯應乎? 且旣有土田臧獲 一朝之內 焚修之料 又
가사 불 유령 기 긍응 호 차 기유 토전 장획 일삭 지내 분수 지료 우

受四石 計內願堂 淨業院一年之費 摠百石. 無名之費 莫甚於此.
수 사석 계 내원당 정업원 일년 지비 총 백석 무명 지비 막심 어차

乞罷內願堂月俸 使爲監主者 食其所住之田 又革淨業院 其土田
걸파 내원당 월봉 사위 감주 자 식 기 소주 지전 우 혁 정업원 기 토전

臧獲 悉令屬公 如未遽革 旣有土田 宜革朔料 以儲國用.'
장획 실 령 속공 여 미 거혁 기유 토전 의혁 삭료 이저 국용

下議政府議得: "右條內 內願堂名實相殊 宜革之." 上從之
하 의정부 의득 우조 내 내원당 명실 상수 의혁 지 상 종지

乃曰: "淨業院則不可遽革也."
내왈 정업원 즉 불가 거혁 야

其二曰:
기이 왈

'守令分憂差遣 出宰百里 任莫重焉. 下番甲士 稱爲府兵 傲視
수령 분우 차견 출재 백리 임 막중 언 하번 갑사 칭 위 부병 오시

守令 凡自家田賦差役 悉皆違逆. 守令欲均賦役 一有强之 則輒
수령 범 자가 전부 차역 실개 위역 수령 욕 균 부역 일유 강지 즉 첩

加凌辱 且其奉足 使之如己奴 遂致逃散者或有之. 願自今 下番
가 능욕 차 기 봉족 사지 여 기노 수치 도산 자 혹 유지 원 자금 하번

甲士 戶雜役外 凡田賦差役 皆如平民 其奉足 毋得役使於家.
갑사 호 잡역 외 범 전부 차역 개 여 평민 기 봉족 무득 역사 어 가

違者 守令報監司糾理.'
위자 수령 보 감사 규리

政府議得: "宜從疏請." 從之.
정부 의득 의종 소청 종지

태종 12년 임진년
8월

八月

계축일(癸丑日-1일) 초하루에 사헌부(司憲府)에서 형조판서(刑曹判書) 이승상(李升商, ?~1413년),[1] 좌랑(佐郎) 송인산(宋仁山)의 죄를 핵청(劾請)하니 명해 묻지 말게 했다. 헌부(憲府)에서 소를 올려 말했다.

'전일에 형조에서 옥사 처리를 지체한[滯獄] 죄를 청했으나 전하께서 곡진히 관은(寬恩)을 드리우시어 전지가 있으시기를 "본부(本府)로 하여금 중외에서 오결(誤決)한 판결장을 받아 형조와 도관(都官)에 나눠 보내고[分送] 그 근만(勤慢)을 고찰해 원통하고 억울함을 펴게 하라"고 하셨습니다. 신 등이 그 이송(移送)한 형조의 판결장을 헤아려보니 전년 3월부터 금년 6월에 이르기까지 모두 48건[道]인데 판결된 것은 겨우[才=纔] 4건뿐입니다. 체송(滯訟)으로 원망을 쌓음이 이보다 더 심함이 없습니다. 대체로 인사(人事)가 아래에서 감(感)하면 천변(天變)이 위에서 응(應)하는 것이라 근일의 풍우지변(風雨之變)은 원통하고 억울함이 부른 것입니다. 이제 형조의 원리(員吏)

---

1 1382년(우왕 8년) 성균관시에 장원으로 합격하고 그 뒤 시행된 진사과에서도 합격했다. 특히 성균시에서 태종과 함께 합격했으므로 그 뒤 태종의 특별한 후대를 받았다. 1400년(정종 2년) 이방간(李芳幹)의 난을 평정하고 태종이 왕위에 오르는 데 협력한 공으로 1401년(태종 1년) 익대좌명공신(翊戴佐命功臣) 4등에 책록됐다. 1402년 좌대언이 돼 태종의 측근에서 왕명의 출납을 맡았다. 1407년 이조판서 남재변(南在潘)과 함께 사신이 돼 명나라에 다녀왔으며 1412년 4월 형조판서가 됐다.

가 특히 위임한 뜻을 잃었으니 이러고서도 문책하지 않는다면 대체로 그 직책에 태만한 자를 징계할 바가 없을 것입니다. 바라건대 행수(行首) 승상(丞商)과 장무(掌務) 인산(仁山)을 형률로 결단케 해 뒤에 오는 사람을 징계해야 할 것입니다.'

명해 내버려두고 묻지 않게 했다. 이는 대개 승상이 공신이기 때문이었다.

○ 이행(李行)을 예문관대제학(藝文館大提學)으로, 여칭(呂稱)을 형조판서로, 허주(許周)를 의정부참지사(議政府參知事)로, 정진(鄭鎭)을 중군도총제(中軍都摠制)로, 최이(崔迤)를 경승부판사(敬承府判事)로 삼았다.

○ 풍해·충청·강원·경상도 도관찰사 겸 목(都觀察使兼牧)의 임(任)을 혁파했다. 염치용(廉致庸)을 황주목판사(黃州牧判事)로, 민무회(閔無悔)를 판원주(判原州-원주목판사)로, 김점(金漸)을 판청주(判淸州)로, 이지강(李之綱)을 판상주(判尙州)로 삼았다.

○ 일본 구주절도사(九州節度使)의 사인(使人)이 와서 토산물을 바쳤다.

갑인일(甲寅日-2일)에 배꽃이 활짝 폈다[華].
화
○ 동교(東郊)에 행차해 곡식을 살펴봤다. 환자(宦者) 김화상(金和尙)이 매를 바치니 상(上)이 노해 꾸짖어 말했다.

"이번 행차는 유람이 아니건만 어찌 매를 바치는가?"

○ 정부에 명해 말했다.

"대풍(大風)이 있은 뒤에 남겨진 곡식이 없는가 염려했다가 이제 직접 이를 보니 다 손상되지는 않았다. 이는 하늘이 이 백성을 모두 죽게 하지 아니하심이다. 혹시라도[儻] 또 풍재가 있게 되면 백성들의 식량이 더욱 어려우니 마땅히 백성으로 하여금 제때에 수확하게 하라.”

병진일(丙辰日-4일)에 정안왕후(定安王后)의 이거(輀車-상여)가 발인(發引)했다. 이거가 반송정(盤松亭)에 이르니 상왕(上王)이 성에 올라 바라보며 탄식했다. 상이 상왕의 이어소(移御所)로 나아가 진위(陳慰)하고 드디어 경회루로 행차했다가 돌아왔다.

무오일(戊午日-6일)에 김과(金科)에게 쌀 10석을 내려주었다. 과(科)는 4운시(四韻詩)를 바쳐 사례했다.

○ 대호군 박윤충(朴允忠)을 동북면(東北面)으로, 훈련관판관(訓鍊觀判官) 반영(潘泳)을 풍해도(豐海道)로 보내 은을 캐게 했다.

○ 의정부에서 율(律)을 토의해 아뢰었다. 정부에서 상지(上旨)를 받들어 토의해 보고하여 말했다.

“율문(律文)에 제서유위조(制書有違條)가 있고 위령조(違令條)가 있는데 봉행(奉行)하는 자가 간혹 분변하지 못합니다. 청컨대 이제부터는 반포한 유지(宥旨)와 교지(敎旨)를 내팽개쳐 두고[廢閣] 행하지 않는 자는 제서유위(制書有違)로 논하고 교지의 뜻을 실착(失錯)한 자는 각각 3등을 감하되 무릇 대소 아문(大小衙門)에서 수교(受敎)한 조령(條令)을 봉행하지 못한 자는 위령(衛令)으로 논하게 하소서.”

그것을 따랐다.

기미일(己未日-7일)에 명해 원단(圓壇)²을 쌓게 했다. 예조(禮曹)의 아룀에 따른 것이다.

○사관(史官) 김상직(金尙直)에게 명해 충주사고(忠州史庫)의 서적을 가져다 바치게 했다. 『소아소씨병원후론(小兒巢氏病源候論)』,³ 『대광익회옥편(大廣益會玉篇)』,⁴ 『귀곡자(鬼谷子)』,⁵ 『오장육부도(五臟六腑圖)』, 『신조보동비요(新彫保童秘要)』, 『광제방(廣濟方)』, 진랑중(陳郎中)의 『약명시(藥名詩)』·『신농본초도(神農本草圖)』·『본초요괄(本草要括)』·『오음지장도(五音指掌圖)』·『광운(廣韻)』·『경전석문(經典釋文)』⁶·

2　하늘에 제사를 지내던 곳을 말한다. 한강(漢江) 서동(西洞)에 있었다.

3　수나라 의학자 소원방(巢元方)이 지었다. 그는 대업(大業) 연간(605~616년)에 태의박사(太醫博士)를 지냈다. 610년에 일찍이 『제병원후론(諸病源候論)』의 공동 편집을 주관했는데 이것은 질병의 병인과 증후를 논술한 맨 처음의 전문 서적이다. 소원방은 보수적이지 않고 다분히 혁신적이었는데 대담하게 백성들의 경험을 중시하고 용감하게 새로운 병인 학설을 받아들이고 제기했다. 예를 들면 전염병에 대해 본래부터 있던 육음(六淫) 학설에 만족하지 않고 외계에 있는 유해한 물질-'괴려지기(乖戾之氣)'가 일으킨 것이라고 생각했다. 이것은 서로 전염시키며 '미리 약을 먹고' 예방할 수 있다고 했다. 옴(scabies)의 병인에 대해 "모두 옴벌레에 의해 생기며, 사람들이 가끔 침 끝으로 끄집어낼 수 있다"고 지적했다. 특히 어린아이의 간호와 아낙네가 임신했을 때의 보건(保健)에 관해 백성들에게서 배울 것을 주장했다. '시골의 아이들은 자연에 맡겨 키우므로 모두 나이가 젊어서 죽지 않는다'는 것을 지적했다. 아낙네가 임신을 했으면 마땅히 얼마간의 일을 해 '뼈를 튼튼하게 하고 태아를 잘 자라게 해야 한다'고 했다. 지배 계급이 어린아이를 응석둥이로 키우는 것과 귀부인이 누워서 태아를 보양하는 낡은 버릇에 대해 비판했다.

4　송(宋)나라 진팽년(陳彭年) 등이 황제의 명에 따라 중수(重修)한 옥편으로 모두 30권이다. 우리나라에서 1414년(태종 14년)에 복각한 책이 있다.

5　기원전 4세기 전국시대에 살았던 정치가의 책으로 제자백가 중 종횡가(縱橫家)의 사상이다. 종횡가에 속한 소진과 장의의 스승으로 귀곡에서 은거했기 때문에 이렇게 불렸다고 한다.

6　중국 육조(六朝) 말기에 육덕명(陸德明-이름은 元朗)이 저술한 책이다. 여러 경전의 음의(音義) 및 문자의 이동(異同)을 수집한 것으로 모두 30권으로 되어 있다. 14종의 경전, 즉 『주역(周易)』, 『고문상서(古文尙書)』, 『모시(毛詩)』, 『주례(周禮)』, 『의례(儀禮)』, 『예기(禮記)』, 『춘추좌씨(春秋左氏)』, 『공양(公羊)』, 『곡량(穀梁)』, 『효경(孝經)』, 『논어(論語)』, 『노

『국어(國語)』·『이아(爾雅)』[7]·『백호통(白虎通)』, 유향(劉向, ?~기원전 6년)[8]의 『설원(說苑)』·『산해경(山海經)』, 왕숙화(王叔和)의 『맥결구의 변오(脈訣口義辯誤)』·『전정록(前定錄)』·『황제소문(黃帝素問)』·『무성 왕묘찬(武成王廟讚)』·『병요(兵要)』·『전후한저명론(前後漢著明論)』· 『계원필경(桂苑筆耕)』·『전한서(前漢書)』·『후한서(後漢書)』, 『문수(文 粹)』·『문선(文選)』,[9]『고려역대사적(高麗歷代事迹)』·『신당서(新唐書)』·

자(老子)』, 『장자(莊子)』, 『이아(爾雅)』의 편찬 순서에 따라 여러 책의 문자의 이동(異同)과 제자백가(諸子百家)의 음의를 집록(集錄)했다.

『오경정의(五經正義)』등의 주소(注疏)와 정사(正史)의 주석과 함께 현존하는 훈고학(訓詁 學) 자료의 보고(寶庫)로서, 특히 유작(劉焯)·유현(劉炫) 등 북조계(北朝系)의 해석을 기 초로 한 주소에다 노장(老莊)을 더 추가한 남조식(南朝式)의 학설을 전한다. 수편(首篇)의 서록(序錄)은 한(漢)·위(魏) 육조의 학술 동향을 알 수 있는 중요한 문헌이다.

7 이아의 석고(釋詁) 1편을 주공이 저술하고, 이후의 것은 공자·자하·숙손통(叔孫通)·양 문(梁文) 등이 첨가한 것이라 하는데 정확하지는 않고 실제는 한나라 때 저술된 일종의 백과사전이라 할 수 있다. 진나라의 곽박(郭璞)이 주를 저술하고 송나라의 형병(邢昺)이 소를 저술했는데 이것을 경문과 합해 보통 13경 중의 하나가 되는 『이아』라 했다.

8 초 원왕(楚元王) 유교(劉交)의 4세손으로, 유흠(劉歆)의 아버지다. 『춘추곡량(春秋穀梁)』 을 공부했고 음양휴구론(陰陽休咎論)으로 시정(時政)의 득실을 논하면서 여러 차례 외 척이 권력을 잡는 일에 대해 경계했다. 선제(宣帝) 때 산기간대부급사중(散騎諫大夫給事 中)에 올랐다. 원제(元帝) 때 산기종정급사중(散騎宗正給事中)에 발탁됐다. 이후 환관 홍 공(弘恭)과 석현(石顯)이 전권을 휘두르는 것에 반대하면서 퇴진시키려고 했지만 참언을 받아 투옥됐다. 성제(成帝)가 즉위하자 임용돼 이름을 향(向)으로 바꾸었고 광록대부(光 祿大夫)를 거쳐 중루교위(中壘校尉)에 이르렀다. "인성은 선악을 낳지 않으며, 사물에 감 (感)한 뒤에 움직인다"고 하여 종래의 성선설·성악설을 모두 부정했는데, 성 자체에는 선 악이 없으며 외부의 자극이 있기 때문에 선악의 이동(異同)이 있게 된다고 주장했다. 궁 중 도서의 교감에도 노력해 해서로『별록(別錄)』을 만들어 중국 목록학의 비조로 간주 된다. 춘추전국시대로부터 한나라 때에 이르기까지 사람들의 언행을 분류해『신서(新序)』 와 『설원(說苑)』을 편찬했다. 『시경』과 『서경』에 나타난 여인들 중 모범과 경계로 삼을 만 한 사례를 모아 『열녀전(列女傳)』을 저술했다. 그 밖의 저서에 『홍범오행전(洪範五行傳)』이 있다.

9 『문수』와 『문선』은 둘 다 당시의 대표적인 문장론이다.

『신비집(神祕集)』·『책부원구(册府元龜)』[10] 등의 책이었다. 또 명해 말했다.

"『신비집(神祕集)』은 펴보지 못하게 하고 따로 봉해 올려라."

상이 그 책을 보고 말했다.

"이 책에 실린 것은 모두 괴탄(怪誕)스러워 원칙을 삼을 수 없는 [不經] 설(說)들이다."

대언(代言) 유사눌(柳思訥)에게 명해 이를 불사르게 하고 그 나머지는 춘추관(春秋館)에 내려 간직하게 했다.

경신일(庚申日-8일)에 달이 남두(南斗)의 괴성(魁星)을 범했는데 길이가 1자쯤[許]이었다.

○ 정안왕후(定安王后)를 후릉(厚陵)에 안장했는데 능(陵)은 해풍군(海豐郡) 백마산(白馬山) 동쪽 기슭에 있었다. 흙을 올리자[上土] 즉시 역도(役徒)에게 명해 대장(隊長)·대부(隊副)를 제외하고는 모두 놓아 보내니 곡식을 거두게 하려 함이었다.

○ 명해 전 함주목사(咸州牧使) 최식(崔湜)의 고신을 (돌려)주게 했다. 식(湜)은 동북면(東北面) 임오(壬午)의 난(亂)[11]에 참여했던 자다.

○ 명해 제철 음식[時物]을 종묘(宗廟)에 올리게 했다. 2월에는 얼

---

10 송(宋)나라 왕흠약(王欽若) 등이 임금의 명을 받들어 역대 정치에 관한 사적을 모은 책으로 1,000권으로 돼 있다.

11 1402년(태종 2년) 임오년에 안변부사(安邊府使) 조사의(趙思義)가 일으킨 반란을 가리킨다.

음, 3월에는 고사리[蕨], 4월에는 송어(松魚), 5월에는 보리·죽순·앵도(櫻桃)·외[瓜]·살구, 6월에는 능금[林檎]·연줄기[茄]·동과(東瓜), 7월에는 서직(黍稷)·조[粟], 8월에는 연어(年魚)·벼[稻]·밤[栗], 9월에는 기러기·대추·배, 10월에는 감귤(柑橘), 11월에는 고니[天鵝], 12월에는 물고기·토끼다.

○ 고(故) 순덕후(順德侯) 진리(陳理, ?~1408년)[12]의 처 이씨에게 쌀을 내려주었다.

신유일(辛酉日-9일)에 달이 남두(南斗)의 괴성(魁星)을 범했는데 (범한) 길이가 1자쯤이었다.

○ 경차관을 여러 도(道)에 나눠 보내 전지의 손실(損實)을 살피게 했다. 상이 경계시키며 말했다.

"내가 듣건대 경차관이 그 경내에 들어가면 반드시 먼저 전년의 실전(實田)의 수(數)를 상고해 증가하고자 힘쓴다니 어찌 내가 나눠 보낸 뜻이겠는가? 너희는 해의 풍흉[豐歉=豐凶]에 따라 지극히 공정하게[至公] 처리토록 하라."

12 중국 양산(梁山) 사람으로, 세칭 진왕(陳王)이라 불렸다. 부친은 안남국(安南國)의 왕 진우량(陳友諒)으로, 원나라 말기 주원장(朱元璋)과 파양호(鄱陽湖)에서 싸우다 전사했고 진리(陳理)는 무창(武昌)으로 도망갔다 항복했다. 이후 명태조(太祖) 주원장이 한가하게 살라며 고려로 보냈다. 조선조로 들어와 생활이 어려워졌는데 태조 이성계(李成桂)가 순덕후(順德侯)에 봉하고 전지(田地)를 하사했다. 조부는 진보재(陳普材), 아들로 진명선(陳明善)이 있다. 임피 진씨(臨陂陳氏)의 시조 진여안(陳汝安)이 진리의 아들이라고 하나 『태종실록』18년 8월 23일조에 진리(陳理)의 처 이씨(李氏)가 유일한 자식인 진명선(陳明善)이 유후사(留後司)에 갇혀 있다며 선처를 호소하는 상언(上言)이 있고 「졸기」에도 진명선(陳明善)만이 아들로 기록됐다.

○ 대호군 전흥(田興)을 경상도 부산포(富山浦)에 보냈다. (그에 앞서) 관찰사가 보고했다.

'왜선(倭船) 17척이 도내의 양주(梁州) 부산포에 내박(來泊)하고 있는데 비록 흥리(興利)를 구실을 삼고 있지만 그 모양이 두렵습니다.'

그런 까닭으로 흥(興)을 보내 이를 살피게 했다.

임술일(壬戌日-10일)에 정안왕후(定安王后)의 신주(神主)를 혼전(魂殿)에 봉안했다. 신주가 해풍군(海豐郡)으로부터 이르니 각사(各司)에서 1명씩 (나와) 성문 밖에서 맞이했다.

○ 승정원주서(承政院注書) 김자(金赭)와 환관(宦官) 노희봉(盧希鳳)을 풍해도에 보냈다. 상이 말했다.

"풍해도 각 고을에서 풍우(風雨)로 곡식이 피해를 당한 형편을 실상대로 보고하지 않아 종잡기[取信]가 어렵다. 곧바로 김자(金赭) 등을 보내 그 도(道) 관찰사의 보고서를 가지고 가서 살피게 하라. 만일 부실(不實)한 자가 있으면 즉시 서울로 나송(拿送)하라. 내 마땅히 그 연고를 묻겠다."

이 도의 관찰사 보고가 가장 뒤지고[最後] 또 그 풍손(風損)된 수(數)가 타도(他道)에 비해 무거웠기 때문이다. 자(赭) 등이 돌아와 말했다.

"논[水田]은 모두 충실하나 간혹 10분의 1~2가 손실되고, 밭[旱田]은 10분의 1~2에서 간혹 10분의 3~4까지 손실됐습니다."

상이 노해 정부에 뜻을 전해 말했다.

"관찰사(觀察使), 경력(經歷), 수령(守令) 중에 다 손상됐다고 보고

한 것은 실로 나를 속임[誑]이니 마땅히 모두 죄주도록 하라."
                                    광

○ 진안군(鎭安君) 방우(芳雨)의 처(妻) 지씨(池氏)[13]에게 미두(米豆)
15석과 주과(酒果)를 내려주었다.

○ 교서정자(校書正字) 김상정(金尙鼎)을 순금사에 내렸다. 상정(尙
鼎)이 역삭(役朔)[14]이 돼 신덕왕후(神德王后)의 제문에는 국왕(國王)
과 성(姓)을 쓰고, 정안왕후(定安王后)의 제문에는 단지 국왕만 썼다.
상이 이를 읽어보고 일정함이 없다 여겨 이 같은 명이 있었다.

계해일(癸亥日-11일)에 상이 건원릉(健元陵)에 나아가 추석제(秋夕
祭)를 거행하고 돌아오는 길에 송계원(松溪院)에 이르니 정부에서 술
을 바쳤고 드디어 살곶이[箭串] 교외에서 매사냥을 구경했다.
                        전곶

갑자일(甲子日-12일)에 생원(生員) 이수(李隨, 1374~1430년)[15]에게

---

13 지윤(池奫, ?~1377년)의 딸이다. 윤(奫)은 무녀(巫女)의 소생으로서 처음 군졸에서 출발
   했으나 점차 무공을 세워 공민왕 말년에는 판숭경부사(判崇敬府事)가 됐으며, 서북면 원
   수와 경상도 상원수 등 출정군(出征軍)의 지휘관에 임명되기도 했다. 우왕 때에는 문하찬
   성사(門下贊成事)·판판도사사(判版圖司事)가 돼 재상에 올랐는데, 당시의 권신(權臣)인
   이인임(李仁任)과 한패가 돼 친원정책을 비판하는 임박(林樸)·정도전(鄭道傳)·박상충(朴
   尙衷) 등을 탄압했다. 관직과 옥(獄)을 팔아 많은 재산을 모았으며 심복들을 대간에 배
   치, 그들을 사주해 위엄을 부렸다. 그러나 아들 지익겸(池益謙)을 왜구 토벌의 지휘관으
   로 내보내는 문제 등으로 점차 이인임과 사이가 나빠졌는데, 기회를 엿보던 이인임이 김
   승득(金承得)·이열(李悅)·화지원(華之元) 등 자신의 심복들을 정부 비방죄로 몰아 유배
   시켰다. 이에 위기의식을 느끼고 지신사(知申事) 김윤승(金允升)과 공모해 이인임·최영
   등을 제거하려고 했으나 결국 실패함으로써 가족 당여(黨與)와 함께 처형됐다.
14 나라의 제사에 사용하는 축문(祝文)을 쓰는 관원을 가리키는데 교서관(校書館) 정자(正
   字)가 이를 맡아보았다.
15 1410년(태종 10년) 왕이 경명행수(經明行修)한 사람을 구할 때 대사성 유백순(柳伯淳)
   의 천거로 뽑혔으나 사퇴했다. 이듬해 지신사(知申事) 김여지(金汝知)가 소명(召命)을 전

옷 1벌을 내려주었다. 애초에 승정원에 명해 말했다.

"내가 마음이 순후하고 배움이 명민한 자[心純學敏]를 얻어 아이
들을 가르치게 하겠다."

이에 성균대사성(成均大司成) 유백순(柳伯淳)을 불러 물었다.

"관생(館生) 중 경사(經史)에 통한 사람으로 누가 있는가?"

백순(伯淳)이 "수(隨)가 있습니다"라고 하니 즉시 명해 부르게 했다.
이때에 이르러 수가 수원(水原)으로부터 오니 상이 말했다.

"듣건대 그대에게 학행(學行)이 있다 하니 마땅히 두 대군(大君)을
가르치되 게을리하지 말 것[不倦]이다. 경서(經書)에서 의심나는 곳
은 나도 질문하겠다."

수는 학문이 정상(精詳)하고 치밀하며[縝密] 뜻과 행실[志行]이 있
었다. 병자년(丙子年-1396년)의 생원시(生員試)에 제1인으로 합격했지
만 여러 번 과거에 응해 합격하지 못했다[不中].

○ 춘추관(春秋館)에 소장하고 있는 의방제서(醫方諸書)를 내약방
(內藥房)에 거둬 간직하게 했다.

을축일(乙丑日-13일)에 상왕(上王)이 개경사(開慶寺)에 가서 묵고 돌

하자 상경해 여러 왕자의 교육을 맡아보았다. 1412년 종묘서주부(宗廟署主簿)를 지내고
1414년 왕이 성균관에 행차해 취사(取士)할 때 제4위로 급제, 전사주부(典祀主簿)·공
조정랑·예조정랑을 역임하고, 1417년 전사소윤(典祀少尹)을 지냈다. 이듬해 세종이 즉
위하자 사재감정(司宰監正)·좌군동지총제(左軍同知摠制), 1422년(세종 4년) 황해도 관찰
사를 거쳐 고부부사(告訃副使)가 돼 명나라에 다녀왔다. 1423년 예문관제학·이조참판,
1425년 중군도총제(中軍都摠制)·참찬의정부사를 역임했다. 1427년 어머니의 상으로 사
직했고, 1429년 예문관대제학·이조판서에 재등용되고, 이듬해 병조판서가 됐으나 취중
에 말에서 떨어져 죽었다.

아왔다. 정안왕후의 7재(七齋) 때문이었다.

○ 호조참의 오진(吳眞)에게 약주(藥酒) 10병(甁)을 내려주었다.

병인일(丙寅日-14일)에 명해 연향(宴享)에 양(羊)을 쓰지 말게 했다. 상이 말했다.

"양을 기르는 것은 본래 희생(犧牲)을 위한 것이다."

정묘일(丁卯日-15일)에 상이 문소전(文昭殿)에 나아가 추석제(秋夕祭)를 거행했다. 우사간대부 현맹인(玄孟仁, ?~?)[16]이 대축(大祝)이 돼 축문을 읽어가다가 신의왕태후(神懿王太后)에 이르러 왕자(王字)로써 구절을 떼었고 또 끙끙거리며[期期] 제대로 읽지를 못했다. 상이 말했다.
<small>기기</small>

"축문을 이같이 읽으니 열렬함과 삼감[誠敬]이 어디에 있겠는가?"
<small>성경</small>

드디어 승정원에 명해 앞으로는 축문을 작게 쓰지 말고 주묵(朱墨)으로 구절에 점을 찍게 했다.

○ 상이 상왕을 받들어 술자리를 본궁(本宮) 수각(水閣)에 마련했는데 날이 저물고 술이 거나해지자 상이 일어나서 춤을 췄다. 대언(代言)들을 불러 말했다.

---

16 1383년(우왕 9년)에 성균진사시에 합격하고 1400년(정종 2년) 삼군도사(三軍都事)가 되고, 1402년(태종 2년) 장령(掌令)을 거쳐 경기좌도 안렴사가 됐다. 1405년(태종 5년) 다시 장령이 되고, 1408년 지사간원사(知司諫院事)가 됐다. 1409년 사헌부집의에 이어 1412년 우사간대부·사간, 1413년 우사간대부·사간원좌사간이 됐다. 1414년 사헌부의 천거에 의해 전라도 수군도만호가 됐고, 1424년(세종 6년) 판안동대도호부사가 됐다.

"오늘 빨리 파하고자 하지 않음은 내 즐거움에 빠져서가 아니라 우리 상왕(上王)은 고금에 만나기 어려운 분이기 때문이다. '내가 다른 도리와 다움[道德]은 없고 다만 마음에 내외(內外)가 없을 뿐이다'라고 한 송태조(宋太祖)의 말이 『통감(通鑑)』에 실린 것을 그대들은 보았는가?"

좌부대언 한상덕(韓尙德)이 서둘러[率爾] 대답했다.

"신 등도 내외가 없습니다."

상이 말했다.

"그렇다면 임금과 신하가 서로 잘 만났다고 이를 만하다."

얼마 있다가[有間] 상왕이 대비(大妃)의 훙서(薨逝)로 슬픔에 빠져서 환궁하니 상이 더 머물기를 권유했으나 그 뜻을 이루지는 못했다.

무진일(戊辰日-16일)에 사역원판사(司譯院判事) 이자영(李子瑛)의 집에 부의를 내려주었다. 자영(子瑛)이 조복(朝服)과 제복(祭服)의 역환(易換-무역)하는 일 때문에 경사(京師)에 갔다가 돌아오는 길에 동평부(東平府)의 요성현(聊城縣)에 이르러 병으로 죽으니 상이 이를 불쌍히 여겨 부의로 미두(米豆)와 종이를 내려주었다.

○사간원에서 소(疏)를 올려 전사직장(典祀直長) 박욱(朴彧)의 죄를 청했다. 소는 이러했다.

'신 등이 가만히 듣건대 어버이를 섬김에 효도하는 까닭에 그런 진심을 임금에게로 옮길 수 있다고 했습니다. 예로부터 충신을 효자(孝子)의 문(門)에서 구한다 했으니 불효하고도 충성한 자는 아직 있지 아니합니다. 욱(彧)의 아비 계생(桂生)은 나이 70이 지나 요언(妖言)에 좌죄(坐罪)돼 계림(雞林-경주)에 갇힌 지 3개월이 됐으나 욱은 아무 일 없는 듯이 벼슬에 종사하면서 끝내 가보지 않았으니 사람의 자식이 아닙니다. 그런데 어찌 임금을 섬기는 충성이 있겠습니까? 바라건대 유사(攸司)에 내려 율문에 의거해 과죄(科罪)함으로써 강상(綱常)을 바로잡고 풍속을 두텁게 해야 할 것입니다.'

소를 궁중에 머물러두고[留中] (유사에) 내려보내지 않았다. 욱은 이숙번(李叔蕃)의 문인이다. 숙번(叔蕃)의 추천에 의해 이 직책을 제수받았다. 그 뒤에 좌사간 이류(李稑)이 말씀을 올렸다.

"박욱은 그 아비 계생이 지난 4월 초에 계림(雞林)에 갇혔으나 6월이 됐어도 가서 보지 않았으니 심히 남의 자식된 도리가 아닙니다. 그러므로 소를 올려 죄를 청했으나 아직도 윤허를 받지 못했습니다."

상이 말했다.

"말인즉 그럴듯하다. (하지만) 이 같은 일들은 헌사(憲司)의 책임이다. 마땅히 이문(移文)해 탄핵하게 하라."

명해 김여지에게 즉시 그 소를 돌려보내니 헌부(憲府)에서 소를 올려 말했다.

'욱의 아비 계생은 경상도 영해부(寧海府)에 살면서 부도한 말을 지껄이다가 금년 4월 초8일부터 6월 초9일까지 계림의 옥중에 구속됐습니다. 욱으로서는 달려가 봄이 옳았을 터인데 듣고서도 가지 않았으니 특히 자식된 정리가 없습니다. (그런데) 어찌 전하께 충성을 바치겠습니까? 엎드려 바라옵건대 그 죄를 국문(鞫問)함으로써 뒤에 오는 사람들을 징계하소서.'

명해 형조에 내려 전옥(典獄)에 가두게 했다. 욱이 소를 올렸는데 대략 이러했다.

'신(臣)의 아비 계생이 신에게 편지를 부쳐 말하기를 "내가 죄 아닌 것으로써 옥에 갇혀 스스로 벗어날 수 없다. 네가 나를 와서 보는 것이 그대로 벼슬 살면서[仍仕] 구원함과 같지 못하다"라고 했습니다. 신이 가지 아니한 것은 아비의 가르침을 따른 것입니다.'

상이 이를 읽어보고서 말했다.

"이 또한 인정상(人情上) 떳떳한 것이니 마땅히 거론하지 말게 하라."

애초에 욱이 상의원(尙衣院)의 누락노비(漏落奴婢) 40여 명을 진고(陳告)했는데 그 사이에 강금(剛金)이란 자가 이를 원망해 무고(誣告)했다.

"계생이 이르기를 '근일에 금성(金星)이 두 번 나타났으니 이것은 천문(天文)이 열린 것이다. 내 아들 욱이 어쩌면 왕위(王位)를 얻으리라'라고 했습니다."

경상도 도관찰사가 구집(拘執)해 아뢴 것이었다. 욱은 초래(草萊-황폐한 땅)에서 일어나 을유과(乙酉科)에 등제해 배우[優人] 황숙석(黃熟石)의 집에 기대어 지냈다[僑寓]. 사람됨이 조금 재주가 있어 그 재주를 믿고 행동을 망령되게 한 까닭에 사림(士林)에서는 그를 천하게 여겼다.

기사일(己巳日-17일)에 전라도 안열(安悅), 고부(古阜), 김제(金堤) 등의 군(郡)에 지진이 있었다.

○ 칠성군(漆城君) 윤저(尹柢)와 마성군(麻城君) 서익(徐益)이 졸(卒)했다. 상이 크게 슬퍼해[震悼] 3일 동안 철조(輟朝)하고 저(柢)에게는 쌀과 콩 50석과 종이 100권을, 익(益)에게는 쌀과 콩 30석과 종이 100권을 부의로 내려주었다.

저의 구명(舊名)은 윤방경(尹方慶)이며 칠원(漆原)의 세가(世家)로서 외식(外飾)하기를 일삼지 않아 속이 차고 바르며 곧았다[中實正直]. 잠저(潛邸) 때부터 상을 섬겨 특히 두터운 대우를 받아 드디어 좌명공신(佐命功臣)이 돼 지위가 찬성사(贊成事)에 이르렀고 자주 익살을 가지고 풍간(諷諫)해 비익(裨益-도움)이 많았으며 이조판서가 돼서는 한 사람도 망령되게 천거하지 않았다. 익은 항오(行伍-일반 병사)에서 일어나 창과 방패를 잘 썼으므로 좌명공신의 반열에 참여하게 됐다.

저에게 시호(諡號)를 내려 '정경(貞景)'이라 하고 중관(中官)을 보내 치제(致祭)했으며, 익의 시호는 '장양(莊襄)'이라 했다.

경오일(庚午日-18일)에 도성(都城) 안에서는 배꽃이 활짝 폈다[華]. 완산부(完山府)에는 배·살구·괴(槐-홰나무)·오얏·앵두·능금 등의 꽃이 활짝 폈다[盛開].

○ 동교(東郊)에서 매사냥을 구경했다.

○ 명해 검교한성윤(檢校漢城尹) 양홍달(楊弘達)에게 별사전(別賜田) 43결(結)을, 검교공조참의(檢校工曹參議) 양홍적(楊弘迪)에게 원종공신전(元從功臣田) 15결과 별사전 20결을 환급(還給)했다.

임신일(壬申日-20일)에 완산(完山)의 자제패(子弟牌)[17]를 혁파했다. 이보다 앞서의 완산은 선원(璿源-왕실 선조)이 시작한 곳[所自]이라 해 특별히 자제패를 두었는데 이때에 이르러 이를 혁파하고 재주 있는 자를 골라 시위군(侍衛軍)에 나눠 소속시켰다.

○ 매사냥 금지를 거듭 밝혔다.

○ 경차관(敬差官) 노상(盧湘)이 충청도 대산 만호(大山萬戶) 박의손(朴義孫)의 죄를 청했다. 상(湘)이 아뢰었다.

"의손(義孫)이 영솔(領率)하고 있는 중(中) 대선(大船)이 썩어서 못 쓰게 됐는데도 수리하지 않았으니 마땅히 과죄(科罪)하소서."

그것을 따랐다.

계유일(癸酉日-21일)에 성석린(成石璘)을 영의정부사(領議政府事)로, 하륜(河崙)을 좌정승(左政丞)으로, 유정현(柳廷顯)을 이조판서(吏曹判書)로, 정역(鄭易)을 사헌부대사헌(司憲府大司憲)으로, 허주(許周)를 한성윤(漢城尹)으로, 윤향(尹向)을 의정부참지사(議政府參知事)로, 민약손(閔若孫)을 풍해도 도관찰사(豊海道都觀察使)로 삼았다. 전 감사(監司) 맹사성(孟思誠), 경력(經歷) 조혼(曹渾) 및 황주판관(黃州判官) 김대현(金臺賢) 등 10군(郡)의 수령은 곡식이 손상된 상황을 허위 보고한[妄報] 이유로 모두 면직시켰다.

○ 상이 상왕(上王)의 이어소(移御所)로 나아가 술자리를 베풀

17 지방 토호(土豪)의 자제(子弟)를 모아서 따로 설치한 패(牌)다. 부방(赴防)을 하는데 여러 가지 특전(特典)이 베풀어졌다.

고 밤에 돌아왔다.

을해일(乙亥日-23일)에 태백성이 낮에 보였다.

○ 신덕왕후(神德王后)의 기신(忌晨)에 처음으로 대압문(代押文)[18]을 가지고 재제(齋祭)를 거행했다. (그에 앞서) 예조에서 아뢰었다.

"삼가 『의례(儀禮)』, 『경전통해속(經傳通解續)』과 『장자문집(張子文集)』을 상고하건대 '기일(忌日)에 서모(庶母)와 수(嫂)를 위해서는 한결같이 불육(不肉)한다'라고 했습니다. 신덕왕후의 기신에는 이제부터 3품관으로 하여금 대압(代押)한 제문(祭文)과 소문(疏文)을 가지고 재제(齋祭)를 행하게 하소서."

그것을 따랐다.

○ 의정부찬성사 이천우(李天祐)와 안성군(安城君) 이숙번(李叔蕃)을 보내 광주(廣州)에서 사냥할 땅을 살펴보게 했다. 승정원에 명해 말했다.

"내가 강무(講武)하기 전에 근교(近郊)로 나간 것이 3~4차례나 되니 이번 가을에 유전(遊田)의 간(諫)함이 있을까 두렵다. 오래 궁중에 거처하다 보니 기체(氣體)가 막히고 답답해[堙鬱] 명일에는 동교(東郊)에 나가고자 하는데 만일 폐가 되는 일이 있을 것 같으면 대간은 말로 아뢰고 번거롭게 상소하지 말라."

승정원에서 즉시 대간(臺諫)에 뜻을 전했다. 또 권완(權緩)에게

---

18 임금 대신 3품관 이상이 대신 서압(署押)한 제문(祭文)을 말한다. 대개 서모(庶母)나 형수(兄嫂)나 계수(季嫂)인 경우에 이와 같은 방법을 썼다.

명했다.

"광주(廣州)의 사냥터에서 밭 가는 것과 벌목(伐木)함을 금함이 옳겠다."

병자일(丙子日-24일)에 동교(東郊)에 행차해 매사냥을 구경했다.

○ 겸 대사성(大司成)에게 명해 날마다 성균관(成均館)에 근무하면서 강학(講學)을 돈독히 더하게 했다.

정축일(丁丑日-25일)에 이거이(李居易)[19]가 죽었다[死]. 거이(居易)가 (충청도) 진주(鎭州-진천)에서 죽으니 부의(賻儀)로 쌀과 콩 30석과 종이 100권을 내려주고 또 관곽(棺槨)까지 내려주었다. 또 충청도 도관찰사로 하여금 치제(致祭)하게 했다.

○ 예조에서 원단제도(圓壇制度)를 올리니 상이 말했다.

"제후(諸侯)로서 천지(天地)에 제사함은 사리에 맞지 않다[非禮].

---

19 조선왕조가 건국된 뒤 1393년(태조 2년)에 우산기상시(右散騎常侍)에 임명되고, 그 뒤 평안도 병마도절제사·참지문하부사(參知門下府事)·참찬문하부사·판한성부사(判漢城府事) 등을 차례로 역임했다. 그러나 이거이의 출세는 왕자의 난 이후 태종이 집권한 이후부터였다. 왕자의 난 직후에 책봉된 정사공신(定社功臣)에 올랐으며 또한 태종이 즉위한 직후에는 좌명공신(佐命功臣)에 책봉됐다. 사실 이거이는 조선왕조의 왕실과 밀접한 관련을 맺고 있었다. 즉 이거이의 아들 이저(李佇)는 태조 이성계(李成桂)의 장녀 경신공주(慶愼公主)와 혼인했으며, 또 다른 아들 이백강(李伯剛)은 태종의 장녀 정순공주(貞順公主)와 혼인했다. 이러한 특수한 관계가 조선왕조 건국 이후에도 이거이의 정치적 진출을 쉽게 했으며, 나아가 태종의 집권 이후에도 이거이가 공신이 될 수 있는 배경이 됐을 것이다. 그러나 정종이 재위할 때 시행된 사병혁파(私兵革罷) 조처에 대해 크게 불만을 토로한 것이 연유가 돼 한때 계림부윤(鷄林府尹)으로 좌천됐다. 이후 1402년(태종 2년) 좌명공신이 되고 또한 영사평부사(領司平府事)로 승진됐다. 이후에 다시 대간의 탄핵을 받아 유배됐다가 복직돼서는 우정승을 거쳐 영의정의 지위에까지 올랐다.

이것은 특히 전조(前朝)의 참람함을 연습(沿襲-인습)해 아직 고치지 못한 것뿐이니 마땅히 역대의 예문(禮文)을 상고해 아뢰게 하라. 내가 제문(祭文)에 압인(押印)할 때마다 중심(中心-마음속)에 의심이 있었으니 어찌 감응이 있겠느냐? 또 어쩌다가 가물 때 우사(雩祀)[20]에 기도했으나 일찍이 비를 얻지는 못했다."

무인일(戊寅日-26일)에 명해 녹봉(祿俸)의 갱미(粳米)를 조미(造米)로 대신하게 했다. 상이 정밀하게 깎는[精鑿] 폐단을 염려해 조미로 넉넉히 주게 했다.

○ 지신사(知申事) 김여지(金汝知)가 사관(史官)으로 하여금 청정(聽政)하는 곁에 입시(入侍)하기를 청했으나 윤허하지 않았다. 상이 이에 앞서 사관들이 실차(失次)한 까닭을 두루 들어서 유시(諭示)했었다.

○ 일본 전평전(田平殿)의 사인(使人)이 와서 토산물을 바쳤다.

○ 의정부에서 동서 양계(東西兩界)의 전지를 타량(打量-측량)할 것을 청했다. 아뢰어 말했다.

"동북면(東北面)과 서북면(西北面)의 군량[糧餉] 수가 적어서 염려하지 않을 수가 없습니다. 강원도(江原道)와 풍해도(豐海道) 부근 양계 각관(各官)의 전세(田稅)는 전례에 의거해 수납하게 하고 또 양계의 전지도 타량할 것은 이미 내린 수교(受敎)대로 하소서. 또 평양성자(平壤

---

20 음력 4월 상순(上旬)에 구망씨(句芒氏[木神]) · 축융씨(祝融氏[火神]) · 후토씨(后土氏[土神]) · 욕수씨(蓐收氏[金神]) · 현명씨(玄冥氏[水神]) · 후직씨(后稷氏[主神])에게 지내던 제사로, 우사단(雩祀壇)은 동대문 밖에 있었다.

城子)의 마치지 않은 곳을 금년 가을과 명년 봄에 다 쌓게 하소서."

그것을 따랐다.

기묘일(己卯日-27일)에 여섯 대언에게 각각 말 1필씩을 내려주었다.

경진일(庚辰日-28일)에 원단(圓壇) 쌓는 일을 그치도록 명했다. 예조 (禮曹)와 성석린(成石璘), 하륜(河崙), 성산군(星山君) 이직(李稷)이 원 단의 제사를 토의해 아뢰었다.

"진(秦)나라 사람들은 백제(白帝)를 제사하는데 진나라는 서방(西 方)에 있어서 백제는 그 주기(主氣)인 까닭에 이를 제사합니다. 우리 동방(東方)에서는 단지 주기인 청제(靑帝)만 제사함이 가합니다."

상이 말했다.

"어찌 6천(六天)²¹이 있겠는가? 예법에서 제사할 만하면 제사하는 것이다. 호천상제(昊天上帝)가 불가하다면 청제(靑帝)만 어떻게 제사 하겠는가? 만약 가뭄의 재앙이 내 몸에 있어서 궐실(闕失)됐다면 어 찌 하늘에 제사하는 것과 관계가 있겠는가? 내가 즉위(卽位)한 이래 청우(晴雨)²²를 빌었으나 얻지 못했으니 이것은 비록 나의 정성된 마

---

21 하늘의 총칭(總稱)이다. 후한(後漢) 정현(鄭玄)의 주장으로 상제(上帝)를 비롯해 청제(靑 帝), 적제(赤帝), 황제(黃帝), 백제(白帝), 흑제(黑帝)를 가리킨다. 하늘, 곧 상제(上帝)의 지 시에 따라 5제(五帝)가 목(木)·화(火)·토(土)·금(金)·수(水)의 오행(五行)과 봄·여름·토 용(土用)·가을·겨울과 동·남·중·서·북을 다스리는데, 청제(靑帝)는 봄과 동방을 다스 리는 목신(木神)이고, 적제(赤帝)는 여름과 남방을 다스리는 화신(火神)이고, 황제(黃帝) 는 토용과 중앙을 다스리는 토신(土神)이고, 백제(白帝)는 가을과 서방을 다스리는 금신 (金神)이고, 흑제(黑帝)는 겨울과 북방을 다스리는 수신(水神)이다.

22 청천(晴天)과 우천(雨天)을 말한다.

음이 넉넉히 하늘에 이르지 못함이라 하겠지만 하늘은 반드시 예가 아닌 것을 받지 않을 것이다."

이에 예조(禮曹)에서 글을 올려 말했다.

'신 등이 삼가 『예기(禮記)』를 살펴보건대 공자(孔子)가 말하기를 "노나라의 교체(郊禘)[23]는 예가 아니니 주공(周公)의 그것이 쇠했도다!"라고 했고 『춘추호씨전(春秋胡氏傳)』[24]에 말하기를 "서인(庶人)이 5사(五祀)[25]를 제사할 수 없음과 대부(大夫)가 사직(社稷)을 제사할 수 없음과 제후가 천지(天地)에 제사할 수 없음은 고의로 등최(等衰-등급을 내림)를 둔 것이 아니라 대체로 바꿀 수 없는 정리(定理)인 것이다"라고 했습니다. 엎드려 바라옵건대 원단의 제사를 혁파함으로써 만세(萬世)의 법을 바로잡아야 할 것입니다.'

마침내 없앨 것을 명했다.

○졸(卒)한 검교참지문하부사(檢校參知門下府事) 김인귀(金仁貴)에게 부의를 내려주었다. 정부에서 쌀과 콩 40석을 주도록 계청(啓請)하니 상이 말했다.

"예(例)가 있는 일이니 앞으로는 아뢰지 말고 시행하라."

○의정부에 명해 전라도 미곡(米穀)의 육전(陸轉)하는 일을 토의

---

23 들에서 하늘에 제사하는 것을 말한다.

24 송(宋)나라의 호안국(胡安國)이 『춘추』의 문장에 의탁해 존왕양이(尊王攘夷) 사상을 논한 책으로, 당시 금(金)나라의 침입에 대해 적개심 가득 찬 시국론을 펼쳤다. 호안국의 주장에는 이치에 어긋난 확인도 많지만 실천 도덕과 인격 함양의 정신이 담겨 있다는 주자(朱子)의 평가를 받은 뒤부터 주자학자들이 『춘추호씨전』을 높이 받들었고 과거(科擧)에도 활용했다. 조선의 학계에서는 『춘추』를 학습할 때 『춘추호씨전』을 참고했다.

25 구망(句芒)·욕수(蓐收)·축융(祝融)·현명(玄冥)·후토(后土)에게 지내는 제사를 말한다.

해 아뢰게 했다. 정부에서 글을 올려 말했다.

'충청도 각관(各官)의 전조(田租)는 전객(佃客-소작인)으로 하여금 수송하되 내포(內浦) 금천(金遷)에 이르게 하고, 전라도 완산(完山) 영내(領內) 동북에 있는 각관은 수송해 청주(淸州) 영내(領內)의 각관에 이르게 하고, 완산 서남 영내에 있는 각관은 수송해 공주(公州)·홍주(洪州) 영내의 각관에 이르게 하고, 남원(南原)·순천(順天) 영내에 있는 각관은 수송해 완산 동북 영내의 각관에 이르게 하고, 나주(羅州)·광주(光州) 영내에 있는 각관은 수송해 완산 서남 영내의 각관에 이르게 하되 경상도 역시 이 예(例)에 의거해 차례대로 전수(轉輸)하면 노정이 모두 3일 동안의 거리에 불과하고 왕복하는 데머무는 것이 모두 10일에 불과하게 돼 전객이 직접 수납하는 폐단을 일거에 혁파할 수 있을 것입니다.'

그것을 따랐다.

○사헌부대사헌 정역(鄭易) 등이 소를 올렸다.

'그 하나는 이러합니다.

상과 벌은 나라의 큰 법전[大典]이므로 반드시 그 공(功)과 죄(罪)
대전
가 합당한 뒤에야 사람들의 마음이 따라오고 악한 짓을 하는 자가 두려워할 것입니다. 신 등이 엎드려 보건대 역신(逆臣) 박만(朴蔓)과 임순례(任純禮) 등은 법으로 용서받지 못할 자들인데 구차하게 목숨을 보전해 주군(州郡)으로 횡행(橫行)하기를 일반 사람과 다름없음이 거의 일기(一紀)²⁶가 됐습니다. 이는 비록 전하의 살리기를 좋아하시

---

26 12년을 말한다.

는 어짊[好生之仁]이오나 진실로 신상필벌(信賞必罰)의 아름다운 법전[令典]에 어긋나는 것입니다. (그리하여) 중외(中外)의 신민(臣民)들 중에 결망(缺望)하지 않는 사람이 없습니다. 이 때문에 정부와 대간에서 일찍이 법에 의거하기를 여러 차례 청했으나 아직껏 윤허를 받지 못했으니 신 등은 밤낮으로 분하고 한스러워 어찌할 바를 알지 못하겠으므로 그윽이 성명(聖明)을 위해 유감스럽게 여깁니다.

전하께서는 2~3인의 구명(軀命-목숨)을 어찌 아끼시어 천만세의 법을 이지러지게 하십니까? 만약 말씀하시기를 "변란이 불의(不意)에 생겨나서 어쩔 수 없었다"라고 하신다면 그들의 하풍(下風)을 좇다가 벌을 받은 자가 많았으니 바로 같은 죄상에 벌은 다름이라 공도(公道)가 행해지지 못함이 아니겠습니까? 만약 "세월이 오래되고 이미 결정된 일이다"라고 하신다면 때에 고금이 없으며 몸의 생사[存沒]에 관계없이 법에 안찰해 반드시 벌한다는 뜻에 있어서 어떻겠습니까? 엎드려 바라옵건대 전하께서는 일월(日月)의 지명(至明)을 돌이키시고 『춘추(春秋)』의 큰 마땅함[大義]으로 결단하시어 특별히 유음(兪音)을 내리시어 역신(逆臣) 박만·임순례·조순화(趙順和) 등을 법으로 처리함으로써 전장(典章)을 밝게 보이시어 신민의 소망을 터주시고 만세의 법을 드리우셔야 할 것입니다.

그 하나는 이러합니다.

사직을 위해 간악(奸惡)을 제거함은 대신(大臣)의 직분입니다. 역신 박만은 온 나라 신민(臣民)의 불공대천(不共戴天)의 원수입니다. 우정승 조영무(趙英茂)는 그때 원훈대신(元勳大臣)으로 법을 안찰해 죄를 토의했으니 밝게 강상(綱常)을 바룸으로써 죄를 청했음이 마땅한데 그 죄를 바로 하지 않았을 뿐만 아니라 도리어 그 아들 박진언 (朴眞言)을 사위로 삼아 혼인을 맺고 좋아지내며 진언(眞言)에게 관직을 주되 일찍이 기탄(忌憚)없이 했으니 어찌 사직에서 간악한 자를 제거하는 뜻이겠습니까? 전(傳)에 이르기를 "군부(君父)의 원수를 만홀(慢忽-소홀)하게 하는 것은 바로 그 군부를 불경(不敬)하는 것이다"라고 했으니 군부를 불경하는 것은 인신(人臣)의 대죄(大罪)입니다. 엎드려 바라옵건대 전하께서는 조영무의 불경한 죄를 가지고서 강상을 바로잡아야 할 것입니다.

그 하나는 이러합니다.

감사(監司)와 수령(守令)은 근심을 나누고 백성에게 가깝기 때문에 두루 묻고 널리 방문해 상덕(上德)을 펴고 하정(下情)을 상달하는 것입니다. 그러므로 관할 내에서 만일 풍우의 재앙과 상서가 있게 되면 마땅히 조심해 자기를 책하고, 몸소 답험(踏驗)해 실지대로 아뢰어 성상(聖上)을 보좌함으로써 두려워하고 반성하는 정사를 하게 함이 마땅합니다. (그런데) 이제 풍해도 감사와 수령은 이것을 체득하지 아니하고 바로 전달 17일에 풍우로 인해 손상한 곡식을 사실대로 아뢰지 않아 전하께서 놀라고 두려워하시어[驚懼] 특별히 중사(中使-환관)와 승정원 주서(承政院注書)를 보내 복검(覆檢-재검)하게 해 아뢴 바의 손실(損實)과 모순이 너무나 심하니 그들이 몸소 답험하지 아니하고 몽롱하게 신문(申聞)한 것이 명백합니다. 전하께서 특별히 너그러운 은전을 좇아 단지 직사(職事)만 파하셨습니다. 신 등이 가만히 생각건대 풍우의 재앙과 상서는 국가의 큰일이라 아뢰기를 실지로 아니함은 신하의 큰 죄입니다. 수령이 이미 친히 보지 아니하고 감사도 핵실(覈實)하지 않아 상하가 같이 통했으니 다시 근심을 나누고 위임한 뜻이 없음이라 징계하지 않을 수 없습니다. 바라건대 맹사성(孟思誠)·조혼(曹渾)과 여러 군(郡)의 수령들을 율(律)에 의거해 시행함으로써 정성스럽지 못함[不恪=不謹]을 징계해야 할 것입니다.'

계본(啓本)을 궁중에 머물러두었다.

○ 종친(宗親)과 대신(大臣)의 국장격례(國葬格例)를 정했다. 예조에서 아뢰었다.

"본조(本曹-예조) 의궤(儀軌)의 대신과 종실 공신의 격례를 상고하건대 피차에 같지 않아 준용(遵用)하기가 어렵습니다. 본조와 의례상정소(儀禮詳定所)에서 상정(詳定)한 것은 재내대군(在內大君)[27] 정1품 1등공신을 상등(上等)으로 삼고, 재내제군(在內諸君)[28] 종1품 2등공신을 중등으로 삼되 만약 정1품을 거쳤다면 관품(官品)을 쓰며, 원윤(元尹)·정윤(正尹) 실(實) 정2품과 검교정승(檢校政丞)[29]을 지낸 자, 3등공신을 하등으로 삼되 만약 정·종(正從) 1품을 거쳤다면 관품을 쓰게 했습니다."

그것을 따랐다.

신사일(辛巳日-29일)에 동교(東郊)에 행차해 매사냥을 구경했다.

---

27 종친(宗親) 가운데 임금의 아들, 임금의 친형제로서 대군(大君)에 봉해진 자들을 말한다.

28 종친 가운데 임금의 빈잉(嬪媵-후궁)의 아들, 임금의 친 형제의 적자(嫡子)로서 군(君)에 봉해진 자들을 말한다.

29 고려 말 조선 초에 정원 이상으로 벼슬자리를 임시로 늘리거나 공사(公事)를 맡기지 않고 이름만 가지게 할 때 그 벼슬 이름 앞에 붙이던 칭호다. 실직(實職)이 아니고 허직(虛職)인데 녹봉(祿俸)은 실직과 같이 지급했다.

○ 명해 서북면 도순문사(西北面都巡問使) 임정(林整)에게 좋은 매[俊鷹]를 바치게 했다.

○ 검교문하찬성사(檢校門下贊成事) 진을서(陳乙瑞)[30]가 졸(卒)했다. 3일 동안 철조(輟朝)하고 사제(賜祭)했으며 시호(諡號)를 내려 '양간(襄簡)'이라 했다.

○ 경상도 상주(尙州)와 선주(善州) 등 7주(州)에 황충(蝗蟲)이 일었다.

---

30 1388년(우왕 14년) 전주원수로 왜구를 격파했고, 1389년(공양왕 1년) 전라도 절제사가 됐으나 이듬해 5월에 윤이(尹彝)·이초(李初)의 옥사에 연루돼 유배를 갔다. 조선이 개국되자 개국원종공신(開國原從功臣)에 책록되고 전결과 노비가 하사됐다. 1393년(태조 2년) 전라도 절제사로서 왜구 침입을 방비하고 왜구가 물러가자 군사를 재점검하고 군적(軍籍)을 만들어 올렸다. 1395년 서북면 병마도절제사 및 평양윤에 임명됐다. 1397년 상의중추원사(商議中樞院事)로서 해도조전도절제사(海道助戰都節制使)가 됐다. 1399년(정종 1년) 왜구가 서북면의 선주와 박주를 침략하니 조전절제사로서 서북면에 파견됐다.

癸丑朔 司憲府劾請刑曹判書李升商 佐郎宋仁山之罪 命勿問.
　계축 삭　사헌부 핵청　형조판서　이승상　좌랑 송인산 지 죄 명 물문

憲府疏曰:
헌부 소왈

‘前日請刑曹滯獄之罪 殿下曲垂寬恩 嘗有旨曰: “令本府受
　전일 청 형조 체옥 지 죄 전하 곡수 관은　상 유지왈　영 본부 수

中外誤決之狀 分送刑曹及都官 考其勤慢 俾申冤抑.” 臣等計其
중외 오결 지 장　분송 형조 급 도관 고 기 근만 비신 원억　신등 계 기

移送刑曹之狀 自前年三月至今年六月 共四十八道 而決者才四道
이송 형조 지 장 자 전년 삼 월 지 금년 육월 공 사십팔 도 이 결자 재 사도

耳. 其滯訟畜怨 莫此爲甚. 大抵人事感於下 天變應於上. 近日
이　기 체송 축원 막차 위심　대저 인사 감 어하 천변 응 어상　근일

風雨之災 莫非冤抑之所招也. 今刑曹員吏 殊失委任之意. 此而
풍우 지 재 막비 원억 지 소초 야 금 형조 원리 수실 위임 지 의　차이

不責 則凡怠其職者 無所懲矣. 乞將行首升商 掌務仁山 斷之
불책 즉 범 태 기직 자 무 소징 의　걸장 행수 승상　장무 인산　단지

以律 以懲後來.’
이율　이징 후래

命置而勿問. 蓋以升商功臣也.
명치 이 물문　개 이 승상 공신 야

以李行爲藝文館大提學 呂稱刑曹判書 許周參知議政府事
이 이행 위 예문관대제학　여칭 형조판서　허주 참지 의정부사

鄭鎭中軍都摠制 崔迤判敬承府事.
정진 중군 도총제　최이 판경승부사

罷豐海 忠淸 江原 慶尙道都觀察使兼牧之任. 以廉致庸判
파 풍해 충청 강원 경상도 도관찰사 겸목 지 임 이 염치용 판

黃州牧事 閔無悔判原州 金漸判淸州 李之綱判尙州.
황주목 사 민무회 판 원주 김점 판 청주 이지강 판 상주

日本九州節度使 使人來獻土物.
일본 구주 절도사　사인 내헌 토물

甲寅 梨華.
갑인 이 화

幸東郊省禾稼. 宦者金和尙進鷹 上怒叱之曰："此行非遊觀也
행 동교 성 화가 환자 김화상 진응 상 노 질 지 왈 차행 비 유관 야

何以進爲!"
하이 진 위

命政府曰："大風之後 恐禾稼無遺 今親見之 不至盡損 是天
명 정부 왈 대풍 지후 공 화가 무유 금 친견 지 부지 진손 시천

不使斯民盡死也. 儻復有風災 民食尤難 宜令民及時收穫."
불사 사민 진사 야 당부유 풍재 민식 우난 의령 민 급시 수확

丙辰 定安王后轜車發引. 轜車至盤松亭 上王登城望見歎息.
병진 정안왕후 이거 발인 이거 지 반송정 상왕 등성 망견 탄식

上詣上王移御所陳慰 遂幸慶會樓而還.
상 예 상왕 이어소 진위 수행 경회루 이환

戊午 賜金科米十石. 科獻四韻詩以謝.
무오 사 김과 미 십석 과헌 사운시 이사

遣大護軍朴允忠于東北面 訓鍊觀判官潘泳于豊海道採銀.
견 대호군 박윤충 우 동북면 훈련관 판관 반영 우 풍해도 채은

議政府議律以聞. 政府承上旨議聞曰："律文有制書有違條
의정부 의율 이문 정부 승 상지 의문 왈 율문 유 제서위 조

有違令條 奉行者或不能辨. 請自今 頒降宥旨及敎旨 廢閣不行
유 위령 조 봉행 자 혹 불능 변 청자금 반강 유지 급 교지 폐각 불행

者 以制書有違論; 失錯旨意者 各減三等; 凡大小衙門受敎條令
자 이 제서위 논 실착 지의 자 각감 삼등 범 대소 아문 수교 조령

不能奉行者 以違令論."從之.
불능 봉행 자 이 위령 논 종지

己未 命築圓壇. 從禮曹之啓也.
기미 명축 원단 종 예조 지 계야

命史官金尙直 取忠州史庫書册以進. 小兒巢氏病源候論 大
명 사관 김상직 취 충주사고 서책 이진 소아 소씨 병원 후론 대

廣益會玉篇 鬼谷子 五臟六腑圖 新彫保童秘要 廣濟方 陳郎中
광 익회 옥편 귀곡자 오장육부 도 신조 보동 비요 광제 방 진랑중

藥名詩 神農本草圖 本草要括 五音指掌圖 廣韻 經典釋文 國語
약명 시 신농 본초 도 본초 요괄 오음 지장도 광운 경전석문 국어

爾雅 白虎通 劉向說苑 山海經 王叔和脈訣口義辨誤 前定錄
이아 백호통 유향 설원 산해경 왕숙화 맥결 구의 변오 전정록

黃帝素問 武成王廟讚 兵要 前後漢著明論 桂苑筆耕 前漢書
황제소문 무성왕 묘찬 병요 전후 한 저명 론 계원필경 전한서

後漢書 文粹 文選 高麗歷代事迹 新唐書 神祕集 册府元龜 等
후한서 문수 문선 고려 역대 사적 신당서 신비 집 책부원구 등

書册也. 且命曰："神祕集 毋得披閱 而別封以進." 上覽其集曰：
서책 야 차 명왈 신비집 무득 피열 이 별봉 이진 상 람 기집 왈

"此書所載 皆怪誕不經之說." 命代言柳思訥焚之 其餘下春秋館
차서 소재 개 괴탄 불경 지설　명 대언 유사눌 분지 기여 하 춘추관
藏之.
장지

庚申 月犯南斗 魁星 隔一尺許.
경신 월범 남두 괴성 격 일척 허

葬定安王后于厚陵 陵在海豐郡白馬山東麓. 旣上土 卽命役徒
장 정안왕후 우 후릉 능재 해풍군 백마산 동록 기 상토 즉명 역도
除隊長隊副外 皆放遣 俾收禾穀.
제 대장 대부 외 개 방견 비수 화곡

命給前咸州牧使崔湜告身. 湜 與東北面壬午之亂者也.
명급 전 함주 목사 최식 고신 식 여 동북면 임오 지란 자야

命以時物薦宗廟: 二月氷 三月蕨 四月松魚 五月麥 筍 櫻桃 瓜
명 이 시물 천 종묘　이월 빙 삼월 궐 사월 송어 오월 맥 순 앵도 과
杏 六月林檎 茄 東瓜 七月黍 稷 粟 八月年魚 稻 栗 九月雁 棗
행 육월 임금 가 동과 칠월 서 직 속 팔월 연어 도 율 구월 안 조
梨 十月柑橘 十一月天鵝 十二月魚 兎.
이 십월 감귤 십일월 천아 십이월 어 토

賜米故順德侯陳理妻李氏.
사미 고 순덕후 진리 처 이씨

辛酉 月犯南斗 魁星 隔一尺許.
신유 월범 남두 괴성 격 일척 허

分遣敬差官于諸道 審田損實. 上戒之曰: "予聞敬差官入其境
분견 경차관 우 제도 심전 손실　상 계지 왈　여문 경차관 입 기경
必先考前歲實田之數 務欲增加 豈予分遣之意乎? 爾等隨年豐歉
필선 고 전세 실전 지수 무욕 증가 기여 분견 지의 호　이등 수년 풍겸
處以至公."
처 이 지공

遣大護軍田興于慶尙道富山浦. 觀察使報: '有倭船十七艘
견 대호군 전흥 우 경상도 부산포　관찰사 보　유 왜선 십칠 소
來泊道內 梁州 富山浦. 雖以興利爲言 其貌可畏.' 故遣興察之.
내박 도내 양주 부산포 수 이 흥리 위언 기모 가외　고 견흥 찰지

壬戌 奉安定安王后神主于魂殿. 神主至自海豐郡 各司一員
임술 봉안 정안왕후 신주 우 혼전　신주 지자 해풍군　각사 일원
迎于城門外.
영우 성문 외

遣承政院注書金赭 宦官盧希鳳于豐海道. 上曰: "豐海道各官
견 승정원 주서 김자 환관 노희봉 우 풍해도　상 왈　풍해도 각관
風雨傷穀之勢 不以實報 難以取信. 乃遣赭等 將其道觀察使報書
풍우 상곡 지세 불 이실 보 난 이 취신　내 견자 등 장 기도 관찰사 보서

往察之 如有不實者 卽拿送于京 予當問其故." 此道觀察使之報
最後 且其風損之數 重於他道故也. 赭等回曰:"水田則皆實 或
損十分之一二 旱田或損十分之一二 或至十分之三四." 上怒 傳旨
政府曰:"觀察使 經歷 守令 報以盡傷者 實誆我也. 宜皆罪之."

賜鎭安君芳雨妻池氏米豆十五石及酒果.

下校書正字金尙鼎于巡禁司. 尙鼎爲役朔 於神德王后祭文 書
國王及姓 於定安王后祭文 只書國王. 上覽之 以爲不一 有是命.

癸亥 上詣健元陵 行秋夕祭 還至松溪院 政府進酒 遂觀放鷹于
箭串郊.

甲子 賜生員李隨衣一襲. 初 命承政院曰:"予欲得心純學敏
者 俾訓兒子." 乃召成均大司成柳伯淳問曰:"館生中通經史者
有誰?" 伯淳以隨對 卽命召之. 至是 隨至自水原 上曰:"聞汝有
學行 宜誨兩大君不倦. 經書疑處 予亦質問焉." 隨精詳縝密 有
志行 丙子生員第一名 屢擧不中.

收貯春秋館所藏醫方諸書于內藥房.

乙丑 上王如開慶寺 經宿而還. 以定安王后七齋也.

賜戶曹參議吳眞藥酒十瓶.

丙寅 命宴享勿用羊. 上曰:"畜羊 本爲犧牲也."

丁卯 上詣文昭殿 行秋夕祭. 右司諫大夫玄孟仁爲大祝 讀至
神懿王太后 以王字爲句 且期期不能讀 上曰:"讀祝如此 誠敬

安在!"遂命承政院 今後祝文 勿令細書 以朱點句.

上奉上王 置酒于本宮水閣 日暮酒酣 上起舞. 召代言等曰:

"今日不欲速罷 非予耽樂 我上王 古今所難遇也. 予無他道德

但心無內外耳. 宋太祖之言 載于通鑑 爾等見乎?"左副代言

韓尙德率爾對曰:"臣等亦無內外."上曰:"然則可謂君臣相遇

矣."有間 上王以大妃薨逝 興悼還宮 上勸留不得.

戊辰 賜賻判司譯院事李子瑛之家. 子瑛以朝服祭服易換事 如

京師 還至東平府聊城縣病死 上憐之 賜賻米豆與紙.

司諫院上疏請典祀直長朴彧罪. 疏曰:

'臣等竊聞事親孝 故忠可移於君. 自古求忠臣於孝子之門 未有

不孝而忠者也. 彧之父桂生 年過七十 坐妖言囚在雞林 已閱三月

彧恬然從仕 終不往見 非人子也. 焉有事君之忠乎? 願下攸司

依律科罪 以正綱常 以厚風俗.'

疏留中不下. 彧 李叔蕃之門人. 以叔蕃薦 除是職. 厥後左司諫

李穡進曰:"朴彧 其父桂生 去四月初囚雞林 至六月未嘗往見

甚非人子之意. 故上疏請罪 未蒙兪允."上曰:"言則然矣. 此等

事 憲司之任也. 宜移文劾之."命金汝知卽還其疏. 憲府上疏曰:

'彧之父桂生 住慶尙道寧海府 說大言語 自今年四月初八日

至六月初九日 繫于雞林獄. 爲彧計者 奔往可也 聞而不往 殊無

人子之情 豈效忠於殿下乎? 伏望鞫問其罪 以懲後來.'

命下刑曹囚典獄. 或上疏 略曰:
명하 형조 수 전옥 옥 상소 약왈

'臣父桂生 寄書于臣曰: "我以非罪繫獄 不能自脫. 汝之來見我
신부 계생 기서 우신왈 아 이비죄 계옥 불능 자탈 여 지내견 아

不若仍仕救援." 臣之不去 從父敎也.'
불약 잉사 구원 신 지불거 종 부교 야

上覽之曰: "是亦人情之常 宜勿擧論." 初 或陳告尙衣院漏落
상 람지왈 시역 인정 지상 의물 거론 초 옥 진고 상의원 누락

奴婢四十餘口. 其間剛金者銜之 誣告曰: "桂生云: '近日金星
노비 사십 여구 기간 강금 자함지 무고 왈 계생 운 근일 금성

兩見 是開天門也. 予子或得王位.'" 慶尙道都觀察使拘執
양견 시개 천문 야 여자 욱 혹득 왕위 경상도 도관찰사 구집

以聞. 或起自草萊 登乙酉科 僑寓優人黃熟石家. 爲人稍有才
이문 옥 기자 초래 등 을유과 교우 우인 황숙석 가 위인 초 유재

挾才妄行 故士林賤之.
협재 망행 고 사림 천지

己巳 全羅道安悅 古阜 金堤等郡地震.
기사 전라도 안열 고부 김제 등군 지진

漆城君尹柢 麻城君徐益卒. 上震悼 輟朝三日 賻柢米豆五十石
칠성군 윤저 마성군 서익 졸 상 진도 철조 삼일 부저 미두 오십 석

紙百卷 益米豆三十石 紙百卷. 柢古名方慶 漆原世家 不事外飾
지 백권 익 미두 삼십 석 지 백권 저 고명 방경 칠원 세가 불사 외식

中實正直. 事上于潛邸 特承眷遇 遂爲佐命功臣 位至贊成事 屢
중실 정직 사상 우 잠저 특승 권우 수위 좌명공신 위지 찬성사 누

以詼諧諷諫 多所裨益. 其爲吏曹判書 未嘗妄薦一人. 益起自
이 회해 풍간 다 소비익 기위 이조판서 미상 망천 일인 익 기자

行伍 善用戈楯 得參佐命之列. 賜柢諡曰貞景 遣中官致祭; 益
항오 선용 과순 득참 좌명 지열 사저 시왈 정경 견 중관 치제 익

諡曰莊襄.
시왈 장양

庚午 都城中梨華. 完山府梨 杏 槐 李 櫻桃 林檎花盛開.
경오 도성 중이화 완산부 이 행 괴 이 앵도 임금 화 성개

觀放鷹于東郊.
관 방응 우 동교

命還檢校漢城尹楊弘達別賜田四十三結 檢校工曹參議楊弘迪
명환 검교 한성윤 양홍달 별사전 사십 삼결 검교 공조참의 양홍적

元從功臣田十五結 別賜田二十結.
원종공신 전 십오 결 별사전 이십 결

壬申 革完山子弟牌. 先是 以完山爲璿源所自 特置子弟牌
임신 혁 완산 자제패 선시 이 완산 위 선원 소자 특치 자제패

362

至是革之 擇有才者 分屬侍衛軍.

申鷹子之禁.

敬差官盧湘請忠淸道大山萬戶朴義孫罪. 湘啓: "義孫所領中
大船 朽敗不修 宜科罪." 從之.

癸酉 以成石璘領議政府事 河崙爲左政丞 柳廷顯吏曹判書
鄭易司憲府大司憲 許周漢城尹 尹向參知議政府事 閔若孫
豐海道都觀察使. 前監司孟思誠 經歷曹渾及黃州判官金臺賢等
十郡守令 以妄報傷穀之狀 皆免.

上詣上王移御所設酌 夜還.

乙亥 太白晝見.

神德王后忌辰. 始以代押文行齋祭. 禮曹啓: "謹按儀禮
經傳通解續 張子文集 忌日爲庶母及嫂一不肉. 神德王后忌辰
自今令三品官以代押祭文疏文行齋祭." 從之.

遣議政府贊成事李天祐 安城君李叔蕃 觀廣州蒐狩之地. 命
承政院曰: "予嘗於講武前出于近郊至三四度 今秋恐有遊田之
諫 久居宮中 氣體堙鬱 明日欲出東郊. 如有弊事 臺諫以言陳之
毋煩上疏." 承政院卽傳旨于臺諫 又命權緩曰: "廣州獵田 宜禁
耕田伐木."

丙子 幸東郊觀放鷹.

命兼大司成日仕成均館 敦加講學.

丁丑　李居易死．居易死于鎭州　賜賻米豆三十石　紙百卷　且賜

棺槨．又令忠淸道都觀察使致祭．

禮曹進圓壇制度．上曰：“諸侯而祭天地　非禮也．此是特沿襲

前朝之僣　未之改耳．宜詳考歷代禮文以啓．予每押祭文時　中心

有疑　豈有感應？又或旱乾　雩祀禱雨　未嘗得雨．”

戊寅　命祿俸粳米　代以造米．上慮精鑿之弊　令以造米優給．

知申事金汝知　請令史官入侍聽政之側　不允．上歷擧前此史官

失次之故以諭之．

日本　田平殿　使人來獻土物．

議政府請打量東西兩界田地．啓曰：“東西北面糧餉數小　不可

不慮．江原　豐海道附近兩界各官田稅　依前例收納．且兩界田地

打量事　已曾受敎　又平壤城子未畢處　今秋來春畢築．”從之．

己卯　賜六代言馬各一匹．

庚辰　命罷圓壇之築．禮曹與成石璘　河崙　星山君李稷　議圓壇

之祭以聞曰：“秦人祀白帝　秦西方　白帝其主氣也．故祭之．吾

東方　可只祀主氣靑帝也．”上曰：“安有六天乎？禮可以祭則祭

昊天上帝　不可則靑帝何獨祭乎？若旱乾之災　在寡躬闕失　豈有

關於祀天？予自卽位以來　祈晴雨而不得　是雖予之誠心　不足以

格天　天必不享非禮也．”於是禮曹上書曰：

‘臣等謹按禮記　孔子曰：“魯之郊禘　非禮也．周公其衰矣！”

364

春秋胡氏傳曰: "庶人之不得祭五祀 大夫之不得祭社稷 諸侯
之不得祭天地 非故爲等衰 蓋不易之定理也." 伏望革圓壇之祀
以正萬世之典.'

乃命罷之.

賜賻卒檢校參知門下府事金仁貴. 政府啓請給米豆四十石 上
曰: "有例事 今後勿啓施行."

命議政府 議全羅道米穀陸轉事以聞. 政府上書曰:

'忠淸道各官田租 令佃客輸至于內浦 金遷; 全羅道 完山領內
東北各官 則輸至于淸州領內各官; 完山西南領內各官 則輸至于
公州 洪州領內各官; 南原 順天領內各官 則輸至于完山東北領內
各官; 羅州 光州領內各官 則輸至于完山西南領內各官. 慶尙道
亦依此例 以次轉輸 則道途俱不過三日往返 留連摠不過十日
佃客直納之弊 一擧可革.'

從之.

司憲府大司憲鄭易等上疏:

'其一曰: 賞罰 國之大典 必當其功罪 然後人心服 而爲惡者
懼矣. 臣等伏見逆臣朴蔓 任純禮等 法所不宥者也 苟全首領
橫行州郡 無異平人 幾一紀矣. 此雖殿下好生之仁 實有違於
信賞必罰之令典也. 中外臣民 罔不缺望. 用此政府臺諫 嘗據法
累請 而未蒙兪允 臣等夙夜憤恨 未知所措 竊爲聖明憾焉. 殿下

何惜二三人之軀命 以虧千萬世之法乎? 若曰變出不意 非得已
也 則其隨從下風 而伏誅者多矣 無乃罪同罰異 公道有所不行
乎? 若曰歲久已決之事 則其於時無古今 身無存沒 按法必誅之義
何哉? 伏望殿下 回日月之至明 斷春秋之大義 特降兪音 將逆臣
朴蔓 任純禮 趙順和等 俾置於法 明示典章 以快臣民之望 以垂
萬世之法.

其一曰: 爲社稷去奸惡 大臣之職也. 逆臣朴蔓 一國臣子
所不共戴天之讎也. 右政丞趙英茂 當其時 以元勳大臣 按法
擬罪 宜當明請 以正綱常 不唯不正其罪 反以其子眞言爲婿 申
結姻好 至授眞言官職 曾無忌憚 豈爲社稷去奸惡之義乎? 傳曰:
"慢忽君父之讎 卽不敬其君父也." 不敬君父 人臣之大罪 伏望
殿下 將英茂不敬之罪 以正綱常.

其一曰: 監司守令 分憂近民 所以周咨博訪 宣上德而達下情
也. 故所部之內 如有風雨災祥 宜當小心責己 身親踏驗 從實
以聞 以補聖上恐懼修省之政可也. 今豐海道監司守令 曾不
體此 乃因前月十七日風雨 禾穀損傷 不以實聞. 殿下驚懼 特遣
中使與承政院注書 俾覆檢之 所申損實 矛盾太甚. 其不爲身親
踏驗 朦朧申聞甚矣 殿下特從寬典 只罷職事. 臣等竊惟 風雨
災祥 國家之大事. 申聞不以實 人臣之大罪. 守令旣不親見 監司
亦不覈實 上下通同 無復有分憂委任之意 不可不懲. 乞將孟思誠

曹渾及諸郡守令等 依律施行 以懲不恪.'
조혼 급 제군 수령 등 의율 시행 이징 불각

啓留中.
계 유중

定宗親大臣國葬格例. 禮曹啓:"考本曹儀軌 大臣及宗室
정종친 대신 국장 격례 예조 계 고 본조 의궤 대신 급 종실

功臣格例 彼此不同 遵用爲難. 曹與儀禮詳定所詳定 以在內
공신 격례 피차 부동 준용 위난 조 여 의례상정소 상정 이 재내

大君正一品一等功臣爲上等; 以在內諸君從一品二等功臣爲
대군 정일품 일등공신 위 상등 이 재내 제군 종일품 이등공신 위

中等 若經正一品則用官品; 以元尹正尹實正二品 已行檢校政丞
중등 약 경 정일품 즉용 관품 이 원윤 정윤 실 정이품 이행 검교 정승

三等功臣爲下等 若經正從一品則用官品."從之.
삼등공신 위 하등 약 경 정종 일품 즉 용 관품 종지

辛巳 幸東郊觀放鷹.
신사 행 동교 관 방응

命西北面都巡問使林整進俊鷹.
명 서북면 도순문사 임정 진 준응

檢校門下贊成事陳乙瑞卒. 輟朝三日賜祭 贈諡襄簡.
검교 문하찬성사 진을서 졸 철조 삼일 사제 증시 양간

慶尙道尙州 善州等七州蟲.
경상도 상주 선주 등 칠주 충

태종 12년 임진년
9월

九月

계미일(癸未日-1일) 초하루에 여섯 대언(代言)에게 각각 활 1장(張)씩을 내려주었다.

을유일(乙酉日-3일)에 상(上)이 모화루(慕華樓)에 행차했다가 드디어 상왕(上王)의 이어소(移御所)로 나아가 문안했다.

○ 예조에서 아뢰었다.

"정안왕후(定安王后)의 혼전제례(魂殿祭禮)의 경우 혼전은 4시(四時)의 대향(大享)이오니 바라건대 유명일 별제례(有名日別祭禮)에 의거하게 하소서."

그것을 따랐다.

정해일(丁亥日-5일)에 수정(水精)으로 만든 모주(帽珠)를 성석린(成石璘), 하륜(河崙), 조영무(趙英茂)에게 내려주었다. 옥인(玉人-옥공)이 순흥(順興)의 수정석(水精石)을 가지고 모주 10꿰미[串]를 조탁(雕琢)해 바쳤으므로 이를 나눠 주고 또 명했다.

"잡인(雜人)들이 마구 파내지 말게 하라."

○ 회회사문(回回沙門) 다라(多羅)에게 쌀 10석을 내려주었다. 상이 양옥(良玉)을 내어 다라에게 주며 도장을 파서[刻署] 바치도록 했다.

○ 사간원 좌사간대부(司諫院左司諫大夫) 이륙(李稑) 등이 소(疏)

를 올렸다. 소는 이러했다.

'역신 박만(朴蔓)·임순례(任純禮)·조순화(趙順和) 등이 임오년 (1402년)에 두 마음을 품고[懷二] 난리를 선동해 일이 종사(宗社)에 관계되니 죄가 용서할 수 없는 것입니다. 그것은 이른바 '사람마다 그들을 벨 수 있는 자들'[1]이라 할 것입니다. 전하께서 특별히 너그러운 은전을 따르시어 드디어 대역(大逆)의 무리로 하여금 구차히 목숨을 보전하게 해 연명한 지 10년이 돼 온 나라의 신민(臣民)들이 분하게 여기지 않는 사람이 없습니다. (그런데) 대간에서 복합(伏閤)[2]을 어찌 그만둘 수 있겠습니까? 이는 성조(盛朝-성대한 조정)의 한 가지 결점입니다. 엎드려 바라옵건대 전하가 굽히시어 헌사(憲司)의 아룀에 따라 그 죄를 밝히고 바로잡아야 할 것입니다.'

상이 이를 읽어보고 승정원(承政院)에 일러 말했다.

"내가 본래부터 박만과 임순례가 죄 없음을 알고 있는데 어찌 분분(紛紛)함이 이와 같은가? 이제 내 정사를 보고자 하는데 대간이 들어오면 반드시 내 뜻을 번거롭게 할 것이니 대간이 청(請)을 그만두기를 기다렸다가 정사를 볼 것이다."

무자일(戊子日-6일)에 달이 남두(南斗)의 제4성(第四星) 남쪽을 범했는데 (서로의) 간격이 1자쯤이었다.

---

1 관가에 고하지 않고서도 아무나 죽여도 될 만큼 중한 죄인이라는 뜻이다.
2 나라에 큰일이 있을 때 조신(朝臣) 또는 유생(儒生)들이 대궐 문에 이르러 엎드려 상소하는 것을 말한다.

○ (경상도) 양주(梁州)와 동래(東萊)에서 흑충(黑蟲)이 곡식을 먹었는데 벌레의 길이가 1치였다.

○ 우정승 조영무(趙英茂)가 사직을 청했으나 윤허하지 않았다.

○ 대간이 교장(交章)해 박만(朴蔓) 등의 죄를 청했다. 소는 이러했다.

'신 등이 가만히 듣건대 『서경(書經)』에 이르기를 "생재(眚災)³는 용서하고 호종(怙終)⁴은 처형한다"⁵라고 했습니다. 비록 작은 죄라 하더라도 오히려 그러한데 하물며 종묘와 사직을 범한 용서 못 할 죄이겠습니까? 만(蔓) 등은 대의(大義)를 돌보지 아니하고 다행하게도 변란의 기회를 틈타 후공(後功)을 도모하고자 함부로 군사를 일으켰으니 그 정상이 이른바 생재(眚災)라 하여 용서할 만한 것이겠습니까? 또 수종(隨從)하던 하풍(下風) 무리는 모두 현주(顯誅)⁶됐는데 홀로 이 죄의 괴수만이 구차하게 (죽음을) 면해 생명을 연장하기 거의 1기(一紀)가 됐으니 그 전날에 사형을 당한 귀신들이 지하에서 눈물을 삼키지[飮泣] 않을 수 있겠습니까? 전하께서 비록 가볍게 용서해 한때
음읍
살리기를 좋아하는 다움[好生之德]을 베푸셨으나 그것이 만세(萬世)
호생 지 덕
의 토죄(討罪)하는 법에 있어 어떻겠습니까? 엎드려 바라옵건대 특별히 유음(兪音)을 내리시어 법으로 처치하시고 신민(臣民)의 분함을 터주심으로써 만세의 법을 보여주셔야 할 것입니다.'

---

3 과오나 천재 지변에 의해 어쩔 수 없이 지은 죄를 말한다.
4 전의 잘못을 뉘우침이 없이 다시 죄를 저지른 것을 말한다.
5 「우서(虞書) 순전(舜典)」에 나오는 말이다.
6 죄인을 죽여서 여러 사람에게 보이는 것을 말한다.

윤허하지 않았다. 대간(臺諫)이 합사(合辭)해 다시 청하니 상이 말했다.

"내가 어둡고 미혹돼[昏迷] 살피지 못했다고 여겨지느냐? 내 본래부터 그가 죄 없음을 아는데 이제 간원(諫院)에서 일찍이 신청해 윤허를 얻지 못하고 또 헌사(憲司)에 이끌려 이런 청(請)이 있음은 무슨 까닭인가?"

사간(司諫) 현맹인(玄孟仁)이 대답했다.

"대간(臺諫)은 일체(一體)이오며 또 이것은 헌사의 사사로운 일이 아니니 어찌 감히 억지로 따르겠습니까? 전하께서 비록 이 2인을 죄가 없다 여기시더라도 안통세(安通世)와 최저(崔沮) 등은 모두 도망쳐 따르지 않았는데 오직 이 두 사람만이 금제(禁制)하지 못하고 또 따라서 변란을 선동했으니 죄가 없다 함이 옳겠습니까? 청컨대 법으로 처치해 전형(典刑)을 바로잡아야 할 것입니다."

윤허하지 않았다.

기축일(己丑日-7일)에 상이 상왕(上王)을 받들고 동교(東郊)에서 매사냥을 구경했다. 저물어서야 상왕의 이어소에 이르렀다가 하직인사를 올리고[奉辭] 마침내 돌아왔다.

경인일(庚寅日-8일)에 전라도 장수현(長水縣)에서 지진이 일었다.

신묘일(辛卯日-9일)에 노의(老醫) 검교한성윤(檢校漢城尹) 김지연(金之衍)에게 쌀과 콩 15석을 내려주었다.

계사일(癸巳日-11일)에 대간(臺諫)에서 다시 박만(朴蔓) 등의 죄를 청했다. 상이 말했다.

"근일에 내가 경 등을 보지 않는 것은 이같이 번거롭게 떠들썩함 [煩聒]을 싫어하기 때문일 뿐이다."

승정원으로 하여금 다시는 입계(入啓)하지 말게 했다.[7]

○ 대간(臺諫)에서 온천(溫泉)에 호종(扈從)하기를 청했으나 윤허하지 않았다.

○ 사헌부에서 조영무(趙英茂)와 마천목(馬天牧) 등의 죄를 청했다. 회령군(會寧君) 마천목과 전(前) 소감(少監) 김남귀(金南貴) 등이 사재감(司宰監) 수군(水軍) 안에서 탈루(脫漏)된 자를 가지고 진고(陳告)하니 의정부사인(舍人) 김효손(金孝孫)과 검상(檢詳) 원숙(元肅), 형방녹사(刑房錄事) 오운(吳耘) 등이 상찰(詳察)함에 있어 실수해 우정승 조영무에게 신고해 도관(都官)에 이문(移文)했다. 이상(李湘)과 이량(李良)은 행수장무(行首掌務)가 돼 3분의 1을 상급(賞給)하라는 교지를 어기고 절반을 상급했으며 또 사재감(司宰監) 수군(水軍)의 여자에게는 구실[役]이 없는데 여자들도 아울러 상(賞)에 충당하게 한 까닭에 헌사에서 핵청(劾請)했으나 영무(英茂)와 천목(天牧)은 공신이므로 논하지 말고 나머지는 모두 죄주게 했다.

○ 예조좌랑 이양부(李陽敷)를 순금사(巡禁司)에 내렸다. 양부(陽敷)는 전향사(典享司)로서 후릉(厚陵) 삭제(朔祭-초하루 제사)의 집사

---

7 원문에는 이 문장이 인용에 포함돼 있는데 문맥상 인용과는 별개로 처리하는 것이 나을 듯해서 이렇게 옮겼다.

(執事)를 빼먹은 까닭에 가뒀다가 사흘 만에 석방했다.

갑오일(甲午日-12일)에 대간에서 교장(交章)해 박만(朴蔓) 등의 죄를 청했다. 소는 이러했다.

'임금을 섬김에 충성을 다해 죽음에 이르도록 변하지 않는 것은 신하의 마땅함[義]입니다. 역신(逆臣) 박만 등은 명을 받들고 곤얼(閫臬)[8]로 나가서 함부로 이름 없는 군대를 발동해 경성(京城)으로 향해 나라를 어지럽게 하고자 도모했으니 남의 신하된 자의 죄 중에 무엇이 이보다 더함이 있겠습니까? 지난번에 흉도들로 하여금 그 도모함을 이룰 수 있게 했다면 국가의 근심은 이루 말할 수 있었겠습니까? 생각이 여기에 이르니 머리털이 일어납니다. 전하께서 이미 그 죄를 아시고도 오히려 결단하지 못하니 신 등은 깊이 유감됨이 있습니다. 엎드려 바라옵건대 해와 달의 밝으심을 돌리시어 유윤(俞允)의 말씀을 내리시고 법대로 처리해 만세의 법을 밝게 해야 할 것입니다.'

따르지 않았다.

○ 개경사(開慶寺)에 행차해 경영(經營)하는 것을 구경했다. 시신(侍臣)을 돌아보며 말했다.

"태조께서 일찍이 관음(觀音)을 그리도록 명해 나에게 주셨으므로 내가 삼가 이를 간직했다. 이제 소실(小室)을 절의 북쪽에다 지어 봉안하고자 하니 너희는 괴이하게 여기지 말라."

---

8 감사(監司), 병사(兵使), 수사(水使)의 영문(營門)을 가리키는 말이다. 지방관을 맡아 나갔다는 뜻이다.

드디어 동교(東郊)로 가서 매사냥을 구경했다.

병신일(丙申日-14일)에 대간에서 다시 박만 등의 죄를 청하고 또 대가가 온천에 행차하는데 호종하기를 청했으나 모두 대답하지 않았다. 상이 말했다.

"내가 듣건대 금년은 충청도의 사무가 번거롭다 하니 일단 명년 봄까지 기다리겠다."

드디어 행차를 정지토록 했다.

정유일(丁酉日-15일)에 사간원에서 소를 올렸다. 소는 대략 이러했다.

'전함(前銜)으로 수전(受田)한 자'를 번갈아 숙직하게 함은 왕실(王室)을 호위하는 소이(所以)이오나 교박(磽薄)[10]한 과전을 받은 자야 어찌 경성(京城)에 항거(恒居)하면서 그 식량을 잇댈 수 있겠습니까? 바라건대 금년의 추동(秋冬)까지 임시방편으로[權=權道] 숙직을 그만두게 함으로써 사람들의 마음을 기쁘게 하소서.'

그것을 따랐다.

○ 예문관제학(藝文館提學) 변계량(卞季良)에게 명해 돈화문(敦化門)[11] 누각의 종명(鐘銘)을 짓게 했다. 그 글은 이러했다.

---

9   전함(前銜-전직)의 관원으로서 산직(散職)이 돼 전함의 과전(科田)을 그대로 지급받은 사람을 가리킨다. 산직에 있더라도 고향에 돌아가지 못하고 그대로 거경(居京)해 왕궁(王宮)의 숙위(宿衛)를 맡아보게 했다.

10 돌이 많고 메마른 땅을 나타내는 말이다.

11 창덕궁(昌德宮)의 남쪽 정문이다.

'금상(今上) 13년 겨울 10월 (아무개) 일에 유사(攸司)에 명해 종(鍾)을 주조해 궁문(宮門)에 달게 하셨으니 이는 대개 옛 제도를 따른 것이라 공덕을 새기고 또 군신(群臣)의 조회하는 기회를 엄격하게 하기 위함입니다. 위대하시도다! 생각건대 태조 강헌대왕(康獻大王)께서 잠저(潛邸)에 계실 때에 이미 훈덕(勳德)이 높으심에 인심(人心)이 날로 돌아와 붙었으나 참소를 얽어대는 말이 들끓어 올라 화란의 조짐[禍機]을 헤아릴 수가 없었습니다. 우리 전하께서 마침 제릉(齊陵) 곁에서 여막을 사시다가 일이 급함을 듣고 곧장 오시어 기미(幾微)에 응해 제재하시고 드디어 훈친(勳親)이 창의(倡義)해 추대함으로써 대업(大業)을 세우셨습니다. 그 뒤 간신(奸臣-정도전 등) 중에 다시 난(亂)을 꾸미는 자가 있었으나 우리 전하께서 즉시 평정해 사직(社稷)을 안전하게 하셨습니다.

신이 가만히 생각건대 어버이에게 효도하고 어른을 공경하시니 다움[德]이 이보다 더 성함이 없고 나라를 열고 사직을 정하시니 공로[功]가 이보다 큼이 없으므로 진실로 종(鍾)과 정(鼎-큰 쇠솥)에 명(銘)을 새겨 만세에 보이심이 마땅합니다. 즉위하신 이래 하늘을 공경하고 대국을 섬기시어 다시 제명(帝命)을 받으심으로써 조상의 공훈을 빛나게 하시고 성학(聖學-유학)이 계속해서 밝음에 지극해 다스림이 융성함에 이르렀습니다. 신종(慎終)[12]과 보본(報本)[13]하는 정성

---

12 부모의 장례를 정성껏 치른다는 말이다. 원래 『논어(論語)』「학이(學而)」편에 나오는 말이다. 증자(曾子)가 말했다. "부모님의 상을 삼가서 치르고 먼 조상까지도 잊지 않고 추모하면[慎終追遠] 백성의 덕이 두터운 데로 돌아갈 것이다."
13 조상의 은혜에 보답하는 것을 말한다.

과 백성을 사랑하고 만물을 기르시는 어지심에 이르러서는 상경(常經)을 세우고 강기(綱紀)를 펴신 넓은 규모와 큰 책략이 모두 다 백왕(百王) 위에 높이 뛰어나셨습니다. 이제 또 특명으로 종을 달게 하심으로써 새벽과 밤의 한계를 엄히 하시니 자강불식(自彊不息)[14]하고 서정(庶政)에 부지런히 힘쓰심으로써 만세의 태평(太平)에 기초를 잡으신 까닭이 지극하고, 유택(流澤)이 길고 해를 지남이 오래이기에 마땅히 이 종(鍾)과 같이 한없이 내려갈 것은 틀림없습니다. 아, 성대하도다! 또 그 계책을 내고 힘을 바쳐 공훈의 맹세에 참가한 사람들도 모두 뒤에다 새겨 이를 불후(不朽)에 전함이 옳겠기에 신(臣) 계량(季良)은 머리를 조아려 절하고 명을 짓습니다.'

명(銘)[15]은 이러했다.

---

14 『주역(周易)』 건괘(乾卦)의 상(象) 풀이에 나오는 말이다. 건괘의 경우 '하늘의 운행은 강건하니 군자는 이것을 본받아 부지런히 힘쓰고 조금도 쉬지 말아야 한다'는 뜻이다.

15 명(銘)의 뜻은 '새긴다'이다. 곧 명은 기물에 글을 새겨 넣는다는 뜻을 지닌다. 특히 청동으로 주조된 솥(鼎) 등이 옛날에는 보기(寶器)의 대표적인 기물이다. 그러므로 기물은 당시의 일상적인 도구가 아니고, 보기를 가리키는 경우가 많다. 주로 청동에 새겼기 때문에 명이라고 쓰게 됐던 것이다. 후대에 오면서 청동의 보기뿐만 아니라 산천·궁실·문정(門井) 등의 사물에 모두 명사(銘詞)가 있게 됐다. 그러므로 동기에 새긴 것 외에 돌에 새긴 것도 명이라고 일컬었다. 명은 그 역사가 오래되었을 것으로 추측되나 언제 처음 지어졌는지 확실한 연대는 알 수가 없다. 『동문선(東文選)』에 보이는 가장 오래된 명은 「도솔원종명(兜率院鐘銘)」이다. 자상(慈尙)이라는 스님이 발원해 만든 도솔원의 종에 김부식(金富軾)이 쓴 명이다. 이 밖에 『동문선』에는 이규보(李奎報), 이색(李穡) 등의 명이 70여 편 수록돼 있다. 그 이후에는 명의 제작이 그리 융성하지 못했고, 다만 묘지명, 묘갈명, 탑명 그리고 좌우명 등이 많이 지어졌다. 형식은 운문으로서 대개 격구로 압운이 되어 있다. 자수는 대부분 4언이지만 반드시 그런 것은 아니고, 간혹 3언·5언·7언 또는 잡체로 넘나드는 경우도 있다. 명의 내용을 설명하거나 명을 쓰게 된 동기 등을 밝혀주는 병서(並序)가 수반되는 경우가 있다. 특히 묘지명이나 묘갈명의 경우는 반드시 고인의 행적을 상세히 산문으로 기록한 서문이 따른다. 명은 이 서에 이어 서의 내용을 압축적으로 운문의 형식을 담아놓은 것이다. 명문의 내용은 대개 사건의 전말이나 기물의 내력, 유래에

'크시도다 성조(聖祖)시여! 동토(東土)에 내려오셨도다

하늘의 경명(景命-빛나는 천명)을 받아 비로소 큰 복[洪祚]을 여셨
도다
_{홍조}

예전 고려 말년에 정사가 흩어지고 백성이 유리(流離)했다네

하늘이 우리 님의 덕을 돌보아 인심(人心)이 돌아올 곳이 있었지

이때 참소하는 사특한 무리[讒慝]가 그 뭇사람의 마음을 좀먹
었다네
_{참특}

우리를 모략함이 너무 급해 화란이 아침저녁으로 임박했도다

효성스럽도다, 성자(聖子)여! 묘막에서 오시니

신기(神機)가 단번에 터져 진실로 어려움이 형통했네

해가 솟아 오르듯 넓게 통하며 크게 빛났도다

얼마 후에[尋] 얼아(孽芽-방석)가 돋아 틈을 타서 위태함에 다다랐지
_심

하늘이 태조에게 두터이 대해 그 후손을 창성하게 하셨네

우리 님에 이르러 저 여러 악당을 쓰러뜨렸도다

여러 뛰어난 이들 꾀를 합하고 좌에서 우에서 도우니

인륜이 크게 펴지고 종사(宗社)는 길고 오래리라

다시 높은 공을 세움은 실로 우리 님이시나

공이 높되 차지 않고 덕이 성하되 차지 않았네

천감(天鑑)이 매우 밝아 보우(保佑)를 이에 아뢰었도다

제명(帝命)이 거듭 이르니 용위(龍位)를 받음이 이대로다

관한 기록을 포함한다. 그러므로 명은 자연히 사람의 공적을 기리는 일도 동반된다. 그리
고 명문 가운데에는 경계의 의미를 포함하는 경우도 있다.

금보(金寶-어보)는 빛나 크기가 말[斗]과 같도다

천총(天寵-천자의 총애)이 잦으심은 전고에 으뜸이라

내 서울로 돌아와서 조무(祖武-조상의 업적)를 잘 잇고

조심조심 효성하여 끝까지 어김이 없었도다

기강을 세우시니 모든 법도가 밝아졌도다

신야(晨夜)를 엄히 해 이 종을 매달으니

백사(百司)가 직에 힘써 감히 어김이 없고

면면(綿綿)한 종묘사직 천지같이 길고도 오래리라

내 절하고 명을 지어 무강(無疆)에 보이노라'

호조판서 한상경(韓尚敬)에게 명해 이를 글씨로 쓰게 했다. 의정부
(議政府)에서 아뢰어 말했다.

"공신으로 맹세를 위반한 자는 청컨대 그 이름을 삭제하소서."

상이 말했다.

"역대(歷代) 공신의 선악(善惡)은 모두 전하니 비록 삭제하지 않더
라도 괜찮다."

정부에서 맹약을 위반한 자의 명단을 모두 써서 다시 청하니 상이
말했다.

"정도전(鄭道傳), 장지화(張志和), 심효생(沈孝生), 이근(李懃), 신극
례(辛克禮) 같은 자는 마땅히 모두 기록하게 하라."

정부에서 또 말했다.

"종정(鍾鼎)에다 이름을 새기는 것은 만세(萬世)에 밝게 보이심이
니 충성과 간사함이 서로 섞여서는 특히 불가한데 그중에서도 신
극례는 녹권(錄券)을 거두지 않았으니 혹시 아울러 기록함이 옳

겠습니다."

그것을 따랐다.

무술일(戊戌日-16일)에 상이 상왕을 받들고 광주(廣州)에서 사냥을 구경했다. 모두 활을 메고 팔에다 매를 받은 채 탄천(炭川)에 이르러 유숙했다[次].
차

기해일(己亥日-17일)에 금천(衿川) 고산(孤山)에서 유숙했다. 의정부에서 참지(參知) 윤향(尹向)으로 하여금 문안하고 술을 올리게 했다.

경자일(庚子日-18일)에 환궁(還宮)했다. 부평(富平) 들판에서 사냥하고 돌아와 노량진 나루터[露渡]에 이르러 누선(樓船)에 같이 타니 경
노도
기 관찰사 권완(權緩)이 술을 올리고 풍악을 울려 즐거움을 극진히 했다. 상이 조영무(趙英茂)를 돌아보며 말했다.

"옛사람이 이르기를 '위무(威武)로서도 굴복시킬 수 없고, 빈천(貧賤)으로도 마음을 움직일 수 없다'[16]라고 했는데 유혹하더라도 마음을 움직일 수 없고 위엄으로도 굴복시키지 못할 자는 오직 경(卿)뿐이오."

밤을 틈타 상왕의 이어소(移御所)에 이르러 봉사(奉辭)하고 환궁했다.

---

16 『맹자(孟子)』「등문공(滕文公) 장구」에 나오는 말의 일부다. "부와 명예는 (그 마음을) 어지럽히지 못하고 가난과 천함도 지조를 바꾸지 못하며 위압과 무력도 그 뜻을 꺾을 수 없다. 이런 마음을 가진 사람을 일러 대장부(大丈夫)라 하는 것이다."

○ 정부(政府)에 뜻을 전해 말했다.

"내가 듣자니 근래에 온천으로 행차하고자 했을 때 경기·충청도 주현(州縣)의 백성들에게 취렴(聚斂)해 소요를 일으켰다고 한다. 마땅히 청렴하고 바른 사람을 파견해 그 연고를 찾아 묻게 하라."

정부에서 헌의(獻議)했다.

"만약 현관(顯官)을 보낸다면 소문이 먼저 이르게 돼 그 실정을 얻지 못할까 염려되니 몰래 지인(知印)을 보내 여염(閭閻)에 출입하면서 그 실상을 살피게 하소서."

그것을 따랐다. 이어 정부에 뜻을 전해 말했다.

"군현(郡縣)에 영을 내려 내가 행차할 때 백성에게 취렴하지 말게 하라."

○ 승정원(承政院)에 뜻을 전해 말했다.

"활쏘기와 말달리기는 우리나라의 능사(能事)여서 세자가 비록 배우지 않았다 하더라도 이미 능하다. 이번 강무(講武)에 내가 시종(侍從)시키지 말고자 했지만 무군(撫軍)[17]이 그 일이니 이제 시종하게 함이 어떻겠는가?"

김여지(金汝知) 등이 대답했다.

"상께서 성 밖으로 행차하시면 감국(監國)[18]함도 세자의 직책입니다. 그러나 상교(上敎)도 옳습니다."

---

17 세자가 임금을 좇아 군(軍)에 따라가는 것을 말한다.
18 임금이 도성을 비웠을 때 세자가 국사(國事)를 감독하는 것을 말한다.

계묘일(癸卯日-21일)에 사헌부에서 전(前) 판사(判事) 권문의(權文毅)의 죄를 청했다. 문의(文毅)는 그 딸을 전 판청주목사(判淸州牧事) 김점(金漸)의 아들 유손(裕孫)에게 시집보내고자 이미 약혼을 했다가 중도에 변경해 순금사사직(巡禁司司直) 하형(河逈)의 아들에게 허락했다. 정혼(定婚)하자 점(漸)이 이를 알고 혼인날 저녁에 유손을 데리고 먼저 가니 문의가 문을 닫고 들이지 않았다. 점이 성난 목소리로 꾸짖으니 문의가 그들을 들이게 했다. 형(逈)이 아들을 데리고 뒤따라와 말했다.

"오늘의 일로써 본다면 비록 길 가던 사람이라도 먼저 이르기만 하면 모두 사위가 되겠다."

문의가 부끄러워 대답하지 못했다. 형이 헌사(憲司)에 고소하자 헌사에서 그 죄를 핵청(劾請)하니 명해 순금사에 내려 율문에 비춰 과죄(科罪)하게 했다. 대체로 형조와 사헌부에서 탄핵한 죄는 경전(輕典)을 좇고자 하면 반드시 순금사에 내렸는데 이는 대개 그를 우대함에서였다. 상이 일찍이 말한 바 있었다.

"순금사는 내가 사정(私情)을 보아주는 곳이다."

을사일(乙巳日-23일)에 동북면 도순문사(東北面都巡問使) 연사종(延嗣宗)이 해동청(海東靑)을 올리니 표리(表裏)[19]를 내려주었다. 사종(嗣宗)이 전(箋)을 올려 사은(謝恩)했다.

---

19 옷의 겉감과 안찝을 말한다.

병오일(丙午日-24일)에 근기(近畿)에서 강무(講武)했다. 애초에 정부에 뜻을 전해 말했다.

"강무(講武)를 정지하고 간략한 것을 좇아 사냥이나 구경하려 함이 나의 뜻이다. 대간(臺諫)에서 명분도 없이 사냥을 구경한다는 의견이 있을까 염려되나 4시(四時)에 사냥함은 옛부터 그 제도가 있고 춘추(春秋)에 짐승을 바침은 나라에 성규(成規-정해진 규정)가 있다. 정부에서는 어떻게 생각하는가? 그것을 토의해 보고하라."

정부에서 모두 말했다.

"상교(上敎)가 지당합니다."

드디어 추등 강무(秋等講武)를 정해 대간(臺諫)·형조(刑曹)에서 각기 1원(員)씩 대가를 호종하게 했다. 세자도 따라갈 것을 굳게 청했다.

○ 명해 완산군(完山君) 이천우(李天祐)와 안성군(安城君) 이숙번(李叔蕃) 등에게 갑사(甲士) 500명을 거느리고 광주(廣州) 산으로 가서 사냥하게 했다. 종묘에 천신하고자 함이었다.

○ 병조판서 황희(黃喜)에게 내구마(內廐馬) 1필을 내려주었다. 상왕이 송경(松京)으로 행차했다. 애초에 상이 성석린(成石璘)·하륜(河崙) 등에게 일렀다.

"상왕의 뜻이 제릉(齊陵)을 배알한 뒤에 정안왕후(定安王后)의 산릉(山陵)을 보고 이어서 법석(法席)을 흥교사(興敎寺)에서 베풀고자 하나 묘당(廟堂)의 의견이 두려워서 감히 행하지 못할 뿐이다. 상왕의 뜻이 매우 인정에 합당하니 경 등은 막지 말도록 하라."

정미일(丁未日-25일)에 명해 승전색(承傳色)[20] 노희봉(盧希鳳)을 순금사에 가두게 했는데 7일 만에 그를 석방했다. 애초에 상이 수원(水原) 북교(北郊)에서 부평(富平) 동교(東郊)를 경유해 돌아가고자 숙소를 이미 정했었다. 경기 관찰사 권완(權緩)이 이를 듣고 공돈(供頓-접대물)을 이미 갖췄다. 이날 동쪽으로 이천(利川) 천녕(川寧)에서 유람하고 돌아가고자 해 조영무(趙英茂)가 호종(扈從)하므로 완(緩)이 영무(英茂)에게 청해 말했다.

"만약 대가(大駕)가 동유(東遊)해 오면 공돈을 마련하기 어려울 뿐 아니라 곡식이 들에 펼쳤는데 아직 수확도 못 했으니 어찌합니까?"

영무도 이를 옳게 여겨 희봉(希鳳)과 상의하고 틈을 타서 아뢰어 서로(西路)를 경유해 환궁하기를 청하고자 했다. (그런데) 희봉이 미처 아뢰기도 전에 총제(摠制) 권희달(權希達)이 갑자기 아뢰니 상이 말했다.

"지난 26일에 수원(水原)의 북평(北坪)에서 유숙하도록 내가 이미 명했으나 그 뒤로는 내 아직 그 동쪽으로 갈 것과 서쪽으로 갈 것을 정하지 않았다. 이제 만약 토의가 있다면 반드시 완이 이를 싫어해 정부에 알렸을 것이다."

희봉을 불러 물었더니 희봉이 알지 못한다고 대답하므로 상이 그가 곧지 않음[不直]에 노해 가두게 하고 또 완을 불러 꾸짖고는 드디어 동로(東路)로 해서 환궁하도록 명했다.

---

20 조선조 때 왕명(王命)을 전달하던 내시부(內侍府)의 관아다.

무신일(戊申日-26일)에 천둥 치고 우박·비·눈이 밤새도록 내렸다. 주계(朱溪)의 신원(新院) 벌에서 유숙했는데 사람과 말이 추위에 떨었다[股戰].
고전

○ 내신(內臣)을 보내 상왕 행재소(行在所)²¹에 문안하게 했다.

기유일(己酉日-27일)에 비와 눈이 오고 밤에 천둥이 쳤다. 대가가 이천(利川)의 남교(南郊)에 이르러 유숙했다.

경술일(庚戌日-28일)에 천녕(川寧) 호암평(虎巖坪)에서 유숙하고 사람을 보내 꿩을 종묘에 천신(薦新)했으며 명해 10월 초하루 제사에 겸해 천신하게 했다.

○ 예조에서 아뢰었다.

"종묘친향대제(宗廟親享大祭)의 산재(散齋)²²는 마땅히 그믐날부터 시작하게 하소서."

상이 말했다.

"이번의 이 행차는 곧 종묘를 위한 사냥이니 비록 여기에 있다 하더라도 산재(散齋)와 무엇이 다르겠는가?"

---

21 임금 등이 행차 중에 임시로 머무는 거처를 말한다.

22 제사를 지내기에 앞서 재계(齋戒)를 행하던 일을 말한다. 치재(致齋)하기 전에 하는 재계로서 임금은 별전(別殿)에서, 행사 집사관(行事執事官)은 본사(本司)에서 조상(弔喪)과 문병(問病)을 하지 않고 음악을 듣지 않고 형살문서(刑殺文書) 등을 계문하지 않았다. 그 기간은 제사에 따라 일정하지 않은데 대사(大祀)에는 4일 동안, 중사(中祀)에는 3일 동안, 소사(小祀)에는 2일 동안 산재했다.

임자일(壬子日-30일)에 신시(申時)에 유성(流星)이 남쪽으로부터 동쪽으로 지나갔는데 형상이 불덩어리[火塊]와 같았다.

○ 상이 환궁하니 권완(權緩)이 마전포(麻田浦) 선상(船上)에서 술을 올렸다. 술이 거나하자 완(緩)과 김한로(金漢老) 등이 일어나 춤을 추었다. 상이 김여지(金汝知)에게 일러 말했다.

"너무 편안하지[太康] 아니한가?"

여지(汝知)가 대답했다.

"이 행사는 해마다 하는 상사(常事)이니 해로울 것이 없습니다."

상이 말했다.

"이는 작은 말 몇 마디[微辭]로써 억지를 보이는 것[見貶]이다."

완에게는 말 1필을, 광주목사(廣州牧使) 안노생(安魯生)에게는 오의(襖衣-도포) 1벌[領]을 내려주었다.

癸未朔 賜六代言弓各一張.
계미 삭 사 육대언 궁 각 일장

乙酉 上幸慕華樓 遂詣上王移御所問安.
을유 상행 모화루 수예 상왕 이어소 문안

禮曹啓: "定安王后魂殿祭禮 魂殿四時大享 乞依有名日別祭
예조 계 정안왕후 혼전 제례 혼전 사시 대향 걸의 유명일 별제

禮." 從之.
례 종지

丁亥 賜水精帽珠于成石璘 河崙 趙英茂. 玉人以順興水精石
정해 사 수정 모주 우 성석린 하륜 조영무 옥인 이 순흥 수정 석

彫琢帽珠十串以進 分賜之 且命曰: "毋令雜人掘取."
조탁 모주 십곶 이진 분사 지 차 명왈 무령 잡인 굴취

賜米十石回回沙門多羅. 上出良玉授多羅 令刻署以進.
사미 십석 회회 사문 다라 상 출 양옥 수 다라 영 각서 이진

司諫院左司諫大夫李稑等上疏. 疏曰:
사간원 좌사간 대부 이륙 등 상소 소왈

'逆臣朴蔓 任純禮 趙順和等 其在壬午 懷二扇亂 事關宗社 罪
역신 박만 임순례 조순화 등 기재 임오 회이 선란 사관 종사 죄

在不赦 所謂人得而誅之者也. 殿下特從寬典 遂使大逆之徒苟完
재 불사 소위 인 득이 주지 자야 전하 특종 관전 수사 대역 지 도 구완

首領 延至十年 一國臣民 罔不憤懣. 臺諫伏閤 容得已哉! 此
수령 연지 십년 일국 신민 망불 분대 대간 복합 용득 이재 차

盛朝之一欠也. 伏望殿下 俯從憲司所申 明正其罪.'
성조 지 일흠 야 복망 전하 부종 헌사 소신 명정 기죄

上覽之 謂承政院曰: "予固知朴蔓 任純禮之無罪 何紛紛若此
상 람지 위 승정원 왈 여 고지 박만 임순례 지 무죄 하 분분 약차

乎? 今予欲視事 臺諫入則必煩予意 待臺諫寢此請 乃視事."
호 금 여욕 시사 대간 입즉필 번 여의 대 대간 침 차청 내 시사

戊子 月犯南斗第四星南 隔一尺許.
무자 월범 남두 제사 성남 격 일척 허

梁州 東萊黑蟲食穀 蟲長一寸.
양주 동래 흑충 식곡 충장 일촌

右政丞趙英茂辭 不允.

臺諫交章請朴蔓等罪. 疏曰:

'臣等竊聞 書曰: "眚災肆赦 怙終賊刑." 雖小罪尙然 況犯宗社

不宥之罪乎? 蔓等不顧大義 幸乘變機 欲圖後功 擅興師旅 其情

豈所謂眚災而可宥歟? 且隨從下風之徒 皆伏顯誅 獨此罪魁 苟免

延生 殆將一紀. 其前日就戮之鬼 得無飮泣於地下乎? 殿下縱然

輕宥 以施一時好生之德 其於萬世討罪之典何? 伏望特降兪音

俾置於法 以快臣民之憤 以示萬世之法.'

不允. 臺諫合辭復請 上曰: "謂予昏迷不察歟? 予固知其無罪.

今諫院曾申請而不得 又牽於憲司 有是請 何哉?" 司諫玄孟仁

對曰: "臺諫一體 且此非憲司之私 何敢强從乎? 殿下雖以此二人

爲無罪 安通世 崔沮等 俱逃而不從 唯此二人不能禁制 又從而

扇亂 謂之無罪可乎? 請置於法 以正典刑." 不允.

己丑 上奉上王 觀放鷹于東郊 抵暮至上王移御所 奉辭乃還.

庚寅 全羅道長水縣地震.

辛卯 賜老醫檢校漢城尹金之衍米豆十五石.

癸巳 臺諫復請朴蔓等罪. 上曰: "近日我之不見卿等 惡此煩聒

耳. 令承政院勿復入啓."

臺諫請扈從溫泉 不許.

司憲府請趙英茂 馬天牧等罪. 會寧君馬天牧 前少監金南貴

等 將司宰監水軍內脫漏者陳告 政府舍人金孝孫 檢詳元肅
등 장 사재감 수군 내 탈루 자 진고 정부 사인 김효손 검상 원숙

刑房錄事吳耘等 失於詳察 告課於右政丞趙英茂 移文都官.
형방녹사 오운 등 실어 상찰 고과 어 우정승 조영무 이문 도관

李湘 李良爲行首掌務 有違三分之一賞給之敎 一半賞給 且
이상 이량 위 행수장무 유위 삼분지일 상급 지교 일반 상급 차

司宰監水軍女則無役 令幷女充賞 故憲司劾請之 英茂 天牧 以
사재감 수군 여즉무역 영병여충상 고 헌사 핵청지 영무 천목 이

功臣勿論 餘皆罪之.
공신 물론 여개 죄지

下禮曹佐郞李陽敷于巡禁司. 陽敷以典享司 闕厚陵朔祭執事
하 예조좌랑 이양부 우 순금사 양부 이 전향사 궐 후릉 삭제 집사

故囚之 三日釋之.
고 수지 삼일 석지

甲午 臺諫交章請朴蔓等罪. 疏曰:
갑오 대간 교장 청 박만 등 죄 소왈

'事君盡忠 而至死不變者 人臣之義也. 逆臣朴蔓等 承命出閫
사군 진충 이 지사불변 자 인신 지 의야 역신 박만 등 승명 출곤

擅發無名之旅 欲向京城 而謀亂邦國 人臣之罪 孰有加於此哉?
천발 무명 지 려 욕향 경성 이 모란 방국 인신 지 죄 숙유 가어 차재

向使兇徒 得遂其謀 國家之患 可勝言哉! 念至於此 毛髮竪然.
향사 흉도 득수 기모 국가 지환 가 승언 재 염 지어 차 모발 수연

殿下旣知其罪 猶未能斷 臣等深有憾焉. 伏望回日月之明 下兪允
전하 기지 기죄 유 미능 단 신등 심 유감 언 복망 회 일월 지명 하 유윤

之音 置之於律 以明萬世之法.'
지음 처지 어율 이명 만세 지법

不從.
부종

幸開慶寺 觀經營. 顧謂侍臣曰: "太祖嘗命畵觀音賜予 予謹
행 개경사 관 경영 고위 시신 왈 태조 상명 화 관음 사여 여근

藏之. 今欲營小室于寺北以安之 爾等勿以爲怪." 遂幸東郊 觀
장지 금 욕영 소실 우 사북 이안지 이등 물이위괴 수행 동교 관

放鷹.
방응

丙申 臺諫復請朴蔓等罪 又請扈駕溫泉行 皆不報. 上曰:
병신 대간 부청 박만 등 죄 우청 호가 온천 행 개 불보 상왈

"予聞今歲 忠淸道事務煩擾 姑待明春." 遂停行幸.
여문 금세 충청도 사무 번요 고대 명춘 수정 행행

丁酉 司諫院上疏. 疏略曰:
정유 사간원 상소 소 약왈

'前銜受田者 更番直宿 所以衛王室也. 然受磽薄之田者 豈能
전함 수전 자 갱번 직숙 소이 위 왕실 야 연 수 교박 지 전 자 기능

恒居京城 以繼其食? 乞限今年秋冬 權罷直宿 以悅人心.'
항거 경성 이계 기식 걸한 금년 추동 권파 직숙 이열 인심

從之.
종지

命藝文館提學卞季良 製敦化門鍾樓銘. 其文曰:
명 예문관제학 변계량 제 돈화문 종루 명 기문 왈

'上之十三年冬十月日 命攸司鑄鐘懸于宮門 蓋遵古制 以銘
상 지 십삼 년 동 십월 일 명 유사 주종 현우 궁문 개 준 고제 이명

功德 且以嚴群臣朝會之期也. 洪惟太祖康獻大王之在潛邸也
공덕 차 이엄 군신 조회 지기 야 홍유 태조 강헌대왕 지재 잠저 야

勳德旣隆 人心日附 讒構乃騰 禍機不測. 我殿下方廬齊陵之側
훈덕 기륭 인심 일부 참구 내등 화기 불측 아 전하 방여 제릉 지 측

聞事急乃來 應幾以制 遂與勳親 倡義推戴 以建大業. 厥後奸臣
문 사급 내래 응기 이제 수여 훈친 창의 추대 이건 대업 궐후 간신

再有構亂者 我殿下隨卽平定 以安社稷. 臣竊惟孝親敬長 德莫盛
재유 구란 자 아 전하 수즉 평정 이안 사직 신 절유 효친 경장 덕 막성

焉; 開國定社 功莫大焉 誠宜勒銘鼎鍾 以示萬世矣. 卽位以來
언 개국 정사 공 막대 언 성의 늑명 정종 이시 만세 의 즉위 이래

敬天事大 再受帝命 以光祖烈 聖學極於緝熙 治效臻於隆盛
경천 사대 재수 제명 이광 조열 성학 극어 즙희 치효 진어 융성

以至愼終報本之誠 愛民育物之仁 立經陳紀之宏規大略 悉皆高
이지 신종 보본 지성 애민 육물 지인 입경 진기 지 굉규 대략 실개 고

出於百王之上矣. 今又特命懸鍾 以嚴晨夜之限 其所以自强不息
출어 백왕 지상 의 금우 특명 현종 이엄 신야 지한 기 소이 자강불식

克勤庶政 以基萬世之太平者至矣 而流澤之長 歷年之永 當與
극근 서정 이기 만세 지 태평 자 지의 이 유택 지장 역년 지영 당여

此鍾 同垂罔極也無疑矣. 嗚呼盛哉! 且其騁謀效力 與於勳盟者
차종 동수 망극 야 무의 의 오호 성재 차 기 빙모 효력 여어 훈맹 자

亦宜悉銘于後 傳諸不朽也. 臣季良謹拜手稽首而爲銘.'
역 의실 명 우후 전저 불후 야 신 계량 근 배수 계수 이 위명

銘曰:
명왈

'皇矣聖祖 降于東土 受天景命 肇開洪祚
황의 성조 강우 동토 수천 경명 조개 홍조

昔在麗季 政散民離 天眷我德 人心有歸
석재 여계 정산 민리 천권 아덕 인심 유귀

惟時讒慝 蠱惑其群 謀我孔棘 禍迫晨昏
유시 참특 고혹 기군 모아 공극 화박 신혼

孝哉聖子 來自廬墳 神機一決 允也亨屯
효재 성자 내 자 여분 신기 일결 윤야 형둔

如日之升 溥暢洪輝 尋有孼芽 抵隙圖危
여일지승 부창 홍휘 심유 얼아 저극 도위

天厚太祖 俾昌厥後 假手我王 踣彼群醜
천후 태조 비창 궐후 가수 아왕 북 피 군추

衆賢協謀 乃左乃右 彝倫攸敍 宗社攸久
중현 협모 내 좌 내 우 이륜 유서 종사 유구

再建隆功 實惟我后 功崇不居 德盛不有
재건 융공 실유 아후 공숭 불거 덕성 불유

天鑑孔昭 式申保佑 帝命荐臻 時哉龍受
천감 공소 식신 보우 제명 천진 시재 용수

金寶煌煌 其大如斗 天寵之繁 曠古無右
금보 황황 기대 여두 천총 지번 광고 무우

我還于都 克繩祖武 虔虔孝誠 終始無違
아 환우 도 극승 조무 건건 효성 종시 무위

之綱之紀 百度惟熙 有嚴晨夜 惟鍾之懸
지강 지기 백도 유희 유엄 신야 유종 지현

百司効職 罔敢或怠 綿綿宗社 地久天長
백사 효직 망감 혹 건 면면 종사 지구 천장

臣拜作銘 用示無疆.'
신 배 작명 용시 무강

命戶曹判書韓尙敬書之. 議政府啓曰: "功臣之反盟者 請削
명 호조판서 한상경 서지 의정부 계왈 공신 지 반맹 자 청삭

其名." 上曰: "歷代功臣 善惡皆傳 雖不削可也." 政府悉書反盟
기명 상왈 역대 공신 선악 개전 수 불삭 가야 정부 실서 반맹

者之名 復請 上曰: "若鄭道傳 張志和 沈孝生 李懃 辛克禮 宜
자 지명 부청 상왈 약 정도전 장지화 심효생 이근 신극례 의

幷錄之." 政府又言: "勒名鍾鼎 昭示萬世 忠邪相混 殊爲不可.
병 녹지 정부 우언 늑명 종정 소시 만세 충사 상혼 수 위 불가

就中克禮 不收錄券 或可幷錄." 從之.
취중 극례 불수 녹권 혹 가 병록 종지

戊戌 上奉上王 觀獵于廣州 皆帶弓臂鷹 至炭川次焉.
무술 상 봉 상왕 관렵 우 광주 개 대궁 비응 지 탄천 차 언

己亥 次于衿川孤山. 議政府令參知尹向 問安進酒.
기해 차우 금천 고산 의정부 영 참지 윤향 문안 진주

庚子 還宮. 獵于富平郊 還至露渡 同御樓船 京畿觀察使權緩
경자 환궁 엽우 부평 교 환지 노도 동 어 누선 경기 관찰사 권완

獻酌 動樂極懽. 上顧謂趙英茂曰: "古人云: '威武不能屈 貧賤
헌작 동악 극환 상 고위 조영무 왈 고인 운 위무 불능 굴 빈천

不能移.' 誘之而不得移 威之而不能屈者 其惟卿乎!" 乘夜至

上王移御所 奉辭還宮.

　傳旨政府曰: "予聞頃者欲幸溫泉時 京畿 忠淸道州縣 斂民

侵擾. 宜遣廉正之人 訪問其故." 政府獻議: "若遣顯官 則聲聞

先馳 恐不得其情 陰遣知印 出入閭閻 以察其情." 從之. 仍傳旨

政府曰: "令郡縣 於行幸時 毋得斂民."

　傳旨承政院曰: "射御 我國之能事. 世子雖不學 固已能矣. 今

講武 予欲勿令侍從 然撫軍是其事也 今侍從如何?" 金汝知等

對曰: "上幸城外則監國 亦世子之職也. 然上敎亦是."

　癸卯 司憲府請前判事權文毅之罪. 文毅欲以其女嫁前淸州牧使

金漸之子裕孫 旣定約 中變而許巡禁司司直河逈之子定婚. 漸

知之 及婚夕 率裕孫先往 文毅閉門不納 漸厲聲而叱 文毅納之.

逈率子隨至曰: "以今日觀之 則雖行路之人 先至則皆得爲甥矣."

文毅慙赧不能對. 逈訴于憲司 憲司劾請罪 命下巡禁司 按律

科罪. 凡刑曹憲府所劾之罪 欲從輕典 則必下巡禁司 蓋優之也.

上嘗曰: "巡禁司 是予私情之地也."

　乙巳 東北面都巡問使延嗣宗 獻海東靑 賜表裏. 嗣宗進箋

以謝.

　丙午 講武于近畿. 初 傳旨政府曰: "停講武而從簡觀獵 予之

意也. 恐有臺諫無名觀獵之議 然四時之畋 古有其制; 春秋獻禽

國有成規. 政府以爲如何? 其議以聞." 政府僉曰: "上敎至當."

遂定秋等講武 令臺諫刑曹各一員扈駕. 世子固請從行.

命完山君李天祐 安城君李叔蕃等 領甲士五百田于廣州山.

欲薦宗廟也.

賜兵曹判書黃喜廐馬一匹. 上王幸松京. 初 上謂成石璘 河崙

等曰: "上王意欲謁齊陵後 視定安王后山陵 仍設法席于興敎寺

恐廟堂之議 未敢行耳. 上王之意 甚合人情 卿等毋防."

丁未 命囚承傳色盧希鳳于巡禁司 凡七日而釋之. 初 上欲由

水原北郊 經富平東郊而還. 旣定宿所 京畿觀察使權緩聞之 供頓

已具 是日欲東遊利川 川寧而還 趙英茂從行. 緩請英茂曰: "若

大駕東遊 則不特供頓之難辦 禾穀布野 未及收穫 奈何?" 英茂

然之 與希鳳議 欲乘間啓達 請由西路而還. 希鳳未及啓 摠制

權希達遽以聞 上曰: "去二十六日 水原北坪宿次 予已定之 其後

則予未定其東西 今若有議 必權緩厭之 告于政府也." 召問希鳳

希鳳以不知對 上怒其不直囚之 又召緩讓之 遂命由東路而還.

戊申 雷雹雨雪徹夜. 次于朱溪 新院之坪 人馬股戰.

遣內臣 問安于上王行在所.

己酉 雨雪夜雷 駕至利川南郊次焉.

庚戌 次于川寧 虎巖坪 遣人薦雉于宗廟 命於十月朔祭兼薦.

禮曹啓: "宗廟親享大祭 散齋當自晦日始." 上曰: "今此擧 乃

爲宗廟蒐狩也. 雖在於此 與散齋奚異!"
위 종묘 수수 야 수제 어차 여 산재 해이

壬子 申時 流星自南而東 狀如火塊.
임자 신시 유성 자남 이동 상 여 화괴

上還宮. 權綏進酒于麻田浦船上 酒酣 綏及金漢老等起舞. 上
상 환궁 권완 진주 우 마전포 선상 주감 완 급 김한로 등 기무 상

謂金汝知曰："無乃太康乎?" 汝知對曰："此行 歲之常事 無傷
위 김여지 왈 무내 태강 호 여지 대왈 차행 세 지 상사 무상

也." 上曰："此亦微辭以見貶也." 賜綏馬一匹 廣州牧使安魯生
야 상 왈 차 역 미사 이 견폄 야 사 완마 일필 광주목사 안노생

襖衣一領.
오의 일령

태종 12년 임진년
10월

十月

계축일(癸丑日-1일) 초하루에 중관(中官)을 보내 상왕 행재소(行在所)에 문안하게 했다.

○ 주자소(鑄字所)에서 『대학연의(大學衍義)』[1]를 인쇄해 바치니 공인(工人) 7명에게 각기 쌀 1석(石)씩을 내려주었다.

갑인일(甲寅日-2일)에 천둥이 치고 비가 내렸다.

○ 제용소감(濟用少鑑) 최림(崔霖)이 경사(京師)로부터 돌아왔다. 림(霖)은 이자영(李子瑛)을 따라 경사에 나갔다가 돌아왔는데 바꿔 온 제복(祭服)과 약재(藥材)를 올렸다.

정사일(丁巳日-5일)에 상왕(上王)이 돌아오니 상(上)이 중관을 보내 노상(路上)에서 술을 올렸다.

---

1 중국 송대(宋代)의 거유(巨儒) 진덕수(眞德秀)가 편찬했다. 그 내용은 제왕위학차서(帝王爲學次序), 제왕위학본(帝王爲學本), 격물치지지요(格物致知之要), 성의정심지요(誠意正心之要), 수신지요(修身之要), 제가지요(齊家之要)의 6편으로 나눠 편마다 고현(古賢)의 언행을 들고, 이에 고증(考證)을 첨가해 논설했다. 1234년 이것을 황제에게 바치고, 1264년 마정란(馬廷鸞)이 황제 앞에서 진강(進講)한 후부터 제왕의 보전(寶典)으로 존숭(尊崇)됐다. 1487년에는 명나라의 구준(邱濬)이 이 책을 보주(補註)한 『대학연의보(大學衍義補)』160권을 편찬했다.

기미일(己未日-7일)에 상이 친히 종묘(宗廟)에 관향(祼享)²했다. 4일 전에 세자(世子)와 백관(百官)이 재계에 나아가고자 하니 상이 말했다.

"집사자(執事者)의 치재(致齋)³는 겨우 3일뿐인데 재계에 들어가는 날 혹시 노상(路上)에서 더럽고 악한 일에 참여할까 염려된다."

예관(禮官)이 말했다.

"이 일은 구제(舊制)이니 폐할 수 없습니다."

상이 관포(冠袍)를 갖추고 정전(正殿)에 가서 계칙(戒勅)을 받음에 뜻을 전해 말했다.

"임금이 신하에게 계칙하는 것은 예(禮)이지만 신하가 임금에게 계칙을 올리는 것은 옳지 못한 듯하다. 또 시왕(時王)의 제(制)를 고찰하더라도 신하로서 계칙을 올리는 의리[義]는 없다."

예조참의(許稠)가 아뢰었다.

"이에 앞서 신 등으로 하여금 고금(古今)을 참작해 정하게 하셨으니 비록 시왕의 제도는 아니라 하더라도 실로 성주(成周-주나라)·당(唐)·송(宋)의 구제(舊制)입니다."

또 뜻을 전해 말했다.

---

2 술을 땅에 부어서 신(神)을 강림(降臨)하게 하고 제물(祭物)을 바쳐 지내던 제사다. 『서경(書經)』「낙고(洛誥)」소(疏)에 보면 "규찬(圭瓚-술을 뜨는 국자)으로 울창주(鬱鬯酒)를 떠서 시동(尸童-옛 제사에 임시로 신을 대신하는 아이)에게 바치면 시동이 제사를 받고 땅에 부으며 인해 전(奠)을 드리나 마시지 않는데 이를 관(祼)이라 한다"라고 했다.

3 제사를 지내기 바로 앞서 재계(齋戒)를 행하던 일이다. 산재(散齋)를 행한 뒤에 하는 재계로 임금이나 집사관은 모두 제소(祭所)에서 제향(祭享)에 관한 일만을 보았다. 그 기간은 제사에 따라 일정하지 않았는데 대사(大祀)에는 3일 동안, 중사(中祀)에는 2일 동안, 소사(小祀)에는 1일 동안 치재했다. 제소는 재궁(齋宮) 또는 향소(享所)라고도 한다.

"비록 예전의 제도가 이와 같더라도 내 마음에는 미온(未穩-꽉 차지 못함)하다. 또 내가 정전에 앉았을 때 좋지 못한 냄새를 맡는다면 여러 신하가 산재(散齋)하는 뜻이 어디에 있겠는가? 계칙을 올리는 예가 산재할 때에 있다면 괜찮지만 3일간의 재계를 당해 정전에 앉아서 여러 신하를 보는 것은 진실로 불가하다."

정부에서 토의해 후래(後來)의 법을 정하게 했다.

○ 하루 전에 상이 면복(冕服)에 난여(鑾輿-가마)를 타고 세자와 백관(百官)을 거느리고 종묘(宗廟) 동문 밖으로 나아가 4배례(四拜禮)를 행했다. 재궁(齋宮)에 나아가 뜻을 전해 말했다.

"난여가 신문(神門)을 지나서야 내리니 이는 예문(禮文)의 착오다. 금후로는 신문에 이르면 곧 내리게 하라. 하륜(河崙)이 일찍이 말하기를 '종묘에서 하마(下馬)하지 않는 것은 예(禮)가 아니다'라고 했는데 나로 하여금 신문(神門)을 지난 뒤에야 연(輦)에서 내리게 함은 무슨 까닭이냐?"

륜(崙)이 대답했다.

"지금의 신문(神門)은 그곳이 아닙니다. 그 문을 고쳐 재궁(齋宮)과 서로 마주 보게 했으니 여(輿)를 타시고 바로 재궁문(齋宮門)으로 향함이 옳습니다."

그것을 따랐다. 대언사(代言司)에 명해 말했다.

"연전에 부묘(祔廟)했을 때는 일이 많이 궐실(闕失)했다. 이제 너희는 각기 담당한[所掌] 일을 고찰해 감히 예를 뛰어넘지[越禮=踰禮]
소장   월례   유례
말도록 하라."

○ 이날 새벽에 예(禮)가 끝나자 뜻을 전해 말했다.

"근일에 내 기분이 평온하지 아니했는데 제향할 때를 맞아 신기(身氣)가 자약(自若-편안)했고 제향관(諸享官)도 실수나 과오가 없었으니 내 심히 기뻐한다. 오늘은 하례(賀禮)함이 어떻겠는가?"

하륜이 대답했다.

"신이 친히 황제가 천지(天地)에 제사하고 조하(朝賀) 받는 것을 보았습니다."

상이 말했다.

"내가 이제 하례(賀禮)할 것을 정했으니 옛 제도를 듣고자 할 뿐이다."

또 뜻을 전해 말했다.

"내가 환궁(還宮)해 종친과 음복(飮福)할 것이니 정부(政府)는 제집사(諸執事)를 거느리고 흠뻑 술을 마시면서 즐거움을 극진히 함으로써 신혜(神惠-신의 은혜)에 흡족하게 하라."

질명(質明-날이 밝을 무렵)에야 마침내 환궁했다.

경신일(庚申日-8일)에 이상(李湘), 김자(金滋), 유장(柳章)을 용서해 경외종편(京外從便)하게 했다.

○ 행랑의 역사를 정지시켰다.

○ 사헌부에서 소(疏)를 올렸다. 소는 대략 이러했다.

'호구(戶口)와 직첩(職牒)을 사사로이 매매하는 자가 흔히[比比] 있고 문자(文字)와 인신(印信)을 위조하는 자도 간혹 있습니다. (그런데) 일이 발각되면 유지(宥旨)가 있기 전의 일은 논하지 말라고 하는데 이 때문에 악행을 하는 것이 그치지 않습니다. 청컨대 이와 같은 무

리는 유지(宥旨)의 전후를 논하지 말게 해 뒤에 오는 사람을 징계해야 할 것입니다.'

상이 들어주지 않고 말했다.

"상사 소불원자(常赦所不原者)[4]는 예로부터 정죄(定罪)가 있다. (그런데) 만약 이로써 더하게 되면 백성에게 신의를 잃는 것이다."

○ 사간원에서 소를 올렸다. 소는 이러했다.

'이제 우리 성대한 조정[盛朝]에서 모든 시행하는 바[所施爲]가 한결같이 옛 도리[古昔=古道]를 따르시어 생민(生民)의 이해(利害)에 관한 것을 일으킬 것은 일으키고 없앨 것은 없애지[興除] 아니함이 없으나 유독 신불(神佛)의 폐단만은 아직도 다 개혁하지 못함이 있습니다. 삼가 일득(一得)의 어리석음[5]으로써 우러러 상총(上聰-임금의 귀 밝음)을 더럽히니 엎드려 바라옵건대 성상께서 재가해 시행하소서.

하나, 부처[佛]란 임금과 신하를 버리고 부모와 자식도 없어 곧 부탄(浮誕)한 일이라 망령되이 보응(報應)의 설(說)에 의탁해 혹세무민(惑世誣民)하고 풍속을 해치고 있습니다. 오도(吾道-유가의 도리)에 해로움 중에 무엇이 이보다 더 심하겠습니까? 옛날 당우삼대(唐虞三代)[6] 때에 있어서는 역년(曆年)이 많고 향수(享壽)가 길었으나[7] 이

---

4 국가의 은사(恩赦)를 만나더라도 용서할 수 없는 죄를 말하는데 곧 이죄(二罪) 이상을 뜻한다.

5 1,000번을 생각해 하나를 얻는 어리석음이라는 겸손한 표현으로 우견(愚見)이라고도한다.

6 당우는 각각 요순(堯舜)임금을 가리키며 삼대란 하·은·주 세 나라 시대를 말한다.

7 나라가 오래가고 임금이 오래 살았다는 말이다.

것은 본래부터 부처의 소치로 그러한 것이 아니었습니다. 한(漢)나라 명제(明帝) 때 처음으로 불법(佛法)이 있었고 명제 이후로는 난망(亂亡)이 서로 잇따라 운수와 복조가 길지 못했으며 내려와 양(梁)나라·진(陳)나라 원위(元魏) 때에는 부처를 섬김에 더욱 부지런했으나 연대(왕조의 존속 기간)는 더욱 단축돼 지계(持戒)의 임금도 마침내 대성(臺城)의 화(禍)[8]가 있기에 이르게 했으니 부처를 섬겨 복을 구한다 함이 과연 믿을 만하겠습니까? 굼뜨고 어리석어[蠢蠢] 무식한
준준
자는 책망할 것이 못 됩니다만 세상에서 밝고 지혜 있다고 하는 사람도 혹해서 이것을 섬기는 것은 무슨 일입니까?

대체로 사설(邪說)이 틈을 타서 유인하게 되면 혹(惑)하기는 쉽고 깨닫기는 어려운 까닭에 사람들이 부모와 처자를 잃어 애통이 절박한 지경에 있어도 복전(福田)[9]이 무상(無常)[10]하다는 말과 이익되는 것으로 꾀어 이를 행하게 되면 저도 모르게 그 속으로 들어가게 돼 가산(家産)을 탕진하면서 마음으로 이를 좇아 섬기게 되니 어찌 사설(邪說)의 해가 다단(多端)하고 불씨(佛氏)의 해악이 더욱 심하다[尤甚] 아니하겠습니까?
우심

---

8   중국 양(梁)나라 무제(武帝-소연(蕭衍))가 불교를 혹신하다가 후경(侯景)의 반란을 만나 대성(臺城-금성(禁城))에서 굶어 죽은 고사를 말한다. 대성은 남북조시대(南北朝時代) 천자(天子)의 어소(御所)를 말하는데 양무제(梁武帝)는 동태사(東泰寺)를 대성 안에 짓고, 대불각(大佛閣) 7층(層)을 만들어 국고를 낭비하다가 백성의 원망을 사서 대성에서 굶어 죽었다.

9   복(福)을 낳게 하는 밭이라는 말이다. 즉 삼보(三寶)를 공양하고 부모(父母)의 은혜에 보답하고 불쌍한 사람에게 선행(善行)을 베푼 결과로 복덕(福德)이 생긴다는 뜻에서 그 원인이 되는 삼보(三寶)·부모(父母)·빈자(貧者)를 일컫는다.

10·모든 것이 다 생멸(生滅) 전변(轉變)해 상주(常住)함이 없다는 불가의 말이다.

이제 우리 전하께서 영명한 자질을 가지시고 성리(性理)의 근원을 궁구하시어 뚜렷하게 불씨의 망령됨을 아시니 사람들이 중이 되는 것을 금지함으로써 그 근본을 끊으시고 여러 사사(寺社)를 혁파해 그 거처를 없애버리셨으니, 이것은 역대 임금들이 아직 행하지 못했던 것이나 우리 전하가 홀로 결단하실 수 있었으니 진실로 천재(千載-1,000년)의 아름다운 일입니다. 그러나 부처에 이바지하고 중에 재(齋)를 올리는 일은 그대로 답습해 아직 개혁하지 못해서 사람이 죽게 되면 모두 천발(薦拔)해 칠칠재(七七齋)[11]를 올리고 간혹 법석(法席)의 모임을 베풀어 빈소에다 부처를 걸고 중을 맞이해 도량(道場)[12]이라 일컬어 밤낮을 가리지 않고 남녀가 한데 섞여서 망령되게 하늘이 낸 물건을 허비하되 일찍이 돌보아 아끼지 아니합니다. 어떤 무식한 무리는 오로지 부화(浮華)한 것을 일삼아 불공의 판비(辦備)를 극도로 갖춰 남의 눈에 자랑 삼아 보이니 그것이 존망(存亡)에 무슨 이익이 있겠습니까? 가령 부처가 신령이 있어서 사람이 바치는 것을 받아먹고 죄를 구원해준다고 한다면 이것은 벼슬을 팔고 감옥을 파는 탐관오리의 일이니 어찌 이런 이치가 있겠습니까? 또 생사(生死)는 명(命)에 있고 화복(禍福)은 하늘에 있으니 비록 기도함이 간절하다 하더라도 부처가 어찌 그 사이에 은혜를 베풀 수 있겠습니까? 또 불경(佛經)에는 아직 재신(齋晨)에 칠칠일(七七日)의 말이 있지 아니하니 이것은 후세의 승도(僧道)가 사람을 속여 재물

---

11 49일 재(齋)를 말한다.
12 불가에서 좌선(坐禪), 염불, 수계(授戒) 등을 말한다.

을 거두는 술법입니다.

엎드려 바라옵건대 전하께서는 유사(攸司)에 특명해 상제(喪祭)의 의식을 한결같이 『문공가례(文公家禮)』에 따르고 불사(佛事)를 엄금해야 할 것입니다.

하나, 천자가 된 다음에야 천지(天地)에 제사하고, 제후(諸侯)가 된 다음에야 산천(山川)에 제사하는 것이니 존비와 상하는 각각 분한(分限)이 있어 절연(截然)히 범할 수 없는 것입니다. 그러므로 옛날에 3묘(三苗)[13]가 천지와 신인(神人)의 의식을 혼학(昏虐)하고 잡유독란(雜揉瀆亂)[14]함에 순(舜)임금이 곧 중려(重黎)에게 명해 끊어져 가는 곳에서 하늘에 통하게 하니 내려와 이르지 아니함이 없었습니다. 이는 빼어난 이가 사전(祀典)을 닦고 밝혀[修明] 상하의 분수를 엄격하게 한 때문입니다. 계씨(季氏)가 태산(泰山)에 여(旅)제사를 지내자 공자가 말하기를 "일찍이 태산이 임방(林放)만 같지 못하랴?"라고 했으니[15] 이것은 신(神)이 예(禮)가 아닌 것은 흠향하지 않음을 이름입니다. 그러므로 그 태산의 귀신이 아닌데 제사를 지내는 것은 심히 무익한 것입니다. 우리 전하께서는 밝게 이 뜻을 아시니 원단(圓壇)의 제사를 정파하고 단지 산천의 신만을 제사하게 하소서. 대체로 산천의 신은 경(卿), 대부(大夫), 사(士), 서인(庶人)이

---

13 중국 요순(堯舜)시대에 강(江)·회(淮)·형주(荊州)에 자리 잡고 있었던 만족(蠻族)의 이름으로, 순임금의 단죄를 받은 사흉(四凶)의 하나다.

14 뒤섞여 번거롭고 어지럽다는 말이다.

15 주희는 이렇게 풀이했다. "신령은 예가 아닌 것을 흠향하지 않음을 말씀하셨으니 계씨가 (여제를 지내는 것이) 무익함을 알아서 스스로 그만두게 하려 하셨고, 또 임방을 추켜세워 염유를 장려하신 것이다."

제사할 바 아닙니다. 저들이 비록 아첨해 제사한다 하더라도 귀신이 어찌 이것을 흠향하겠습니까? 지금 나라 사람들이 귀신을 속일 수 없음을 알지 못하고 산천을 제사할 수 없음을 알지 못하며 어리석게 분분(紛紛)해 바람에 나부끼어 쓰러지듯 쏠리는 습속을 이뤄 나라의 진산(鎭山)¹⁶으로부터 군현의 명산대천(名山大川)에 이르기까지 자주 제사하지 아니함이 없으니 그것이 예에 지나치고 분수를 넘음[越禮踰分]이 심합니다. 또 남녀가 서로 이끌고 끊임없이 왕래하면서 귀신에게 아첨해 곡식을 허비하는 폐단 또한 작지 않습니다. 바라건대 이제부터는 중외의 대소 신하들이 함부로 산천에 제사 지낼 수 없게 함으로써 높고 낮음[尊卑]의 분수를 밝히셔야 할 것입니다. 만일 어기는 자가 있으면 통렬히 법으로 다스리시고 인귀(人鬼)의 음사(淫祀)¹⁷에 이르러서도 모두 엄격히 금지해 풍속을 바로잡아야 할 것입니다.'

신유일(辛酉日-9일)에 고양(高陽) 벌판에서 매사냥을 구경했다. 시신(侍臣)에게 일러 말했다.

"이번 겨울에는 더 이상 사냥하러 나가지[出遊] 않겠다."

임술일(壬戌日-10일)에 사간원에서 소를 올렸다. 소는 이러했다.

---

16 옛날 나라나 서울 또는 각 고을 뒤쪽에 있는 큰 산을 진호(鎭護)하는 주산(主山)으로 정해 제사 지내던 산을 가리킨다.
17 내력이 바르지 아니한 사신(邪神)에게 제사 지내는 일을 말한다.

'임금의 거둥[擧動]은 무겁게 하지 않을 수 없습니다. 강무(講武)하고 돌아오신 지 오래되지 않았는데 이제 또 서교(西郊)로 행차하심은 어째서입니까?'

김여지(金汝知)가 이를 만류해 말했다.

"지난날 신 등에게 이르시기를 간언하는 신하들이 반드시 자주 사냥한다고 의견을 낼 것이나 한기(寒氣)가 점점 이르러오니 새로운 매를 시험하고자 할 뿐이요, 이 뒤로는 다시 사냥하러 나가지 않겠다'라고 했으니 신 등은 이 명을 듣고서도 들어가 아뢰기[入啓]가 어렵습니다."

○ 권완(權緩)을 공안부윤(恭安府尹)으로, 허주(許周)를 경기 도관찰사(京畿都觀察使)로, 조비형(曹備衡)을 경상도 병마도절제사(慶尙道兵馬都節制使)로, 마천목(馬天牧)을 전라도 병마도절제사로, 김중보(金重寶)를 충청도 병마도절제사로 삼았다. 절제사 겸 목사(節制使兼牧使)의 직임을 혁파해 신호(申浩)를 나주목사(羅州牧使)로, 하자종(河自宗)을 홍주목사(洪州牧使)로, 이추(李推)를 창원부사(昌原府使)로 삼았다. 성균관(成均館) 양현고(養賢庫)에 사(使) 1원을 두어 성균주부(成均主簿)로 하여금 이를 겸하게 하고 승(丞) 1원을 두어 박사(博士)로 하여금 이를 겸하게 하며 녹사(錄事) 1원을 두어 학유(學諭)로 하여금 이를 겸하게 했다.

계해일(癸亥日-11일)에 장천군(長川君) 이종무(李從茂), 인녕부윤(仁寧府尹) 박습(朴習)을 경사(京師)에 보내 정조(正朝)를 하례하게 했다. 이자영(李子瑛)의 아내가 정부에 고했다.

"남편이 왕사(王事-임금의 일)로 인해 상국(上國-중국)에서 죽었으나 공동묘지[墦間]에 묻혀 있습니다. 오래되면 분별하기 어려울까 염려됩니다. 바라건대 남편의 친족 오선(吳宣)으로 하여금 하정사(賀正使)를 따라가 뼈를 거둬 돌아오게 해주소서."

정부에서 이를 아뢰니 그대로 따르고 드디어 자영(子瑛)의 매부(妹夫) 전 판사(判事) 조사덕(曹士德)에게 자문(咨文)을 가지고 경사에 가게 했다.

○ 상이 상왕(上王) 이어소(移御所)로 나아가 문안했다.

○ 동북면 채방사(東北面採訪使) 박윤충(朴允忠)이 황금(黃金) 56냥(兩)을 캐어 바쳤다.

○ 전라도 조운선(漕運船)이 바람을 만나 패몰(敗沒)해 죽은 자가 6인이었다.

○ (서북면) 성주(成州) 삼등(三登) 사람들에게 명해 매를 바치게 했다.

○ 명해 전 총제(摠制) 김첨(金瞻), 전 참의(參議) 이종선(李種善), 전 판사(判事) 위충(魏种) 등의 과전(科田)을 돌려주게 했다.

갑자일(甲子日-12일)에 (도교 제사인) 태일초제(太一醮祭)를 소격전(昭格殿)에서 거행했다.

을축일(乙丑日-13일)에 달이 묘성(昴星)을 범했는데 길이가 7촌(寸)쯤이었다.

무진일(戊辰日-16일)에 사헌부대사헌 정역(鄭易)이 박만(朴蔓)과 임순례(任純禮)의 죄를 청하니 상이 말했다.

"이미 알고 있으니 경(卿)은 더 이상 말하지 말라."

○ 사역원판관(司譯院判官) 강유경(姜庾卿)을 보내 이철(李哲) 등 12명을 압송해 요동(遼東)으로 가게 했다. 서북면 도순문사(西北面都巡問使) 임정(林整)이 보고했다.

'요동인(遼東人) 이철과 김화(金禾) 등이 부모, 처자(妻子), 제질(弟姪) 등 모두 12명을 이끌고 창성(昌城) 경내에 이르러 말하기를 "달단(韃靼)의 수자리 사는 데 곤경을 당한 데다 토관(土官)의 침어(侵漁)를 받았습니다. 또 7월에 서리가 내려 생계가 매우 어렵기 때문에 망명(亡命)해 왔습니다"라고 했습니다.'

정부에서 헌의(獻議)했다.

"우리 조정에서 성심으로 사대(事大)하니 어찌 도망 온 사람을 용납함이 옳겠습니까? 의리상 마땅히 속히 돌려보내소서."

상이 말했다.

"만약 그들의 말로써 갖춰 기록해 이자(移咨)하면 외국에서 중국에 변란이 있음을 안다 해 실로 혐의가 있을 것이니 그냥 '본토(本土)를 그리워했다'라고 이자하고 모두를 돌려보냄이 옳겠다."

철(哲) 등은 본래 우리나라 서북면(西北面) 사람이었다.

○ 명해 과전(科田)에서 횡렴(橫斂)[18]을 금지했다.

---

18 함부로 공부(貢賦)를 징수하는 것을 말한다.

기사일(己巳日-17일)에 대간(臺諫)에서 다시 박만(朴蔓) 등의 죄를 청해 아뢰었다.

"어제 주상께서 '내 이미 알고 있다'라고 하셨으나 이제까지 전지(傳旨)가 있지 않으므로 감히 청합니다."

상이 말했다.

"어제 경이 박만의 죄를 청했을 때 만약 내가 대답했더라면 반드시 말투와 안색[辭色]이 변했을 것이기 때문에 '이미 알고 있다'라고 한 것이다. (그런데) 이제 청하기를 그만두지 아니하면 대간(臺諫)으로 하여금 조참(朝參)[19]에 참여하지 못하게 하겠다."

정역(鄭易)이 말했다.

"(전하께서) 사람을 살리기를 좋아하는 다움[好生之德]은 비록 아름답다 하더라도 그것이 대전(大典)에 있어서 어떻겠습니까? 또 조참에 참여하지 말게 하면 기대에 어긋남이 많습니다."

뜻을 이루지 못하고 물러났다. 상이 이를 듣고 또 말했다.

"대간에서 나더러 의(義)가 없다 하겠지만 한 번 더 말하면 조참에 참여하지 못하도록 하겠다."

○ 십학제조(十學提調)를 더 두었다[加置]. 예조에서 아뢰었다.

"십학(十學)[20]에서 취재(取才-인재 선발)하는 법을 세운 지는 이미

---

19 매 아일(衙日)에 받는 조회(朝會)다. 한 달에 조참(朝參)을 받는 날은 대개 5일 만에 한 번씩으로 정해져서 6아일(六衙日) 또는 4아일(四衙日)이 있었다. 조참에는 당하관까지 참여하는 큰 조회나 그 밖에 상참(常參)에는 당상관(堂上官)만이 참여하는 작은 조회였다.

20 태종(太宗) 6년(1406년)에 하륜(河崙)의 건의로 설치한 10가지 교육기관이다. 유학(儒學), 무학(武學), 이학(吏學), 역학(譯學), 음양풍수학(陰陽風水學), 의학(醫學), 자학(字學), 율학(律學), 산학(算學), 악학(樂學)이 있었다.

오래됐으나 아직 실효가 없습니다. 바라건대 각학(各學)에서 통과한 것의 다소(多少)를 요량해 분수(分數)를 더하고 동등한 자는 근무한 일수의 다소를 겸용해 등차(等差)를 정하되 개사(開寫)해 갖춰 기록해 올려 탁용(擢用)에 대비함으로써 후학(後學)을 권려(勸勵)해야 할 것입니다.”

그것을 따라 제조를 더 두었다.

○ 대호군(大護軍) 평도전(平道全)에게 은대(銀帶) 1벌[腰]을 내려주었다.

○ 왜노(倭奴)를 벽처(僻處-궁벽한 곳)로 옮겨놓았다. 경상도 관찰사가 보고했다.

'전평전(田平殿)이 사송(使送)한 객인(客人)이 돌아갈 때 영일(迎日)에 분산시켜두었던 왜인 다랑고라(多郞高羅) 등을 몰래 배에 싣고 가고자 하므로 지키던 사람이 이를 제지하자 검(劍)을 뽑아 허리를 찌르고 갔다고 합니다. 바라건대 바닷가에 분치(分置)된 왜노(倭奴)를 깊숙하고 궁벽한 곳으로 옮기게 하소서.'

그것을 따랐다.

○ 명해 원주목사(原州牧使)에게 각림사(覺林寺) 중이 수조(收租)한 일을 핵문(覈問)하지 말게 했다. 원주 각림사(覺林寺) 주지(住持) 석휴(釋休)가 와서 아뢰었다.

“꽉 막히고 어리석은[頑愚] 승도(僧徒)들이 신이 서울에 갔을 때 전세(田稅)를 두텁게 거뒀다 해 전객(佃客-소작인)이 관(官)에 고소했고 또 요역(徭役)도 다단(多端)합니다.”

승정원에 명해 원주(原州)에 치서(馳書)했다.

"두텁게 거둬들인 일은 핵문하지 말라."

이어 요역을 견감(蠲減)했다. 이 절은 이제 막 재건돼 낙성(落成)을 보게 됐는데 중관(中官)을 보내 부처에게 현훈폐(玄纁幣)[21] 1필을 각각 바치고 중들에게는 면포(綿布)와 주포(紬布) 합계 10필, 마포(麻布) 50필, 저화(楮貨) 200장(張)을 내려주었다. 상이 잠저에 있을 때 독서(讀書)하던 곳이기 때문이었다.

경오일(庚午日-18일)에 동교(東郊)에 행차해 매사냥을 구경했다.

○ 명해 평양부(平壤府) 동서반(東西班)의 전록(田錄)을 환급(還給)하게 했다.

○ 위조한 저화(楮貨)를 사용한 3인의 죄를 논(論)해 차등 있게 했다[有差]. 그 하나는 장님[盲人], 또 하나는 무녀(巫女), 그 다른 하나는 역리(驛吏)였다. 상이 말했다.

"무지(無知)한 사람이 잘못해 사용한 것일 뿐이다. 스스로 만든 것은 아니니 맹인(盲人)은 마땅히 죄를 면해주고 그 나머지는 4등(等)을 낮춰 과죄(科罪)하라."

○ 계림(雞林-경주) 백률사(栢栗寺)의 전단상 관음(旃檀像觀音)을 개경사(開慶寺)에 이안(移安)했다. 개경사 주지 성민(省敏)의 아룀에 따른 것이다.

임신일(壬申日-20일)에 서운관(書雲觀) 관원을 순금사(巡禁司)에 내

---

21 검은 것과 붉은 것의 두 가지 폐백을 가리킨다.

렸다. 정부에 뜻을 전해 말했다.

"어젯밤 2~3경(更) 사이에 종(鍾) 치는 소리를 들었는데 세 번 만에 그쳤다. 놀라서 잠을 이루지 못하고 이를 수문갑사(守門甲士)와 장루인(掌漏人)²²에게 물었더니 모두가 '그 소리를 들었으되 그 소리가 난 곳을 알지 못한다'라고 하므로 이것을 서운관에 물으니 듣지 못했다고 했다. 예전에 비둘기에 방울을 달아가지고 변(變)을 낸 자가 있었으니 이런 일들은 심히 의심된다."

순금사에 내려 그들이 듣지 못한 연유를 힐문(詰問)하니 성석린(成石璘)이 아뢰어 말했다.

"예로부터 서로 참소하는 말은 매우 두려운 일인데 이제 참소하는 말이 어디에서도 들어올 수 없음은 신 등의 경행(慶幸)²³입니다. 다만 [第=但] 한스러운 것은 신 등이 직임에 맞지 않는[不稱=不副] 것뿐입
제 단   불칭 불부
니다."

의정부지사 이응(李膺)이 진언(進言)해 말했다.

"참소하는 말의 두려움은 비단 군신(君臣) 사이에서뿐만 아니라 부자(父子)와 붕우(朋友) 사이에서도 그렇습니다."

상이 말했다.

"참소하는 말은 판별하기가 가장 어렵다. 만약 직언(直言)을 참소하는 말로 간주한다면 그 잘못은 큰 것이다. 진서산(眞西山)은 『대학

---

22 누각을 맡아보는 관리를 말한다.
23 다행으로 얻은 경사로운 일을 말한다.

연의(大學衍義)』에서 여희(驪姬)[24]를 참언(讒言)하는 것의 으뜸으로 삼았으니 나는 매우 절실한 말이라 여긴다."

계유일(癸酉日-21일)에 통주(通州)의 태일전(太一殿)을 수리하도록 명하고 이어서 단청[丹腹]도 칠하게 했다.
　　단확
　○ 상왕이 인덕궁(仁德宮)으로 돌아왔다. 일찍이 왕후가 훙서(薨逝)한 곳이라 해 피어(避御)했었다.
　○ 예조에서 후릉(厚陵)의 제례(祭禮)에 관해 올렸다. "삭망(朔望) 때의 전물(奠物)은 문소전(文昭殿) 제릉(齊陵)의 예(例)에 의거하고 헌관(獻官)은 여러 산릉(山陵)의 예에 의거해 그 도(道)의 관리로 하여금 행하게 하소서."
　그것을 따랐다.

갑술일(甲戌日-22일)에 상이 인덕궁(仁德宮)에 나아가 잔치를 베풀었는데 두 임금[兩上]이 지극히 즐거워하며 일어나 춤을 추었다.
　양상

---

24 중국 춘추시대(春秋時代) 진(晉) 헌공(獻公, ?~BC 651)의 비(妃)다. 원래는 이민족인 여융(驪戎) 군주의 딸이지만 헌공이 여융(驪戎)을 정벌했을 때 사로잡혀 동생과 함께 헌공의 후궁(後宮)이 됐다. 여희는 미모가 뛰어나 헌공의 총애를 받아 왕비의 자리를 차지했다. 그리고 자신의 자식인 해제(奚齊)를 태자로 삼으려고 태자인 신생(申生)을 비롯해 중이(重耳), 이오(夷吾) 등을 모함해 차례로 죽이려 했다. 결국 태자인 신생은 죽음을 당하고 아버지인 헌공이 자신의 두 아들인 중이와 이오를 공격하는 상황까지 벌어지면서 진나라의 정치는 큰 혼란에 빠졌다. 중이와 이오는 도망해 진나라를 탈출했으며 이 사건으로 진의 국력은 크게 쇠퇴했다. 이를 '여희(驪姬)의 난(亂)'이라 부르는데 헌공이 죽은 지 한 달 뒤에 이극(里克) 등이 반란을 일으켜 여희와 해제 등은 모두 살해됐다. 후대 역사가들에 의해 자신의 야욕을 위해 미인계를 쓰고 나라를 혼란에 빠뜨린 희대의 요부로 자주 묘사돼왔다.

을해일(乙亥日-23일)에 안개가 자욱했다. 이튿날도 그와 같았다.

○ 충청도 덕은현(德恩縣) 관족사(灌足寺)의 석불(石佛)이 신시(申時)로부터 해시(亥時)까지 땀을 흘렸다.

○ 명해 박만(朴蔓)과 임순례(任純禮)를 외방에 자원안치(自願安置)하고 자손은 영구히 서용(敍用)하지 말도록 했다. 대간이 여러 번 청하기를 그치지 않았기 때문에 마침내 이런 명(命)이 있었다. 대간에서 또 소(疏)를 올려 말했다.

'전 참찬의정부사(參贊議政府事) 최유경(崔有慶)이 순군만호(巡軍萬戶)가 되고, 의정부지사(議政府知事) 박신(朴信), 전 한성윤(漢城尹) 김겸(金謙), 공주목판사(公州牧判事) 권담(權湛) 등이 대간 형조가 되었을 때 박만의 사죄(死罪)를 천조군마율(擅調軍馬律)[25]로 논해 몽롱하게 신문(申聞)한 죄를 다스리소서.'

명해 거론(擧論)하지 말게 했다.

병자일(丙子日-24일)에 좌사간대부 이류(李稑)이 청하기를 "편전(便殿)에서 정사를 보실 때 사관(史官)이 입시(入侍)하도록 허락하소서"라고 하니 상이 말했다.

"사간(司諫)과 여섯 대언(大言)이 모두 겸 춘추(兼春秋)이니 사관이 비록 입시하지 않더라도 나의 득실(得實)을 누가 쓰지 않겠느냐? 저번에 한두 사관(史官)이 실례한 것을 내 심히 미워하니 다시는 청하지 말도록 하라."

---

25 군마를 함부로 조발한 형률을 말한다.

○ 의정부에서 하비(下批)의 법(法)[26]을 아뢰었다. 이에 앞서 비목(批目)[27]을 정부에 내리면 이방녹사(吏房錄事)가 당상관의 사제(私第)로 가지고 가서 고했는데 이때에 이르러 정부에서 말씀을 올렸다.

"비목(批目)이 본부(本府-의정부)에 내려오면 사인(舍人) 이하가 정청(政廳)으로 맞아들여 전사(傳寫)해서 사제(私第)로 가서 보이고 사인이 비목을 받들어 정결한 곳의 안상(案上)에 안돈(安頓)하게 하소서. 이튿날 당상(堂上)이 합좌(合坐)해 사인이 정청 한가운데 안상(案上)에 가져다 놓으면 당상이 앞으로 나아가 보고, 이를 마치면 사인이 다시 받들고 나가게 하되 이·병조(吏兵曹)도 이 예(例)를 쓰게 함으로써 설만(褻慢-더러움)한 습속을 없애소서."

그것을 따랐다.

무인일(戊寅日-26일)에 전 경기 도관찰사(京畿都觀察使) 전백영(全伯英)이 졸(卒)했다. 백영(伯英)은 걸해(乞骸-사직 요청)해 (경상도) 경산현(慶山縣)에 물러가 살았다. 부음(訃音)이 보고되자 3일 동안 철조(輟朝)하고 경상도 도관찰사에게 명해 치제(致祭)하게 했으며 시호(諡號)를 '문평(文平)'이라 내려주었다.

---

26 임금이 의정부에 비목(批目)을 내려주던 법을 말한다. 이조(吏曹)나 병조(兵曹)에서 사람을 천거하면 임금이 일일이 재가하고 그 의견을 달아 정부에 내려주었다.

27 임금이 이조나 병조에서 사람을 천거할 때 재가(裁可)와 의견을 일일이 달아서 정부에 내려주던 글장을 말한다.

○『선원록(璿源錄)』,[28] 『종친록(宗親錄)』,[29] 『유부록(類附錄)』[30]을 만들었다. 상이 일찍이 하륜(河崙) 등과 토의하고 이때에 이르러 이숙번(李叔蕃), 황희(黃喜), 이응(李膺)을 불러 그들에게 비밀리에 말했다.

"이원계(李元桂)와 이화(李和)는 태조의 서형제(庶兄弟)다. 만약 혼동해『선원록』에 올리면 후사(後嗣)는 어찌 알겠는가? 마땅히 다시 족보(族譜)를 만들어 이를 기록하게 하라."

곧 3록(三錄)으로 나눠 조계(祖系)를 서술한 것은 '선원(璿源)'이라 하고 '종자(宗子)'를 서술한 것은 '종친(宗親)'이라 하고 종녀(宗女)와 서얼(庶孽)을 서술한 것은 '유부(類附)'라 해 하나는 왕부(王府)에 간직하고 하나는 동궁(東宮)에 간직하게 했다. 원계(元桂)와 화(和)는 모두 환왕(桓王) 비첩(婢妾)의 소생이었다. 원계는 아들 넷을 낳았는데 양우(良祐)·천우(天祐)·조(朝)·백온(伯溫)이었고, 맏딸은 장담(張湛)에게 시집갔고[適] 둘째는 변중량(卞仲良)에게 시집갔다가 다시 유정현(柳廷顯)에게 시집갔고 막내는 홍노(洪魯)에게 시집갔다가 다시 변처후(邊處厚)에게 시집갔다. 화는 아들 일곱을 낳았는데 지숭(之崇)·숙(淑)·징(澄)·담(湛)·교(皎)·회(淮)·점(漸) 등이었고, 1녀는 고려(高麗) 종실(宗室) 왕 아무개[王某]에게 시집갔다가 다시 최주(崔宙)에게 시집을 갔다.

───────

28 목조(穆祖)·익조(翼祖)·도조(度祖)·태조(太祖) 등의 조상(祖上)의 내계(來系)를 기록한 책이다.

29 왕실(王室)의 전범(典範) 안에 들어 있는 종실 자손[宗子]을 기록한 책이다. 다만 적실(嫡室)의 남자 자손에만 제한했다.

30 종실의 여자[宗女]와 서얼(庶孽) 자손을 따로 기록한 책이다.

○ 의정부에서 의학(醫學)·악학(樂學)·역학(譯學)의 3학(三學)을 보내 (명나라) 경사(京師)로 가서 수업하도록 청했으나 상이 윤허하지 않았다. 상이 말했다.

"지금 황제는 의심하는 생각[疑慮]이 많아 우리나라 사람이 이르면 반드시 내수(內竪)로 하여금 비밀리에 사찰하니[暗察] 원(元)나라 조정과 혼일(混一)했을 때와 비교하는 것은 불가하다."

경진일(庚辰日-28일)에 동북면(東北面)·서북면(西北面) 도순문사(都巡問使)와 풍해도 도관찰사에게 명해 매를 바치게 하고 이어 명했다.

"이 3도(三道)에서 생산한 매는 비록 무패(無牌)인 자라 하더라도 금하지 말라."

○ 명해 창기(倡妓)로서 나이 15~6세(歲)가 된 자 6인을 뽑아 명빈전(明嬪殿)[31] 시녀(侍女)로 충당했다. 창기(倡妓) 삼월(三月)·가희아(可喜兒)·옥동선(玉洞仙) 등으로 하여금 금(琴)·슬(瑟)과 가무(歌舞)를 가르치도록 하고, 삼월 등에게 각기 쌀 3석씩을 내려주었다. 또 경상도 도관찰사에게 뜻을 전해 말했다.

"김해(金海)에서 선상(選上)[32]한 기생 옥동선의 부모를 서울로 보내 생업을 돕도록 하라."

---

31 태종(太宗)의 후궁(後宮)이다. 김구덕(金九德)의 딸로, 태종 1년에 명빈(明嬪)으로 개봉(改封)됐다.
32 지방에서 노비(奴婢)나 기생(妓生) 따위를 뽑아 서울 관아로 올려 보내던 일을 말한다.

신사일(辛巳日-29일)에 장씨(張氏)를 순혜옹주(順惠翁主)로 삼았다. 화산군(花山君) 사길(思吉)의 기첩(妓妾) 복덕(福德)의 딸로 일찍이 후궁(後宮)으로 들어와 있었다.

○ 종정무(宗貞茂)의 사인(使人)이 와서 토산물[土宜]을 바쳤다.

○ 명해 이상(李湘)의 고신(告身)을 환급(還給)하게 했다.

癸丑朔 遣中官問安于上王行在所.
계축 삭 견 중관 문안 우 상왕 행재소

鑄字所印大學衍義以進 賜工人七米各一石.
주자소 인 대학연의 이진 사 공인 칠 미 각 일석

甲寅 雷雨.
갑인 뇌우

濟用少監崔霖 回自京師. 霖從李子瑛赴京 及還 進所換祭服
제용 소감 최림 회자 경사 림종 이자영 부경 급환 진 소환 제복

藥材.
약재

丁巳 上王還 上遣中官于路上進酒.
정사 상왕 환 상 견 중관 우 노상 진주

己未 上親祼于宗廟. 前四日 世子百官欲進戒 上曰: "執事致齋
기미 상 친관 우 종묘 전 사일 세자 백관 욕 진계 상왈 집사 치재

者纔三日耳. 恐於進戒日 脫有路上犯穢惡." 禮官曰: "此舊制
자 재 삼일 이 공 어 진계 일 탈유 노상 범 예오 예관 왈 차 구제

不可廢也." 上服冠袍 御正殿受戒 傳旨曰: "君之戒勅於臣 禮也
불가 폐야 상 복 관포 어 정전 수계 전지 왈 군지 계칙 어 신 예야

臣之進戒於君 似未可也. 且考時王之制 臣無進戒之義." 禮曹參議
신 지 진계 어 군 사 미가 야 차 고 시왕 지제 신 무 진계 지의 예조참의

許稠啓曰: "先是 令臣等參酌古今以定 雖非時王之制 實成周 唐
허조 계왈 선시 영 신등 참작 고금 이정 수 비 시왕 지제 실 성주 당

宋之舊制也." 又傳旨曰: "雖古制如此 予心以爲未穩. 且予坐殿
송지 구제 야 우 전지 왈 수 고제 여차 여심 이위 미온 차 여 좌전

時 聞葷臭 群臣散齋之意安在? 進戒之禮 在散齋之時則猶可 當齋
시 문 훈취 군신 산재 지의 안재 진계 지례 재 산재 지시 즉 유가 당재

三日 坐正殿見群臣 誠不可也. 議于政府 以定後來之法."
삼일 좌 정전 견 군신 성 불가 야 의 우 정부 이정 후래 지법

前一日 上冕服乘鸞輿 率世子百官 詣宗廟東門外 行四拜禮.
전 일일 상 면복 승 난여 솔 세자 백관 예 종묘 동문 외 행 사배례

御齋宮傳旨曰: "輿過神門乃下 是禮文之失也. 今後宜及神門乃
어 재궁 전지 왈 여 과 신문 내하 시 예문 지실 야 금후 의 급 신문 내

下. 河崙嘗云: '宗廟不下馬 非禮也.' 今令我過神門 而後下輦
_{하 하륜 상운 종묘 불하마 비례 야 금영아과신문 이후 하련}

何也?" 崙對曰: "今神門 非其所也. 改樹其門 與齋宮相對 則
_{하야 륜 대왈 금 신문 비기소 야 개수 기문 여 재궁 상대 즉}

乘輿直指齋宮門可也." 從之. 命代言司曰: "年前祔廟時 事多
_{승여 직지 재궁 문가야 종지 명 대언 사 왈 연전 부묘 시 사다}

闕失. 今爾等各考所掌之事 毋敢越禮."
_{궐실 금 이등 각고 소장 지사 무감 월례}

是曉禮畢 傳旨曰: "近日氣不平和 方祭之時 身氣自若 諸享官
_{시효 예필 전지 왈 근일 기불평화 방 제지시 신기 자약 제 향관}

亦無失誤 予甚喜之. 今日賀禮如何?" 河崙對曰: "臣親見皇帝祀
_{역무 실오 여심 희지 금일 하례 여하 하륜 대왈 신 친견 황제 사}

天地 受朝賀." 上曰: "予今已定賀禮矣 欲聞古制耳." 又傳旨曰:
_{천지 수 조하 상왈 여금 이정 하례 의 욕문 고제 이 우 전지왈}

"予還宮 與宗親飮福 其令政府率諸執事痛飮極懽 以洽神惠."
_{여 환궁 여 종친 음복 기령 정부 솔제 집사 통음 극환 이흡 신혜}

質明乃還.
_{질명 내 환}

庚申 宥李湘 金滋 柳章京外從便.
_{경신 유 이상 김자 유장 경외종편}

停行廊之役.
_{정 행랑 지 역}

司憲府上疏. 疏略曰:
_{사헌부 상소 소 약왈}

'戶口職牒 私相貿易者 比比有之; 文字印信僞造者 亦或有之.
_{호구 직첩 사상 무역 자 비비 유지 문자 인신 위조 자 역 혹 유지}

事發則以宥旨前事勿論 因此爲惡未已. 請以如此之輩 勿論宥旨
_{사발 즉 이 유지 전사 물론 인차 위악 미이 청 이 여차 지배 물론 유지}

前後 以懲後來.'
_{전후 이징 후래}

上不聽曰: "常赦所不原者 古有定罪. 若加以此 則是失信於民也."
_{상 불청 왈 상사소불원 자 고유 정죄 약 가이 차 즉시 실신 어민 야}

司諫院上疏. 疏曰:
_{사간원 상소 소왈}

'今我盛朝 凡所施爲 一遵古昔 生民利害 靡不興除 獨神佛之
_{금 아 성조 범 소시위 일준 고석 생민 이해 미불 흥제 독 신불 지}

弊 有未盡革者. 謹將一得之愚 仰瀆天聰 伏惟聖裁施行.
_{폐 유미진 혁자 근장 일득 지우 앙독 천총 복유 성재 시행}

一. 佛者 去君臣無父子 乃以浮誕之事 妄托報應之說 惑世誣民
_{일 불자 거 군신 무부자 내이 부탄 지사 망탁 보응 지설 혹세 무민}

而傷風敗俗. 吾道之害 孰甚於此! 在昔唐虞三代之時 歷年多
이 상풍 패속 　오도 지해 숙심 어차 　재석 당우 삼대 지시 　역년 다

而享壽長 此固非佛氏之致然也. 漢明帝時 始有佛法 而明帝
이 향수 장 차고비 불씨 지치연 야 　한명제시 시유 불법 이 명제

以後 亂亡相繼 運祚不長 降及梁陳元魏之際 事佛尤勤 而年代
이후 난망 상계 운조 부장 강급 양진 원위 지제 사불 우근 이 연대

尤促 至使持戒之主 終有臺城之禍 事佛求福 果可信歟? 蠢蠢
우촉 지사 지계 지주 종유 대성 지화 사불 구복 과 가신 여 　준준

無知者 不足爲責 世號明智者 亦惑而事之 何哉? 大抵邪說乘間
무지 자 부족 위책 세호 명지 자 역혹 이 사지 　하재 　대저 사설 승간

得誘 則易惑而難悟 故人有喪父母失妻子 而哀痛迫切之間 福田
득유 즉 이혹 이 난오 고인 유상 부모 실 처자 이 애통 박절 지간 복전

無常之說 利益之誘 得以行之 則浸浸然入於其中 蕩盡家産 心服
무상 지설 이익 지유 득이 행지 즉 침침 연 입어 기중 탕진 가산 심복

事之 豈非邪說之害多端 而佛氏之害 尤甚耶? 今我殿下 以英明
사지 기비 사설 지해 다단 이 불씨 지해 우심 야 　금아 전하 이 영명

之資 窮性理之源 曉然知佛氏之爲妄 禁人爲僧 以絶其本 革諸
지자 궁 성리 지원 효연 지 불씨 지위망 금인 위승 이절 기본 혁제

寺社 以削其居. 此歷代人主之所未能行 而我殿下之所能獨斷 誠
사사 이삭 기거 차 역대 인주 지 소미능행 이 아 전하 지 소능 독단 성

千載之美事也. 然爲死者供佛齋僧之事 因循未革 而人死則皆欲
천재 지 미사 야 연 위 사자 공불 재승 지사 인순 미혁 이 인사 즉 개욕

薦拔 而爲七七之齋 間設法席之會 至於殯處 掛佛邀僧 稱爲道場
천발 이위 칠칠 지재 간설 법석 지회 지어 빈처 패불 요승 칭위 도량

無間晝夜 男女混處 妄費天物 曾不顧惜. 或有無識之徒 專尙
무간 주야 남녀 혼처 망비 천물 증 불고 석 　혹유 무식 지도 전상

浮華 極備供辦 誇示人目 其於存亡 有何益哉? 假使佛氏有靈 而
부화 극비 공판 과시 인목 기어 존망 유 하익 재 　가사 불씨 유령 이

受人之饋 救人之罪 則是賣官鬻獄汚吏之事也. 安有此理哉? 且
수 인지궤 구 인지죄 즉시 매관 육옥 오리 지사 야 　안유 차리 재 　차

生死有命 禍福在天 縱有祈禱之切 佛氏安能施惠於其間哉? 且
생사 유명 화복 재천 종유 기도 지절 불씨 안능 시혜 어 기간 재 　차

於佛經 未有齋晨七七之說 此必後世僧徒誑人斂財之術也. 伏望
어 불경 미유 재신 칠칠 지설 차필 후세 승도 광인 염재 지술 야 　복망

殿下特命攸司 喪祭之儀 一依文公家禮 痛禁佛事.
전하 특명 유사 상제 지의 일의 문공 가례 통금 불사

一, 天子然後祭天地 諸侯然後祭山川 尊卑上下 各有分限 截然
일 천자 연후 제 천지 제후 연후 제 산천 존비 상하 각유 분한 절연

不可犯也. 是故在昔三苗昏虐天地神人之典 雜揉瀆亂 舜乃命
불가 범야 시고 재석 삼묘 혼학 천지 신인 지전 잡유 독란 순 내명

重黎 絶地天通 罔有降格. 是則聖人所以修明祀典 以嚴上下之

分也. 季氏旅於泰山 孔子曰: "曾謂泰山 不如林放乎!" 是謂神

不享非禮 故祭非其鬼 無益之甚也. 我殿下灼知此義 停罷圓壇

只祭山川之神. 夫山川之神 非卿大夫士庶人之所當祭也. 彼雖

諂祀 神豈享之! 今國人不識鬼神之不可欺 山川之不可祀 泯泯

棼棼 靡然成習 自國之鎮山 以至郡縣名山大川 罔不瀆祀 其

越禮踰分甚矣. 且男女相挈 往來絡繹 媚神費穀 弊亦不小. 願

自今 中外大小人臣 不得擅祀山川 以明尊卑之分 如有違者 痛繩

以法 至於人鬼淫祀 亦皆痛禁 以正風俗.'

辛酉 觀放鷹于高陽之野 謂侍臣曰: "今冬不復出遊矣."

壬戌 司諫院上疏. 疏曰:

'人君擧動 不可不重. 講武之還未久 今又幸西郊何也?'金汝知

止之曰: "往日謂臣等曰: '諫臣必有數數遊田之議 然寒氣漸至

欲試新鷹 此後不復出遊.' 臣等聞是命而入啓難矣."

以權緩爲恭安府尹 許周京畿都觀察使 曹備衡慶尙道

兵馬都節制使 馬天牧全羅道兵馬都節制使 金重寶忠淸道

兵馬都節制使. 革節制使兼牧使之任 以申浩爲羅州牧使 河自宗

洪州牧使 李推昌原府使. 成均 養賢庫置使一 以成均注簿兼之

丞一 博士兼之 錄事一 學諭兼之.

癸亥 遣長川君李從茂 仁寧府尹朴習如京師. 賀正也. 李子瑛

妻告政府曰: "夫以王事 死於上國 埋在墦間 恐久則難辨. 乞令
夫族吳宣 隨賀正使 以行收骨而還." 政府以聞 從之 遂以子瑛
妹夫前判事曹士德齎咨赴京.

上詣上王移御所問安.

東北面採訪使朴允忠 採黃金五十六兩以獻.

全羅道漕運船遭風敗沒 死者六人.

命成州 三登人等進鷹.

命還給前摠制金瞻 前參議李種善 前判事魏种等科田.

甲子 行太一醮于昭格殿.

乙丑 月犯昴星 隔七寸許.

戊辰 司憲府大司憲鄭易請朴蔓 任純禮之罪 上曰: "已知之矣
卿勿復言."

遣司譯院判官姜庾卿 押送李哲等十二口如遼東. 西北面
都巡問使林整報云: '遼東人李哲 金禾等 率父母妻子弟姪共
十二口 到昌城境內曰: "困於韃靼之戍 且被土官侵漁. 又七月
霜降 生理甚難 亡命而來."' 政府獻議: "我朝誠心事大 豈宜
容納逋逃! 義當速還." 上曰: "若以其言具錄移咨 則以外國知
中國之變 實有嫌焉. 直以思戀本土移咨 悉令遣還可也."哲等 本
我西北面人也.

命禁科田橫斂.

己巳 臺諫復請朴蔓等罪. 啓曰：“昨 上曰予已知之 今未有
기사 대간 부청 박만 등죄 계왈 작 상왈여이지지 금미유

旨 敢請.”上曰：“昨 卿請朴蔓之罪 若我答之 則必變辭色 故曰
지 감청 상왈 작 경청 박만 지죄 약아답지 즉필변 사색 고왈

已知. 今請之不已 則不令臺諫朝參.”鄭易曰：“好生之德 雖美
이지 금청지불이 즉 불령 대간 조참 정역왈 호생지덕 수미

其於大典何如? 且勿令朝參 則缺望多矣.”未達而退. 上聞之曰：
기어 대전 하여 차 물령 조참 즉 결망 다의 미달 이퇴 상문지왈

“臺諫將謂我無義也. 然再言則不令朝參矣.”
대간 장 위 아 무 의 야 연 재언 즉 불령 조참 의

加置十學提調. 禮曹啓：“十學取才 立法已久 未有實效. 乞以
가치 십학 제조 예조 계 십학 취재 입법 이구 미유 실효 걸이

各學所通多小 量加分數 同等者兼用仕日多少 定爲等差 開具錄
각학 소통 다소 양가 분수 동등 자겸용 사일 다소 정위 등차 개 구록

上 以備擢用 勸勵後學.”從之 加置提調.
상 이비 탁용 권려 후학 종지 가치 제조

賜大護軍平道全銀帶一腰.
사 대호군 평도전 은대 일요

移置倭奴于僻處. 慶尙道觀察使報：‘田平殿使送客人回還
이치 왜노 우 벽처 경상도 관찰사 보 전평전 사송 객인 회환

時 欲竊迎日分置倭人多郎高羅等載船 守人止之 拔劍刺腰而去
시 욕절 영일 분치 왜인 다랑고라 등 재선 수인 지지 발검 자요 이거

乞將濱海分置倭奴 移于幽僻之處.’從之.
걸장 빈해 분치 왜노 이우 유벽 지처 종지

命原州牧使 勿覈覺林寺僧收租事. 原州覺林寺住持釋休來告
명 원주목사 물핵 각림사 승 수조 사 원주 각림사 주지 석휴 내고

曰：“頑愚僧徒 値臣赴京 厚斂田稅 佃客訴于官 且徭役多端.”
왈 완우 승도 치신 부경 후렴 전세 전객 소우 관 차 요역 다단

命承政院馳書于原州 毋覈厚斂之事 仍蠲徭役. 是寺方重創落成
명 승정원 치서 우 원주 무핵 후렴 지사 잉견 요역 시사 방 중창 낙성

遣中官獻佛玄纁幣各一匹 賜僧綿布紬布共十四匹 麻布五十匹 楮貨
견 중관 헌불 현훈 폐각 일필 사승 면포 주포 공 십필 마포 오십 필 저화

二百張. 上之在潛邸 讀書處也.①
이백 장 상지재 잠저 독서 처야

庚午 幸東郊觀放鷹.
경오 행 동교 관 방응

命還平壤府東西班田祿.
명환 평양부 동서반 전록

論用僞造楮貨者三人罪有差. 其一盲人 其一巫女 其一驛吏. 上
논 용 위조 저화 자 삼인 죄 유차 기일 맹인 기일 무녀 기일 역리 상

曰:"無知之人誤用耳 非自爲也. 宜免盲人 其餘減四等科罪."

移安雞林栢栗寺旃檀像觀音于開慶寺. 從開慶住持省敏之啓也.

壬申 下書雲觀于巡禁司. 傳旨政府曰:"昨夜二三更間 聞擊鍾
之聲至三而止 驚而不寐 問諸守門甲士與掌漏之人 皆曰:'聞
其聲 不知其處.' 問諸書雲觀 對以不聞. 昔懸鈴於鳩 生變者
有之. 此等之事 甚可疑也." 下巡禁司 詰其不聞之故. 成石璘
啓曰:"自古爲相讒言 甚可畏. 當今讒言 無自而入 臣等之慶幸
也 第恨臣等不稱職耳." 知議政府事李膺進言曰:"讒言之可畏
非特君臣之間 父子朋友亦然.②" 上曰:"讒言最難辨 若以直言
爲讒言 則其失大矣. 眞西山大學衍義 以驪姬爲讒言之首 予以爲
深切."

癸酉 命修通州太一殿 仍施丹雘.

上王還仁德宮. 嘗以王后薨逝避御也.

禮曹上厚陵祭禮:"朔望奠物 視文昭殿 齊陵例; 獻官依諸山陵
例 以其道官吏行之." 從之.

甲戌 上詣仁德宮設宴 兩上極歡起舞.

乙亥 霧塞. 明日亦如之.

忠淸道德恩縣灌足寺石佛汗. 自申時至亥時.

命朴蔓 任純禮外方自願安置 子孫永不敍用. 臺諫累請不已
乃有是命. 臺諫又上疏請前參贊議政府事崔有慶爲巡軍萬戶

知議政府事朴信 前漢城尹金謙 判公州牧事權湛等 嘗爲臺諫

刑曹 將朴蔓死罪 以擅調軍馬律 朦朧申聞之罪 命毋得擧論.

丙子 左司諫大夫李稑 請於便殿視事 許史官入侍 上曰:"司諫
與六代言 皆兼春秋 史官 雖不入 予之得失 誰不書之? 曩一二
史官失禮 予甚慍焉 宜勿復請."

議政府啓下批之法. 先是 批目下政府 吏房錄事齎告堂上私第.
至是 政府上言:"批目旣下至本府 舍人以下迎入正廳傳寫 以示
私第. 舍人奉批目 安頓淨處案上 翌日堂上合坐 舍人齎奉置正廳
中案上 堂上就前覽訖 舍人還奉而出. 吏兵曹亦用此例 以革褻慢
之習."從之.

戊寅 前京畿都觀察使全伯英卒. 伯英乞骸 退居慶山縣. 訃聞
輟朝三日 命慶尙道都觀察使致祭 賜諡文平.

作璿源錄 宗親錄 類附錄. 上嘗與河崙等議 至是 召李叔蕃
黃喜 李膺密語之曰:"元桂及和 太祖庶兄弟也. 若混施於
璿源錄 則後嗣何知! 宜更爲族譜以誌之."乃分三錄 其敍祖系
者曰璿源 敍宗子曰宗親 敍宗女及庶孽者曰類附. 一藏于王府
一藏于東宮. 元桂與和 皆桓王婢妾之生也. 元桂四子: 良祐
天祐 朝 伯溫 女長適張湛 次適卞仲良 再適柳廷顯 季適洪魯 再
適邊處厚. 和生七子: 之崇 淑 澄 湛 皎 淮 漸 一女適 高麗宗室
王某 再適崔宙.

議政府請遣醫樂譯三學如京師習業 不允. 上曰: "今帝多疑慮
의정부 청견 의 악 역 삼학 여 경사 습업 불윤 상왈 금제 다 의려

本朝人至 必令內豎暗察 不可與元朝混一時比也."
본조 인 지 필령 내수 암찰 불가 여 원조 혼일 시 비야

庚辰 命東北面西北面都巡問使豐海道都觀察使進鷹子 仍
경진 명 동북면 서북면 도순문사 풍해도 도관찰사 진 응자 잉

命曰: "此三道産鷹 雖無牌者 勿禁."
명왈 차 삼도 산 응 수 무패 자 물금

命選倡妓年十五六歲者六人 備明嬪殿侍女. 令倡妓三月
명선 창기 연 십오 육세 자 육인 비 명빈전 시녀 영 창기 삼월

可喜兒 玉洞仙等 敎琴瑟歌舞 賜三月等米各三石. 且傳旨慶尙道
가희아 옥동선 등 교 금슬 가무 사 삼월 등 미 각 삼석 차 전지 경상도

都觀察使 發遣金海選上妓玉洞仙父母于京 令助生業.
도관찰사 발견 김해 선상 기 옥동선 부모 우경 영조 생업

辛巳 以張氏爲順惠翁主. 花山君思吉妓妾福德之女 曾入後宮.
신사 이 장씨 위 순혜옹주 화산군 사길 기첩 복덕 지 녀 증입 후궁

宗貞茂使人來獻土宜.
종정무 사인 내헌 토의

命還給李湘告身.
명 환급 이상 고신

| 원문 읽기를 위한 도움말 |

① 上之在潛邸 讀書處也. '以~也'는 '왜냐하면 ~때문이다'라는 구문인데
　 상 지 재 잠저 　독서 처 야 　이 　야
以가 생략된 것이다.
이

② 非特君臣之間 父子朋友亦然. '非特~亦'은 전형적인 '~뿐만 아니라 ~도
　 비특 군신 지간 　부자 붕우 역 연 　비특 　역
또한'이라는 구문이다. 다만 亦이 문장 뒤에 있는 것이 특이하다.
　　　　　　　　　　　　　　　　　　　　　　　역

태종 12년 임진년
11월

十一月

임오일(壬午日-1일) 초하루에 상(上)이 인덕궁(仁德宮)에 나아갔는데 상왕(上王)이 잔치를 베풀고서 올 것을 청했기 때문이다. 격구(擊毬)를 하며 함께 즐기다가 밤이 돼서야 돌아왔다.

계미일(癸未日-2일)에 전라도에 천둥이 쳤다.

갑신일(甲申日-3일)에 나무에 성에가 꼈다.

○ 조운법(漕運法)을 토의했다. 우군동지총제(右軍同知摠制) 홍유룡(洪有龍)이 글을 올려 말했다.

'조운은 국가의 큰일[大務]이고 토지가 기름지고 조세(租稅)가 많은 곳으로는 전라도만 한 곳이 없습니다. 요즈음 조운을 폐기하고 육수(陸輸-육상수송)의 법을 세웠습니다. 신의 생각으로는 배를 만들어 조운하는 것이 어려운 것 같지만 실지로는 쉽고 전체(傳遞)[1]해 육수하는 것은 쉬운 것 같지만 실지로는 어려운 것입니다. 신이 일찍이 전라 수군절제(全羅水軍節制)의 직임에 비원(備員-충원)된 바 있어 각 포구(浦口)의 요해처(要害處-요충지)와 풍수(風水)의 험순(險順)한 연유를 다 알고 있는데 요해지 중에 정박할 만한 곳은 수십 곳에

---

1 차례로 전달해 보내는 것을 말한다.

불과하고, 나눠 정박해 수어(守禦)할 배가 많은 데는 10여 척[艘], 적은 데는 7~8척이면 넉넉하니 만약 60척을 더 만들어 지난번에 만든 40척과 합하면 100척이 됩니다. 또 전라도의 1년간 조세 숫자는 대체로 7만 석이오나 4~5월의 바람이 순한 때를 맞아 하번선군(下番船軍)에게 역사를 시키되 1척마다 500여 석을 싣게 한다면 5만여 석을 수송할 수 있고 그 나머지 2만여 석은 사선(私船)에 나눠 실어 모두 운반한다면 예전의 전함(戰艦)은 그대로 수어하게 해도 지금 만든 배로 조전(漕轉)할 수 있어 일거양득(一擧兩得)이 될 것입니다. 만약 육수하면 조세는 많고 우마(牛馬)가 적은 데다 험난한 곳을 지나게 돼 실로 이루기 어려우며, 그 소가 꺼꾸러지고 말이 쓰러져가면서 제휴(提携)하고 전수(轉輸)하는 괴로움을 어찌 다 말할 수 있겠습니까? 어쩌다가 예측 못 할[不虞] 변고라도 있게 되면 사람이 고단하고 말이 약해짐을 어떻게 하겠습니까? 그러므로 신이 이르기를 "육로(陸路)로 수송하면 단번에 백 가지 폐단[百弊]이 생긴다"라고 했습니다. 또 배를 만드는 공(功)을 육로로 수송하는 노고에 비한다면 어찌 백배(百倍)에 그치겠습니까?'

전 절제사(節制使) 김문발(金文發)도 글을 올렸는데 대의(大意)는 대략 같았으므로 정부에 하명(下命)해 제경(諸卿)과 공신(功臣)을 모이게 해 토의하니 모두 조운(漕運)을 편하게 여겼다. 상이 말했다.

"바야흐로 육수(陸輸)를 토의할 때에는 일찍이 한 사람도 불가하다는 사람이 없더니 이제는 모두 어렵게 여기니 무슨 까닭인가? 그러나 온 나라가 조운을 편한 것으로 여기고 있으니 내가 중의(衆議)를 따르겠다."

○ 정부에서 아뢰었다.

"지금 비록 각 도에서 육수(陸輸)의 법을 없앤다 하더라도 경상도에서는 폐기가 불가합니다."

그것을 따랐다.

○ 의정부에서 각사(各司)의 노비 사의(奴婢事宜)를 올렸다. 아뢰어 말했다.

"정역(正役) 1명으로서 봉족(奉足)이 1명인 경우에는 삭료(朔料)를 전부 주고, 그 삭료를 주지 않는 경우에는 봉족 2명을 주되 나이가 66세 이상 15세 이하는 역사를 허락하지 말게 하소서. 또 각사의 이전(吏典)·하전(下典) 사령(使令)과 성중제원(成衆諸員)[2]으로서 말미를 받고 귀향해 머물러 있는 자를 각각 그 사(司)에서 갑자기 경중(京中)의 주인에게 독촉 징발[督徵]해 날마다 역사하므로 칭대(稱貸)[3]함에 이르니 그 폐단이 더욱 심합니다. 지금부터는 본부(本府)로 하여금 보고하고 이문(移文) 나송(拿送)해 핵실(核實)을 논죄(論罪)하게 하소서."

그것을 따랐다.

을유일(乙酉日-4일)에 궁중에서 초례(醮禮)를 베풀었다. 이날은 바로 상의 (가장) 어린아들 종(褈)의 초도(初度-첫 생일)이므로 성수초

---

2 조선조 때 내금위(內禁衛), 충의위(忠義衛), 충찬위(忠贊衛), 충순위(忠順衛), 별시위(別侍衛), 족친위(族親衛) 등에 속해 숙위와 근시(近侍)의 일을 맡아보던 여러 관아를 가리킨다.

3 돈을 빌려주고 이익을 취하는 것을 말한다.

(星宿醮)를 베풀어 수(壽)를 빌었다.

○ 전라도 부안현(扶安縣) 백련사(白蓮寺)에서 주조한 불상 관음(觀音)이 스스로 돌았다. 본래 동향(東向)이었는데 조금 북향(北向)으로 움직였다.

병술일(丙戌日-5일)에 식목도감녹사(式目都監錄事)[4]를 고쳐 의정부 안독녹사(議政府案牘錄事)라고 했다. 정부의 아룀에 따른 것이다.

○ 예조(禮曹)에서 예도(禮度) 몇 조항을 올렸다. 아뢰었다.

"국조(國朝)의 예도는 모두 전조(前朝-고려)의 구법에 의거했기 때문에 간혹 불편한 것들이 있으니 이를 고칠 것을 청합니다.

그 하나, 곡례(曲禮)에 이르기를 '임금은 재우(齋牛)[5]에서 내려 종묘에 식(式)[6]하고, 대부(大夫)와 사(士)는 공문(公門)에서 내려 노마(路馬)에 식한다'라고 했는데 선유(先儒)들이 이를 해석해 말하기를 '마땅히 종묘에서 내려 재우에 식한다'라고 했고 『소학(小學)』에 이르기를 '공문(公門)에서 내려 노마에 식하는 것은 공경함을 넓히기[廣敬] 위함이다'라고 했습니다. 바라건대 고제(古制)에 의거해 대소
광경
신민(大小臣民) 중에서 종묘와 궐문(闕門)을 지나는 자는 모두 하마(下馬)하는 것을 항식(恒式)으로 삼고, 이를 어기는 자는 헌사(憲司)가 규찰해 다스리게 하소서.

---

4 나라의 중요한 격식(格式)을 의정(議政)하던 기관이다. 의례(儀禮)만 의논한 것이 아니라 대간(臺諫)의 잘못을 이 관서에서 탄핵하기도 했다.
5 우마(牛馬)를 매는 곳을 가리킨다.
6 허리를 구부려 경의를 표시하는 것을 말한다.

그 하나, 조복(朝服)은 임금에게 조회하는 옷인데 장관(長官)에게 사용함은 불가합니다. 지금 조관(朝官)으로 새로 임명된 자가 전조(前朝)의 구습을 따라 조복 차림으로 예궐(詣闕)해 사은(謝恩)하고 또 그 옷을 입고 장관하게 절하는 것은 실로 잘못입니다. 바라건대 조정의 조사(詔使)를 맞이하는 예(禮)에 의거해 대체로 장관을 참례(參禮)함에는 조복 사용을 불허(不許)하되 외방(外方)의 관리(官吏)도 또한 이 예(例)에 의거해 망궐 행례(望闕行禮)[7]와 영명례(迎命禮)[8]를 제외하고는 조복 사용을 못 하게 하소서.

그 하나, 예(禮)는 상하를 분별하고 민지(民志)를 정하는 소이(所以)이므로 서로 참람(僭濫)할 수 없습니다. 7품 이하의 조관(朝官)은 전조의 구습을 따라 거가(車駕)와 내향(內香)[9]을 영송(迎送)할 때 모두 궁신(躬身-몸을 굽힘)하지만 2품 이상의 영송에 이르러서는 땅에 부복(俯伏)하니 실로 옳지 않습니다. 의정부녹사(議政府錄事), 지인(知印)과 삼군녹사(三軍錄事)와 각사 이전(各司吏典)을 제외하고는 땅에 부복함을 허용하지 말고 단지 궁신(躬身)하는 예를 행하게 하소서."

그것을 따랐다.

○ 예조에서 또 동지(冬至), 정조(正朝), 탄일(誕日)의 군신 동연 의

7　외관(外官)이 정지하례(正至賀禮)나 성절(聖節)·천추절(千秋節)에 임금 대신 궐패(闕牌)에 하례를 행하던 예를 말한다.

8　외관(外官)이 임지(任地)에서 어명(御命)을 맞이하던 예다. 곧 봉명사신(奉命使臣)을 맞이 하던 예절을 말한다.

9　전향(傳香)할 때 임금이 내려주던 궁내의 향(香)을 말한다.

주(君臣同宴儀注)를 상정(詳定)해 올렸다.

○ 예조참의 허조(許稠)에게 명해 말했다.

"이제부터 임금과 신하가 같이 연회할 때에는 먼저 「수정부(受貞符)」의 곡(曲)을 연주하고 다음으로 「보동민(保東民)」[10]을 연주하되 관현(管鉉)에 올리고 여악(女樂)을 섞지 말게 하라."

○ 전 중추원사(中樞院使) 진충귀(陳忠貴)가 졸(卒)했다.

기축일(己丑日-8일)에 의정부에 명해 충청도 안흥량(安興梁)[11] 수로(水路)에 배가 통행할 방법을 토의하게 하고서 또 말했다.

"내 장차 일을 주간하는 대신[幹事大臣]을 보내 가서 살피게 하겠다."

○ 의정부사인(議政府舍人)에게 명해 말했다.

"선공감(繕工監) 초완(草薍-풀로 만든 돗자리)을 어찌해 국용(國用)은 헤아리지 아니하고 다 팔았느냐? 또 군자창(軍資倉)과 광흥창(廣興倉)의 노적(露積)에 이엉을 입히는 데 사용하는 것이 많아야 1,000속(束)에 불과한데 어찌 그 숫자를 헤아리지 않고 드디어 농민으로 하여금 많이 베게 했는가? 누문(樓門)의 노대(路臺)에 깔아

---

10 「수정부」와 「보동민」은 하륜이 지어올린 악곡이다.

11 조운선의 무덤이라 불리던 곳이다. 난행량(難行梁)이라고도 한다. 조세로 징수한 미곡·면포 등을 해상으로 운송하는 해로 중에서 가장 험난한 곳이다. 그러므로 선박의 잦은 조난사고 때문에 고려 중엽부터 조선 후기까지 하나의 문제로 남아 있었다. 이의 방지책으로 굴포(掘浦) 해안에 창고를 설치하고자 고려 인종 때 개시해 태종 12년(1412년)에 완성됐다. 그러나 굴포의 선박 출입이 어렵게 되자 육지에 창고를 설치해 운송하자는 안건이 채택되기도 했다.

야 할 돌도 1만 개이면 충분할 터인데 선군(船軍)으로 하여금 3만 개씩이나 실어 오게 해 내 백성들을 수고롭게 함은 무슨 짓이냐? 이는 너희 사인(舍人)들이 잘 살피지 아니한 때문이다."

정승 하륜(河崙) 등이 아뢰었다.

"신들의 죄입니다."

신묘일(辛卯日-10일)에 동지(冬至)였다. 상이 여러 신하를 거느리고 향궐하례(向闕賀禮)를 행하고 백관(百官)의 조하(朝賀)를 정지했다. 드디어 상왕을 받들어 내전(內殿)에서 술자리를 베풀고 이어서 백관들에게 잔치를 내려주었다.

○ 이날부터 비로소 의정부(議政府)의 하전(賀箋)[12]을 없애고 그것을 대신해 치사(致辭)하는 것을 영구적인 항식(恒式)으로 삼게 했다.

○ (대마도) 종정무(宗貞茂)의 사인(使人)과 (여진족의) 올량합(兀良哈) 등이 와서 토산물[土宜]을 바쳤다.

갑오일(甲午日-13일)에 전라·경상도 도관찰사에게 명해 의롱(衣籠-옷과 대그릇)을 각각 50부(部)씩 바치게 했다.

을미일(乙未日-14일)에 사헌부에서 소를 올렸다.

'하나, 대소 인민은 부모상(父母喪)에 쓸 관곽(棺槨)은 시신(屍身)이 들어갈 만큼 하게 하고, 높고 크게 하지 말게 하소서.

---

12 나라의 경사(慶事)가 있을 때 의정부나 각 도에서 올리던 하례의 글장이다.

하나, 일죄(一罪) 이하는 저화(楮貨)로 수속(收贖)하는 법을 없애게 하소서.

하나, 부인(婦人)이 출입할 때에는 반드시 그 얼굴을 가리고 입모(笠帽)를 걷어 올리지[褰] 말게 하소서.

하나, 오직 임금이라야 옥식(玉食)[13]하는 것이니 반록(頒祿)할 때에는 갱미(粳米)[14]를 제(除)하소서.

하나, 새로 혼인한 집에서 사흘 동안 부부가 동뢰(同牢)[15]한 뒤 철선(徹饌)해 남편의 집에 보내고 포백(布帛)을 가져오는 풍습을 금하소서.

하나, 서인(庶人)으로 하여금 세주(細紬)와 세마포(細麻布)를 사용하지 말게 해 상하의 복장(服章)을 구별하게 하소서.'

상이 이를 읽어보고 말했다.

"갱미(粳米)를 쓰지 말 것과 부인의 얼굴을 가리는 두 가지 일만은 시행할 만하지만 나머지 것은 모두 대체(大體)에 관계되는 일이 아니니 시행할 필요가 없다."

병신일(丙申日-15일)에 완산(完山-전주), 계림(鷄林-경주), 평양(平壤)의 어용전(御容殿)을 '태조진전(太祖眞殿)'이라 고쳐 부르게 했다.

---

13 『서경(書經)』「홍범구주」에 나오는 말로, 임금만이 상과 벌을 내리고 귀한 음식을 먹을 수 있다는 뜻이다.

14 멥쌀을 말한다.

15 신랑·신부가 신방(新房)에 들기 전에 술잔을 나누고 음식을 먹던 의식을 말한다. 이때 남은 음식은 싸서 본가(本家-시댁)로 보냈다.

○ 예조에서 십학(十學)의 천전사의(遷轉事宜)를 올렸다. 아뢰어 말했다.

"십학(十學) 내의 사역원(司譯院), 서운관(書雲觀), 전의감(典醫監), 제생원(濟生院), 혜민국(惠民局), 율학(律學), 산학(算學)에서 직책의 유무(有無)를 논하지 않고 모두 취재(取才)해 입격(入格)한 자로 하여금 수직(授職)하고, 다음 해에도 또한 이와 같이 하기 때문에 출중(出衆)한 인재가 없습니다. 또 혹자는 엽등(躐等)[16]해 천전(遷轉)하므로 해가 오래도록 종사한 자가 도리어 엄체(淹滯)됩니다. 바라건대 이제부터는 제학(諸學)에서 취재할 때 현관(見官-현임)의 각 품(品)을 제외하고는 전함(前衔)과 신진자(新進者)를 식(式)에 의거해 취재하되 홍무예제(洪武禮制)의 문무산관(文武散官)을 제수하던 정식(定式)에 의거해 정(正)·종(從)의 각 품을 처음 제수하거나 승진 발령하고, 산관도 차례를 분간해 제수하되 현관(見官) 중에 특이한 자는 계문(啓聞)해 그대로 두게 하소서."

그것을 따랐다.

정유일(丁酉日-16일)에 병조에 명해 초경(初更)과 5경(五更)의 범순자(犯巡者)[17]는 가두지 말게 했다.

○ 건주위(建州衛) 오도리 천호(吾都里千戶) 동보지(童甫知)·백안두

---

16 등급을 건너뛰어 올라가는 것을 말한다.
17 인정(人定)에서 파루(罷漏)까지의 시간에 순작(巡綽)을 범한 자를 말한다. 즉 통행금지를 실시하는 동안에 길을 다니다가 순작군(巡綽軍)에게 적발된 자를 말한다.

(白顔頭)와 백호(百戶) 다룡개(多龍介) 및 골간올적합(骨看兀狄哈) 아
오실(阿吾實) 등이 와서 토산물을 바쳤다.

○ 경연(經筵)과 서연(書筵)의 서리(書吏)를 합쳐 일도목(一都目)[18]으
로 하고 7품으로 거관(去官)[19]하게 했다.

○ 풍해도 경차관(豐海道敬差官) 이지유(李之柔)와 이척(李陟) 등이
손실(損實)에 대한 계본(啓本)을 올렸다. 상이 좌우에 일러 말했다.

"나는 풍해도의 곡식이 이처럼 크게 손상(損傷)되지는 않았다고
들었다."

헌사(憲司)에서 이를 듣고 지유(之柔)와 척(陟)을 탄핵했다. 주서(注
書) 김자(金赭)가 말씀을 올렸다.

"신이 노희봉(盧希鳳) 등과 같이 갔을 적에는 갑작스런 일이라 두
루 살피지 못했습니다. 이제 지유 등은 군현(郡縣)을 두루 다니고 촌
락에까지 미쳤으니 어찌 상찰(詳察)하지 않았겠습니까? 그 당시 수
령들이 보고한 풍손(風損)의 상황과 이것은 크게 틀리지 아니하니
일찍이 이 일로 인해 파면된 수령은 다시 용서하심[復敍]이 마땅합
                                           부서
니다."

상이 말했다.

"애초에 수령(守令)의 죄를 모두 찾아다니며 물어서 파직시켰는데
이제 도리어 나더러 그르다고 하느냐?"

---

18 도목(都目-인사고과)을 할 때 동일 관직이나 동일 계통의 관원을 하나의 도목장(都目狀)
    으로 묶던 일을 가리킨다.
19 벼슬아치가 임기가 차서 다른 벼슬자리로 옮기는 것을 말한다.

윤허하지 않았다.

○ 의정부참찬사(議政府參贊事) 김승주(金承霆)를 (충청도) 순제(蕁堤)로 보냈다. 애초에 하륜(河崙)이 충청도 순성(蕁城)에다 운하[渠]를 열고 못[池]을 파서 저수(瀦水)해 배를 두고는 전라도 조세(租稅)를 체운(遞運)할 것을 청했다. 조영무(趙英茂)가 말했다.

"순제 안홍량(安興梁)을 신이 일찍이 봤는데 다시 가서 보기를 청합니다."

상이 말했다.

"하륜이 이미 말했으니 우선 승주(承霆)를 보내 화공을 데리고 가서 지세를 살피고 지도를 그려[作圖] 바치게 하는 것이 좋겠다."

이때에 이르러 승주를 보냈다. 순제는 충청도 태안군(泰安郡)의 서쪽 산마루에 있는데 길고 곧게 바다 가운데로 수식(數息)이나 뻗쳐 있어 수로가 험조(險阻)한지라 이름해 안홍량(安興梁)이라 했다. 전라의 조운은 이곳에서 실패가 많아 예나 지금이나 걱정거리였다. 산마루가 처음 시작된 곳에 뚫어서 수로를 통할 만한 곳이 있었으므로 전조(前朝-고려)에 왕강(王康)이 뚫으려 했으나 그 땅이 모두 돌산이어서 마침내 실효를 보지 못했던 곳이다. 이제 하륜이 건의했다.

"왕강이 뚫던 곳에 지형이 높고 낮음을 따라 제방을 쌓고, 물을 가둬 제방마다 소선(小船)을 두며, 둑 아래를 파서 조선(漕船)이 포구(浦口)에 닿으면 그 소선에다 옮겨 싣고, 둑 아래에 이르러 다시 둑 안에 있는 소선에 옮겨 싣게 합니다. 이러한 차례로 운반하면 큰 힘을 들이지 아니하고도 거의 배가 전복하는 근심을 면할 것입니다."

상이 그것을 따랐지만 사람들이 모두 어려울 것이라고 했기 때문에 이 명이 있었다. 승주가 순제로부터 돌아와 그린 그림을 바치고 말했다.

"신의 소견으로는 왕강이 뚫던 곳은 모두가 단단한 돌이어서 쉽사리 공효를 거두기 어려울 것입니다."

상이 말했다.

"내 이미 알고 있으나 내가 혼자 결단할[獨斷] 일이 못 되니 의정부에서 여럿이 토의해[僉議] 시행토록 하라."

경자일(庚子日-19일)에 태백성이 낮에 보였다.

○ 이상(李湘)과 유장(柳章)의 과전(科田)을 돌려주었다.

○ 우군동지총제 홍유룡(洪有龍)을 전라도 도안무조전사(全羅道都安撫漕轉使) 겸 수군도절제사(水軍都節制使)로 삼았다.

○ 명해 최위(崔渭)의 죄안(罪案)과 자자(刺字)를 삭제했다. 애초에 위(渭)가 강릉교수(江陵敎授)가 됐을 때 향교(鄕校)의 미곡을 사용(私用)했다 해 관찰사가 매질과 자자를 가하기로 했다. 이때에 이르러 위가 글을 올려 관대한 처분을 호소하니[訴理] 상이 불쌍히 여겨 이런 명이 있었다.

신축일(辛丑日-20일)에 전라도에 천둥과 우박이 쏟아지고 김제(金堤)에서는 무지개가 보였다.

○ 사헌부대사헌 정역(鄭易)이 사관(史官)의 조계(朝啓) 입시(入侍)를 허락할 것을 청했다. 아뢰어 말했다.

"매번 조계 때마다 사관이 직필(直筆)을 잡고도 유독 참여하지 못하오니 신은 전하의 가언(嘉言-좋은 말씀)과 선정(善政)이 혹시 후세에 다 전해지지 못할까 염려됩니다."

상이 대답하지 않았다. 조회에서 물러나 상이 김여지(金汝知) 등에게 일러 말했다.

"예전에 사관(史官) 민인생(閔麟生)이 경연 때 병풍 뒤에서 엿듣고 곧장 내연(內宴)으로 들어왔었다. 또 내가 들에 나가 매사냥을 할 때 얼굴을 가리고 따라왔으니 이런 것은 모두 음흉한 짓이다. 지난해에 또 한 사관(史官)이 곧장 내전으로 들어오므로 그 뒤로는 들어오지 못하게 한 것이다. (그런데) 지금 역(易)의 말이 어찌 주무(綢繆)[20]하다 하겠느냐? 만약 기사(記事)로써 말한다면 대언(代言) 등이 모두 춘추(春秋-춘추관)의 직임을 맡았으니 이렇다면 대언이 기사(記事)하기 싫어서 역을 사주해 나에게 고하게 한 것이다."

여지(汝知) 등이 대답했다.

"신 등이 어찌 감히 말하겠습니까? 신이 저번에 청한 바 있었고 사간(司諫) 이륙(李稑)도 일찍이 그런 말을 했기에 아마도[恐=似] 역이 그것을 듣고서 이 같은 청이 있었는가 합니다."

○ 의정부에서 도목서용(都目敍用)의 법을 올렸다. 아뢰어 말했다.

"전조(前朝)가 성대할 때에는 오로지 차년(差年)의 법[21]을 썼고 [專用] 공민왕조(恭愍王朝)에 이르러서는 도숙(到宿)의 법[22]을 섞어서
전용

---

20 『시경(詩經)』에 나오는 말로, 비가 오기 전에 창문을 잘 동여맨다는 뜻인데 미리 주도면밀하게 준비하는 것을 말한다.
21 도목(都目)을 할 때 근무한 햇수를 따져 거관(去官)하던 법을 말한다.
22 도목을 할 때 근무한 일수(日數-도수(到數))를 따져 거관하던 법을 말한다.

썼으며 공양왕조(恭讓王朝)에 와서는 개월(箇月)의 법[23]을 썼는데 이 것이 갈라져 셋이 됐습니다. 국조(國祖-조선)에서는 이 때문에 각전 (各殿)의 행수견룡(行首牽龍)과 정부(政府)의 녹사(錄事) 지인(知印) 은 차년(差年)을 썼고 내시다방(內侍茶房) 시위각사(侍衛各司)는 도 숙(到宿)을 썼으며 각사의 이전(吏典)은 개월(箇月)을 썼습니다. 그러 므로 차년과 도숙을 사용한 자는 해마다 1~2인만이 거관(去官)하나 개월을 사용한 자는 한 해의 거관이 많으면 4~5인에 이릅니다. 이것 은 이전(吏典)이 도리어 중한 것이니 바라건대 이전도 녹사지인의 예 (例)에 의거해 차년을 쓰게 하소서."

그것을 따랐다.

임인일(壬寅日-21일)에 비 오고 안개가 끼어 지척 사이에서도 사람 의 모습[人形]을 분간할 수 없었고 기온이 봄같이 따뜻해 강 위의 얼음이 모두 녹았다.

○ (전라도) 완산(完山) 임천사(臨川寺)의 석불(石佛)이 땀을 흘렸다.

○ 삼관원(三館員)[24]이 의정부에 글을 올렸다. 글은 대략 이러했다.

'국가에서 유생들의 학업이 폐기되는 것[廢業]을 염려해 매 세초(歲 抄)에 읽은 경서를 강(講)해 그 고하를 매겨 잘 이끌어[提撕] 후학에 게 도움을 주는 것이 지극합니다. (그런데) 유생들이 영인(伶人)[25]·천

---

23 도목을 할 때 근무한 달수[箇月]를 따져 거관하던 법을 말한다.

24 예문관(藝文館)·성균관(成均館)·교서관(校書館)의 관원을 가리킨다.

25 악공(樂工)과 광대를 가리킨다.

공(賤工)과 더불어 예조에서 병시(竝試)해 서로 우열을 다투는 것은 유생들의 독서하는 본래의 뜻[夙志]과 어긋나는 일입니다. 이제 제조관(提調官)이 이미 본사(本司)에서 시험을 치르고 또 유생 등으로 하여금 모두 예조에서 도시(都試)하라 하니 유생 등의 학문은 전날과 다를 것이 없는데도 한갓 두 번을 치르는 번거로움만 있게 됩니다. 바라건대 갱시(更試)의 법을 없애 유학(儒學)을 드러내게[旌=著] 하소서.'

하륜(河崙)이 받아주지 않았다[不肯=不聽].

○ 상림원 별감(上林園別監) 김용(金用)을 제주(濟州)에 보내 감귤(柑橘) 수백 주(株)를 순천(順天) 등의 바닷가에 위치한 고을에 옮겨 심게 했다.

○ 명해 (동북면) 영흥부(永興府) 동서반(東西班)에게 과전(科田)의 세(稅)를 환급(還給)하게 했다. 기축년에 군량을 갖추기 위해 공수(公收)한 것을 이때에 돌려주게 한 것이다.

갑진일(甲辰日-23일)에 태백성이 낮에 보였다.

○ 풍해도 채방별감(採訪別監)[26] 반영(潘泳)이 은(銀) 11냥을 바쳤다.

을사일(乙巳日-24일)에 의정부에 명해 신(神)과 불(佛)의 일을 토의

---

26 예전에 여러 지방에 묻힌 금(金)·은(銀) 따위를 캐기 위해 파견하던 관원을 말한다. 대개 이 방면에 특별한 재주가 있는 사람을 임명했다.

하게 했다. 상이 말했다.

"천자(天子)는 천지(天地)에 제사를 지내고 제후(諸侯)는 산천(山川)에 제사 지내지만 이제 대신(大臣)들이 송악(松岳)과 감악(紺岳)에 제사 지내는 일로 청가(請暇)함은 무슨 예(禮)인가? 또 망자(亡者)의 넋을 건져주기 위해 모두 불사(佛事)를 지으니[作] 잘못된 일이다."

사간(司諫) 이류(李稑)이 말했다.

"신 등이 저번에 소(疏)를 올렸으나 아직 윤허를 받지 못했습니다."

상이 말했다.

"그렇다."

그 소를 정부에 내려 시산(時散)의 대소 각품(大小各品)들로 하여금 회의(會議)해 아뢰게 하니 모두 말했다.

"혁파함이 옳습니다."

오직 성산군(星山君) 이직(李稷)만이 말했다.

"금불(禁佛) 1절(一節)은 유사(攸司)로 하여금 고금을 참작해서 상정(詳定)해 시행토록 하고, 금신(禁神) 1절은 밖으로는 향사(鄕社)와 이사(里社)가 있고, 사(士)와 서인(庶人)들도 모두 제사하는 곳이 있는데 나라 안에 정해진 법제가 없어 성황(城隍)은 비록 높은 산에 있으나 서낭에 제사 지낸다고 일컫고 있어 이른바 산천(山川)에 제사 지낸다는 것과는 같지 않은 듯하니 이것도 유사(攸司)로 하여금 고전(古典)을 참고해서 시행하게 하소서."

또 무관(武官) 5~6인이 말했다.

"신사(神事)와 불사(佛事)는 이미 오래된 일이니 갑자기 혁파하는 것은 안 될 일입니다."

이 일을 드디어 정지했다[寢].

○ 전 총제 김첨(金瞻)에게 쌀과 콩 20석을 내려주었다. 첨(瞻)이 가난했기 때문이다.

○ 황주(黃州) 조전선(漕轉船)이 전복돼[覆沒] 죽은 자가 9인이었다.

병오일(丙午日-25일)에 상이 인덕궁(仁德宮)에 나아가 잔치를 베풀고 저물어서야 돌아왔다.

○ 졸(卒)한 검교한성윤(檢校漢城尹) 문원(文原)의 집에 쌀과 콩 20석(石), 종이 100권, 관곽(棺槨)을 부의(賻儀)로 내려주었다.

무신일(戊申日-26일)에 비가 내렸다.

○ 제도(諸道)의 도관찰사로 하여금 매번 하례(賀禮)할 때가 되면 각기 마필(馬匹)을 진상하게 했다. 애초에 임금이 승정원에 일렀다.

"본조(本朝-조선)에서 양마(良馬)를 바치는 것은 사대(事大)하는 예(禮)다. 각 도 도관찰사로 하여금 3대 하례(三大賀禮) 때에 말을 바치게 함이 어떻겠느냐?"

대언(代言) 등이 모두 말했다.

"옳습니다."

곧장 정부(政府)에 뜻을 전해 말했다.

"각 도 관찰사가 정조(正朝), 동지(冬至), 탄일(誕日)에만 단지 군기(軍器)를 바치되 마필(馬匹)은 진상하지 아니하니 그것의 옳고 그름을 토의해 아뢰라. 만약 말을 진상하는 것이 옳다고 한다면 내가 일깨워 말하겠다."

하륜(河崙)이 말씀을 올렸다.

"진상(進上)하는 일은 신자(臣子)들이 마땅히 해야 할 일입니다. 청컨대 각 도의 본부에서 직접 이문(移文)하되 '교지(敎旨)'라 칭하지 않게 해야 합니다."

그것을 따랐다.

기유일(己酉日-28일)에 사헌부에서 두 조목을 올렸다. 그 하나는 이러했다.

'금은(金銀)의 조공(朝貢)은 사대(事大)에 관계되는 일이라 준비하지 않을 수 없으므로 국가에서 풍해(豐海)의 주군(州郡)에 관원을 보내 감독해 금을 취련(吹鍊)하고 있습니다. 그러나 땅을 파고 돌을 뚫으며 쇠붙이를 녹이고 단련(鍛鍊)함에 백성들은 괴로움을 견디지 못하며 한갓 본국에서 은(銀)이 산출된다는 이름만 있을 뿐이요, 소출이 많지 않아 노력과 비용만 너무 듭니다. 청컨대 이를 정파하고 그 해에 바쳐야 할 금은은 본국에서 생산되는 저포(紵布)와 마포(麻布)로 (명나라) 조정에 주청(奏請)해 값을 쳐서 바꿔 이를 충당하게 하소서.'

그 하나는 이러했다.

'국가에서 사섬서(司贍署)의 저화(楮貨)로써 민간의 찢어지고 구겨진 저화를 바꿔주되 구저화 2장(張)으로서 신저화 1장과 바꾸게 하니 백성에게는 심히 편리하나 시정(市井)의 무식한 자들이 그것을 매매(買賣)할 때에 가려냄[揀擇]이 더욱 심합니다. 청컨대 이제부터는 헤어지고 찢어져 쓰지 못할 것 이외의 인적(印跡-도장 흔적)이 명백

한 것은 바꿔 쓰지 못하게 하소서. 또 저화(楮貨)의 종이는 각 도에서 나눠 만들어서 들여오므로 그 후박(厚薄)이 같지 않아 가려내는 폐단이 이로 말미암아 생깁니다. 바라건대 경기(京畿)에 따로 조지소(造紙所)를 설치해 사섬(司贍)의 1원(員)으로 하여금 감독해 두껍고 얇은 것을 고르게 하소서.'

정부에 내려 이를 토의하도록 명했다.

○ 명해 별시위(別侍衛) 현계인(玄季仁)에게 고향에 돌아가 노모(老母)를 봉양하게 했다. 전라도 도관찰사가 보고했다.

'도내(道內) 광주(光州)의 고(故) 판사(判事) 현사의(玄思義)의 아내가 고하기를 "내 나이 이미 80이 넘은 데다 또 병마저 있는데 장자(長子) 맹인(孟仁)은 이제 우사간(右司諫)이 되고 차자(次子) 중인(仲仁)은 결성감무(結城監務)가 되고 셋째 아들 계인(季仁)은 별시위(別侍衛)입니다. 바라건대 조정에 아뢰어 계인을 시정(侍丁)[27]하게 하소서"라고 했습니다.'

상이 이에 계인을 보내 귀양(歸養)하게 했다.

경술일(庚戌日-29일)에 예조에서 제사재계법(諸祀齋戒法)을 올렸다. 아뢰어 말했다.

"삼가 『문헌통고(文獻通考)』와 전조(前朝)의 『상정고금례(詳定古今禮)』를 상고해보니 대개 대사(大祀)의 산재(散齋)는 4일, 치재(致齋)는 3일이고, 중사(中祀)의 산재는 3일, 치재는 2일이며, 소사(小祀)의

---

27 부모의 봉양을 위해 나라의 역을 면제받는 것을 말한다.

산재는 2일, 치재는 1일이라 했습니다. (그런데) 지금은 정식(正式)이 없으니 바라건대 고제(古制)를 따르게 하소서."

그것을 따랐다.

○ 명해 세자전(世子殿)의 응자(鷹子-매)를 내보내게 했다. 상이 서연(書筵) 입직원 조상(曹尙)과 세자전 환자(宦者) 3인을 불러 뜻을 전해 말했다.

"내가 들으니 세자가 매를 궁중에 두고 있다 하는데 너희는 이를 아느냐? 만약 알면서도 금하지 않았다면 보도(輔導)하는 직임이 무엇이겠느냐?"

상(尙)이 대답했다.

"궁중의 일을 신이 어찌 알겠습니까?"

상이 말했다.

"이 일은 진실로 내가 금해야 할 것이나 너희도 마땅히 상찰(詳察)토록 하라."

또 환자 등을 꾸짖어[讓=責] 말했다.

"근일에 풍악을 울리며 밤을 새우고 또 매를 기른다는데 무슨 일이냐?"

즉시 사람을 보내 그 매를 내보내게 했다. 이에 앞서 전내 별감(殿內別監) 내섬시(內贍寺)의 종 허원만(許元萬), 예빈시(禮賓寺)의 종 조덕중(曺德中)과 갑사(甲士) 허수련(許守連) 등이 세자의 뜻을 받들어 혹은 매를 들고, 혹은 여악(女樂)을 바쳤다. 이때에 이르러 상이 듣고 성을 내어 모두 잡아 오도록 명하고 사복시(司僕寺) 문밖에서 장(杖)을 때려 원만(元萬) 등은 도로 본역(本役)으로 보내고 수련(守連)

은 파직시켜 수군(水軍)에 채워 넣게 했다. 상이 정언(正言) 우승범(禹承範)을 불러 뜻을 전해 말했다.

"내가 불렀던 것은 수련과 원만 등의 죄를 추문(推問)하려 함이었으나 내가 이미 매를 때렸으니 그리 알라."

신해일(辛亥日-30일)에 공조판서 박자청(朴子靑)에게 명해 궁궐 동문(東門) 밖에 실(室)을 짓도록 했는데 여악(女樂)을 두고자 함이었다. 애초에 이숙번(李叔蕃)이 진언(進言)해 말했다.

"전하께서는 우리 동방의 성주(聖主)인데 응견(鷹犬)의 오락을 즐기시고 또 기녀(妓女) 6인을 내전에 들게 하니 불가하지 않겠습니까?"

상이 말했다.

"기녀를 내전에 들였다는 것을 어디에서 들었는가? 또 비방하는 자는 누구냐?"

숙번(叔蕃)이 대답했다.

"신은 고자(瞽者-맹인 악사)에게 들었고 비방하는 자는 없었습니다."

이때에 판수[瞽者]의 아들 장천용(張天用)이 전내(殿內)의 급사(給事)였으므로 그 아비가 듣고 이를 고한 것이었다. 상이 즉시 천용(天用)을 내쫓아버리고 김여지(金汝知) 등에게 말했다.

"내가 춘추(春秋)로 문밖에 출유(出遊)한 것이 단지 5~6차(次)뿐인데 응견(鷹犬)을 즐긴다고 할 수 없다. 숙번도 모두 호종했었는데 어찌하여 그때에는 말하지 않더니 오늘에야 말하느냐? 내전에 들인 주악하는 창기(倡妓)를 명빈전(明嬪殿)에 들여 시녀(侍女)로 삼게 한 일은 내 일찍이 정부와 너희에게 물었는데 모두가 '가하다'라고 해서 그대로 따랐었다. 그러나 내가 친히 본 것도 아니고 단지 동지일(冬至日)에 상왕(上王)을 위해 한번 시험 삼아 풍악을 울렸을 뿐이니 성색(聲色)을 가까이했다고 할 수도 없는데 숙번이 어찌 이와 같이 말하느냐? 너희는 마땅히 이 뜻을 가지고 숙번에게 유시하라."

애초에 뽑아 올린 나이 어린 창아(倡兒) 6인으로 하여금 노기(老妓) 삼월(三月)의 집에서 습악(習樂)하게 하고 내풍류(內風流)[28]라고 부른 지도 여러 해가 됐다. 상이 또 말했다.

"내가 동녀(童女)를 습악(習樂)하게 한 것은 음악을 즐겨서가 아니라 내가 군부(君父-태조)의 마음을 얻지 못했기에 국사(國事)를 세자에게 전하고 날마다 부왕(父王)을 모시어 효도를 극진히 하고자 함이었다. 간혹 헌수(獻壽)함에 있어서도 악(樂)이 없으면 불가하므로 이 명령이 있었던 것이다. 그러나 세자가 광혹(狂惑)해 아직 일찍이 오랜 뜻[夙志][29]을 이루지 못하고 부왕께서도 훙서(薨逝)하셨으니 내 악(內樂)[30]을 두어 무엇하겠는가? 마땅히 이를 파(罷)하게 하라."

여지(汝知) 등이 대답했다.

"궁중에 악(樂)이 없음도 불가하고, 외악(外樂)[31]이 내전에 들어옴도 불가합니다."

---

28 궁내(宮內)의 노래와 춤을 맡아보던 창기(倡妓)를 말한다.
29 선위하려는 뜻을 말한다.
30 궁내의 내전(內殿)에서 사용하던 음악 또는 그 음악을 맡아보던 악공(樂工)을 가리킨다. 대개 여자 창기(倡妓)가 이를 맡았다.
31 국가의 공식적인 모임에서 사용하던 음악 또는 그 음악을 맡아보던 악공(樂工)을 가리킨다.

상이 말했다.

"옛날에는 임금에게 날마다 악(樂)을 아뢰었다. 내 만약 풍악을 즐긴다면 마땅히 고례(古禮)를 본받겠으나 내 천성이 악을 좋아하지 아니함은 너희가 오랫동안 근시(近侍)했으므로 반드시 자세히 알 것이니 연향(宴享) 이외에 홀로 앉아 풍악을 들을 때가 있었느냐. 그 '내풍류'라 말한 것도 명실이 같지 아니하니 없애지 않을 수 없다. 그렇지 않다면[不爾則] 이름을 '내풍류'라 한 것을 삼월의 집에 두게 함도 불가하니 명빈전으로 들어가게 해 시녀로 삼음이 어떻겠느냐?"

여지 등이 대답했다.

"심히 의리에 합당합니다."

상이 그것을 따랐다. 그러나 숙번의 말 때문에 밖으로 내보내고자 했으므로 이런 명이 있었다.

○ 이달에는 얼음이 얼지 않았다.

壬午朔 上詣仁德宮 上王設宴請之也. 擊毬同歡 至夜乃還.
임오 삭 상예 인덕궁   상왕 설연 청지야 격구 동환 지야 내환

癸未 全羅道雷.
계미   전라도 뇌

甲申 木稼.
갑신   목가

議漕運法. 右軍同知摠制洪有龍上書曰:
의 조운 법 우군 동지총제 홍유룡 상서 왈

'漕運 國家之大務也. 土地之饒 租稅之多 莫全羅若也 今也廢
조운 국가 지 대무 야 토지 지요 조세 지다 막 전라 약야 금야 폐

漕運 而立陸輸之法. 臣謂造船漕運 似難而實易; 傳遞陸輸 似易
조운 이 립 육수 지법 신위 조선 조운 사난 이실이 전체 육수 사이

而實難. 臣嘗備員 全羅水軍節制之任 各浦要害之處 風水險順
이 실난 신 상 비원 전라 수군 절제 지임 각포 요해 지처 풍수 험순

之由 盡知之矣. 要害可泊之處 不過數十 而分泊守禦之船 多則
지유 진지 지의 요해 가박 지처 불과 수십 이 분박 수어 지선 다즉

十餘艘 小則七八艘足矣. 若加造六十艘 以曩者所造四十艘而
십여 소 소즉 칠팔 소 족의 약 가조 육십 소 이 낭자 소조 사십 소 이

合計 則百艘也. 且全羅一年租稅之數 率七萬石也. 當四五月
합계 즉 백소 야 차 전라 일년 조세 지수 솔 칠만 석야 당 사오월

風順之時 役下番船軍 每一艘載五百餘石 則可輸五萬餘石 其餘
풍순 지시 역 하번 선군 매 일소 재 오백 여석 즉 가수 오만 여석 기여

二萬餘石 分載私船而畢運 則昔之戰艦 仍使守禦 今之造船 可以
이만 여석 분재 사선 이 필운 즉 석지 전함 잉사 수어 금지 조선 가이

漕轉 一擧而兩得矣. 若陸輸則租稅多而牛馬小 跋涉險阻 實難
조전 일거 이 양득 의 약 육수 즉 조세 다이 우마 소 발섭 험조 실난

致也. 其牛顚馬仆提携轉輸之苦 何可勝言! 脫有不虞之變 其如
치야 기 우전 마부 제휴 전수 지고 하가 승언 탈유 불우 지변 기여

人困馬弱何? 故臣謂陸輸則一擧而百弊生矣. 且以造船之功 比
인 곤 마 약 하 고 신위 육수 즉 일거 이 백폐 생의 차 이 조선 지공 비

陸輸之勞 則奚止百倍哉?'
육수 지로 즉 해지 백배 재

前節制使金文發亦上書 大意略同. 命下政府 會諸卿與功臣議

咸以漕運爲便. 上曰: "方議陸輸之時 曾無一人以爲不可 今則皆

以爲難 何哉? 然擧國以漕運爲便 則吾從衆矣."

政府啓: "今雖罷各道陸輸之法 然慶尙道則不可廢也." 從之.

議政府上各司奴婢事宜. 啓曰:

"正役一名 奉足一名者 全給朔料; 其不給朔料者 給奉足二名;

年六十六歲以上十五歲以下 不許役使. 且各司吏典下典使令及

成衆諸員 受由歸鄕淹留者 各其司便於京中主人 督徵日役 以致

稱貸 其弊益深. 今後令報本府 移文拿送 核實論罪."

從之.

乙酉 設醮於宮中. 是日 乃上幼子褈之初度也. 爲設星宿醮以

祈禱.

全羅道扶安縣白蓮寺鑄像觀音自轉. 本東向 稍移北向.

丙戌 改式目都監錄事 爲議政府案牘錄事. 從政府之啓也.

禮曹上禮度數條. 啓曰:

"國朝禮度 皆因前朝之舊 間有未便者 請改之. 其一 曲禮曰:

'國君下齋牛式宗廟 大夫士下公門式路馬.' 先儒釋之曰: '當云下

宗廟式齋牛.' 小學書曰: '下公門式路馬 所以廣敬也.' 乞依古制

大小臣民過宗廟及闕門者 皆下馬 以爲恒式 違者 憲司糾理.

其一 朝服朝君之服 不可用於長官. 今朝官新除者 因前朝之舊

以朝服詣闕謝恩 又以其服拜於長官 實爲未便. 乞依朝廷詔使
이 조복 예궐 사은 우이 기복 배어 장관 실위 미편 걸의 조정 조사

迎禮 凡長官參禮 不許用朝服; 外方官吏 亦用此例 除望闕行禮
영례 범 장관 참례 불허 용 조복 외방 관리 역용 차례 제 망궐행례

及迎命禮外 不得用朝服. 其一 禮所以辨上下定民志 不可相僭.
급 영명례 외 부득 용 조복 기일 예 소이 변 상하 정 민지 불가 상참

朝官七品以下 因前朝之舊 車駕與內香迎送 皆躬身 至於二品
조관 칠품 이하 인 전조 지구 거가 여 내향 영송 개 궁신 지어 이품

以上迎送 伏地 實爲未便. 除議政府錄事 知印及三軍錄事 各司
이상 영송 복지 실위 미편 제 의정부 녹사 지인 급 삼군녹사 각사

吏典外 不許伏地 只行躬身."
이전 외 불허 복지 지행 궁신

　從之.
　종지

　禮曹又詳定冬至 正朝 誕日君臣同宴儀注以進.
　예조 우 상정 동지 정조 탄일 군신 동연 의주 이진

　命禮曹參議許稠曰: "自今於君臣同宴 首奏受貞符之曲 次以
　명 예조참의 허조 왈 자금 어 군신 동연 수주 수정부 지곡 차이

保東民 被之管弦 毋雜女樂."
보동민 피지 관현 무 잡 여악

　前中樞院使陳忠貴卒.
　전 중추원사 진충귀 졸

　己丑 命議政府議忠淸道安興梁水路舟楫通行之術 且曰: "予
　기축 명 의정부 의 충청도 안흥량 수로 주즙 통행 지술 차왈 여

將遣幹事大臣往察矣."
장 견 간사 대신 왕찰 의

　命議政府舍人曰: "繕工草薍 何不計國用而盡賣乎? 且軍資
　명 의정부사인 왈 선공 초완 하 불계 국용 이 진매 호 차 군자

廣興露積修葺之用 多不過千束 何不量其數而遂令農民多刈乎?
광흥 노적 수즙 지용 다 불과 천속 하 불량 기수 이 수령 농민 다 예호

樓門路臺排石 亦不過一萬 令船軍輸至三萬 以病吾民 何哉? 是
누문 노대 배석 역 불과 일만 영 선군 수지 삼만 이병 오민 하재 시

爾舍人等不審察之致然也." 政丞河崙等曰: "臣之罪也."
이 사인 등 불 심찰 지 치연 야 정승 하륜 등 왈 신지 죄야

　辛卯 冬至. 上率群臣 行向闕賀禮 停百官朝賀. 遂奉上王 置酒
　신묘 동지 상 솔 군신 행 향궐 하례 정 백관 조하 수봉 상왕 치주

于內殿 仍賜百官宴.
우 내전 잉사 백관 연

　是日 始除議政府賀箋 代以致辭 永爲恒式.
　시일 시 제 의정부 하전 대이 치사 영위 항식

458

宗貞茂使人及兀良哈等 來獻土宜.
종정무　사인　급　올량합　등　내헌　토의

甲午 命全羅慶尙道都觀察使 進衣籠各五十部.
갑오　명　전라　경상도　도관찰사　진　의롱　각　오십　부

乙未 司憲府上疏:
을미　사헌부　상소

'一, 大小人於父母喪 棺槨僅可容身 不必高大. 一, 除一罪以下
일　대소　인　어　부모상　관곽　근가용신　불필　고대　일　제　일죄　이하

楮貨收贖之法. 一, 婦人出入 必擁蔽其面 毋得褰笠帽. 一, 惟辟
저화　수속　지법　일　부인　출입　필옹폐　기면　무득　건입모　일　유벽

玉食. 於頒祿之際 除粳米. 一, 禁新婚家三日同牢後 徹膳送于
옥식　어　반록　지제　제　갱미　일　금　신혼　가　삼일　동뢰　후　철선　송우

夫家 以取布帛. 一, 使庶人毋得用細紬細麻布 以別上下服章.'
부가　이취　포백　일　사　서인　무득　용　세주　세마포　이별　상하　복장

上覽之曰: "惟毋用粳米 婦人蔽面二事可行 餘皆不關大體
상　람지왈　유　무용　갱미　부인　폐면　이사　가행　여개　불관　대체

不必行也."
불필　행야

丙申 完山 雞林 平壤御容殿 改號太祖眞殿.
병신　완산　계림　평양　어용전　개호　태조진전

禮曹上十學遷轉事宜. 啓曰:
예조　상　십학　천전　사의　계왈

"十學內司譯院書雲觀典醫監濟生院惠民局律學算學 不論職之
십학　내　사역원　서운관　전의감　제생원　혜민국　율학　산학　불론　직지

有無 竝令取才 入格者授職 次年亦如之 故無出衆之才 亦或躐等
유무　병령　취재　입격자　수직　차년　역　여지　고　무　출중　지재　역　혹　엽등

遷轉 其從仕年久者 反爲淹滯. 願自今諸學取才時 除見官各品 以
천전　기　종사　연구　자　반위　엄체　원　자금　제학　취재　시　제　현관　각품　이

前銜及新進者 依式取才 依洪武禮制 給授文武散官定式; 正從
전함　급　신진　자　의식　취재　의　홍무　예제　급수　문무　산관　정식　정종

各品初授陞授散官 次第分揀除授; 見官中特異者 啓聞仍置."
각품　초수　승수　산관　차제　분간　제수　현관　중　특이　자　계문　잉치

從之.
종지

丁酉 命兵曹 勿囚初更五更犯巡者.
정유　명　병조　물수　초경　오경　범순　자

建州衛吾都里千戶童甫知 白顏豆 百戶多龍介及骨看兀狄哈
건주위　오도리　천호　동보지　백안두　백호　다룡개　급　골간올적합

阿吾實等來獻土宜.
아오실　등　내헌　토의

合經筵書筵書吏 爲一都目 七品去官.
합 경연 서연 서리 위 일도목 칠품 거관

豐海道敬差官李之柔 李陟等上損實啓本. 上謂左右曰: "予聞
풍해도 경차관 이지유 이척 등 상 손실 계본 상 위 좌우 왈 여문

豐海禾穀 不至如此大損也." 憲司聞之 劾之柔與陟. 注書金赭
풍해 화곡 부지 여차 대손 야 헌사 문지 핵 지유 여 척 주서 김자

上言曰: "臣與盧希鳳等 行遽不能遍觀 今之柔等行歷郡縣 以至
상언 왈 신 여 노희봉 등 행거 불능 편관 금 지유 등 행력 군현 이지

村曲 豈不詳察乎? 其時守令所報風損之狀 與此大不相遠. 嘗因
촌곡 기불 상찰 호 기시 수령 소보 풍손 지상 여차 대불 상원 상인

此事見罷守令 宜復敍." 上曰: "初 守令之罪 皆訪問罷之 今反以
차사 견파 수령 의 부서 상왈 초 수령 지죄 개 방문 파지 금 반이

我爲非邪?" 不允.
아 위비 야 불윤

遣參贊議政府事金承霪于薦堤. 初 河崙請於忠淸道薦城 開渠
견 참찬 의정부사 김승주 우 순제 초 하륜 청어 충청도 순성 개거

鑿池 瀦水置船 遞運全羅租稅. 趙英茂曰: "薦堤安興梁 臣嘗
착지 저수 치선 체운 전라 조세 조영무 왈 순제 안흥량 신 상

見之 請更行視." 上曰: "河崙已言. 姑遣承霪 率畫工相地勢
견지 청갱 행시 상왈 하륜 이언 고견 승주 솔 화공 상 지세

作圖以進可也." 至是 遣承霪. 薦堤在忠淸泰安郡之西山脊夾而
작도 이진 가야 지시 견 승주 순제 재 충청 태안군 지서 산척 협이

長 直抵海中幾數息 水路險阻 名曰安興梁. 全羅漕運到此多敗
장 직저 해중 기 수식 수로 험조 명왈 안흥량 전라 조운 도차 다 패

古今患之. 於山脊初起處 有可開鑿以通水路處 故前朝王康鑿之
고금 환지 어 산척 초기 처 유가 개착 이통 수로 처 고 전조 왕강 착지

其地皆石 終不見効. 今崙建議: "於王康所鑿之地 隨其高下
기지 개석 종불 견효 금 륜 건의 어 왕강 소착 지지 수기 고하

築堤貯水 每堤置小船 堤下開渠. 漕船至浦口 遞載小船 至堤下
축제 저수 매제 치 소선 제하 개거 조선 지 포구 체재 소선 지 제하

載堤中小船 以次而運 則庶免覆沒之患 功省而易成矣." 上從之
재 제중 소선 이차 이운 즉 서면 복몰 지환 공생 이역 성의 상 종지

然人皆難之 故有是命. 承霪回自薦堤 作圖以獻曰: "臣所見
연 인개 난지 고유 시명 승주 회자 순제 작도 이헌 왈 신 소견

王康所鑿處 皆堅石未易見効." 上曰: "予已知之. 非予所獨斷
왕강 소착 처 개 견석 미이 견효 상왈 여 이지 지 비여 소독단

議政府僉議施行."
의정부 첨의 시행

庚子 太白晝見.
경자 태백 주견

還給李湘 柳章科田.
환급 이상 유장 과전

以右軍同知摠制洪有龍 爲全羅道都安撫漕轉使兼水軍
이 우군 동지총제 홍유룡 위 전라도 도안무 조전 사 겸 수군

都節制使.
도절제사

命削崔渭罪案及刺字. 初 渭爲江陵敎授 私用鄕校米穀 觀察使
명삭 최위 죄안 급 자자 초 위위 강릉 교수 사용 향교 미곡 관찰사

加杖刺字. 至是 渭上書訴理 上憐之 有是命.
가장 자자 지시 위 상서 소리 상 연지 유 시명

辛丑 全羅道雷雹以雨 金堤虹見.
신축 전라도 뇌박 이우 김제 홍견

司憲府大司憲鄭易 請許史官入侍朝啓. 啓曰: "每於朝啓 史官
사헌부대사헌 정역 청허 사관 입시 조계 계왈 매어 조계 사관

秉直筆 獨未參焉 臣恐殿下嘉言善政 或未盡傳于後世也." 上
병 직필 독 미참 언 신 공 전하 가언 선정 혹 미진 전우 후세 야 상

不答. 退朝 上謂金汝知等曰: "昔者史官閔麟生於經筵窺伺屛障
부답 퇴조 상 위 김여지 등 왈 석자 사관 민인생 어 경연 규사 병장

又直入內宴 又予放鷹于郊 掩面而從 此皆陰詐也. 往年又一
우 직입 내연 우 여 방응 우교 엄면 이종 차개 음사 야 왕년 우일

史官直入內殿 自後不得入. 今易之言 何綢繆也? 若以記事言之
사관 직입 내전 자후 부득 입 금 역지언 하 주무 야 약 이 기사 언지

代言等皆帶春秋 是則代言厭其記事 嗾易告我也." 汝知等對曰:
대언 등 개 대 춘추 시즉 대언 염 기 기사 주역 고아 야 여지 등 대왈

"臣等何敢言之? 臣於曩日 已有請矣 司諫李穉亦嘗陳之 恐易
신등 하감 언지 신 어 낭일 이유 청의 사간 이류 역 상 진지 공역

聞之 有此請也."
문지 유 차청 야

議政府上都目敍用之法. 啓曰: "前朝盛時 專用差年 至恭愍
의정부 상 도목 서용 지법 계왈 전조 성시 전용 차년 지 공민

朝 雜用到宿 及恭讓朝 又用箇月 岐而爲三. 國朝因之 各殿行首
조 잡용 도숙 급 공양조 우용 개월 기이위삼 국조 인지 각전 행수

牽龍 政府錄事 知印 用差年: 內寺 茶房 侍衛各司 用到宿;
견룡 정부 녹사 지인 용 차년 내시 다방 시위 각사 용 도숙

各司吏典 用箇月. 以故用差年 到宿者 每歲只一二人去官: 用
각사 이전 용 개월 이고 용 차년 도숙 자 매세 지 일이인 거관 용

箇月者 一歲去官 多至四五人. 是則吏典反重 乞以吏典 依錄事
개월 자 일세 거관 다지 사오 인 시즉 이전 반중 걸 이 이전 의 녹사

知印例 用差年." 從之.
지인 예 용 차년 종지

壬寅 雨土霧塞 數步之內 不辨人形 氣暖如春 江氷盡釋.

完山 臨川寺石佛汗.

三館員上書于議政府. 書略曰:

'國家慮生等廢業 每於歲抄 講所讀經書 第其高下 所以提撕

以惠後學至矣. 然生等與伶人賤工 竝試於禮曹 自相爭長 非生等

讀書之夙志也. 今提調官 旣試於本司 又令生等都試於禮曹 生等

之學 實無異於前日 而徒有兩度之煩. 乞除更試之法 以旌儒學.'

河崙不肯.

遣上林園別監金用于濟州 移裁柑橘數百株于順天等沿海郡.

命還給永興府東西班科田之稅. 歲己丑 以備軍餉公收 至是

給之.

甲辰 太白晝見.

豐海道採訪別監潘泳 進銀十一兩.

乙巳 命議政府議神佛事. 上曰:"天子祭天地 諸侯祭山川 今

大臣或以祀松岳紺岳請暇 是何禮也? 又薦亡者 皆作佛事 非也."

司諫李稑曰:"臣等向者上疏 尙未蒙允." 上曰:"然." 下其疏于

政府 令與時散大小各品 會議以聞 皆曰:"可革." 唯星山君李稷

曰:"禁佛一節 令攸司參酌古今 詳定施行. 禁神一節 外有鄉社

里社 士庶人皆有祭處 國中未有定制 城隍雖在高山 旣稱祭城隍

則與所謂祭山川似不同. 亦令攸司參考古典施行." 又武官五六人

曰: "神佛之事已久 不可遽革." 事遂寢.

賜前摠制金瞻米豆二十石. 以瞻貧也.

黃州漕轉船覆沒 死者九人.

丙午 上詣仁德宮設宴 暮還.

賜賻卒檢校漢城尹文原之家米豆二十石 紙百卷 棺槨.

戊申 雨.

令諸道都觀察使 每遇賀禮 各進馬匹. 初 上謂承政院曰:
"本朝貢獻良馬 事大之禮也. 令各道都觀察使 於三大賀禮 進馬
如何?" 代言等皆以爲然. 乃傳旨政府曰: "各道觀察使 於正朝
冬至 誕日 但進軍器 而不進馬匹 其議可否以聞. 若以進馬爲可
則予其諭之." 河崙上言曰: "進上之事 臣子所當爲也. 請於各道
本府直移文 不稱敎旨." 從之.

己酉 司憲府上二條. 一曰:

'金銀之貢 係於事大 不可不備 故國家於豊海州郡 差官監督
使之吹鍊. 然掘土鑿石 鎔鐵鍛鍊 民不堪苦. 徒有本國産銀之名
而所出不多 勞費太甚 請罷之. 其歲貢金銀 將本國所産紵麻布
奏請朝廷 準價易換以充之.'

一曰:

'國家以司瞻署楮貨 易換民間破軟楮貨 以舊二張準新一張
甚便於民 市井無識者 於其買賣之際 揀擇尤甚. 請自今除裂破

不用外 印跡明白者 毋得易換. 且楮貨之紙 各道分造以納 故其
불용 외 인적 명백 자 무득 역환 차 저화 지지 각도 분조 이납 고기
厚薄不同 揀擇之弊 亦由此而生. 乞於京畿 別置造紙所 令司贍
후박 부동 간택 지 폐 역 유차 이 생 걸 어 경기 별치 조지소 영 사섬
一員監之 使均厚薄.'
일원 감지 사 균 후박

命下政府議之.
명하 정부 의지

命別侍衛玄季仁歸養老母. 全羅道觀察使報: '道內光州故
명 별시위 현계인 귀양 노모 전라도 관찰사 보 도내 광주 고
判事玄思義妻告曰: "予年已踰八旬 且有疾. 長子孟仁 今爲
판사 현사의 처 고왈 여 연 이유 팔순 차 유질 장자 맹인 금 위
右司諫 次子仲仁 結城監務 次子季仁別侍衛. 乞聞于朝 以季仁
우사간 차자 중인 결성 감무 차자 계인 별시위 걸 문 우조 이 계인
爲侍丁."' 上乃遣季仁歸養.
위 시정 상 내 견 계인 귀양

庚戌 禮曹上諸祀齋戒法. 啓曰: "謹稽文獻通考及前朝
경술 예조 상 제사 재계 법 계왈 근계 문헌통고 급 전조
詳定古今禮 凡大祀散齋四日致齋三日; 中祀散齋三日 致齋二日;
상정고금례 범 대사 산재 사일 치재 삼일 중사 산재 삼일 치재 이일
小祀散齋二日 致齋一日. 今無定式 乞依古制." 從之.
소사 산재 이일 치재 일일 금 무 정식 걸의 고제 종지

命出世子殿鷹子. 上召書筵入直員曹尙與世子殿宦者三人
명출 세자전 응자 상 소 서연 입직 원 조상 여 세자전 환자 삼인
傳旨曰: "予聞世子置鷹宮中 爾等知之乎? 若知而不禁 於輔導
전지 왈 여문 세자 치 응 궁중 이등 지지 호 약 지 이 불금 어 보도
之職何?" 尙對曰: "宮中之事 臣何得知?" 上曰: "此事 予固
지 직 하 상 대왈 궁중 지 사 신 하 득지 상 왈 차사 여 고
禁之 爾等亦宜詳察." 又讓宦者等曰: "近日動樂徹夜 且置鷹子
금지 이등 역 의 상찰 우 양 환자 등 왈 근일 동악 철야 차 치 응자
何也?" 卽遣人出其鷹子. 先是 殿內別監內贍奴許元萬 禮賓奴
하야 즉 견인 출 기 응자 선시 전내 별감 내섬 노 허원만 예빈 노
曹德中及甲士許守連等 逢迎世子之意 或進鷹子 或進女樂. 至是
조덕중 급 갑사 허수련 등 봉영 세자 지 의 혹 진 응자 혹 진 여악 지시
上聞而怒 命皆拿來 杖之于司僕門外 將元萬等還定本役 罷守連
상 문 이 노 명 개 나래 장지 우 사복 문외 장 원만 등 환정 본역 파 수련
職 充水軍. 上召正言禹承範 傳旨曰: "所以召之者 欲推守連
직 충 수군 상 소 정언 우승범 전지 왈 소이 소지 자 욕추 수련
元萬等罪. 予已杖之 其知之."
원만 등 죄 여 이 장지 기 지지

辛亥 命工曹判書朴子靑 作室于宮東門外 欲置女樂也. 初
李叔蕃進言曰："殿下 吾東方聖主也. 嗜鷹犬之娛 又以妓女
六人入內 無乃不可乎?"上曰："妓女入內 聞之何處? 且謗之
者誰歟?"叔蕃對曰："臣聞諸瞽者 謗之者則無有."時瞽之子
張天用 給事於殿內 故其父聞而告之. 上卽黜天用. 謂金汝知等
曰："吾於春秋出遊門外 只五六次耳 不可謂嗜鷹犬也. 叔蕃皆
從之 何不言於其時 而乃言於今日乎? 入內奏樂倡妓 入明嬪殿
爲侍女事 予嘗問於政府及爾等 皆曰可 故從之. 然予不親見 但
於冬至日 爲上王試一動樂耳 不可謂近聲色也. 叔蕃何言之若是
耶? 爾等宜以此意諭叔蕃."初 選年幼倡兒六人 俾習樂於老妓
三月家 號曰內風流者 有年矣. 上又曰："予以童女習樂者 非
嗜音也. 予嘗不得於君父 欲傳國事於世子 日侍父王 庶幾盡孝.
或於獻壽不可無樂 故有此命也. 然世子狂惑 未就夙志 父王
已逝 置內樂何爲! 宜罷之."汝知等對曰："宮中不可無樂 外樂
亦不可入內."上曰："古者 人君日擧樂. 予若嗜音 當倣古禮矣.
予性不好樂 爾等 久爲近侍 必詳知之. 除宴享外 有獨坐聽樂之
時乎? 其曰內風流 名實不同 亦不可不罷. 不爾則名爲內風流
者 不可居於三月之家 令入明嬪殿爲侍女何如?"汝知等對曰:
"甚合於義."上從之. 然以叔蕃之言 欲出之于外 故有是命.

是月無氷.

태종 12년 임진년
12월

十二月

임자일(壬子日-1일) 초하루에 명해 서북면(西北面) 안주(安州) 사람 조존부(趙存富)의 집을 정표(旌表)하게 했다. 존부는 별장(別將) 영(英)의 아들이다. 나이 12세에 그 어미의 간질(癎疾)을 마음 아프게 여겨 산 사람의 뼈로써 치료할 수 있다는 말을 듣고 밤에 칼로 자신의 오른손 무명지(無名指)를 잘라 술을 구해다가 마시게 하니 병이 바로 나았으므로 이런 명이 있었고 또 그 집의 조세와 부역을 면제해주었다[復=復戶].

○ 대언(代言) 등에게 명해 말했다.

"너희는 밤낮으로 공가에 있으니 힘들겠다. 그러나 이번 도목정(都目政)에서 그대로 둘 것이니 너희는 그리 알라."

김여지(金汝知)가 대답했다.

"용렬하고 비루한[庸陋] 저희를 버리지 않고 후설(喉舌)[1]의 직임을 주시니 신 등이 감히 감희(感喜)하지 않을 수 있겠습니까? 단지 어리석고 아둔해 직임에 맞지 못할까 염려할 뿐입니다."

상(上)이 말했다.

"비록 어리석다 하더라도 무슨 상관이냐[何害=何傷]? 내가 이

---

1 왕명의 출납(出納)과 정부의 중대한 언론을 맡았다는 뜻으로, 대언이나 승지(承旨)를 이르는 별칭이다.

미 안다."

○ 처음으로 옥원역승(沃原驛丞) 겸 수성천호(守城千戶)를 두었다. 강원도 도관찰사가 보고했다.

'도내(道內) 삼척부(三陟府)에 있는 옥원역(沃原驛)은 바로 왜구(倭寇)의 요충지(要衝地)이므로 국가에서 일찍이 성을 쌓고 천호(千戶)를 차정(差定-파견)해 이곳을 지키고 만약 변(變)이 있게 되면 그 역(驛)과 부근의 용화역(龍化驛) 아전이 수어(守御)한 지 오래입니다. 그런데 역승(驛丞)을 차견한 뒤로는 역리(驛吏)를 진퇴(進退)하는 권한이 천호에게 있지 않아 혹 급한 일[緩急]이 있으면 어찌 이를 제어할 수 있겠습니까? 또 대창도(大昌道) 소관(所管)은 모두 38역(驛)인데 도로(道路)가 멀리 떨어져 실로 졸지에 응하기 어렵습니다. 청하건대 앞서의 규정에 의거해 평릉(平陵) 이하의 9역은 옥원 역승에게 예속시키고[隷=屬] 겸 수성 천호(守城千戶)의 직을 내려주소서[差下].'

그것을 따랐다.

을묘일(乙卯日-4일)에 성산군(星山君) 이직(李稷), 한천군(漢川君) 조온(趙溫), 의령군(宜寧君) 남재(南在), 문성군(文城君) 유량(柳亮)을 보국숭록부원군(輔國崇錄府院君-정1품)으로 삼고, 옥천군(玉川君) 유창(劉敞), 안성군(安城君) 이숙번(李叔蕃)을 승진시켜 숭정대부(崇政大夫-종1품)로 삼았다. 최이(崔迤)를 형조판서, 조연(趙涓)을 중군도총제(中軍都摠制), 박신(朴信)을 호조판서, 여칭(呂稱)을 의정부지사(議政府知事), 정진(鄭鎭)을 경승부판사(敬承府判事), 이안우

(李安愚)를 충청도 도관찰사, 김문발(金文發)을 전라도 수군도절제사로 삼고 성균교서(成均校書) 양관(兩館)의 7품 이하 8품 이상 관원은 모두 외방(外方)으로 폄수(貶授)하며 교수관(敎授官) 9품 이하는 모두 파면해 권지(權知)로 충차(充差-충원)했다. 그들이 고강(考講)할 때 경서(經書)를 더 읽게 함이 없었던 까닭이다. 춘추관은 국사(國史)를 관장해 기록하기 때문에 그전대로 옮기지 않았고 유독 교서랑(校書郞) 김거(金巨)에게만 송감(宋鑑)을 가독(加讀)시켜 동부령(東部令)에 임명했다가 얼마 후에 산직(散職)으로 삼았다. 성균교서 9품 이하 제원(諸員)을 각각 그 관(館)의 권지(權知)[2]로 종사하게 했다.

○ 이조(吏曹)에서 제수사의(除授事宜)를 올렸다.

'하나, 이전(吏典)의 차년(差年)에 7품 거관자(去官者)는 9년 이상을, 8품 거관자는 7년 이상을, 9품 거관자는 5년 이상을 썼는데 모두 실사(實仕)한 일월(日月)을 쓰게 하소서.

하나, 외관(外官) 정2품은 '영(領)'자를 쓰고 4품은 '판(判)'자를 쓰니 차등이 없는 듯합니다. 정2품 이하는 판모주목사사(判某州牧使事)로 하고, 정3품은 판모군모현사(判某郡某縣事)로 하고, 종3품을 지모군모현사(知某郡某縣事)로 하되 그 실차(實差)는 예전대로 하소서.

하나, 사역(司譯)·전의(典醫)·서운(書雲)·혜민(惠民)·제생(濟生) 등의 사직(司職)은 관계된 바가 가볍지 아니한데, 연소하고 재주 없는

2　임시로 어떤 일을 관장함을 뜻하는 것으로, 조선 초기에는 과거와 상관없이 여러 관서에서 두고 있던 비정규직이었다.

자를 씀은 옳지 못하니 이제부터는 마땅히 나이와 직책이 모두 높아 맡길 만한 자를 가려서 행직(行職)으로 겸차(兼差)하게 하소서.

하나, 동서활인원(東西活人院)의 녹관(祿官)은 각사(各司)의 이전(吏典)으로써 보충하는 것이 마땅하지 아니하니 혜민국(惠民局) 제생원(濟生院)의 생도로써 이를 보충(補充)함이 옳겠습니다.

하나, 선관(膳官)[3]이 정청(政廳)에 지응(支應-접대)하는 것은 마땅히 예빈시(禮賓寺)로 대신하게 하소서.'

그것을 따랐다.

병진일(丙辰日-5일)에 날씨가 봄처럼 따뜻했다.

○ 세자우빈객(世子右賓客) 이래(李來, 1362~1416년)[4]가 글을 올렸다. 대략 이러했다.

'신은 지극한 은혜를 입어[荷=蒙] 외람되게 훈맹(勳盟)에 참여했고
           하 몽
또 말학(末學)으로 욕되게 서연(書筵)에 참여한 지 이제는 8년이나

---

3 궁내(宮內)에서 선수(膳羞-요리)의 일을 맡아보던 관원이다.

4 아버지는 우정언(右正言) 이존오(李存吾)이며 우현보(禹玄寶)의 문인이다. 1371년(공민왕 20년) 아버지 이존오가 신돈(辛旽)의 처벌을 주장하다가 유배돼 울화병으로 죽고 이어 신돈이 처형되자 10세의 어린 나이로 전객녹사(典客錄事)에 특임됐다. 1383년(우왕 9년) 문과에 급제했는데 태종 이방원과 동방(同榜)이다. 공양왕 때에 우사의대부(右司議大夫)에 올랐다. 1392년(공양왕 4년) 정몽주(鄭夢周)가 살해되자 그 일당으로 몰려 계림(鷄林)에 유배됐다가 곧 풀려나서 공주에 은거했다. 1399년(정종 1년) 좌간의대부로 등용되고 이듬해인 1400년에 이방간(李芳幹)의 난을 평정하는 데 공을 세워 추충좌명공신(推忠佐命功臣) 2등에 책록됐다. 곧 좌군동지총제가 됐고 계림군(鷄林君)으로 봉작됐다. 1402년(태종 2년) 승추부첨서사(承樞府僉書事)가 됐다가 그해 대사간을 거쳐 공조판서에 승진됐다. 1404년 정조사(正朝使)가 돼 명나라에 다녀왔으며 곧 대사헌이 됐다. 이듬해에 예문관대제학이 됐고 1407년 경연관을 거쳐 세자의 스승인 좌빈객(左賓客)을 지냈으며 1408년에 의정부지사 겸 경승부판사에 이르렀다. 태종 묘정에 배향됐다.

돼 밤낮으로 조심하오나 아직 털끝만큼도 도움되는 바가 있지 못했습니다.

가만히 생각건대 저부(儲副-세자)를 배양하는 방법이 어찌 한갓 경전(經傳)만 강명(講明)하는 것뿐이겠습니까? (주나라) 문왕(文王)이 세자가 돼 하루에 세 번씩 뵙고[一日三朝] 시선(視膳)[5]하며 문안드렸는데 몸소 하지 아니함이 없었으니 대개 효도란 백행(百行)의 근원이므로 능히 자식된 직분을 다한 뒤에야 임금의 도리를 다할 수 있습니다. 지금 우리 세자께서 천성이 예명(睿明)하고 즙희(緝熙)[6]의 배움도 날로 성취해 그치지 않습니다만 궁저(宮邸)가 대궐에서 가깝지 못해 반드시 의위(儀衛)를 갖추고서야 행차하게 되는 까닭에 어쩌다가 헛되이 보내면서[曠日] 하루에 세 번 뵈옵는 예[三朝之禮]를 빠뜨리는 때도 있으니 어찌 아들된 도리에 결함이 있지 않겠습니까? 또 호위를 갖추고 예궐(詣闕)한 뒤에 혹은 날이 늦고, 혹은 편치 못해 항상 정강(停講)하시니 이것도 작은 잘못이 아닙니다. 신이 또 일찍이 중국에 봉사(奉使)해 친히 문화전(文華殿)이 좌순문(左順門) 밖에 있는 것을 봤습니다. 매일 아침마다 황제가 봉천문(奉天門)에 행차하면 태자는 걸어서 이르러 정사(政事)를 듣는 데 참여하고 상주(上奏)의 일이 끝나면 전(殿)으로 들어가 문안하고 돌아와 강연

---

5 임금에게 올리는 음식에 조루(粗漏)함이 없도록 유의하는 것을 말한다.

6 원래는 임금의 다움[德]이 계속해서 밝게 빛나는 모양을 나타낸다. 『시경(詩經)』 「대아(大雅)」편에 주(周)나라 문왕(文王)의 다움을 칭송한 말인데 곧 '위엄 성대한 문왕께서는 아아! 끊임없이 밝게[緝熙] 공경하셨네'에서 온 말이다. 혹은 세자의 학문이 이러한 임금의 다움을 이어받을 수 있는 것임을 나타내기도 한다. 여기서는 후자의 뜻이다.

(講筵)에 나아갔습니다. 이로써 본다면 동궁(東宮)이 대궐과 가깝지 못한 것은 실로 잘못된 것입니다. 하물며 앞에는 여염(閭閻)이 막았고 담장[垣墻]도 드러났으니 이 또한 존귀한 이가 거처할 곳이 못 됩니다.
원장

신이 바라건대 따로이 한 궁(宮)을 짓되 대궐에서 가깝게 해 매일 이른 아침이면 입전(入殿)해 문안하게 하소서. 또 조계(朝啓)에도 참여해 국정(國政)을 듣고 서연(書筵)으로 환어(還御)해 강(講)을 마치면 가까이 좌우에 모시면서 감화(感化)를 지켜보게 된다면 자식된 직분을 극진히 할 뿐만 아니라 안일(安逸)에 흐르지 않을 것입니다. 또 때때로 중관(中官)으로 하여금 점시(點視-점검)하게 해 예(禮)를 따르지 않음이 있으면 서연관(書筵官) 경승부(敬承府)[7]와 집사내수(執事內豎)에게 엄중히 죄책을 가하면 공경해 꺼리는 바가 있어서 반드시 사리에 맞지 않는[非禮] 일이 그 사이에 행해질 수 없을 것입니다. 신은 진실로 전하께서 민력(民力)을 중용(重用)해 토목 공사를 좋아하지 않으심을 알고 있습니다. 그러나 서로 다 붙지 않게 되면 이상의 몇 가지 일에도 형세가 능히 할 수 없는 것이 있습니다. 아! 한 나라의 보배는 마땅히 한 나라를 위해 아껴야 하므로 구구함[區區]을 견디지 못해 감히 이로써 말씀 올립니다.'
구구

상이 이를 읽어보고 말했다.

"만약 배움을 좋아하지 않는다면 비록 한 궁궐 안에 같이 있다 하

---

7 태종(太宗) 2년 5월에 세자전(世子殿)을 공궤(供饋)하기 위해 특별히 설치한 관청이다. 태종 18년 6월에 양녕대군(讓寧大君) 이제(李褆)가 폐세자(廢世子)되자 순승부(順承府)로 바뀌었다.

더라도 이를 어찌하겠느냐? 또 이미 장년(壯年)의 나이다. 만약 늘 사람으로 하여금 정찰하게 한다면 어찌 서로가 해침[相夷=相痍]이 없겠느냐?"

래(來)가 비록 경계의 말을 올렸으나 조금도 변함없이 밤낮으로 몰래[潛] 여러 소인들[群小]과 같이 하지 않는 것이 없어 이를 아뢴 것이다.

○사헌부에서 또 소(疏)를 올려 말했다.

'문왕(文王)이 세자가 돼 왕계(王季)[8]를 뵙되 날마다 세 번 문안드리고 시선(視膳)했으니 세자의 직분이기 때문입니다. 지금 세자께서는 인효(仁孝)의 천성과 명민(明敏)한 자질로써 바야흐로 배움에 뜻을 두어[志于學] 스승을 높이고 벗을 가까이하는데[隆師親友] 삼조정성(三朝定省)[9]의 예(禮)가 아직도 미진함은 다름이 아니라 동궁(東宮)이 대전(大殿)과 멀리 떨어져 거마(車馬)와 복종(僕從)의 왕복이 번거로워 배움에 방해됨이 있기 때문입니다. 엎드려 바라옵건대 대전의 곁에 따로 동궁을 영조(營造)해 날마다 정성(定省)의 예를 삼가

---

8 이름은 계력(季歷)이다. 중국 상(商)나라 시대의 제후국이던 주(周)의 군주였으므로 공계(公季)나 주공계(周公季)라고 하며, 뒷날 손자인 주나라 무왕(武王)에 의해 왕으로 추존돼 왕계(王季)나 주왕계(周王季) 등으로도 불린다. 단보(亶父)의 셋째 아들로 태어났으며, 생모는 태강(太姜)이다. 태임(太任)을 아내로 맞이해 창(昌-주나라 문왕)과 괵중(虢仲), 괵숙(虢叔)을 낳았다. 단보에게는 장남 태백(太伯)과 차남 우중(虞仲)도 있었으나 셋째 아들인 계력이 아버지에게서 주족(周族) 군주의 자리를 넘겨받았다. 아버지의 뜻을 안 태백과 우중은 양쯔 강 이남의 형만(荊蠻)으로 달아나 문신을 하고 머리털을 짧게 잘라 계력에게 군주의 지위를 양보했으며 그곳에 오(吳)나라를 세웠다고 전해진다. 태백은 스스로 왕위를 양보했다고 해 공자는 그를 지덕(至德)한 인물이라고 불렀다. 훗날 양녕대군의 사당을 지덕사(至德祠)라고 했는데 그 명칭도 이 고사에서 따왔다.

9 하루에 세 번을 찾아 뵙고 조석(朝夕)으로 안부를 물어서 살핀다는 뜻이다.

게 함으로써 인효(仁孝)의 다움을 나타내게 하소서. 또 조계에 참여해 전하께서 여러 신하를 접하고 대우하시는 것과 서무(庶務)를 듣고 판단하시는 것을 익히 보게 하시고, 물러 나와서는 빈사(賓師) 요속(僚屬)과 더불어 경사(經史)를 강론해 덕성을 훈도하면[薰陶] 거마(車馬)와 복종(僕從)의 번거로움이 없어지고 삼조(三朝)의 예도 이뤄지며 학문도 일취월장(一就月將)하는 더함이 있을 것입니다.'

상이 이를 아름답게 여겨 받아들이고[嘉納] 명해 중군영(中軍營) 터에 동궁을 짓게 했으나 지세(地勢)가 매우 좁기 때문에 결국 중단시켰다[寢].

정사일(丁巳日-6일)에 사간원에서 글을 올렸다. 대략 이러했다.

'예로부터 임금의 언행과 정사는 밝기가 해와 별과 같아 밝게 만세(萬世)에 보였으므로 사관(史官)을 두어 이를 기록하며 한편으로는[一以] 임금의 마음을 경계하고, 한편으로는[一以] 임금의 다움을 나타나게 했으니 그 직은 비록 미미(微微)하나 그 맡은 바는 중합니다. 근자에 한두 사관이 진퇴의 실수 때문에 마침내 옛 법을 폐해 입시하지 못하게 했습니다. 엎드려 바라옵건대 전하께서는 정사를 들으실 때 사관이 입시하게끔 윤허해 밝게 만세의 법을 보여주소서. 무릇 유복지친(有服之親)은 근원을 한가지로 해 분파(分派)한 것이니 의리상 사랑해야 옳은데 세속(世俗)에서는 가산(家産)과 노비[臧獲] 같은 작은 일 때문에 서로 돈목(敦睦)하지 못하고 도리어 원수로 삼아 형제간에도 다투지 아니함이 없어 관부(官府)에 고(告)하고, 소송할 때에는 극구 저훼(詆毀)하며 심한 자는 때리며 다투니 풍속의 퇴폐함이 한결같이 이 지경입니다. 바라건대 이제부터는 쟁송(爭訟)할 때에 존장(尊長)을 능욕하거나 비유(卑幼)를 협박해 윤상(倫常)을 무너뜨리고 교화를 해치는 자는 헌사(憲司)에 이문(移文)해 먼저 그 죄를 바로잡은 뒤에 청리(聽理)하게 하소서. 또 그 송사의 득실(得失)을 어찌 스스로 알지 못하겠습니까? 감히 비리(非理)로써 송사한 자는 불목(不睦)의 죄(罪)로 처벌해 풍속을 두텁게 하소서.'

상이 이를 읽어보고 정부에 명해 말했다.

"친척이 쟁송(爭訟)하는 일사(一事)는 의논해 계문함이 가하다."

정부에서 아뢰었다.

"심히 이치에 합당합니다."

그것을 따랐다.

신유일(辛酉日-10일)에 전라도 완산(完山)에서 지진이 일었다.

○ 골간올적합(骨看兀狄哈)과 건주위 오도리(建州衛吾都里)가 와서 토산물[土宜]을 바쳤다.
_{토의}

○ 황길지(黃吉至), 김영귀(金英貴) 등의 직첩을 거두고 영구적으로 서용하지 말도록 했다. 사헌부에서 소(疏)를 올려 말했다.

'임오년에 동북면 수령(東北面守令)으로 역신(逆臣) 박만(朴蔓)의 명령을 들은 자는 모두 고신(告身)을 거두고 영원히 서용하지 말도록 했습니다. 길지(吉至), 영귀(英貴) 등은 일찍이 동북면 수령이 돼 임오(壬午)의 난(亂)에 참여했던 자입니다. (그런데) 지금 길지는 증산현령(甑山縣令)이 되고 영귀는 흡곡현령(歙谷縣令)이 됐습니다. 청컨대 그때의 수령의 예에 의거해 그들의 고신을 거두고 영구히 서용하지 말

게 해야 할 것입니다.'

그것을 따랐다.

○ 사헌부에서 또 아뢰었다.

"종묘주부(宗廟注簿) 최사용(崔士庸)이 동지제(冬至祭) 때 전물(奠物)을 감설(監設)했는데 주준(酒尊)이 불결했습니다. 청컨대 율(律)에 의해 논죄(論罪)하게 하소서."

그것을 따랐다.

○ 헌사에서 또 아뢰었다.

"전 도절제사(都節制使) 조익수(曹益修), 전 부윤(府尹) 강후(康候)·이은(李殷), 검교한성(檢校漢城) 조륜(趙倫)·이홍림(李興霖)·김회련(金懷鍊) 등은 관직이 2품인데 과전(科田)을 받고도 경성(京城)에 살지 않고 물러가 외방(外方)에 거처하고 있습니다. 청컨대 죄를 가하게 하소서."

단지 과전만 거두게 했다.

○ 전 공조전서(工曹典書) 이우(李瑀)가 죽었다[死]. 애초에 일본 국왕(日本國王)이 사신을 보내 길들인 코끼리[馴象]를 바치니 삼군부(三軍府)에서 기르도록 명했다. 우(瑀)가 기이한 짐승이라 여겨 가보고 그 꼴이 추함을 비웃고 침을 뱉었는데 코끼리가 노해 그를 밟아 죽였다[踏殺].

임술일(壬戌日-11일)에 액정서(掖庭署)¹⁰ 봉어대부(奉御大夫)를 봉승

---

10 조선조 때 전알(傳謁), 공어필연(供御筆硯), 궐문쇄약(闕門鎖鑰), 금정포설(禁庭鋪設) 등을

(奉承)으로, 통어랑(通御郎)을 통봉(通奉)으로 고치고 상의원(尙衣院) 좌사어(左司御)를 좌사상(左司尙)으로, 우사어(右司御)를 우사상(右司尙)으로 고쳤다.

○ 박저생(朴抵生)이 자살했다. 저생(抵生)은 고(故) 전서(典書) 침(忱)의 아들이다. 병술년(丙戌年-1406년) 여름에 계모 곽씨(郭氏)와 집안 재산을 다투다가 헌부(憲府)에 송사하니 곽씨가 말하기를 "저생은 전에 아비의 비첩(婢妾) 파독(波獨)을 간음했습니다"라고 했다. 저생의 동생 강생(剛生)이 이때 의정부검상(議政府檢詳)으로 있었기 때문에 어두운 새벽에 나아가 청해 이로써 증좌(證佐)를 삼으니 비록 (사안이) 갖춰졌으나 옥사가 오래도록 결정되지 않아 밖의 의견이 모두 헌부를 탓했다. 상이 듣고 그들을 비루하게 여겨 그해 7월에 사헌부에 명해 그 당시 일을 맡았던 대원(臺員)이 사송(詞訟)을 계류(稽留)한 죄를 핵실하게 해 전 대사헌(大司憲) 허응(許應)을 연산(連山)으로, 집의(執義) 이맹윤(李孟畇)을 원주(原州)로, 장령 이명덕(李明德)을 곡산(谷山)으로, 지평 허항(許恒)을 진주(鎭州)로 유배 보냈다. 이에 장령 김질(金晊), 지평 이승직(李繩直)이 곽씨의 작첩(爵牒)을 거두고 저생과 파독도 한곳으로 불러 빙문(憑問)하기를 청하니 그것을 따랐다. 질(晊) 등도 강생과의 연고 때문에 저생을 편들어 [右] 곽씨를 심하게 고문하니 듣는 사람들이 분개했다. 곽씨의 아들 눌생(訥生)이 신문고(申聞鼓)를 쳐서[摛=擊] 억울함을 하소연하니 상이 곽씨를 석방하도록 명하고 질(晊)과 승직(繩直) 등을 견책하고 일

말아보던 관아다. 태조(太祖) 원년에 설치해 고종(高宗) 31년에 폐지했다.

을 보지 말게 하고는 얼마 후에 질은 남양부사(南陽府使)로 나갔고 승직은 의주지사(宜州知事)로 삼았다. 대사헌 한상경(韓尙敬) 등이 아뢰었다.

"질 등은 곽씨를 엄하게 고문했으니 공정하지 못했습니다. 하물며 곽씨의 죄는 비록 실지의 율(律)에 의거한다 하더라도 이죄(二罪) 이하에 해당되며 유령(宥令-사면령)이 이미 공포됐음에도 일찍이 이를 돌보지 아니하고 사정(私情)을 두고 행했으니 이목(耳目)의 관리[11]가 법을 받드는 뜻이 아닙니다."

이에 질과 승직의 직임을 파면했다.

○ 정해년(丁亥年-1407년) 2월에 이르러 사헌부(司憲府)·사간원(司諫院)·형조(刑曹)에서 아뢰었다.

"신 등이 박저생(朴抵生)의 옥사를 상국(詳鞫)해보니 저생(抵生)이 애초에 파독(波獨)을 첩으로 삼았는데 그 아비 침(忱)이 중간에 범간(犯奸)했습니다. 침이 죽자 저생이 다시 첩으로 삼았으니 부자가 공간(共奸)한 정상이 명백합니다. 곽씨로 말하면 규문(閨門)의 추한 것을 공공연하게 드러내 말함으로써[揚說] 그 남편의 죄악이 드러나게 했고, 파독으로 말하면 아비와 아들의 첩이 되기를 달게 여겨 거부하지 않았습니다. 엎드려 바라옵건대 일일이 율(律)에 의거해 논죄(論罪)하소서."

명해 각각 한 등을 감해 저생은 장(杖) 100대에 유(流) 3,000리를, 곽씨는 장 90대에 도(徒) 2년 반(半)을, 파독은 장 100대에 여

---

11 사헌부 관리를 가리킨다.

죄(餘罪)는 수속(收贖)하게 했다. 이에 저생의 아들이 격고(擊鼓)해 아뢰었다.

"신의 아비가 비록 스스로 밝힐 수는 없다 하더라도 여러 번 대유(大宥)를 거쳤으니 죄를 면할 만합니다."

의정부에 내려 깊이 토의하게 했다[擬議]. 의정부와 육조(六曹)에서 아뢰었다.
의의

"안율(按律)하건대 '조(祖)·부(父)의 첩(妾)을 간음하면 참(斬)한다'라고 했으니 저생의 죄는 마땅히 이 형벌을 받아야 하며 인륜(人倫)의 대변(大變)을 용서하는 것은 옳지 못합니다."

상이 말했다.

"이 계집종은 본시 저생의 첩인데 그 아비가 간음을 행했으나 이 계집종이 있는 그대로[以實] 고하지 않았다. 그 아비가 죽은 뒤에 저
이실
생이 재간(再奸)했는데 아비의 연고 때문에 그 아들을 고하지 않았다. (그런데) 지금 직접 아비의 첩을 간음한 것으로 여겨 참(斬)함은 그것이 '죄가 의심나거든 오직 가볍게 벌을 주라'는 뜻에 있어 어떻겠는가? 다시 토의해 아뢰도록 하라."

또 삼성(三省)¹²의 장관을 불러 말했다.

"박저생의 죄는 진실로 죽여야 마땅하나 자복(自服)한 공초를 받지 않고 법으로 처치함은 혐의됨이 없겠는가?"

형조판서 김희선(金希善)이 아뢰었다.

"사증(辭證)이 명백해 의심할 만한 것이 없습니다. 저생으로 말하면

---

12 사헌부·사간원·형조를 함께 불러 말하는 것이다.

이미 율(律)이 사형(死刑)에 해당함을 알고 있으니 어찌 기꺼이 스스로 결초(決招)를 바치겠습니까? 바라건대 율에 의거해 논죄하소서."

저생의 아우 강생(剛生)과 신생(信生)이 의정부에 투첩(投牒)해 삼성(三省)에서 자기들 형의 죄를 오결(誤決)했다고 호소하니 삼성에서는 강생 등이 말을 꾸며 망령되게 고해 해당 관서를 능욕했다 해 아전을 보내 두 사람과 곽씨의 집을 수직(守直)하게 했다. 상이 삼성장무(三省掌務)를 불러 물었다.

"너희는 어찌해서 곽씨가 지아비의 죄악을 드러냈다고 하는가?"

대답했다.

"의자(義子)를 해치려고 하다가 결국은 남편의 죄악을 드러냈기 때문입니다."

상이 말했다.

"곽씨는 본시 의자를 죄주고자 했을 뿐이요, 처음부터 남편의 죄악을 드러낸 것은 아니었다."

또 말했다.

"강생과 신생의 죄는 어떤가?"

대답했다.

"저생의 죄를 국문(鞫問)한 지 수년이 됐는데 강생 등은 그간 한마디 말도 없다가 이제 결단을 내리자 오결이라 칭하니 어찌 그것이 사실이겠습니까?"

상이 말했다.

"이에 앞서서는 형(兄)의 죄가 미결 중이라 느슨하게 두어도 좋았지만 지금은 사죄(死罪)에 처했으니 형제의 정으로써 어찌 일의 시비를 헤아린 뒤에 변명(辯明)하겠는가? 이제 모두 석방하게 하라."

이윽고 저생이 옥중으로부터 도피해 이름을 바꿔 생원 박의(朴義)라 하고 밀양군(密陽郡)에 이르러 또다시 전 언양감무(彦陽監務) 장효례(張孝禮)와 재산을 다퉜다. 군지사(郡知事) 우균(禹均)이 발각하고 힐문하니 저생이 스스로 말했다.

"거년(去年) 가을에 도피했을 때 형조에서 포(布) 240필을 징수했으니 내 사죄(死罪)는 이미 속(贖)됐다."

관찰사가 체포해 아뢰니 사헌부에서 말씀을 올렸다.

"저생은 그저 마음을 고치지 않은 채 이름을 바꿔 이익을 다퉜으니 율(律)에 의거해 시행하되 무부(無父) 내란(內亂)의 죄로 바로잡아야 할 것입니다."

그것을 따랐다. 이윽고[旣而=尋] 저생이 또다시 옥중에서 도피했는데 유지(宥旨)를 거쳐서 나왔다. 유사(攸司)에서 또 치죄(治罪)하고자 했으나 유지를 거쳤으므로 대벽(大辟-사형)을 면하고 울주(蔚州)에 부처(付處)됐다. 또 김화현(金化縣)에 도망쳐 숨었다가 그 현(縣) 사람과 밭을 다퉈 불의(不義)를 자행(恣行)했다. 그 현 사람의 아내가 달려가 헌사(憲司)에 고하자 이문(移文)해 구집(拘執-구속)하려 하니 저생이 자살했다.

○ 명해 제주(諸州)의 자복(資福) 주지(住持)는 모두 본사(本寺)로 들어가게 했다. 하륜(河崙)이 아뢰었다.

"근래에 신이 (경상도) 진양(晉陽)에 이르렀다가 자복사(資福寺)[13]를

_____

13 나라의 복(福)을 빌기 위해 고려 때 설치한 절이다. 조선조에 들어와 사사(寺社)를 혁파

봤는데 그곳의 주지 된 자들이 다른 절로 옮겨 가서 사니 매우 잘못된 것입니다. 바라건대 여러 고을의 자복(資福)은 모두 본사로 들어가게 하소서."

대언 한상덕(韓尙德)이 말했다.

"지난번[日者] 사사(寺社)를 혁파할 때 명령하기를 '중은 사가(私家)에 들어갈 수 없고 여자들은 사사(寺社)에 들어갈 수 없다. 그 비자(婢子)는 모두 10리(里) 밖에서 살게 하라. 또 자복사(資福寺)로서 간각(間閣)이 없는 것은 산수(山水)가 좋은 곳의 타사(他寺)로서 대신하라'라고 했는데 지금에 와서 중들로 하여금 여염 사이에서 살게 하시면 이것은 앞서의 법과 서로 비슷하지 않은 듯합니다."

상이 말했다.

"너의 말이 옳다. 그러나 자복(資福)은 아직 혁파하지 못했으니 마땅히 정승(政丞)의 말을 따르겠다."

계해일(癸亥日-12일)에 윤자당(尹子當)을 길주도 도안무찰리사(吉州道都安撫察理使)로, 권완(權緩)을 판원주목사(判原州牧使)로 삼고 박기(朴頎) 등 7인에게 다시 성균교서(成均校書)의 직(職)을 주었다. 기(頎) 등은 시강(試講)할 때 가독(加讀)함이 없었으므로 외방교수(外方教授)가 되거나 혹은 파직(罷職)됐다가 이때에 이르러 중월부시(仲月賦詩)에서 1등급에 들었기 때문에 모두 복직됐다.

———————

(革罷)할 때 국운(國運)을 비는 절이라 해 그대로 존속시켰다.

갑자일(甲子日-13일)에 상이 인덕궁(仁德宮)에 나아가 기거(起居)했다.

○ 일본(日本) 대마도(對馬島)의 종정무(宗貞茂)가 글을 바쳤다. 글은 이러했다.

'왜선(倭船) 80여 척이 조선(朝鮮) 안부도(安釜島) 등지에 머물면서 사냥하고 중국(中國)으로 향했습니다.'

○ 반성군(潘城君) 박은(朴訔)의 본향(本鄕)을 나주(羅州)로 내려주었다. 은(訔)은 본래 나주 임내(任內) 반남현(潘南縣) 사람이다. 이제 예(例)에 따라 임내를 혁파(革罷)해 나주에 합쳤으므로 이 같은 명이 있었으니 은의 청을 따른 것이다. 뒤에 금천군(錦川君)으로 고쳐 봉(封)했다.

병인일(丙寅日-15일)에 오도리(吾都里) 지휘(持揮) 이호심파(李好心波)에게 양미(糧米)를 주었다. 동북면 도순문사가 보고했다.

'이호심파(李好心波) 등 17인의 고장(告狀)에 "타인들은 모두 중원(中原)으로 들어갔으나 우리 17가(家)는 홀로 머물러 있게 되어 생계가 매우 곤란하다"라고 했습니다.'

무진일(戊辰日-17일)에 전 군지사(郡知事) 김장간(金莊侃)을 상의원별감(尙衣院別監)으로 삼았다. 이보다 앞서 내노(內奴)로 하여금 이를 관장하게 했는데 이때에 이르러 비로소 조사(朝士-조정관리)를 썼다.

기사일(己巳日-18일)에 상서(上書), 장신(狀申), 소식(消息)을 고쳐 (각각 명칭을) 상언(上言)[14], 계본(啓本)[15], 계목(啓目)[16]이라고 했다. 의정부에서 아뢰었다.

"신민(臣民) 사이에 상통(相通)하는 서장(書狀)의 형식을 상전(上前)[17]에서 사용하는 것은 마땅치 못합니다. 바라건대 상언으로 상서를 대신하고, 계본으로 장신을 대신하고, 계목으로 소식을 대신하게 하소서."

그것을 따랐다.

○ (대마도) 종정무(宗貞茂)의 사인(使人)이 와서 토산물[土宜]을 바쳤다.

경오일(庚午日-19일)에 명해 면성군(沔城君) 한규(韓珪), 풍산군(豐山君) 심구령(沈龜齡)에게 갑사(甲士)를 영솔하고 동교(東郊)에서 사냥하게 했다. 이는 대개 상왕전(上王殿)에 잔치를 베풀고자 함이었다.

○ 의정부에서 행사직(行司直) 안성만(安成萬)의 죄를 다스릴 것을 청했다. 성만(成萬)이 말을 인덕궁(仁德宮)에 바쳤기 때문이다. 상이 성만을 불러 그 연고를 물으니 대답하기를 "소신(小臣)이 가난해[貧窶] 곡식[粟]을 얻고자 한 것일 뿐입니다"라고 했다.

---

14 조관(朝官)이 임금에게 의견을 올리던 것을 말한다. 종래의 상서(上書)를 고친 것이다.

15 관사(官司)에서 임금에게 서면(書面)으로 알리던 것을 말한다. 종래의 장신(狀申)을 고친 것이다.

16 임금에게 조목별로 자세히 보고하던 것을 말한다. 종래의 소식(消息)을 고친 것이다.

17 임금의 앞을 말한다.

상이 말했다.

"성만이 비록 죄가 있다 하나 만약 죄를 다스리면 상왕께서 반드시 불편할 것이다."

드디어 그를 용서했다.

신미일(辛未日-20일)에 사헌부에 명해 대소인원(大小人員)이 송악(松岳)의 성황(城隍)에 기복(祈福)하는 것을 금하게 했다. 왕래가 끊이지 않기[絡繹] 때문이었다.
낙역

임신일(壬申日-21일)에 상이 인덕궁(仁德宮)에 나아가 헌수(獻壽)하고 지극히 즐기다가 파했다.

갑술일(甲戌日-23일)에 예조에서 아뢰었다.

"입춘(立春)과 인일하례(人日賀禮)[18]는 한결같이 황명의주(皇明儀註)에 의거하되 입춘하례(立春賀禮)는 동지의(冬至儀)처럼 단지 치사(致辭)만을 고쳐 '신춘길진(新春吉辰)에 예당경하(禮當慶賀)'라고 하고, 사배(四拜)를 행한 뒤에 치사관(致詞官)이 반수(班首)로서 직함과 성명을 갖추고 아뢰기를 '신 등은 삼가 사례합니다'라고 하면 번(幡-표기)을 내려주어 사배례(四拜禮)를 행하게 하소서. 전(前) 1일에 2품

---

18 정월 초이렛날 인일(人日)에 임금에게 드리는 하례(賀禮)다. 정월 초하루는 닭[鷄], 초이
   계
   틀은 개[狗], 초사흘은 양(羊), 초나흘은 돼지[猪], 초닷새는 소[牛], 초엿새는 말[馬], 초
   구   저   우   마
   이레는 사람[人], 초여드레는 곡식[穀]으로 점(占)을 보아 인일에는 나물로 죽을 끓여 먹
   인   곡
   고 새옷을 해 입으며, 나라에서는 하례(賀禮)와 부시(賦試-人日製)를 행했다.
                                                           인일제

이상은 각기 번(幡)을 그 집에 내려주고, 3품 이하는 모두 각사(各司)로 내려주며, 산관(散官)은 그 집에 전하게 하소서. 인일치사는 '인일 길진(人日吉辰)에 예당경하(譽當慶賀)'라고 하고 또 말하기를 '삼가 사례합니다. 사람마다 승록패(勝祿牌)를 내려주소서'라고 하게 하소서."

그것을 따랐다.

을해일(乙亥日-24일)에 달이 심수(心宿) 앞의 별을 범했다.

○ 사재감수군(司宰監水軍)의 진고상급법(陳告賞給法)을 고쳤다. 의정부에서 아뢰어 말했다.

"수군은 당초 양(良)·천(賤)을 밝히지 아니하고 합쳐서 사재감(司宰監)에 소속시켰는데 그 뒤에 피역자(避役者)가 많은 까닭에 본주(本主)의 진고(陳告)를 허용해 1분(分)은 상급(賞給)하고 2분은 속공(屬公)하게 했으나 그 법이 미편(未便)합니다. 바라건대 전물(錢物-돈 따위)로써 진고자에게 상을 주게 하소서."

그것을 따랐다.

정축일(丁丑日-26일)에 상이 건원릉(健元陵)에 나아가 정조(正朝)의 별제(別祭)를 거행했다.

기묘일(己卯日-28일)에 예조에 명해 비빈(妃嬪)의 좌차(坐次)를 상정해 바치게 했다. 성비(誠妃)[19] 정비(靜妃)는 남쪽을 향하게 하고 명빈

---

19 판중추원사 희정공 원상과 부인 손씨의 딸이며, 지돈녕부사 원충의 누나다. 신덕왕후가

(明嬪)은 동쪽에 있게 하며 3궁주(三宮主)는 뒤에 있게 하고 숙빈(淑嬪)은 서쪽에 있게 했다. 이날은 세제(歲除-섣달 그믐날)이므로 중궁(中宮)에서 잔치했다.

○ 군기감(軍器監)에 명해 인덕궁(仁德宮)에서 불꽃놀이[火戲]²⁰를 베풀게 했다.

사망하자 1398년(태조 7년) 음력 2월 25일 태조의 후궁으로 정식 간택돼 입궁했다. 처음에는 별다른 봉작 없이 빈(嬪)으로만 불린 듯하며 1406년(태종 6년) 음력 5월 2일에야 정경궁주와 함께 정식으로 봉작돼 성비(誠妃)가 됐다.

20 제야(除夜)에 행하던 궁중의 불꽃놀이다. 이때에는 임금을 비롯해 왕비와 조정 대신, 내외명부(內外命婦)가 모두 참여했다.

壬子朔 命旌表西北面安州人趙存富之家. 存富 別將英之子.
임자삭 명 정표 서북면 안주인 조존부 지가 존부 별장 영지자

年十二 憫其母癎疾 聞生人骨可療 夜以刀斷其右手無名指 乞酒
연 십이 민 기모 간질 문 생인골 가료 야 이도 단 기우수 무명 지 걸주

以飮 病立愈 故有是命 且復其家.
이음 병 입유 고 유 시명 차 복 기가

命代言等曰: "爾等夙夜在公難矣. 然今都目政仍舊 爾等
명 대언 등왈 이등 숙야 재공 난의 연금 도목정 잉구 이등

知之." 金汝知對曰: "不棄庸陋 任之喉舌 臣等敢不感喜! 但以
지지 김여지 대왈 불기 용루 임지 후설 신등 감불 감희 단 이

愚鈍 不能稱職爲慮耳." 上曰: "雖愚何害! 予已知之矣."
우둔 불능 칭직 위려 이 상왈 수우 하해 여 이 지지 의

初置沃原驛丞兼守城千戶. 江原道都觀察使報: '道內 三陟府
초 치 옥원역 승 겸 수성 천호 강원도 도관찰사 보 도내 삼척부

有沃原驛 乃倭寇要衝之地 故國家嘗築城 差定千戶守之 若有變
유 옥원역 내 왜구 요충 지지 고 국가 상 축성 차정 천호 수지 약 유변

以其驛及附近龍化驛吏守禦久矣. 自差驛丞之後 驛吏進退之權
이 기역 급 부근 용화역 리 수어 구의 자 차 역승 지후 역리 진퇴 지권

不在千戶 脫有緩急 焉能制之? 且大昌道所管凡三十八驛 道路
부재 천호 탈유 완급 언능 제지 차 대창도 소관 범 삼십 팔역 도로

遼隔 實難應猝. 請依前規 以平陵以下九驛 隷于沃原驛丞差下
요격 실난 응졸 청의 전규 이 평릉 이하 구역 예우 옥원역 승 차하

兼任守城千戶之職.' 從之.
겸임 수성 천호 지직 종지

乙卯 以星山君李稷 漢川君趙溫 宜寧君南在 文城君柳亮爲
을묘 이 성산군 이직 한천군 조온 의령군 남재 문성군 유량 위

輔國崇祿府院君 陞玉川君劉敞 安城君李叔蕃崇政大夫 以崔迤
보국 숭록 부원군 승 옥천군 유창 안성군 이숙번 숭정대부 이 최이

爲刑曹判書 趙涓中軍都摠制 朴信戶曹判書 呂稱知議政府事
위 형조판서 조연 중군 도총제 박신 호조판서 여칭 지의정부사

鄭鎭判敬承府事 李安愚忠淸道都觀察使 金文發全羅道
정진 판경승부사 이안우 충청도 도관찰사 김문발 전라도

水軍都節制使. 成均校書兩館七品以下八品以上員 皆貶授外方
_{수군도절제사　　성균 교서 양관 칠품 이하 팔품 이상 원 개 폄수 외방}

教授官 九品以下皆罷免 以權知充差. 以其考講之際 無加讀經書
_{교수관 구품 이하 개 파면 이 권지 충차　이 기 고강 지 제 무 가독 경서}

故也. 春秋館則以掌記國史 仍舊不遷 獨校書郎金巨加讀宋鑑
_{고야　춘추관 즉 이 장기 국사　잉구 불천 독 교서랑 김거 가독 송감}

拜東部令 旣而以作散. 成均校書九品以下諸員 各以其館 權知
_{배 동부령 기이 이 작산　성균 교서 구품 이하 제원 각 이 기관 권지}

從仕.
_{종사}

吏曹上除授事宜：
_{이조 상 제수 사의}

'一, 吏典差年 七品去官者 用九年以上；八品去官 七年以上；
_{일　이전 차년 칠품 거관 자 용 구년 이상　팔품 거관 칠년 이상}

九品去官 五年以上 俱用實仕日月. 一, 外官正二品用領字 四品
_{구품 거관 오년 이상 구용 실사 일월　일　외관 정이품 용 영자 사품}

用判字 似無差等. 正二品以下 爲判某州牧使事 正三品爲判某郡
_{용 판자 사무 차등　정이품 이하 위 판 모주 목사 사　정삼품 위 판 모군}

某縣事 從三品爲知某郡某縣事 其實差仍舊.
_{모현 사　종삼품 위 지 모군 모현 사 기 실차 잉구}

一, 司譯 典醫 書雲 惠民 濟生等司 職係非輕 不宜用年少
_{일　사역 전의 서운 혜민 제생 등 사 직계 비경 불의 용 연소}

無才. 自今宜揀年職俱高可任者 行職兼差.
_{무재　자금 의 간 연직 구고 가임 자 행직 겸차}

一, 東西活人院祿官 不宜以各司吏典充補 宜以惠民局濟生院
_{일　동서활인원 녹관 불의 이 각사 이전 충보　의 이 혜민국 제생원}

生徒補之.
_{생도 보지}

一, 膳官支應政廳 宜代以禮賓.'
_{일　선관 지응 정청 의 대이 예빈}

從之.
_{종지}

丙辰 氣暖如春.
_{병진 기 난 여춘}

世子右賓客李來上書. 略曰：
_{세자 우빈객 이래 상서　약왈}

'臣荷至恩 濫與勳盟 又以未學得忝書筵 今已八年 夙夜祗懼
_{신 하 지은 남여 훈맹 우 이 말학 득첨 서연 금 이 팔년 숙야 지구}

未有毫補. 竊惟培養儲副之道 豈徒在於講明經傳而已？文王爲
_{미유 호보　절유 배양 저부 지 도 기도 재어 강명 경전 이이　문왕 위}

世子 一日三朝 視膳問安 無不親之者 蓋孝爲百行之源 能盡子職

然後可以盡君道也. 今我世子 天性明睿 緝熙之學 日就未已 然

宮邸不近於闕 必備儀衛乃行 故或曠日廢三朝之禮 豈不有虧於

子道? 且備衛詣闕之後 或因日晏 或因未寧 常常停講 是亦非

小失也. 臣又嘗奉使上國 親見文華殿在左順門之外 每朝帝御

奉天門 太子步至 與聞政事 奏事畢 則入殿問安 還御講筵. 以此

而觀 東宮之不近於闕 實爲未便. 矧前壓閭閻 垣墻淺露 亦非

尊貴所居之地也. 臣願別營一宮 令近于闕 每日早朝 入殿問安

又於朝啓 與聞國政 還御書筵講訖 昵侍左右 觀瞻感化 則非特

能盡子職 所其無逸矣. 又時使中官點視 有不循禮者 書筵官

敬承府及執事 內竪 嚴加罪責 則有所敬憚 必無非禮之事 得行

於其間矣. 臣固知殿下重用民力 不好土木 然不密邇 則於此數事

勢有所不能者矣. 嗚呼! 一國之寶 當爲一國惜之 故不勝區區 敢

以是爲言.'

　上覽之曰: "若不好學 則雖同一宮 爲之奈何? 且年已壯矣 若

常使人偵察之 則豈不相夷乎?"

來雖進警戒 略不小變 日夜潛與群小靡所不爲 故陳之.

司憲府又上疏曰:

'文王爲世子 朝於王季日三 問安視膳 世子職也. 今世子 以

仁孝之性 明敏之資 方志于學 隆師親友 而三朝定省之禮 有

所未盡. 此無他 東宮遼隔大殿 車馬僕從往還之煩 有防於學問
소미진 차무타 동궁 요격 대전 거마 복종 왕환 지번 유방어 학문

故也. 伏望大殿之傍 別營東宮 日勤定省之禮 以彰仁孝之德. 又
고야 복망 대전 지방 별영 동궁 일근 정성 지례 이창 인효 지덕 우

參朝啓 習見殿下接遇群臣 聽斷庶務 退而與賓師僚屬 講論經史
참 조계 습견 전하 접우 군신 청단 서무 퇴이여 빈사 요속 강론 경사

薰陶德性 則無車馬僕從之煩 而三朝之禮擧 學問有日就月將之
훈도 덕성 즉무 거마 복종 지번 이 삼조 지례거 학문유 일취월장 지

益矣.'
익 의

上嘉納之 命於中軍營基作東宮 因狹隘遂寢.
상 가납 지 명어 중군영 기 작 동궁 인 협애 수침

丁巳 司諫院上書 略曰:
정사 사간원 상서 약왈

'自古人君行政事 炳如日星 昭示萬世 故置史官以記之 一以
자고 인군 행 정사 병여 일성 소시 만세 고 치 사관 이기지 일이

儆君心 一以顯君德 其職雖微 其任則重. 近以一二史官進退之
경 군심 일이 현 군덕 기직 수미 기임 즉중 근 이 일이 사관 진퇴 지

失 遂廢古法 不使入侍. 伏望殿下聽政之時 許令史官入侍 昭示
실 수폐 고법 불사 입시 복망 전하 청정 지시 허령 사관 입시 소시

萬世之法. 凡有服之親 同源分派 義所當愛者也. 世俗乃以家産
만세 지법 범유 복지 친 동원 분파 의 소당 애자야 세속 내이 가산

臧獲細碎之事 不相敦睦 反以爲仇 至於兄弟 無所不爭 告于官府
장획 세쇄 지사 불상 돈목 반 이위 구 지어 형제 무 소부쟁 고우 관부

訴訟之際 極口詆毀 甚者歐鬪 風俗頹弊 一至於此. 願自今 爭訟
소송 지제 극구 저훼 심자 구투 풍속 퇴폐 일지 어차 원 자금 쟁송

之際 凌辱尊長 脅勒卑幼 敗倫傷敎者 移文憲司 先正其罪 方許
지제 능욕 존장 협륵 비유 패륜 상교 자 이문 헌사 선정 기죄 방허

聽理. 且其訟事得失 豈不自知? 敢以非理而訟者 坐以不睦之罪
청리 차 기 송사 득실 기불 자지 감 이 비리 이 송자 좌 이 불목 지죄

俾厚風俗.'
비후 풍속

上覽之 命政府曰: "親戚爭訟一事 可議以聞." 政府啓: "甚合
상 람지 명 정부 왈 친척 쟁송 일사 가의 이문 정부 계 심합

於理." 從之.
어리 종지

辛酉 全羅道完山地震.
신유 전라도 완산 지진

骨看兀狄哈 建州衛吾都里來獻土宜.
골간 올적합 건주위 오도리 내헌 토의

收黃吉至 金英貴等職牒 永不敍用. 司憲府上疏曰:
수 황길지 김영귀 등 직첩 영 불 서용 사헌부 상소 왈

'歲壬午 東北面守令 聽逆臣朴蔓之令者 皆收告身 永不敍用.
세 임오 동북면 수령 청 역신 박만 지령 자 개 수 고신 영 불 서용

吉至 英貴等 嘗爲東北面守令 與於壬午之亂者也. 今吉至爲甄山
길지 영귀 등 상 위 동북면 수령 여어 임오 지란 자야 금 길지 위 증산

縣令 英貴爲歙谷縣令. 請依其時守令之例 收其告身 永不敍用.'
현령 영귀 위 흡곡 현령 청의 기시 수령 지례 수기 고신 영 불 서용

從之.
종지

司憲府又啓: "宗廟注簿崔士庸 於冬至際 監設奠物 酒尊不潔.
사헌부 우계 종묘 주부 최사용 어 동지 제 감설 전물 주준 불결

請依律論罪." 從之.
청의 율 논죄 종지

憲司又啓: "前都節制使曹益修 前府尹康候 李殷 檢校漢城
헌사 우계 전 도절제사 조익수 전 부윤 강후 이은 검교 한성

趙倫 李興霖 金懷鍊等 官爲二品 又受科田 不居京城 退處於外.
조륜 이흥림 김회련 등 관위 이품 우수 과전 불거 경성 퇴처 어외

請加罪." 命只收科田.
청 가죄 명지 수 과전

前工曹典書李瑀死. 初 日本國王遣使獻馴象 命畜于三軍府.
전 공조전서 이우 사 초 일본국왕 견사 헌 순상 명 축 우 삼군부

瑀以奇獸往見之 哂其形醜而唾之 象怒 踏殺之.
우 이 기수 왕견 지 신 기형 추 이타 지 상 노 답살 지

壬戌 改掖庭署奉御大夫爲奉承 通御郎爲通奉 改尙衣院
임술 개 액정서 봉어 대부 위 봉승 통어랑 위 통봉 개 상의원

左司御爲左司尙 右司御爲右司尙.
좌사어 위 좌사상 우사어 위 우사상

朴抵生自殺. 抵生 故典書忱之子也. 丙戌夏 與繼母郭爭家産
박저생 자살 저생 고 전서 침 지자야 병술 하 여 계모 곽 쟁 가산

訟于憲司 郭言抵生嘗奸父妾婢波獨. 抵生弟剛生時爲議政府檢詳
송 우 헌사 곽 언 저생 상간 부첩비 파독 저생 제 강생 시위 의정부 검상

昏曉造請 以是證佐雖具 獄久不決 外議皆咎憲府. 上聞而鄙之
혼효 조청 이시 증좌 수구 옥구 부결 외의 개구 헌부 상 문이 비지

其年七月 命司憲府劾前等臺員稽留詞訟之罪 流前大司憲許應
기년 칠월 명 사헌부 핵 전등 대원 계류 사송 지죄 유 전 대사헌 허응

于連山 執義李孟畇于原州 掌令李明德于谷山 持平許恒于鎭州.
우 연산 집의 이맹균 우 원주 장령 이명덕 우 곡산 지평 허항 우 진주

於是 掌令金晊 持平李繩直 請收郭氏爵牒 與抵生 波獨一處憑問
어시 장령 김질 지평 이승직 청수 곽씨 작첩 여 저생 파독 일처 빙문

從之. 晊等亦以剛生之故右抵生 痛拷郭氏 聞者憤嘆. 郭氏子
訥生撾申聞鼓訟冤 上命釋郭氏 譴責晊 繩直等勿視事 尋出晊爲
南陽府使 繩直知宜州事. 大司憲韓尙敬等啓曰: "晊等痛拷郭氏
已爲不公. 況郭氏之罪 雖實 據律當在二罪以下. 宥令已布 曾
不之顧 挾私而行 非耳目之官奉法之意也." 乃罷晊 繩直職.

　至丁亥二月 司憲府司諫院刑曹啓曰: "臣等詳鞫朴抵生之獄
抵生初以波獨爲妾 其父忱中而犯奸. 及忱之歿 抵生復以爲妾
父子共奸 情狀明白. 若郭氏則揚說閨門之醜 以著其夫之惡 波獨
則甘爲父子之妾而不拒. 伏望一一依律論罪." 命各減一等 抵生
杖一百 流三千里; 郭氏杖九十 徒二年半; 波獨杖一百 餘罪收贖.
於是 抵生之子擊鼓以聞曰: "臣父雖不得自明 然累經大宥 罪
可得免." 下議政府擬議 議政府六曹啓曰: "按律 奸祖父之妾
斬. 抵生之罪 當服此刑. 人倫大變 不宜宥." 上曰: "是婢本抵生
之妾 其父行奸 而是婢不以實告其父 後抵生再奸 亦不以父故
告其子. 今直以爲奸父妾而斬 其於罪疑惟輕之義何如? 其更議
以聞." 又召三省長官曰: "朴抵生 罪固當死 然不取自服之招而
置於法 無乃有嫌乎?" 刑曹判書金希善啓曰: "辭證明白 無可疑
者. 若抵生則旣知律當死 豈肯自納決招乎? 願依律論罪." 抵生
之弟剛生 信生 投牒于議政府 訴三省誤決兄罪. 三省以剛生
等飾辭妄告 埋沒所司 遣吏守直二人及郭氏之家. 上召三省掌

務問曰："爾等何以郭氏爲揚夫之惡?" 對曰："欲害義子 而終
露夫惡." 上曰："郭氏本欲罪義子耳 初不爲揚夫惡也." 又曰：
"剛生 信生之罪何如?" 對曰："抵生之罪 鞫問數年 剛生等未有
一言 及今已斷 乃稱誤決 豈其情乎?" 上曰："前此兄罪未決 猶
可緩也 今處以死罪 兄弟之情 豈度事之是非 然後辨明乎?" 令皆
釋之. 既而 抵生自獄中逃① 變名爲生員朴義 至密陽郡 復與前
彦陽監務張孝禮爭財産. 知郡事禹均 覺而詰之 抵生自言："去年
秋在逃時 刑曹徵布二百四十匹 吾死罪已贖矣." 觀察使捕以聞.
司憲府上言："朴抵生不改前心 變名爭利 依律施行 以正無父
內亂之罪." 從之. 既而 抵生復從獄中逃① 經宥旨乃出 攸司又
欲治罪 以經宥免大辟 付處于蔚州. 又逃匿于金化縣 與縣人爭田
恣行不義. 縣人之妻 奔告于憲司 移文拘執 抵生自殺.
　命諸州資福住持皆入本寺. 河崙啓曰："日者 臣到晉陽 見
資福寺 其爲住持者移寓他寺 甚爲未便. 乞諸州資福 皆令入
本寺." 代言韓尙德曰："曩者革寺社時 令曰：'僧不得到私家 女
不得到寺社 其婢子 皆令居十里之外. 又資福寺無間閣者 以山水
勝處他寺代之.' 今欲使僧必居閭閻之間 則是與前法若不相似
然." 上曰："爾言是也. 然資福未革 當從政丞之言."
　癸亥 以尹子當爲吉州道都安撫察理使 權綏判原州牧事 朴頎
等七人 復授成均校書之職. 頎等以試講無加讀 或爲外方敎授 或

496

罷職. 至是 以嘗於仲月賦詩中一等 皆復之.

甲子 上詣仁德宮起居.

日本對馬島宗貞茂獻書. 書云: '倭船八十餘艘 欲於朝鮮
安釜島等處 淹留田獵 仍向中國.'

賜潘城君朴訔鄕羅州. 訔 本羅州任內 潘南縣人. 今例革任內
合于羅州 故有是命 從訔之請也. 後改封錦川君.

丙寅 給吾都里指揮李好心波糧米. 東北面都巡問使報:
'李好心波等十七人告狀 他人等皆入中原 予等十七家獨留 生理
甚難.' 故也.

戊辰 以前知郡事金莊侃爲尙衣院別監. 前此 令內奴掌之 至是
始用朝士.

己巳 改上書 狀申 消息 爲上言 啓本 啓目. 議政府啓曰:
"臣民間相通書狀之式 不宜用之於上前. 乞以上言代上書 啓本代
狀申 啓目代消息." 從之.

宗貞茂使人來獻土宜.

庚午 命沔城君韓珪 豐山君沈龜齡 領甲士于東郊. 蓋欲設宴于
上王殿也.

議政府請治行司直安成萬罪. 以成萬進馬于仁德宮也. 上召
成萬問其故 對曰: "小臣貧寠 欲得粟耳." 上曰: "成萬雖有罪 若
治之 則上王必不平." 遂宥之.

辛未 命司憲府禁大小人祈福松岳城隍. 以往來絡繹也.
신미 명 사헌부 금 대소 인 기복 송악 성황 이 왕래 낙역 야

壬申 上詣仁德宮獻壽 極歡而罷.
임신 상 예 인덕궁 헌수 극환 이 파

甲戌 禮曹啓: "立春及人日賀禮 一依皇明儀註; 立春賀禮 如
갑술 예조 계 입춘 급 인일 하례 일의 황명 의주 입춘 하례 여

冬至儀 但改致辭曰: '新春吉辰 禮當慶賀.' 行四拜後 致詞官以
동지 의 단 개 치사 왈 신춘 길진 예당 경하 행 사배후 치사관 이

班首 具銜姓名啓曰: '臣等謹謝賜幡' 行四拜禮. 前一日 二品
반수 구함 성명 계왈 신등 근사 사번 행 사배례 전 일일 이품

以上 各賜幡于其家 三品以下都賜各司 傳散于其家. 人日致詞
이상 각 사번 우 기가 삼품 이하 도사 각사 전산 우 기가 인일 치사

曰: '人日吉辰 禮當慶賀.' 又曰: '謹謝賜人勝祿牌.'" 從之.
왈 인일 길진 예당 경하 우왈 근사 사인 승록패 종지

乙亥 月犯心前星.
을해 월 범 심 전성

改司宰監水軍陳告賞給之法. 議政府啓曰: "水軍初以良賤
개 사재감 수군 진고 상급 지법 의정부 계왈 수군 초 이 양천

不明 合屬其監 厥後避役者多 故許本主陳告 一分賞給 二分令
불명 합속 기감 궐후 피역자 다 고 허 본주 진고 일분 상급 이분 영

屬公 其法未便. 乞以錢物賞告者." 從之.
속공 기법 미편 걸 이 전물 상 고자 종지

丁丑 上詣健元陵 行正朝別祭.
정축 상 예 건원릉 행 정조 별제

己卯 命禮曹詳定妃嬪坐次以進. 誠妃 靜妃向南 明嬪在東 三
기묘 명 예조 상정 비빈 좌차 이진 성비 정비 향남 명빈 재동 삼

宮主在後 淑嬪在西. 是日以歲除 宴于中宮.
궁주 재후 숙빈 재서 시일 이 세제 연 우 중궁

命軍器監 陳火戲于仁德宮.
명 군기감 진 화희 우 인덕궁

| 원문 읽기를 위한 도움말 |

① 自獄中逃, 從獄中逃. 自나 從은 둘 다 '~에서' 혹은 '~로부터'라는 구문
   자 옥중 도 종 옥중 도 자 종
이다.

498

KI신서 8230

이한우의 태종실록 재위 12년

1판 1쇄 인쇄 2019년 6월 19일
1판 1쇄 발행 2019년 7월 3일

옮긴이 이한우
펴낸이 김영곤 박선영
펴낸곳 (주)북이십일 21세기북스
출판사업본부장 정지은
인문기획팀장 양으녕 **책임편집** 김다미 **교정교열** 주태진 최태성
디자인 표지 씨디자인(조혁준 기경란 하민우) **본문** 이수정
마케팅2팀 배상현 김윤희 이현진
출판영업팀 한충희 김수현 최명열 윤승환
홍보기획팀 이혜연 최수아 박혜림 문소라 전효은 염진아 김선아 양다솔
제작팀 이영민 권경민

출판등록 2000년 5월 6일 제406-2003-061호
주소 (10881) 경기도 파주시 회동길 201 (문발동)
대표전화 031-955-2100 **팩스** 031-955-2151 **이메일** book21@book21.co.kr

(주)북이십일 경계를 허무는 콘텐츠 리더

21세기북스 채널에서 도서 정보와 다양한 영상자료, 이벤트를 만나세요!
장강명, 요조가 진행하는 팟캐스트 말랑한 책 수다 〈책, 이게 뭐라고〉
페이스북 facebook.com/jiinpill21   포스트 post.naver.com/21c_editors
인스타그램 instagram.com/jiinpill21   홈페이지 www.book21.com
유튜브 www.youtube.com/book21pub
서울대 가지 않아도 들을 수 있는 명강의! 〈서가명강〉
네이버 오디오클립, 팟빵, 팟캐스트에서 '서가명강'을 검색해보세요!

© 이한우, 2019

ISBN 978-89-509-8187-7 04900
      978-89-509-7105-2 (세트)